Dutch Mini Dictionary

ENGLISH-DUTCH
DUTCH-ENGLISH

Dutch mini dictionary

© 2015-2019 by Fluo Editions

Main editor: J. N. Zaff
Assistant editor: Natalia Baena Cruces
Cover and typesetting: Fluo Editions

ISBN-13: 978-1-07-538607-7
ISBN-10: 1-07-538607-1

First edition: July 2019

While the publisher and the authors have used good faith efforts to ensure that the information and instructions contained in this work are accurate, the publisher and the authors disclaim all responsibility for errors or omissions, including without limitation responsibility for damages resulting from the use of or reliance on this work. Use of the information and instructions contained in this work is at your own risk.

All rights reserved. No part of this book may be reproduced or utilized in any form or by any means, electronic or mechanical, including photocopying, recording, or by any information storage and retrieval system, without permission in writing from the author and publisher, or as expressly permitted by law. For permission requests, write to the publisher below:

Fluo Editions
Granada, Spain
efluo.net

The ink used in this book is chlorine-free, and our acid-free interior paper stock is supplied by a Forest Stewardship Council-certified provider.

Table of Contents

Dictionary	1	**Appendix**	367
English-Dutch	1	Pronunciation	369
Dutch-English	185	Irregular English Verbs	373

Abbreviations

n	noun
v	verb
adj	adjective
adv	adverb
art	article
pron	pronoun
conj	conjunction
interj	interjection
prep	preposition
part	particle
num	numeral
det	determiner
phr	phrase
inf	infinitive
sp	simple past
pp	past participle
m	masculine
f	feminine
n	neuter
pl	plural
abbr	abbreviation

English-Dutch

abandon /əˈbæn.dn̩, əˈbæn.dən/ ● *n* ongedwongenheid *f* ● *v* opgeven, prijsgeven; achterlaten, in de steek laten; verzaken, verlaten, begeven; verwerpen, afwijzen, verbannen; afzien, afstand doen, terugnemen **~ment** ● *n* achterlating, verlating, in de steek laten *n*; abandonnement, overlating; opgave, afstand, overgave, het prijsgeven, het afstand doen van; verwaarlozing, veronachtzaming, het in de steek laten *n*, het laten zitten van; vrachtweigering; ongedwongenheid, uitbundigheid, nonchalance

ability /əˈbɪl.ə.ti/ ● *n* vaardigheid *f*, vermogen *n*; bekwaamheid *m*; talent *n*, begaafdheid *m*; geschiktheid *m*

able /ˈeɪ.bl̩/ ● *adj* in staat, de mogelijkheid hebben, bekwaam; competent, handig, bedreven, kundig; in aanmerking komen, gerechtigd, bevoegd

abnormal /æbˈnɔɹ.ml̩/ ● *adj* abnormaal; afwijkend

aboli|sh /əˈbɒlɪʃ, əˈbɑl.ɪʃ/ ● *v* afschaffen, opheffen; vernietigen, buiten werking stellen **~tion** ● *n* afschaffing *m*, opheffing *m*; abolitie

abort /əˈbɔːt, əˈbɔɹt/ ● *n* voortijdige beëindiging ● *v* onvolgroeid blijven; afbreken, voortijdig beëindigen; annuleren, aborteren, stoppen; miskraam hebben; doen stoppen in een vroegtijdig stadium, voortijdig afbreken **~ion** • *n* miskraam *n*, abortus *m*; afdrijving *f*, zwangerschapsonderbreking *f*, vruchtafdrijving *f*, opgewekte bevalling *m*; abortie *m*; onderbroken ontwikkeling *m*; voortijdige beëindiging *m*; misbaksel *n*, wangedrocht *n*, miskleun *m*

about /əˈbaʊt, əˈbʌʊt/ • *adv* voornemens; rond-; ongeveer, vrijwel, bijna; nabij, dichtbij; afwisselend, beurtelings; om-, in tegenovergestelde richting; overstag; rond • *prep* om, rond, rondom, eromheen; op het punt staan; bij, in de buurt van; over, aangaande, betreffende; in verband met; omheen, in de buurt; ongeveer, omtrent, omstreeks

above /əˈbʌv/ • *adj* hemels in de lucht; bovenstaand, eerder genoemd, bovenvermeld • *adv* boven, hierboven • *prep* over, meer dan; een trapje hoger, met een hogere rang; bovenop; bovendien, daarenboven; boven, hoger dan; ten noorden van

abroad /əˈbrɔːd, əˈbrɑːd/ • *adv* buitenland; wijd uiteen, ver van elkaar; in het rond, naar alle kanten, buitenshuis; verward, de kluts kwijt; op verplaatsing, uit- • *n* buitenland *n* • *prep* alover, over de ganse lijn

absen|t /ˈæb.sn̩t/ • *adj* afwezig, weg, absent; ontbrekend, niet meer voorhanden, tekort; verstrooid, dromerig, elders met zijn gedachten • *prep* behalve, zonder, uitgezonderd, in afwezigheid van • *v* wegblijven van, zich absenteren, niet opdagen **~ce** • *n* afwezigheid *f*, verstek *n*; ontbreken *n*, gemis *n*, tekort *n*; verstrooidheid *f*

absolute /ˈæb.sə.luːt, ˈæb.sə.lʊt/ • *adj* absoluut; autoritair; volkomen; onvermengd, rein, puur, onversneden; onbetwistbaar; volstrekt • *n* absolute *n* **~ly** • *adv* absoluut; onafhankelijk; geheel op zichzelf staand • *interj* absoluut, werkelijk, echt, beslist, zeker, ontegenzeglijk

absor|b /əbˈzɔːb, æbˈsɔːb/ • *v* in last nemen, overnemen; absorberen, opzuigen; laten doordringen, verteren; verdiepen, bezighouden, in beslag nemen; consumeren, opgebruiken; ondergaan; in zich opnemen, intrekken; opnemen **~bent** • *adj* absorberend, wateropnemend, opzuigend • *n* absorbens *n* **~ption** • *n* absorptie *f*, opzuiging *m*; endosmose *f*; opname *f*, incorporatie *f*; het verdiept zijn in *n*, mentale concentratie *m*, het opgaan in *n*

abstract /ˈæbˌstɹækt, æbˈstɹækt/ ● *adj* afgezonderd, gescheiden; afwezig, verstrooid; abstract, theoretisch; vaag, algemeen; onttrokken ● *n* samenvatting *f*, kort *m*, resumé *n*; essentie *f*; abstractie *f*, abstract *m*, abstract begrip *n*; abstract kunstwerk *n*; abstract iets *n*; uittreksel *n* ● *v* abstraheren; terugtrekken; ontvreemden, samenvatten; afleiden; onttrekken; zich terugtrekken; afzonderen **~ion** ● *n* abstractie *f*; ontvreemding, toeëigening; vaag, visionair begrip *n*

absurd /əbˈsɜːd, æbˈsɜd/ ● *adj* absurd ● *n* absurd *n*

abundan|t /əˈbʌn.dnt/ ● *adj* overvloedig, rijkelijk voorhanden, abondant **~ce** ● *n* overvloed

abuse /əˈbjuːs, əbjus/ ● *n* misbruik *n*; beschimpingen; mishandeling *f* ● *v* mishandelen; beschimpen, uitschelden; misbruiken, onteren, verkrachten

academ|y /əˈkæd.ə.mi/ ● *n* academie *f*; universiteit, college **~ic** ● *adj* academisch; universitair ● *n* academicus *m*; universitair *m*

accelerat|e /əkˈsɛl.əˌɹeɪt/ ● *v* versnellen; bespoedigen, haasten **~ion** ● *n* versnelling *f*, acceleratie *f* **~or** ● *n* versneller *m*; katalysator *m*; gaspedaal *n*

accent /ˈæk.sənt, ˈækˌsɛnt/ ● *n* accent *n*, klemtoon *m*; tongval *m*, uitspraak *f*; accentteken *n* ● *v* accentueren, beklemtonen

accept /əkˈsɛpt/ ● *v* aanvaarden, accepteren; ondergaan; ontvangen, aannemen **~able** ● *adj* aanvaardbaar, acceptabel **~ance** ● *n* acceptatie

access /ˈæksɛs, ˈækˌsɛs/ ● *n* toegang, toegangsweg, passage; benadering; toegangsrecht, toelating; instemming; toevoeging, aanwinst; toeval, aanval; uitval; bezoekrecht *n* ● *v* toegang hebben, bereiken, verkrijgen **~ibility** ● *n* toegankelijkheid *f* **~ible** ● *adj* toegankelijk

accessory /əkˈsɛsəɹi, əkˈsɛsɹi/ ● *adj* meegeleverd, toegevoegd; medeplichtig ● *n* accessoire *n*, aanhangsel *n*, toebehoren *n*; medeplichtige *f*, handlanger *m*, handlangster *f*

accident /ˈæk.sə.dənt/ ● *n* ongeluk *n*, ongeval *n*; toeval *n*; toevallig **~al** ● *adj* toevallig **~ally** ● *adv* toevallig

accommodat|e /əˈkɒməˌdeɪt, əˈkɑməˌdeɪt/ ● *v* onderbrengen, herbergen; aanpassen, accommoderen **~ion** ● *n* onderkomen *n*, logies *n*, onderdak *n*; accommodatie *f*

accompan|y /əˈkʌm.pə.ni/ ● *v* begeleiden; vergezellen; zich samensluiten, samenwerken;

samenwonen; samenwonen met **~iment** • *n* begeleiding *f*
accomplish /əˈkʌm.plɪʃ, əˈkɑm.plɪʃ/ • *v* volbrengen **~ed** • *adj* voldaan, voldane, voltrokken; bedreven **~ment** • *n* voltooiing *f*; prestatie *f*
accord /əˈkɔːd, əˈkɔɪd/ • *n* akkoord *n* **~ance** • *n* overeenstemming *f* **~ing to** • *prep* volgens; overeenkomstig
accordion /əˈkɔː(ɹ).di.ˌən, əˈkɔɪ.di.ən/ • *n* accordeon *n*, harmonica *m*
account /əˈkaʊnt/ • *n* rekening *f*; verslag, verhaal; rekenschap; account; berekening, telling **~ability** • *n* verantwoordelijkheid *n* **~able** • *adj* verantwoordelijk, aansprakelijk; verklaarbaar **~ant** • *n* boekhouder *m*, accountant *m* **~ing** • *n* boekhouding *f*
accumulat|e /əˈkjuːmjʊˌleɪt, əˈkjum.jəˌleɪt/ • *v* opstapelen, vermeerderen, accumuleren; zich opstapelen **~ion** • *n* accumulatie *f*, opstapeling *f*, opeenhoping *f*
accura|te /ˈæk.jʊ.ɹət, ˈæk.jə.ɹɪt/ • *adj* accuraat, precies, exact, trefzeker, nauwkeurig **~cy** • *n* nauwkeurigheid, precisie **~tely** • *adv* trefzeker
accus|e /əˈkjuːz, əˈkjuz/ • *v* beschuldigen, aanklagen **~ation** • *n* beschuldiging **~ative** • *adj* beschuldigend; accusatief • *n* accusatief *m*, vierde naamval *m*

achieve /əˈtʃiːv/ • *v* bereiken, realiseren; verwerven, winnen, verkrijgen **~ment** • *n* prestatie; verwezenlijking *f*
acid /ˈæs.ɪd/ • *adj* zuur • *n* zuur *n*; lsd *n*
acknowledg|e /əkˈnɒ.lɪdʒ, ækˈnɑːˌlɪdʒ/ • *v* bekennen, erkennen; erkentelijk zijn; ontvangst bevestigen/melden **~ment** • *n* bevestiging *f*; erkenning *f*; toekenning *f*; erkentelijkheid *f*; ontvangstbevestiging *f*; kwitantie *f*; bekentenis *f*
acoustic /əˈkuːstɪk/ • *adj* akoestisch, akoestische **~s** • *n* akoestiek *m*
acquaintance /əˈkweɪntəns, ʌˈkweɪn.təns/ • *n* bekendheid *f*; kennis *m*, bekende *m*
acqui|re /əˈkwaɪɹ, əˈkwaɪə/ • *v* verwerven, verkrijgen; opdoen **~sition** • *n* verwerving *f*; verworvenheid
acrobat /ˈæk.ɹo.bæt/ • *n* acrobaat *m*
across /əˈkɪɒs, əˈkɪɔs/ • *adv* horizontaal • *prep* overheen, tegenover; zijdelings
act /ækt, æk/ • *n* handeling *f*; akte; wet *f*; daad • *v* handelen, reageren; werken; optreden, spelen, opvoeren, acteren, toneelspelen; gedragen **~ion** • *interj* actie *f* • *n* handeling *f*; beweging *f*, werking *f*; mechanisme *n* **in the ~** • *phr* op heterdaad
activate /ˈæktɪˌveɪt/ • *v* activeren, aanzetten,

activ|e /ˈæk.tɪv/ • *adj* actief **~ist**
• *n* activist *m* **~ity** • *n*
activiteit *f*, actief *f*; beweging
f, werkzaamheid *f*

act|or /ˈæk.tə, ˈæk.tə˞/ • *n* acteur
m, actrice, toneelspeler *m*,
toneelspelster **~ress** • *n*
actrice *f*

actual /ˈæk(t)ʃ(əw)əl, ˈak(t)ʃj(ʊ)əl/
• *adj* werkelijk,
daadwerkelijk, effectief,
reëel; echt; actueel, huidig;
eigenlijk, feitelijk **~ly** • *adv*
eigenlijk, in werkelijkheid,
feitelijk

acute /əˈkjuːt, əˈkjut/ • *adj* kort;
scherp, gevoelig; dringend,
acuut; met accent aigu

ad ▷ ADVERTISEMENT

adapt /əˈdæpt/ • *v* aanpassen;
bewerken

add /æd/ • *v* toevoegen;
optellen, bijtellen

addicti|on /əˈdɪkʃən/ • *n*
verslaving *n*, verslaafdheid *n*
~ve • *adj* verslavend

addition /əˈdɪʃən/ • *n*
toevoeging *f*; optellen *n*,
sommeren *n*; optelling *f*,
sommering *f* **~al** • *adj*
bijkomend **~ally** • *adv*
aanvullend

address /əˈdɹɛs, ˈædɹɛs/ • *n* adres
n

adequa|te /ˈæ.də.kwɪt,
ˈæ.də.kweɪt/ • *adj* adequaat,
voldoende, deugdelijk **~cy** • *n*
deugdelijkheid

adhere /ædˈhiɹ/ • *v* kleven,
plakken; vasthouden,
aanhangen; samenhangen
~nce • *n* adhesie; trouw zijn
aan

adjacent /əˈdʒeɪ.sənt/ • *adj*
aanpalend, er naast liggend,
aangrenzend, belendend,
aanliggend; tegenoverstaand

adjective /ˈæ.dʒɪk.tɪv/ • *adj*
formeel • *n* bijvoeglijk
naamwoord *n*, adjectief *n*

adjust /əˈdʒʌst/ • *v* aanpassen,
verstellen; herzien,
verbeteren **~ment** • *n*
aanpassing, bijstelling

administer /ədˈmɪnɪstə˞/ • *v*
toedienen

administrat|ion
/ədˌmɪnəˈsteɪʃən/ • *n*
administratie *f*; bestuur *n*;
toediening *f* **~ive** • *adj*
bestuurlijk, administratief **~or**
• *n* beheerder *m*

admir|e /ədˈmaɪə, ədˈmaɪɪ/ • *v*
bewonderen, aanbidden
~able • *adj*
bewonderenswaardig **~ation**
• *n* bewondering *f*

admit /ədˈmɪt/ • *v* toelaten,
binnenlaten, toegang
verlenen; toestaan; toegeven,
bekennen

adopt /əˈdɑpt, əˈdɒpt/ • *v*
adopteren, aannemen; goed
keuren

ador|e /əˈdɔː, əˈdɔɹ/ • *v*
aanbidden, adoreren **~able** •
adj schattig, snoezig, beeldig

adult /ˈæd.ʌlt, əˈdʌlt/ • *adj*
volwassen • *n* volwassene
~ery • *n* overspel *n* **~hood** • *n*
volwassenheid *f*

advance /əd'vɑːns, əd'væns/ • *n* vooruitgang *m*; voorschot *n*, vooruitbetaling *f*; avance *f* • *v* vervroegen; voorschieten; optrekken, benaderen **~d** • *adj* gevorderd; vergevorderd

advantage /əd'vɑːn.tɪdʒ, əd'væn.tɪdʒ/ • *n* voordeel *n*; overhand • *v* begunstigen, bevoordelen

adventur|e /əd'ventʃər, əd'ventʃə/ • *n* avontuur *n*; risico *n* • *v* wagen, riskeren **~ous** • *adj* avontuurlijk, ondernemend; gewaagd

adverb /'æd.vɜːb, 'æd.vɜb/ • *n* bijwoord *n*

adversary /'æd.və.s(ə)ɹi, 'æd.və.seɹi/ • *n* tegenstander *m*

advert • *v* verwijzen, aandacht vestigen op **~isement** • *n* reclame *m*, advertentie *f*; aankondiging *f*

advice /əd'vaɪs, æd'vaɪs/ • *n* raad *m*, advies *n*; aankondiging *f*

advis|e /əd'vaɪz/ • *v* adviseren, raadgeven, advies geven; informeren, inlichten **~able** • *adj* raadzaam **~or** • *n* adviseur *m*, raadgever *f* **~ory** • *adj* raadgevend

advocate /'æd.və.kət, 'æd.və.keɪt/ • *n* advocaat *m*, advocate *f*, verdediger *m*, verdedigster *f*; voorstander • *v* bepleiten; aanbevelen

aerial /'ɛːɹ.ɪ.əl/ • *n* antenne *f*

aerobic /ɛˈɹoʊbɪk/ • *adj* aeroob **~s** • *n* aerobics

aesthetic /es.'θe.tɪk, ɛs.'θɛ.tɪk/ • *adj* esthetisch • *n* esthetische *n* **~s** • *n* esthetica *f*

affair /əˈfɛɹ, əˈfɛə(ɹ)/ • *n* affaire, romance, verhouding

affect /ə.ˈfɛkt/ • *n* affect *n* • *v* beïnvloeden; ontroeren, emotioneren; aantasten; veinzen

Afghanistan • *n* Afghanistan *n*

afraid /əˈfɹeɪd/ • *adj* bang, bevreesd

Africa • *n* Afrika **~n** • *adj* Afrikaans • *n* Afrikaan *m*, Afrikaanse *f*

after /'æf.tə(ɹ), 'æf.tə/ • *adv* na, achter • *conj* nadat • *prep* achter; naar; na; vanwege, door; ondanks **~math** • *n* nasleep *m* **~noon** • *n* namiddag *m* **~taste** • *n* nasmaak *m* **~wards** • *adv* nadien, achteraf

again /əˈgɛn, əˈgɪn/ • *adv* weer, weder; opnieuw, nogmaals, alweer, wederom; ook al weer

against /əˈgɛnst, əˈgeɪnst/ • *conj* tegen dat, totdat, voordat • *prep* tegen; voor

age /eɪdʒ/ • *n* leeftijd *m*, ouderdom *m*; tijdperk *n*, era *f*, tijd *m*, epoch *m*; generatie *f*; volwassenheid *f*, meerderjarigheid *f* • *v* oud doen worden, doen verouderen; oud worden, verouderen **of ~** • *phr* meerderjarig, volwassen

agenda /əˈdʒɛn.də/ • *n* schema *n*, programma *n*, plan *n*; agenda *m*

agen|t /ˈeɪ.dʒənt/ • *n* agent; vertegenwoordiger, tussenpersoon; bewerker; handelend persoon **~cy** • *n* macht, kracht; bureau

aggress|ion /əˈɡɹɛʃən/ • *n* agressie **~ive** • *adj* agressief **~or** • *n* agressor

agil|e /ˈædʒ.aɪl/ • *adj* beweeglijk, lenig, behendig **~ity** • *n* wendbaarheid *f*

ago /əˈɡoʊ, əˈɡəʊ/ • *adv* geleden

agree /əˈɡɹiː, əˈɡɹi/ • *v* overeenkomen, instemmen, overeenstemmen, toestemmen, rijmen **~ment** • *n* afspraak, overeenkomst, goedkeuring *f*; overeenstemming *f*; contract *n*

agriculture /ˈæɡ.ɹɪˌkʌltʃə, ˈæɡ.ɹɪˌkʌltʃɚ/ • *n* landbouw *f*

ah • *interj* ah

ahead /əˈhɛd/ • *adv* voor ons, vooruit, voorop

aid /eɪd/ • *n* hulp, bijstand; helper, assistent, hulpje; hulpmiddel; bede, aide • *v* helpen, bijstaan

aide ▷ ASSISTANT

AIDS • *n* (*abbr* Acquired ImmunoDeficiency Syndrome) aids *m*

aim /eɪm/ • *n* doel *n*; oogmerk *n*, bedoeling *n* • *v* richten **~less** • *adj* doelloos **~lessly** • *adv* doelloos

air /ɛə, ˈɛəɹ/ • *n* lucht; air; leegte *f*, leemte *f* • *v* luchten; verluchten, ventileren; uitzenden **~ conditioning** • *n* klimaatregeling *m*, airconditioning *m*, airco; klimaatregelaar *m* **~ gun** • *n* luchtbuks *f*, luchtgeweer *n* **~craft** • *n* luchtvaartuig *n* **~line** • *n* luchtvaartmaatschappij *f* **~plane** • *n* vliegtuig *n* **~port** • *n* luchthaven *f*, vlieghaven *f* **on ~** • *phr* rechtstreeks

aisle /aɪl/ • *n* zijbeuk, vleugel; gangpad *n*; doorgang

AKA • *adv* (*abbr* Also Known As) oftewel, alias

alarm /əˈlɑːm, əˈlɑɹm/ • *n* alarm *n*, alarmsignaal *n*; alarmstemming; alarmklok, wekker *m*; alarmkreet *n*, oproep te wapen • *v* alarmeren, verontrusten; te wapen roepen; alarm slaan; beangstigen

Albania • *n* Albanië **~n** • *adj* Albanees, Albanese • *n* Albanees *m*, Albanese *f* • *n* Albanees

albatross /ˈæl.bəˌtɹɒs, ˈæl.bəˌtɹɔs/ • *n* albatros *m*

albeit /ɔːlˈbiː.ɪt, ɔlˈbiː.ət/ • *conj* alhoewel, hoewel, ofschoon

album /ˈælbəm, ˈalbəm/ • *n* album *n*

alcohol /ˈæl.kə.hɒl, ˈæl.kə.hɔl/ • *n* alcohol *m*; alcoholische drank *m*, sterke drank *m* **~-free** • *adj* alcoholvrij **~ic** • *adj* alcoholisch • *n* alcoholist *m*, alcoholiste *f*, alcoholicus *m* **~ism** • *n* alcoholisme

Algeria • *n* Algerije *n*

alibi /ˈæl.ə.baɪ/ • *n* alibi *n*

alien /ˈeɪ.li.ən/ • n vreemdeling; buitenlander, allochtoon, vluchteling; buitenaards ~**ate** • v vervreemden ~**ation** • n vervreemden; vervreemd; vervreemding

alike /əˈlaɪk/ • adj gelijk, hetzelfde

alive /əˈlaɪv/ • adj levend; levendig

all /ɔːl, ɒl/ • adv helemaal, totaal, alles; elk, per stuk • det al, alle • n alles n, zich helemaal ~ **right** • adj in orde, prima; in een goede gezondheid • adv vrij goed, wel degelijk **above ~** • phr bovenal, vooral, voornamelijk

alleg|ation /ˌæl.ɪˈɡeɪ.ʃən/ • n bewering ~**ed** • adj verondersteld

alleviate /əˈli.vi.eɪt/ • v milderen, temperen, verlichten, verzachten

alley /ˈæ.li/ • n doorgang m, steeg f

allocation • n allocatie, toewijzing

allow /əˈlaʊ/ • v toelaten, toestaan ~**ance** • n toestemming

allur|e /əˈl(j)ʊɚ/ • n aantrekkelijkheid • v verleiden ~**ing** • adj aanlokkelijk

all|y /ˈæl.aɪ, əˈlaɪ/ • n bondgenoot m, bondgenote f ~**iance** • n alliantie f ~**ied** • adj geallieerd, verbonden

almond /ˈɑː(l).mənd, ˈɑ(l).mənd/ • adj amandelkleurig • n amandel f; amandelboom m

almost /ˈɔːl.ˈməʊst, ˈɔl.moʊst/ • adv bijna, nagenoeg, vrijwel, zo goed als

alone /əˈləʊn, əˈloʊn/ • adv alleen

along /əˈlɒŋ, əˈlɔŋ/ • adv mee; door • prep langs ~**side** • prep aan de zijde van

already /ɔːlˈɹedi, ɔlˈɹedi/ • adv al, reeds, alreeds

also /ˈɔːl.səʊ, ˈɔl.soʊ/ • adv ook, eveneens, tevens

alternat|e /ˈɒl.tɜː(ɹ).nət, ˈɔl.tɚ.nət/ • adj alternatief • n plaatsvervanger m ~**ive** • adj alternatief

although /ɔːlˈðəʊ, ɔlˈðoʊ/ • conj hoewel, alhoewel, ofschoon; maar

altogether /ˌɔːl.tʊˈɡeð.ə(ɹ), ˌɔl.tuˈɡeð.ɚ/ • adv geheel, totaal; al met al, kortom

aluminium /ˌæl.(j)ʊˈmɪn.i.əm, ˌæl.(j)uˈmɪn.i.əm/ • n aluminium n

always /ˈɔː(l).weɪz, ˈɔl.weɪz/ • adv altijd, immer, altoos, steeds; telkens

amateur /ˈæ.mə.tə, ˈæ.mə.tɚ/ • n amateur f

amazing /əˈmeɪzɪŋ/ • adj wonderbaarlijk, prachtig, verbluffend

ambassador /æmˈbæs.ə.də(ɹ), æmˈbæs.ə.dɚ/ • n ambassadeur m; gezant m

ambigu|ous /æmˈbɪɡjuəs/ • adj meerduidig, dubbelzinnig, ambigu; vaag, onduidelijk ~**ity** • n dubbelzinnigheid f, ambiguïteit f

ambitio|n /æmˈbɪ.ʃən/ • n eerzucht f ~**us** • adj eerzuchtig, ambitieus

ambulance /ˈæm.bjə.ləns, ˈæm.bjəˌlæns/ • n ziekenwagen m, ambulance m, ziekenauto m

amend /əˈmɛnd/ • v verbeteren, corrigeren, aanpassen; amenderen

American • adj Amerikaans • n Amerikaan; Amerikaanse f; achtste petit

amicable /ˈæ.mɪ.kə.bəl/ • adj goedhartig, vriendelijk

amid /əˈmɪd/ • prep te midden van

among /əˈmʌŋ/ • prep tussen, onder

amount /əˈmaʊnt/ • n hoeveelheid f, bedrag n, saldo n • v bedragen, komen op, uitkomen op

Amsterdam • n Amsterdam n

amuse /əˈmjuːz/ • v amuseren ~**ment** • n amusement n, vertier n

an /æn, ən/ • num een

analogy • n analogie f

analy|ze /ˈæn.ə.laɪz/ • v analyseren ~**sis** • n analyse f, ontleding f ~**st** • n analist m, analiste f; psycho-analist m, psycho-analiste f

ancest|or /ˈæn.sɛs.tɚ/ • n voorouder m; voorloper m ~**ry** • n voorouders, afstamming

anchor /ˈæŋ.kə, ˈæŋ.kɚ/ • n anker n • v het anker uitwerpen, verankeren, ankeren; houvast bieden ~**age** • n rede, ree

ancient /ˈeɪn.(t)ʃənt/ • adj antiek, oeroud; eeuwenoud, eertijds, weleers

and /ænd, ənd/ • conj en

Andorra • n Andorra n

angel /ˈeɪn.dʒəl/ • n engel ~**ic** • adj engelachtig

anger /ˈæŋɡə(ɹ), ˈæŋɡɚ/ • n boosheid, woede

angle /ˈæŋ.ɡəl/ • n hoek m; invalshoek m, standpunt n • v hengelen

Angola • n Angola

angry /ˈæŋ.ɡɹi/ • adj kwaad, boos

animal /ˈænɪməl/ • adj dierlijk, dierlijke • n dier n, beest n

ankle /ˈæŋ.kəl/ • n enkel m

anniversary /ˌænɪˈvɜːs(ə)ɹi, ˌænɪˈvɝs(ə)ɹi/ • n jubileum n

announce /ʌˈnaʊns, əˈnaʊns/ • v aankondigen, declareren, verkonden, verkondigen; verklaren, uitspreken ~**ment** • n bekendmaking

annoy /əˈnɔɪ/ • v ergeren, vervelen ~**ing** • v vervelend, ergerlijk ~**ance** • n ergernis f

annual /ˈæn.juː.əl, ˈæn.ju.əl/ • adj jaarlijks, jaarlijkse ~**ly** • adv jaarlijks

anonym|ous /əˈnɒnəməs/ • adj naamloos, onbenoemd; anoniem ~**ity** • n anonimiteit f

another /əˈnʌ.ðə(ɹ), əˈnʌ.ðɚ/ • det nog een; een andere

answer /ˈɑːn.sə, ˈæn.sɚ/ • n antwoord n • v antwoorden; beantwoorden

ant /ænt, ɛnt/ • n mier f

Antarctica • *n* Antarctica *n*
anteater /'ænt͟ˌiːtə, 'ænt͟ˌitə/ • *n* miereneter *m*
antelope /'æn.tɪ.ləʊp, 'æn.tə.loʊp/ • *n* antilope
antenna /æn'tɛn.ə/ • *n* voelspriet *f*
anthology /æn'θɒlədʒi, æn'θɑlədʒi/ • *n* bloemlezing *f*
antithesis /æn'tɪ.θə.sɪs/ • *n* antithese
anxi|ous /'aŋ(k)ʃəs, 'æŋ(k).ʃəs/ • *adj* bezorgd **~ety** • *n* bezorgdheid *f*, ongerustheid *f*; verlangen; angst, vrees
any /'ɛnɪ, 'æni/ • *adv* enig, enkel • *pron* elk **~ more** • *adv* meer, langer **~how** • *adv* hoe dan ook, in ieder geval **~thing** • *pron* iets, alles, wat dan ook **~way** • *adv* toch, desondanks, trots dat; in elk geval, in ieder geval, hoe dan ook; maar goed **~where** • *adv* overal, eender waar
apartment /ə'pɑːt.mənt, ə'pɑɹt.mənt/ • *n* woning, appartement *n*, flat
aphid /'eɪ.fɪd/ • *n* bladluis *f*
apolog|y /ə'pɒl.ə.dʒi/ • *n* verontschuldiging *f*; verweer *n* **~ize** • *v* verantwoorden; zich verontschuldigen
app /æp/ • *n* app *m*, applicatie *f* • *(also)* ▷ APPLICATION
apparatus /æ.pə'ɹeɪ.təs, æ.pə'ɹæ.təs/ • *n* toestel *n*, apparaat *n*
appar|ent /ə'pɹæ.ɹənt/ • *adj* evident, klaar, duidelijk; ogenschijnlijk; klaarblijkelijk **~ently** • *adv* blijkbaar, duidelijk; schijnbaar, ogenschijnlijk; kennelijk, naar het schijnt **~ition** • *n* verschijning *f*
appeal /ə'pɹəl/ • *n* beroep *n*; oproep *m* • *v* in beroep gaan, in hoger beroep gaan; beroep doen op, appeleren; aantrekkelijk zijn, aantrekken, aanspreken
appear /ə'pɪə, ə'pɪɹ/ • *v* verschijnen; zijn opwachting maken, haar opwachting maken, optreden; blijken; lijken **~ance** • *n* verschijning *f*; aanblik
appetite /'æp.ə.taɪt/ • *n* honger, trek, appetijt, eetlust
applau|d /ə'plɔːd, ə'plɔd/ • *v* applaudisseren, klappen **~se** • *n* applaus, handgeklap *n*
apple /'æp.əl/ • *n* appel *m*; appelboom *m*, appelbomenhout *n*
applica|ble /'æplɪkəbəl/ • *adj* toepasselijk **~nt** • *n* aanvrager **~tion** • *n* aanbrengen *n*; toepassing; computerprogramma *n*, softwarepakket *n*, applicatie *f*; aanschrijven *n*, aanvraag *f*, sollicitatie *f*
appl|y /ə'plaɪ/ • *v* aanbrengen, aanleggen; toepassen; solliciteren, aanvragen; gelden **~ied** • *adj* aangewend **~iance** • *n* toestel *n*, huishoudstoestel
appoint /ə'pɔɪnt/ • *v* beschikken, bepalen, vaststellen **~ment** •

n aanstelling *f*; afspraak *f*
appreciate /əˈpriːʃieɪt/ • *v* waarderen; appreciëren, dankbaar zijn voor; naar/op waarde schatten, waarderen; beseffen; in waarde stijgen
apprehen|d /æpriˈhend/ • *v* begrijpen, vatten, snappen **~sive** • *adj* bezorgd **~sion** • *n* grijpen *n*; arrestatie *f*, vastgrijpen *n*; begrip *n*, begrijpen *n*; opinie *f*, gezichtspunt *n*, visie *f*; verstand *n*; vrees *f*, angst *f*
approach /əˈproʊtʃ, əˈprəʊtʃ/ • *n* aanvliegen *n*; benadering *f*, toenadering *f*; toegang *m*, laan *f*; aanpak *m*; aantocht *f*, komst *f* • *v* benaderen; naderen **~able** • *adj* benaderbaar
appropriate /əˈproʊpriːɪt, əˈproʊpriːɪt/ • *adj* geschikt, passend, toepasselijk; gepast; aangewezen • *v* aanpassen; toewijzen
approv|e /əˈpruːv/ • *v* goedkeuren; instemmen met **~al** • *n* goedkeuring *f*, toestemming *f*, instemming *f*, permissie *f*
approximat|e /əˈprɒksɪmət, əˈprɒksəmət/ • *adj* benaderend; ongeveer, bij benadering **~ely** • *adv* ongeveer **~ion** • *n* benaderen, schatten; benadering, schatting
apricot /ˈeɪprɪkɒt, ˈæprɪkɒt/ • *n* abrikoos *f*
April • *n* april *m*, grasmaand *m*
apron /ˈeɪprən/ • *n* schort *n*
aqueduct /ˈækwɪˌdʌkt, ˈækwəˌdʌkt/ • *n* aquaduct *n*
Arab • *adj* Arabisch • *n* Arabier *m*
arbitrary /ˈɑːbɪtrəri, ˈɑːbɪtrɪ(ə)ri/ • *adj* willekeurig, arbitrair
arch /ɑːtʃ, ɑˑk/ • *n* boog *m*
archer /ˈɑː(r)tʃər, ˈɑːtʃər/ • *n* boogschutter *m* **~y** • *n* boogschieten
architect /ˈɑːkɪtekt, ˈɑːkɪtekt/ • *n* architect *m*, bouwmeester *m* **~ure** • *n* architectuur *f*, bouwstijl *m*
archive /ˈɑːkaɪv/ • *n* archief *n* • *v* archiveren
area /ˈɛərɪə, ˈærɪə/ • *n* oppervlakte *f*; regio, streek, gebied
Argentina • *n* Argentinië *n*
argu|e /ˈɑːgjuː, ˈɑːgju/ • *v* redetwisten; betogen **~able** • *adj* verdedigbaar; betwistbaar **~ably** • *adv* aantoonbaar, onderbouwbaar, ontegenzeggelijk **~ment** • *n* argument *n*; ruzie *f*, betoog *n*; argumentatie *f*
arise /əˈraɪz/ • *v* (*sp* arose, *pp* arisen) opstaan; ontstaan
arisen (*pp*) ▷ ARISE
arithmetic /əˈrɪθmətɪk, ˌærɪθˈmetɪk/ • *n* aritmetica *f*, rekenkunde *f*
arm /ɑːm, ɑɪm/ • *n* arm *m*; wapen *n*; wapenschild *n* • *v* bewapenen **~chair** • *n* fauteuil *m* **~ed** • *adj* gewapend **~pit** • *n* oksel *m*

armadillo /ˌɑːməˈdɪloʊ, ɑːməˈdɪləʊ/ • *n* gordeldier *n*, armadillo *m*

Armenia • *n* Armenië **~n** • *adj* Armeens • *n* Armeniër *m*, Armeense *f* • *n* Armeens *n*

armour /ˈɑːmə, ˈɑːɹmər/ • *n* pantser *n*, harnas *n*

army /ˈɑːmiː, ˈɑɹmi/ • *n* leger *n*, landmacht, weermacht *f*; defensie, landsverdediging; horde, bende; menigte

arose *(sp)* ▷ ARISE

around /əˈraʊnd, əˈɹæwnd/ • *prep* om, rondom, rond; omheen, langs

arrange /əˈɹeɪndʒ/ • *v* regelen; schikken, ordenen **~ment** • *n* voorbereiding, afspraak, akkoord, regeling

array /əˈɹeɪ/ • *n* array *m*

arrest /əˈɹɛst/ • *n* stilstand; arrestatie, aanhouding *f*; arrest • *v* stoppen, stuiten; vatten, grijpen; aanhouden, arresteren, in hechtenis nemen, oppakken

arriv|e /əˈɹaɪv/ • *v* bereiken, aankomen, arriveren; het gemaakt hebben **~al** • *n* komst *f*, aankomst *f*

arrogan|t /ˈæɹəɡənt/ • *adj* arrogant **~ce** • *n* arrogantie *f*, aanmatiging *f*

arrow /ˈæɹ.əʊ, ˈæɹ.oʊ/ • *n* pijl *m*

art /ɑːt, ɑɹt/ • *n* kunst *f*; kunstwerk **~ist** • *n* kunstenaar *m*, kunstenares *f*; artiest *m* **~istic** • *adv* kunstzinnig, artistiek

artichoke /ˈɑɹ.tɪˌtʃəʊk, ˈɑː.tɪˌtʃəʊk/ • *n* artisjok *m*

article /ˈɑːtɪkəl, ˈɑɹtɪkəl/ • *n* artikel *n*; lidwoord *n*

articulate /ɑː(ɹ)ˈtɪk.jʊ.lət, ɑːɹˈtɪk.jə.lət/ • *adj* geleed, gelede, geärticuleerd; welbespraakt, taalvaardig; duidelijk, klaar, efficiënt • *v* uitdrukken; geleed zijn; benadrukken; articuleren; uitleggen; goed/correct uitspreken; uitspraak verzorgen

artifact /ˈɑːtɪfækt, ˈɑɹtɪfækt/ • *n* artefact *n*; mensenwerk *n*

artificial /ɑː(ɹ)təˈfɪʃəl/ • *adj* artificieel, kunstmatig; nagemaakt; onnatuurlijk **~ intelligence** • *n* kunstmatige intelligentie *f*

as /æz, əz/ • *adv* zo ... • *conj* zoals; toen; terwijl; omdat, want, aangezien; naarmate • *prep* als; in de rol van

ascertain /ˌæsəˈteɪn, ˌæsɚˈteɪn/ • *v* constateren, vaststellen

ash /æʃ/ • *n* as *f*, asse *f*; essenhout *n*

ashamed /əˈʃeɪmd/ • *adj* beschaamd

Asia • *n* Azië *n* **~n** • *adj* Aziatisch • *n* Aziaat *m*, Azische *f*; Indiër *m*, Indische *f*; Oost-Aziaat *m*, Oost-Azische *f*

ask /ɑːsk, ˈask/ • *v* vragen

asleep • *adj* slapend

asparagus /əˈspɛɹ.ə.ɡəs, əˈspæɹ.ə.ɡəs/ • *n* asperge *f*

aspect /ˈæspɛkt/ • *n* aspect *n*; uiterlijk *n*, aanblik *m*

asphalt /ˈæsfɑlt, ˈæsfɔlt/ • *n* asfalt *n* • *v* asfalteren

aspire /əˈspaɪə(r), əˈspaɪɚ/ • v ambiëren, nastreven

ass /æs/ • n ezel m; kont f, reet f

assassin /əˈsæsɪn/ • n assassijn, Assassijn; sluipmoordenaar m, huurmoordenaar; moordenaar m **~ate** • v vermoorden **~ation** • n moord

assault /əˈsɔːlt, əˈsʌlt/ • n aanranding f • v aanranden, vergrijpen

assembl|e /əˈsɛmbl/ • v in elkaar zetten; samenkomen, zich verzamelen **~y** • n vergadering

assert /əˈsɜːt, əˈsɜt/ • v bevestigen; behouden, verdedigen **~ive** • adj assertief, mondig **~ion** • n bevestiging

assess /əˈsɛs/ • v beoordelen, evalueren; belasten; opleggen **~ment** • n schatting f, inschatting f; afweging f, beoordeling f, taxatie f, waardering f

asset /ˈæsɪt, ˈæsɛt/ • n activa, activum n

assign /əˈsaɪn/ • v toewijzen **~ment** • n toewijzing f, toekenning f; opdracht f, taak f; benoeming f; huiswerk n; cessie; akte van cessie

assist /əˈsɪst/ • v assisteren, bijstaan, voorzetten, een voorzet geven **~ance** • n hulp f, assistentie f **~ant** • n assistent m

associat|e /əˈsəʊʃɪeɪt, əˈsoʊʃɪeɪt/ • v omgaan; associëren **~ion** • n associatie f, verbinding f; vereniging f

assum|e /əˈsjuːm, əˈsuːm/ • v aannemen, veronderstellen; innemen **~ption** • n op zich nemen; veronderstelling f, aanname f; hemelvaart m; Mariahemelvaart m

assure /əˈʃʊə, əˈʃʊr/ • v verzekeren, afzekeren, beveiligen; geruststellen

astonish /əˈstɒnɪʃ, əˈstɑːnɪʃ/ • v verbazen

astronom|y /əˈstrɒnəmi/ • n astronomie f, sterrenkunde f **~er** • n astronoom m, sterrenkundige

asylum /əˈsaɪləm/ • n asiel n; psychiatrische instelling f

asymmetrical • adj asymmetrisch

at /æt, ət/ • prep op, bij; om; aan

ate (sp) ▷ EAT

Athens • n Athene

athlet|e /ˈæθliːt, ˈæθlɪt/ • n atleet **~ics** • n atletiek f

atlas /ˈætləs/ • n atlas m

atmosphere /ˈætməsˌfɪə(r), ˈætməsˌfɪr/ • n atmosfeer m, dampkring; sfeer m

atop • prep bovenop

atroci|ous /əˈtrəʊʃəs, əˈtroʊʃəs/ • adj vreselijk, verschrikkelijk, monsterlijk, afgrijselijk; afschuwelijk; weerzinwekkend **~ty** • n wreedheid f, gruweldaad f

attach /əˈtætʃ/ • v vastmaken **~ment** • n gehechtheid f;

bijlage *f*, attachment *n*; beslaglegging *f*

attack /əˈtæk/ ● *n* aanval *m*; aanvalszijde *f* ● *v* aanvallen ~**er** ● *n* aanvaller *m*

attain /əˈteɪn/ ● *v* bereiken, realiseren

attempt /əˈtɛmpt/ ● *n* poging *f*, probeersel; aanslag *m* ● *v* pogen, proberen

attend /əˈtɛnd/ ● *v* volgen, bijwonen, aanwezig zijn

attenti|on /əˈtɛn.ʃən/ ● *interj* geef acht ● *n* aandacht *f*; atenties; paraatheid *f* ~**ve** ● *adj* aandachtig

attic /ˈætɪk/ ● *n* zolder *m*

attitude /ˈætɪˌtjuːd, ˈætɪtud/ ● *n* houding *f*, attitude *f*; humeur *n*

attorney /əˈtɜː(r)ni/ ● *n* advocaat *f*

attract /əˈtrækt/ ● *v* aantrekken; aandacht trekken ~**ion** ● *n* aantrekkingskracht *f*; attractie *f*, trekpleister *m*

attribute /ˈætrɪbjuːt, ˈætrɪˌbjut/ ● *n* attribuut *n*, eigenschap *f* ● *v* toeschrijven

aubergine ▷ EGGPLANT

auction /ˈɔːkʃən, ˈɒkʃən/ ● *n* veiling *f* ● *v* veilen

audience /ˈɔːdi.əns/ ● *n* publiek *n*; lezerspubliek *n*, lezers; audientie *n*, onderhoud *n*; gevolg *n*

audit /ˈɔːdɪt/ ● *v* verifiëren

August /ˈɔːɡʌst/ ● *n* augustus *m*

aunt /ɑ(ː)nt, ænt/ ● *n* tante *f*

Australia ● *n* Australië ~**n** ● *adj* Australisch, Australische ● *n* Australiër *m*, Australische *f*

Austria ● *n* Oostenrijk *n* ~**n** ● *adj* Oostenrijks ● *n* Oostenrijker *m*, Oostenrijkse *f*

author /ˈɔː.θə, ˈɒ.θər/ ● *n* auteur *m*, schrijver *m*, schrijfster *f*

authority /ɔːˈθɒrɪti, əˈθɔrɪti/ ● *n* bevoegdheid *f*, gezag *n*; autoriteit *f*, autoriteiten, overheid *f*

authoriz|e /ˈɔːθəraɪz, ˈɑθəraɪz/ ● *v* machtigen ~**ation** ● *n* machtiging *f*, volmacht *f*, vergunning *f*, autorisatie *f*

automat|e /ˈɔtoʊˌmeɪt/ ● *v* automatiseren ~**ic** ● *adj* automatisch; gedachtenloos, mechanisch ● *n* automaat *m* ~**ically** ● *adv* automatisch ~**ion** ● *n* automatisering

automobile /ˈɔː.tə.məˌbiːl, ˈɔː.tə.moʊˌbiːl/ ● *n* automobiel *m*, auto *m*

autonom|y /ɔːˈtɒnəmi, əˈtɑnəmi/ ● *n* autonomie *f* ~**ous** ● *adj* autonoom

autumn /ˈɔːtəm, ˈɔtəm/ ● *n* herfst *m*, najaar *n*

availab|le /əˈveɪləb(ə)l/ ● *adj* beschikbaar; voorhanden ~**ility** ● *n* beschikbaarheid *f*, voorhanden zijn *n*

average /ˈævərɪdʒ/ ● *adj* gemiddelde ● *n* gemiddelde *n* **above ~** ● *phr* bovengemiddeld **on ~** ● *phr* gemiddeld

avocado /ˌævəˈkɑːdəʊ, ˌɑvəˈkɑdoʊ/ ● *n* avocado *m*; avocadoboom *m*

avoid /əˈvɔɪd/ • *v* vermijden **~ance** • *n* vermijden *n*

await /əˈweɪt/ • *v* verwachten, wachten op, afwachten; klaarliggen, liggen te wachten; bedienen, dienen

awake /əˈweɪk/ • *adj* wakker, ontwaakt • *v* (*sp* awoke, *pp* awoken) ontwaken; wekken

awaked (*sp/pp*) ▷ AWAKE

aware /əˈwɛɚ, əˈwɛə/ • *adj* waakzaam, op zijn hoede; op de hoogte zijn **~ness** • *n* besef, bewustzijn; zich bewust zijn van

away /əˈweɪ/ • *adj* weg

awesome /ˈɔːsəm, ˈɔs.əm/ • *adj* angstaanjagend, beangstigend; indrukwekkend

awful /ˈɔːfʊl, ˈɔfəl/ • *adj* verschrikkelijk, vreselijk, afgrijselijk • *adv* ontzettend, onmeunig

awkward /ˈɔːkwəd, ˈɔkwɚd/ • *adj* onhandig; ongemakkelijk, genant **~ness** • *n* onbeholpenheid *f*, onhandigheid *f*

awoke (*sp*) ▷ AWAKE

awoken (*pp*) ▷ AWAKE

axis /ˈæksɪs, ˈæksəs/ • *n* (*pl* axes) as; draaier *m*

Azerbaijan • *n* Azerbeidzjan

B

baby /ˈbeɪbi/ • *adj* baby *f* • *n* jong *f*, kleintje *f*; baby *m*, kleuter *m*; schatje *n*, liefje *n*, lieverd *f*; zuigeling *m*, geborene *f*, pasgeborene *f*, nieuwgeborene *f*, boreling *m*, wiegenkind *n*; kindje *n*; benjamin *m*; stuk *f*

back /bæk/ • *adj* achter; oud; achteraf • *adv* terug; tegen • *n* rugleuning *f*; verdediger *f*, achterhoedespeler *f*; achterkant, achter; rug *m* • *v* achteruit gaan, achteruit rijden; steunen **~ sb/sth up** • *v* teruggaan; achteruitrijden **~bone** • *n* ruggengraat *m* **~drop** • *n* decor *n*; achtergrond *m* **~ground** • *n* achtergrond **~pack** • *n* rugzak *m* • *v* backpacken **~up** • *adj* reserve • *n* reserve; backup, reservekopie **~wards** • *adv* achterwaarts

bacon /ˈbeɪ.kən/ • *n* bacon *m*

bacteria /bækˈtɪɹ.i.ə, bækˈtɪɹ.i.ə/ • *n* bacteriën

bad /bæd, bæːd/ • *adj* slecht; ongepast; ongemanierd, verkeerd; pasgeboren, naar; kwaad

bag /bæɡ, ˈbæːɡ/ • *n* zak *m*, tas *f*; zakje *n* • *v* verpakken, inpakken, in een zak stoppen

Bahamas • *n* Bahama's

Bahrain • *n* Bahrein *n*

bail /beɪl/ • *n* borgtocht *m*

bak|e /beɪk/ • *v* bakken **~er** • *n* bakker *m* **~ery** • *n* bakkerij *f* **~ing powder** • *n* bakpoeder *n*

balance /ˈbæləns/ • *n* evenwicht

n, balans *m*; weegschaal *f* **~d**
• *adj* evenwichtig, uitgewogen, gebalanceerd
balcony /ˈbælkəni/ • *n* balkon *n*
bald /bɔːld, bɒld/ • *adj* kaal; afgesleten
ball /bɔːl, bɑl/ • *n* bal *n*; kloot *m*; bolletje *n*, bolleke *n*, kluwen *n*; kogel *m*; ballen, kloten; kloten aan z'n lijf; bol *m*
ballet /ˈbæleɪ, bæˈleɪ/ • *n* ballet *n*
balloon /bəˈluːn/ • *n* ballon *m*; luchtballon *m*
ballot /ˈbalət, ˈbælət/ • *v* stemmen
ban /bæn/ • *n* verbod *n*
banana /bəˈnɑːnə, bəˈnænə/ • *n* banaan *f*; bananenplant *m*; bananengeel *n*
band /bænd/ • *n* band *m*; bende • *v* verenigen
bandage /ˈbændɪdʒ/ • *n* verband *n*, bandage *f*, zwachtel *m*
bang /bæŋ(g)/ • *n* knal *m*, klap; slag; explosie; pony *m*, froefroe *m*; uitroepteken
Bangladesh • *n* Bangladesh
banister /ˈbænɪstə(ɹ)/ • *n* baluster, leuning
bank /bæŋk/ • *n* bank *f*; -bank *f*; oever *m*; helling *f* • *v* doen hellen, rollen **~ holiday** • *n* wettelijke feestdag *m* **~er** • *n* bankier *m*
bankrupt /ˈbæŋ.kɹʌpt, ˈbæŋk.ɹəpt/ • *adj* bankroet, in faling, failliet **~cy** • *n* faillissement *n*, bankroet *n*, failliet *n*, faling *f*, surseance van betaling *f*
banner /ˈbænə, ˈbænɚ/ • *n* vlag *n*, banier *n*, dundoek; standaard *n*

bar /bɑː, bɑɹ/ • *n* bar; staaf *f*, baar *f*, stang *m*; slagboom *m*; blok *n*, stuk *n*, reep; café *n*, taveerne *m*, kroeg *f*; toog *m*, tapkast *f*; verbod *n*, ban; advocatuur, balie; orde van advocaten *f*; zandbank *f* • *v* verbieden; blokkeren, barreren, vergrendelen, versperren
Barbados • *n* Barbados
barbarian /bɑː(ɹ).ˈbɛə.ɹi.ən, bɑɹˈbɛɹ.i.ən/ • *adj* barbaars • *n* barbaar *f*; primitieveling *m*, wilde *f*
barbecue /ˈbɑːbɪˌkjuː, ˈbɑɹbɪˌkju/ • *n* barbecue, grill • *v* grillen, barbecueën, braaien
barber /ˈbɑː.bə, ˈbɑɹ.bɚ/ • *n* kapper *m*, haarkapper *m*, coiffeur, barbier • *v* haarknippen, haren knippen, scheren
bare /bɛə(ɹ), bɛɚ/ • *adj* bloot; kaal **~ly** • *adv* nauwelijks, amper, kuim **~foot** • *adj* barrevoets, blootsvoets • *adv* op blote voeten
bargain /ˈbɑːɡən, ˈbɑːɹɡən/ • *n* koopje *n* • *v* onderhandelen
baritone /ˈbɛɹ.ɪ.toʊn/ • *n* bariton
barn /bɑɹn/ • *n* schuur *f*
barrel /ˈbæɹəl, ˈbɛəɹəl/ • *n* ton, vat *n*
barrier /ˈbæɹi.ə(ɹ), ˈbæɹi.ɚ/ • *n* barrière, versperring *f*
base /beɪs/ • *n* basis *f*; vertrekpunt *n*; kazerne *f*; hoofdkwartier *n*; base *f*;

honk; schildvoet *m* • *v* baseren, zich baseren op
baseball /ˈbeɪs.bɔːl, ˈbeɪs.bɒl/ • *n* honkbal
basement /ˈbeɪsmənt/ • *n* kelder *m*
basic /ˈbeɪsɪk/ • *adj* basis, elementair; basisch • *n* basisonderdeel *n*, basisbehoefte *f*; basis
basil /ˈbæz.əl, ˈbeɪz.əl/ • *n* basilicum *m*, bazielkruid *n*, koningskruid *n*, basiliekruid *n*; basilicumblaadjes *n*
basis /ˈbeɪsɪs/ • *n* basis *f*
basket /ˈbɑːskɪt, ˈbæskɪt/ • *n* mand *f*, korf *m*; mandje *n*; ring *m*; gescoorde korf
basketball /ˈbɑːs.kɪt.bɔːl, ˈbæs.kɪt.bɔːl/ • *n* basketbal *n*
bass /beɪs/ • *n* bas *f*; basgitaar *f*; baars *m*
bassoon /bəˈsuːn, bəˈsʊn/ • *n* fagot *m*
bat /bæt/ • *n* vleermuis *f*; knuppel *m*, slaghout *n*
bath /bɑːθ, bɛːθ/ • *n* bad *n*, badkuip *f*; badkamer *f* **~room** • *n* badkamer *f*
batter /ˈbætə(ɹ), ˈbætəɹ/ • *n* beslag *n*
battery /ˈbætəɹi/ • *n* batterij *f*; fysieke mishandeling *f*; legbatterij *f*
battle /ˈbætəl, ˈbætl̩/ • *n* slag *m*, veldslag *m*, gevecht *n*, kamp *m*; strijd *f* • *v* strijden, vechten; bestrijden, bevechten **~field** • *n* slagveld *n*

bay /beɪ/ • *n* baai *f* **at ~** • *phr* op afstand; in het nauw
be /biː, bi/ • *v* (*sp* was, *pp* been) zijn; plaatsvinden; bestaan; worden; staan, zitten, liggen, wezen, zich bevinden
beach /biːʃ, biːtʃ/ • *n* strand *n* • *v* stranden
beam /biːm/ • *n* balk, biels; breedte *f*; dissel; bundel, straal • *v* stralen
bean /biːn/ • *n* boon *f*; knikker *m*, kop *m*, harses
bear /bɛə(ɹ), bɛəɹ/ • *n* bear, beer *m*; berin *f* • *v* (*sp* bore, *pp* borne) dragen, uitgerust; afleggen; verdragen, ondergaan; gelegen; torsen
beard /bɪəd, bɪɹd/ • *n* baard *m*
beast /biːst/ • *n* beest *n*, wild dier, dier *n*
beat /biːt/ • *adj* afgemat, bekaf, uitgeput; mieters • *n* ronde *f*; beat *m*, ritme *n*, puls *f*; zweving *f* • *v* (*sp* beat, *pp* beaten) verslaan, overwinnen; slaan; kloppen
beaten (*pp*) ▷ BEAT
beaut|y /ˈbjuːti, ˈbjuɹi/ • *n* schoonheid *f*; beauty, schone; juweeltje *n*, prachtexemplaar *n* **~iful** • *adj* mooi, schoon **~ifully** • *adv* mooi
beaver /ˈbiːvə, ˈbivɚ/ • *n* bever *m*
became (*sp*) ▷ BECOME
because /bɪˈkɒz, bɪˈkɔːz/ • *adv* omdat, dewijl, want, vermits, daar • *conj* aangezien
become /bɪˈkʌm, bɪˈkʊm/ • *v* (*sp* became, *pp* become) worden

bed /bɛd, beːd/ • *n* bed *n*, sponde; slaapplaats *f*; bedding *f*, bodem *m*, onderlaag *f*; bank *f*; bloembed *n*, tuinbed *n*; ader *m*, laag *m* • *v* naar bed gaan, gaan slapen; zich zetten; naar bed gaan met **~room** • *n* slaapkamer *f* **~sheet** • *n* laken *n* **make the ~** • *v* het bed opmaken

bee /bi, biː/ • *n* bij *f*, honingbij *f*, imme *f* **~hive** • *n* bijenkorf *m*, bijenhuif *f*, huif *f*, bijennest, immenhuif *f*, immenkorf *m*, korf; suikerspinkapsel *f*

beef /bif, biːf/ • *n* bief, biefstuk, rundvlees *n*

been *(pp)* ▷ BE

beer /bɪə(ɹ), bɪə/ • *n* bier *n*; biertje *n*

beetle /ˈbiːtəl/ • *n* kever *m*

beetroot /ˈbiːtɹuːt, ˈbɪtɹut/ • *n* rode biet *f*

before /bɪˈfɔː, bəˈfɔɹ/ • *adv* voordien, eerder, voorheen, vroeger; op voorhand, vooraf • *conj* voor, vooraleer, voordat, alvorens; eerder dan • *prep* voor; voordat; vóór

beg /bɛɡ/ • *v* bedelen; smeken **~gar** • *n* bedelaar *m*, bedelaarster *f*, bedelares *f*; armoedzaaier *m*, haveloze • *v* ruïneren

began *(sp)* ▷ BEGIN

beget /bɪˈɡɛt/ • *v* *(sp* begot, *pp* begotten) veroorzaken; voortbrengen

begin /bɪˈɡɪn/ • *v* *(sp* began, *pp* begun) beginnen, aanvangen **~ning** • *n* begin *n*; aanvang *m*

begot *(sp)* ▷ BEGET

begotten *(pp)* ▷ BEGET

begun *(pp)* ▷ BEGIN

behav|e /bɪˈheɪv/ • *v* zich gedragen **~ior** • *n* gedrag *n*, gedragingen

behaviour *(British)* ▷ BEHAVIOR

behind /bɪˈhaɪnd, ˌbiːˈhaɪnd/ • *n* achtereind, achterkant *m*, achterzijde; achterste *n*, achterwerk *n*, achterhand • *prep* achter, achteraan; na

Beijing • *n* Peking *n*

being /ˈbiːɪŋ, ˈbiɪŋ/ • *n* wezen *n*; bestaan *n*

Belarus • *n* Wit-Rusland, Belaroes

belated • *adj* verlaat, laattijdig

Belgi|um • *n* België *n* **~an** • *adj* Belgisch, Belgische • *n* Belg *m*, Belgische *f*

belie|ve /bɪˈliːv/ • *v* geloven; denken **~f** • *n* geloof *n* **~ver** • *n* gelovige

Belize • *n* Belize

bell /bɛl/ • *n* bel *f*, klok *f*; belletje *n* • *v* de bel aanbinden; balken, loeien

belligerent /bəˈlɪdʒ.(ə).ɹənt, bəˈlɪdʒ.ə.ɹɛnt/ • *adj* belligerent, oorlogvoerend; oorlogszuchtig; krijgs-, oorlog; strijdlustig, vijandig • *n* belligerent, oorlogvoerend

belly /ˈbɛli/ • *n* buik *m*

belong /bɪˈlɒŋ, bɪˈlɔŋ/ • *v* thuishoren, horen; behoren; horen bij, thuishoren bij; toebehoren aan, van iemand

beloved /bɪˈlʌvd, bɪˈlʌvɪd/ • *adj* geliefd, bemind, welbemind, lief • *n* geliefde *f*, beminde *f*

below /bɪˈləʊ, bəˈloʊ/ • *adv* beneden • *prep* onder

belt /bɛlt/ • *n* gordel *m*, riem, broeksband, ceintuur *m*; veiligheidsgordel *m*; dreun, klap, slag, oplawaai • *v* omgorden, omringen, omzomen, omgeven; insnoeren; brullen, uitbrullen

below the ~ • *phr* onder de gordel

bench /bɛntʃ/ • *n* bank *f*, zitbank *f* • *v* naar de zijlijn verwijzen; opdrukken

benchmark • *n* ijkpunt *n*, maatstaf

bend /bɛnd, bɪnd/ • *n* bocht *m*; verbindingsknoop *m*; schuinbalk *m* • *v* (*sp* bent, *pp* bent) onderwerpen; knopen, bevestigen, vastmaken; buigen, plooien; corrigeren; afbuigen, draaien, gaan

beneath /bɪˈniːθ/ • *adv* onder, beneden

benefi|t /ˈbɛn.ə.fɪt/ • *n* voordeel *n*, idiomatic expression: ten voordele van, nut *n*; uitkering, subsidie *f*; benefiet *m*, benefietconcert *n* **~cial** • *adj* gunstig **~ciary** • *n* begunstigde *f*

benign /bɪˈnaɪm/ • *adj* goedaardig

Benin • *n* Benin

bent /bɛnt/ • *adj* gebogen; met de zinnen gezet op • *n* aanleg *m* (*also*) ▷ BEND

bereave /bɪˈriːv/ • *v* (*sp* bereaved, *pp* bereaved) beroven, ontnemen

bereaved (*sp/pp*) ▷ BEREAVE

bereft (*sp/pp*) ▷ BEREAVE

Berlin • *n* Berlijn *n*

Bern • *n* Bern

berry /ˈbɛri/ • *n* bes *f*

beseech /bɪˈsiːtʃ/ • *v* (*sp* besought, *pp* besought) bezweren, bidden, smeken

beseeched (*sp/pp*) ▷ BESEECH

beside /bɪˈsaɪd, bɪˈsaɪd/ • *prep* naast **~s** • *adv* bovendien, daarenboven, daarbij; daarnaast, voorts; behalve dat, daarbuiten • *prep* naast; behalve

besought (*sp/pp*) ▷ BESEECH

best /bɛst/ • *adj* best • *v* slaan, overmeesteren, verslaan, overwinnen **~seller** • *n* bestseller *m*, succesboek

bet /bɛt/ • *n* weddenschap *f*; waarschijnlijkheid *f* • *v* (*sp* bet, *pp* bet) gokken, wedden; er op kunnen rekenen, er van op aan kunnen

betray /bəˈtreɪ/ • *v* verraden; onthullen; verspreken; bedriegen

betted (*sp/pp*) ▷ BET

better /ˈbɛtə, ˈbɛtəɹ/ • *adj* beter • (*also*) ▷ GOOD

between /bɪˈtwiːn, bəˈtwin/ • *prep* tussen; onder ons gezegd en gezwegen; onder

beyond /biˈjɑnd, bɪˈjɒnd/ • *prep* verder weg dan, voorbij

Bhutan • *n* Bhutan

bias /ˈbaɪəs/ • *n* neiging, vooroordeel *n*, vooringenomenheid *f*; voorspanning *f*, voormagnetisatie **~ed** • *adj* partijdig

Bible /ˈbaɪbəl/ • *n* bijbel *m*, Schrift *f*

bicycle /ˈbaɪsɪkl/ • *n* velo *m* • *v* fietsen, wielrennen

bid /bɪd/ • *n* bod *n* • *v* (*sp* bade, *pp* bidden) gebieden, gelasten; uitnodigen; bidden; bieden

bidden *(pp)* ▷ BID

big /bɪɡ/ • *adj* groot, omvangrijk; volwassen

bike /baɪk/ • *n* fiets *m*, velo *m*; motorfiets, brommer • *v* fietsen, wielrijden; toeren

bikini /bɪˈkiːni/ • *n* bikini

bill /bɪl/ • *n* hellebaard *f*; snavel, bek; wetsontwerp *n*; plakaat • *v* in rekening brengen, factureren, rekenen

billion /ˈbɪljən/ • *n* miljard *n*; biljoen

bin /bɪn/ • *n* vuilnisbak, afvalbak • *v* dumpen, weggooien

bind /baɪnd/ • *v* (*sp* bound, *pp* bound) binden; verbinden, koppelen

biodegradable /ˌbaɪoʊdəˈɡreɪdəbl/ • *adj* biologisch afbreekbaar

biodiversity /ˌbaɪoʊdaɪˈvɜːsəti, ˌbaɪ.əʊˌdaɪˈvɜː(ː).sɪ.ti/ • *n* biodiversiteit *f*

biograph|y /baɪˈɒɡrəfi, baɪˈɑːɡrəfi/ • *n* biografie *f* **~ical** • *adj* biografisch **auto~y** • *n* autobiografie *f*

biolog|y /baɪˈɒlədʒi, baɪˈɒlədʒi/ • *n* biologie **~ical** • *n* biologisch, biologische **~ist** • *n* bioloog *m*, biologe *f*

bird /bɜːd, bɜ̇d/ • *n* vogel *m*; griet *f*

birth /bɜːθ, bɜ̇θ/ • *n* geboorte *f*; bevalling *f*; afkomst *f* • *v* baren **~day** • *n* verjaardag *m*; geboortedag *m*, geboortedatum *m*

biscuit /ˈbɪskɪt/ • *n* biscuit, koekje

bishop /ˈbɪʃəp/ • *n* bisschop *m*; loper *m*

bit /bɪt/ • *adv* beetje • *n* boortje *n*, bit *m*; beetje, hapje; stuk *n* • *(also)* ▷ BITE

bite /baɪt/ • *n* bijten *n*; beet *m*; hap *m* • *v* (*sp* bit, *pp* bitten) bijten

bitten *(pp)* ▷ BITE

bitter /ˈbɪtə, ˈbɪtər/ • *adj* bitter; scherp; verbitterd **~sweet** • *adj* bitterzoet • *n* bitterzoet

biweekly /baɪˈwiːkli/ • *adj* om de week; tweemaal per week

bizarre /bɪˈzɑː(ː), bɪˈzɑːr/ • *adj* bizar

black /blæk/ • *adj* zwart; donker; neger *m*, negerin • *n* zwart; zwarte *m*, zwartje, negerin *f*

blackberry /ˈblækbəɹi, ˈblækbɛɹi/ • *n* braamstruik *m*; braam *f*, braambes *f*

blackbird /ˈblakbəːd, ˈblækˌbɜd/ • *n* merel *m*

blackboard /ˈblækbɔːd, ˈblækbɔːd/ • *n* schoolbord *n*, bord *n*
blackmail • *n* afpersing *f* • *v* chanteren
bladder /ˈblædə, ˈblærɚ/ • *n* blaas *f*
blade /bleɪd/ • *n* blad *n*; folie *m*, plaat *f*
blame /bleɪm/ • *n* schuld *f* • *v* beschuldigen, verwijten, wijten
blank /blæŋk/ • *n* spatie; losse flodder
blanket /ˈblæŋkɪt/ • *n* deken *f* • *v* bedekken
blast /blɑːst, blæst/ • *n* windstoot, rukwind; ontploffing
blazer /ˈbleɪzə, ˈbleɪzɚ/ • *n* blazer
bled *(sp/pp)* ▷ BLEED
bleed /bliːd/ • *n* bloeding; afloop • *v* (*sp* bled, *pp* bled) bloeden
bless /blɛs/ • *v* (*sp* blessed, *pp* blessed) zegenen **~ing** • *n* zegen *f*; zegening *f*; zegenen *n*
blessed *(sp/pp)* ▷ BLESS
blest *(sp/pp)* ▷ BLESS
blew *(sp)* ▷ BLOW
blind /blaɪnd/ • *adj* blind • *n* blind *n* • *v* verblinden, blenden **~fold** • *n* blinddoek **~ness** • *n* blindheid *f*
blink /blɪŋk/ • *v* knipperen; flitsen
bliss /blɪs/ • *n* gelukzaligheid *f*, verrukking *f*
block /blɒk, blɑk/ • *n* blok *n*; kop *m*; verstopping *f* • *v* verstoppen; versperren, blokkeren; tegenhouden, verhinderen
blog /blɒg, blɑg/ • *n* blog *m*
blond /blɒnd, blɑnd/ • *adj* blond • *n* blond; blondine
blood /blʌd, blʊd/ • *n* bloed *n* • *v* bloeden **~y** • *adj* bloederig, bloederige; stomme • *adv* verdomd
blouse /blaʊs/ • *n* blouse, bloes
blow /bləʊ, bloʊ/ • *n* slag *m*; tegenslag *m* • *v* (*sp* blew, *pp* blown) blazen; spuiten; waaien; doorjagen; pijpen; springen, ontploffen
blown *(pp)* ▷ BLOW
blue /bluː, blu/ • *adj* blauw; teneergeslagen, depressief • *n* blauw *n*; blauwtje *n* **out of the ~** • *phr* uit het niets, zomaar
blunt /blʌnt/ • *adj* stomp, bot
blush /blʌʃ/ • *v* blozen
board /bɔːd, bɔːrd/ • *n* plank *f*; paneel *n*, bord *n*, controlebord *n*; raad *m*; logement *n* • *v* aan boord gaan, opstappen, instappen; logies verschaffen; logeren; enteren **above ~** • *phr* openlijk, rechtuit, met de handen op tafel, niets onderhands; volgens het boekje, eerlijk, loyaal **~ game** • *n* bordspel *n*
boast /bəʊst, boʊst/ • *n* opscheppen
boat /bəʊt, boʊt/ • *n* boot *m*, schip *n* • *v* varen
bod|y /ˈbɒdi, ˈbɑdi/ • *n* lijf *n*, substantie *f*; lichaam *n*; lijk *n*;

corpus *n*; hoofddeel *n*, carrosserie *f*; orgaan *n*, organisatie *f*; massa *f*, menigte *f*; verzameling *f*; deel *n*, deeltje *n* **~ily** ● *adj* lichamelijk, somatisch, fysiek **~yguard** ● *n* lijfwacht, lijfgarde, persoonsbeveiliger, bodyguard *m* **~ybuilder** ● *n* bodybuilder

boil /bɔɪl/ ● *n* etterbuil *m*; kookpunt *n*, kook ● *v* koken, aan de kook brengen, zieden, zooien; stikken **~ing** ● *adj* kokend

boisterous /ˈbɔɪstərəs/ ● *adj* driest; stormachtig

bold /bəʊld, bɒʊld/ ● *adj* moedig; vet, vetgedrukt

Bolivia ● *n* Bolivia, Bolivië

bolt /bʊlt, bɒʊlt/ ● *n* bout *f*; grendel *m*; pijl *m*; schicht *m*; rol *f*

bomb /bɒm, bam/ ● *n* bom *f*; flop *f*; wrak *n*; vlam *f* ● *v* bombarderen; afgaan **~er** ● *n* bommenwerper *m*

bond /band, bɒnd/ ● *n* band *m*; binding

bone /bəʊn/ ● *n* been *n*; bot *n*, knekel *m*; graat *f*; balein *f*

bonus /ˈbəʊ.nəs, ˈbɒʊ.nəs/ ● *n* bonus *m*, extraatje *n*; premie

book /bʊk, buːk/ ● *n* boek *n*, album *n*; boeken ● *v* boeken, vlammen; reserveren; te boek stellen, noteren **~case** ● *n* boekenkast **~mark** ● *n* bladwijzer *m* **~ing** ● *n* boeking; reservatie; boeken *n*

boom /buːm, bum/ ● *interj* boem, kaboem; giek *m*; hausse, hoogconjunctuur ● *v* dreunen, donderen; bloeien, floreren

boost /buːst/ ● *n* zetje *n*, duwtje *n*, duwtje in de rug *n* ● *v* een zetje geven, een duwtje geven, een duwtje in de rug geven; jatten, stelen, ontvreemden

boot /but, buːt/ ● *n* laars *f*, bot *f*, hoge schoen; huls *f*, beschermhuls *f*; wielklem *f*; bootleg *m* ● *v* afranselen, straffen; eruitgooien, buitengooien, eruittrappen; kotsen, braken; opstarten; trappen, schoppen, schieten

booth /buːð, buːθ/ ● *n* stand; cabinet

border /ˈbɔədə, ˈbɔːdə/ ● *n* rand *m*; border *m*; grens *f* ● *v* begrenzen; grenzen aan **~line** ● *adj* grens, dubieus ● *n* grens *f*, grenslijn *f*, scheidingslijn *f*, demarcatie *f*, demarcatielijn *f*

bore *(sp)* ▷ BEAR

bored /bɔːd, bɔːɪd/ ● *adj* verveeld

boring /ˈbɔːrɪŋ/ ● *adj* saai

born /bɔːn, bɔɪn/ ● *adj* geboren ● *(also)* ▷ BEAR

borne *(pp)* ▷ BEAR

borrow /ˈbɒrəʊ, ˈbɑroʊ/ ● *v* lenen, ontlenen

Bosnia ● *n* Bosnië **~n** ● *n* Bosniër *m*, Bosnische *f*; Bosnisch *n*

boss /bɒs, bɔs/ ● *n* baas *m*, opzichter *m*; bazin *f*, chef *m*; eindbaas *m*

both /bəʊθ, boʊθ/ • *conj* zowel ... als ... • *det* beide, allebei, allebeide, alletwee

bother /ˈbɒðəɪ/ • *n* moeite • *v* storen; moeite doen

Botswana • *n* Botswana *n*

bottle /ˈbɒ.təl, ˈbɑ.təl/ • *n* fles *f* • *v* bottelen; de fles geven

bottom /ˈbɒtəm, ˈbɑtəm/ • *n* onderkant *m*, bodem *f*; bil; bottom

bought *(sp/pp)* ▷ BUY

bounce /baʊns/ • *n* stuiteren, afketsen; bons, stuit, terugsprong • *v* stuiteren, ketsen

bound /baʊnd/ • *adj* gehouden; geacht; bereid; bestemd • *n* sprong; grens, limiet • *v* begrenzen, omringen; springen • *(also)* ▷ BIND **~less** • *adj* grenzeloos, onbegrensd **~ary** • *n* grens

bow /bəʊ, boʊ/ • *n* boog *m*; strijkstok *m*; strik; buiging *f*; boeg *m* • *v* buigen; een buiging maken, zich buigen; strijken **~tie** • *n* vlinderdas *m*, strikje *n*

bowel /ˈbaʊ.əl/ • *n* ingewande

bowl /bəʊl, boʊl/ • *n* schaal, kom • *v* bowlen

box /bɒks, bɑks/ • *n* doos *f*; bok *m*; buis *f*; bak *m*; kader *n*; buxus, buksboom, buks *m*; vuistslag *m* • *v* inpakken, verpakken; boksen

boy /bɔɪ, bɔːə/ • *interj* jongens, tsjongejonge, amai • *n* boy, huisboy *m*; nikker *m*; jongen *m*, knaap *m*; kerel *m*; mannen, jongens, kerels, boys **~friend** • *n* vriend *m*, lief *n*

bra /bɹɑː/ • *n* bustehouder *m*, beha *m*

bracelet /ˈbɹeɪslət/ • *n* armband *m*

bracket /ˈbɹækɪt/ • *n* haakje *n*

brain /bɹeɪn/ • *n* brein *n*, hersenen, hersens; verstand *m*, intellect *n* • *v* iemand op z'n kop slaan; iemand de kop inslaan

brake /bɹeɪk/ • *n* rem, remmen, remmer *m*; remming • *v* braken; remmen, op de rem staan/trappen; afremmen

branch /bɹɑːntʃ, bɹæntʃ/ • *n* tak *m*; filiaal; branch, bedrijfstak, vakgebied • *v* aftakken

brand /bɹænd, bɹænd/ • *n* brandmerk *n*; merk *n* • *v* brandmerken

brandy /ˈbɹændi/ • *n* brandewijn

brass /bɹɑːs, bɹæs/ • *adj* bronzen • *n* messing *n*, geelkoper *n*; geelkoperen; koperblazers; brons *n*; lef *n*

brave /bɹeɪv/ • *adj* moedig

Brazil • *n* Brazilië

breach /bɹiːtʃ/ • *n* breuk *f*, breken *n*; inbreuk *f*, schending *f*; bres *f*, gat *n*; branding *f*

bread /bɹed/ • *n* brood *n*; poen *m* • *v* paneren

break /bɹeɪk/ • *v* (*sp* broke, *pp* broken) muteren; breken; verdelen *n*; overtreden; stukgaan, kapotgaan; kapotmaken, stukmaken; pauzeren **~ down** • *v* kapotgaan, stukgaan, falen; in tranen uitbarsten; ontbinden **~in** • *v* inbreken; inlopen **~up** • *v* uit elkaar gaan **~down** • *n* defect *n*, mankement *n*, panne *f*, stilstand *m*; ineenstorting *f*, inzakking *f*, zenuwinstorting *f*, instorting *f*; opdeling *f*, opsplitsing, uitsplitsing *f*; openbreking, afbraak *f* **~fast** • *n* ontbijt *n* • *v* ontbijten **~through** • *n* doorbraak

breast /bɹɛst/ • *n* borst *f*; hart *n*; borststuk *n* **~feed** • *v* borstvoeding geven, de borst geven, zogen **~feeding** • *n* borstvoeding

breath /bɹɛθ/ • *n* ademhaling *f*; adem *m*, asem *m*; adempauze *f*, pauze *f* **~taking** • *adj* adembenemend **~e** • *v* ademen, ademhalen, asemen, asemhalen; inademen; uitademen **~ing** • *n* ademhaling *f*

bred *(sp/pp)* ▷ BREED

breed /bɹiːd/ • *n* variëteit *f*; broedsel, gebroed • *v* (*sp* bred, *pp* bred) broeden; fokken

breeze /bɹiːz/ • *n* bries *m*; kinderspel *n*, eitje *n*, makkie *n*

brick /bɹɪk/ • *adj* bakstenen • *n* baksteen *m*; kanjer *m*, toeverlaat *m*, beschermengel *m* • *v* tot bakstenen bakken **~layer** • *n* metselaar *m*

bride /bɹaɪd/ • *n* bruid *f* **~groom** • *n* bruidegom *m*

bridge /bɹɪdʒ/ • *n* brug; kam *m*; bridge

brief /bɹiːf/ • *adj* kort, kortstondig; bondig, samengevat

bright /bɹaɪt/ • *adj* helder, fel; slim, intelligent; bont, levendig, monter; vrolijk, opgeruimd **~ness** • *n* glans *m*, helderheid *f*

brilliant /ˈbɹɪljənt/ • *adj* stralend; briljant, meesterlijk, virtuoos; schitterend; geniaal • *n* briljant *m*; diamant, robijn, halve petit

bring /bɹɪŋ/ • *v* (*sp* brought, *pp* brought) brengen **~ sb/sth up** • *v* opvoeden

British • *adj* Brits • *n* Brit *m*, Britse *f*

broad /bɹɔːd, bɹɑd/ • *adj* breed **~band** • *n* breedband **~cast** • *adj* wijdverspreid *n* transmissie, uitzenden *n*, uitzending; zaaien *n* • *v* uitzenden, omroepen; uitzaaien

broadcast /ˈbɹɔːdkɑːst, ˈbɹɑdkæst/ • *adj* wijdverspreid *n* transmissie, uitzenden *n*, uitzending; zaaien *n* • *v* (*sp* broadcast, *pp* broadcast) uitzenden, omroepen; uitzaaien

broadcasted *(sp/pp)* ▷ BROADCAST

broccoli /ˈbɹɒ.kə.li, ˈbɹɑ.kə.li/ • *n* broccoli *m*

broke /bɹəʊk, bɹoʊk/ • *adj* blut • *(also)* ▷ BREAK

broken /ˈbɹəʊkən/ • *adj* kaduuk; gebroken, verbijzeld;

broker /ˈbɹəʊkə, ˈbɹoʊkɚ/ • *n* tussenpersoon *m*, makelaar *m*

bronze /bɹɒnz, bɹɑnz/ • *adj* bronzen; bronskleurig • *n* brons *n*; bronskleur *f*

broth /bɹɒθ, bɹɑθ/ • *n* bouillon *n*; consommé *m*, bouillonsoep *f*

brother /ˈbɹʌðə(ɹ), ˈbɹʌðɚ/ • *n* broer *m*, broeder ~**hood** • *n* broederschap *f* ~**-in-law** • *n* zwager, schoonbroer

brought *(sp/pp)* ▷ BRING

brown /bɹaʊn/ • *adj* bruin • *v* bruin worden; bruinbakken

browse /bɹaʊz/ • *v* doorbladeren; surfen

Brunei • *n* Brunei

brush /bɹʌʃ/ • *n* borstel *m*; struikgewas *n* • *v* aanbrengen; afborstelen; (van de tafel vegen; borstelen; poetsen; vegen, tandenpoetsen; borstelen

Brussels • *n* Brussel *n* ~ **sprout** • *n* spruit, spruiten, usually in the diminutive plural form: spruitjes, spruitkool

brutal /ˈbɹuːtəl/ • *adj* bruut

BTW *(abbr)* ▷ BY THE WAY

bubble /ˈbʌb.əl/ • *n* bel *f*

buck /bʌk/ • *n* bok *m* • *v* bokken

bucket /ˈbʌkɪt/ • *n* emmer *m*; rammelkar *f* • *v* plenzen; vlammen

buddy /ˈbʌd.i/ • *n* maat *m*, maatje *n*; kerel *m*, vriend *m*

budget /ˈbʌdʒ.ɪt/ • *adj* budgettair; goedkoop, low-cost • *n* begroting *f*, budget *n* • *v* een begroting/budget opmaken/opstellen; budgetteren, begroten

buff /bʌf/ • *n* liefhebber • *v* oppoetsen

buffer /ˈbʌfə(ɹ), ˈbʌfɚ/ • *n* buffer *m*; buffermengsel *n* • *v* inperken

bug /bʌg/ • *n* insect *n*; beestje *n*; bug *m*

build /bɪld/ • *n* bouw • *v* (*sp* built, *pp* built) bouwen; opbouwen ~**er** • *n* bouwer, bouwster *f* ~**ing** • *n* bouwen *n*, bouw *m*; gebouw *n*

built *(sp/pp)* ▷ BUILD

bulb /bʌlb/ • *n* bol

Bulgaria • *n* Bulgarije ~**n** • *adj* Bulgaars • *n* Bulgaar *m*, Bulgaarse *f*; Bulgaars *n*

bull /bʊl/ • *adj* stieren-, mannetjes- • *n* stier *m*; beer *m*, kolos *m*; flik *f*; bul *m*; zegel *n*; onzin *m*, klinkklare onzin *m*, nonsens *m* ~**fighter** • *n* torero *m* ~**fighting** • *n* stierenvechten *n*

bullet /ˈbʊl.ɪt/ • *n* kogel *m* ~**proof** • *adj* kogelvrij

bumblebee /ˈbʌmblˌbi/ • *n* hommel *f*

bump /bʌmp/ • *n* botsing *m*; bult *m*; buil *f*

bunch /ˈbʌntʃ/ • *n* bos *m*; tros *m* • *v* bundelen; ophopen

bungling • *n* incompetent, onbekwaam

burden /bɜːdn, ˈbɜ́dn/ • *n* last *m* • *v* bezwaren, opgescheept zitten met

bureau /ˈbjʊɹ.əʊ, ˈbjʊɹ.ə/ • *n* agentschap *n*, kantoor *n*, bureau *n*; bureel *n*; kledingkast *m*, kast *m*

bureaucracy /bjʊˈɹɒkɹəsi, bjʊˈɹɑːkɹəsi/ • *n* bureaucratie *f*

burn /bɜn, bɜːn/ • *n* brandwond *f*, verbranding *f*; afbranden *n*; pijn *f*; branden *n*, branderigheid *f*; stroom *m*, beek *m*, sloot *f* • *v* (*sp* burnt, *pp* burnt) verbranden; laten aanbranden; aanbranden; branden, gloeien; verraden, in de steek laten; kwetsen, beledigen, liggen hebben; verliezen, doden; verteren

burned (*sp/pp*) ▷ BURN

burnt (*sp/pp*) ▷ BURN

burst /bɜst, bɜːst/ • *v* (*sp* burst, *pp* burst) barsten; doen barsten

Burundi • *n* Burundi

bur|y /ˈbɛ.ɹi, ˈbʌ.ɹi/ • *v* begraven; opgeven **~ial** • *n* begrafenis *f*

bus /bʌs/ • *n* bus *m*, autobus *m*, stadsbus *m* • *v* vervoeren met de bus; met de bus reizen; afruimen **~ driver** • *n* buschauffeur, busbestuurder *m* **~ station** • *n* busstation *f*

bush /bʊʃ/ • *n* struik, heester; bosje *n*, schaamhaar *n*; bush

business /ˈbɪz.nɪs, ˈbɪz.nəs/ • *n* bedrijf *n*, zaak *f*, onderneming *f*; zaken, zakenleven *n*; vak *n*; klandizie *f*; businessclass *m* **~man** • *n* zakenman *m* **~woman** • *n* zakenvrouw *f*

bust /bʌst/ • *n* buste *f*, borstbeeld *n*; boezem *f*; arrestatie *f*, razzia *f*; flop, fiasco *n* • *v* (*sp* bust, *pp* bust) oppakken, bij de lurven pakken, vatten; betrappen; barsten, breken

busted (*sp/pp*) ▷ BUST

busy /ˈbɪzi/ • *adj* druk; bezig

but /bʌt, bʊt/ • *conj* maar, echter; behalve

butcher /ˈbʊtʃ.ə(ɹ), ˈbʊtʃ.ɚ/ • *n* slager *m*, beenhouwer *m*; slachter *m* • *v* slachten; afslachten

butt /bʌt/ • *n* kont, achterste *n*, achterwerk *n*, reet; peuk *m*

butter /ˈbʌtəɹ, ˈbʌtə/ • *n* boter *f* • *v* beboteren, inboteren, met boter besmeren

butterfly /ˈbʌtə(ɹ)flaɪ/ • *n* vlinder, pepel *m*, vijfwouter, botervlieg *f*, pennenvogel *m*, schoenlapper *m*, zomervogel

button /ˈbʌtn̩/ • *n* knoop *m*; knop *m*, toets *m*; badge *f* • *v* dichtknopen

buy /baɪ/ • *v* (*sp* bought, *pp* bought) kopen, aanschaffen **~er** • *n* koper *m*, koopster *f*, aankoper *m*, aankoopster *f*, inkoper *m*, inkoopster *f*, klant *f*

by /baɪ/ • *adv* langs • *prep* tegen; door; vanwege; bij; met; per; op

bye /baɪ/ • *interj* dag, doei, doeg; tot ziens, tot weerziens, tot kijk, tot gauw, laters ; hoie, houdoe ; zwaai ; toedels, toedeltjes, toedelpip, toedeloe, toedeledokie ; tabee ; moi ; adieu, aju, ajuus, joe, jo ; ciao

C

cabbage /ˈkæbɪdʒ/ • *n* kool *m*; plant *f*

cabin /ˈkæbɪn/ • *n* kajuit *f*, roef *f*

cabinet /ˈkæ.bɪ.nɪt, ˈkæ.bə.nət/ • *n* kabinet

cable /ˈkeɪ.bl/ • *n* kabel *m*; tros; kabelnetwerk *n*; telegram *n*, kabeltelegram *n*; kabellengte • *v* bekabelen, cableren; kabelen

cactus /ˈkæktəs/ • *n* (*pl* cacti) cactus *m*

café /ˈkæˈfeɪ, ˈkæfeɪ/ • *n* café *n*, koffiehuis *n*

cage /keɪdʒ/ • *n* kooi; liftkooi • *v* opsluiten in een kooi, kooien

Cairo • *n* Caïro *n*

cake /keɪk/ • *n* taart *f*, cake *m*, gebak *n*, koek *m*; stuk *n*, blok *m* • *v* bedekken, vastkoeken

calculat|e /ˈkælkjʊleɪt/ • *v* berekenen, uitwerken; rekenen; plannen **~or** • *n* rekenmachine *f*, zakrekenmachine *f*, rekentoestel *n*, calculator *m*; berekenaar *m*; planner *m*

calendar /ˈkæl.ən.də, ˈkæl.ən.dər/ • *n* kalender *m*; agenda *m*, schema *n* • *v* vastleggen

calf /kɑːf, kæf/ • *n* (*pl* calves) kalf *n*; jong *n*; kuit *m*; kuitspier *f*

call /kɔːl, kɔl/ • *n* roep; bezoek *n*; telefoongesprek *n*, oproep *m* • *v* opbellen; bezoeken; noemen; meegaan; vragen; aanroepen; roepen; schreeuwen

calm /kɑːm, kɑ(l)m/ • *adj* vredig, kalm; rustig • *n* sereniteit *f*; rust *f*; windstilte *f* • *v* kalmeren, gerust stellen; afkoelen **~ down** • *v* bedaren

calves (*pl*) ▷ CALF

Cambodia • *n* Cambodja

came (*sp*) ▷ COME

camel /ˈkæməl/ • *n* kameel *m*

camera /ˈkæmərə/ • *n* fototoestel *n*, fotoapparaat *n*, camera *m*

Cameroon • *n* Kameroen *n*

camp /kæmp, æ/ • *n* kamp *n* • *v* kamperen

campaign /kæmˈpeɪn/ • *n* campagne *f*, veldtocht *m*

campus /ˈkæmpəs/ • *n* campus *m*

can /ˈkæn, kən/ • *n* kan; gieter *m*; blikje, usually for drinks), conservenblik, blik • *v* (*sp* could, *pp* -) afvoeren; kunnen, vermogen; stil houden; mogen; inblikken, conserveren

Canad|a • *n* Canada *n* **~ian** • *adj* Canadees • *n* Canadees *m*, Canadese *f* • *n* Canadees *n*, Canadees-Frans *n*

canal /kəˈnæl, kəˈnɛl/ • *n* kanaal *n*, vaart *f*, gracht, more commonly used in Holland)

canary /kəˈnɛəɹi/ • *n* kanarie *m*, kanarievogel *m*; kanariegeel *n*

cancel /ˈkænsl/ • *v* doorhalen; annuleren; schrappen **~lation** • *n* afgelasting, intrekken

cancer /ˈkænsə, ˈkæːnsə/ • *n* kanker *m*

candid /ˈkæn.dɪd/ • *adj* neutraal, objectief; eerlijk, spontaan

candida|te /ˈkæn.dɪdət, ˈkæn.dɪ.deɪt/ • *n* kandidaat *m*, kandidate *f* **~cy** • *n* kandidatuur *f*

candle /ˈkændəl/ • *n* kaars *f*

candy /ˈkændi/ • *n* snoep

cannabis /ˈkænəbɪs/ • *n* hennep

cannot /ˈkænɒt, ˈkæ(n.)nɑt/ • *v* niet kunnen

canoe /kəˈnuː/ • *n* kano *m*

canvas /ˈkæn.vəs/ • *n* canvas *n*; doek *n*, linnen *n*, schilderslinnen *n*

cap /kæp/ • *n* pet *m*; dop *m*

capable /ˈkeɪpəbl̩/ • *adj* bekwaam

capacity /kəˈpæsɪti/ • *n* capaciteit *f*, capaciteiten; hoedanigheid *f*

Cape Verde • *n* Kaapverdië

caper /ˈkeɪpɚ, ˈkeɪpə/ • *n* kapriool; kappertje *n* • *v* opspringen, bokkesprong maken

capital /ˈkæp.ɪ.təl/ • *adj* hoofd-, kapitaal; uitstekend, excellent; dood; hoofd • *n* kapitaal *n*; kapiteel *n*

capitalis|m /ˈkæpɪt(ə)lɪz(ə)m, ˈkæpɪtl̩ˌɪzm/ • *n* kapitalisme *n* **~t** • *adj* kapitalistisch • *n* kapitalist *m*, kapitaliste *f*

captain /ˈkæp.tɪn, ˈkæp.tən/ • *n* kapitein *m*; gezagvoerder; aanvoerder *m*

car /kɑː, kɑɹ/ • *n* auto *m*, wagen *m*, automobiel *m*; wagon *m*

carbohydrate /kɑːbəʊˈhaɪdɹeɪt, kɑːɹboʊˈhaɪdɹeɪt/ • *n* koolhydraat

carbon /ˈkɑːbən/ • *n* koolstof *n*; doorslag *m*; kool *m*; koolstofdioxide *m*

card /kɑːd, kɑɹd/ • *n* kaart, troef *m*; plan *n*, agenda *m*, schema *n*; kaardplank; kaardrol • *v* controleren; kaarden **~ game** • *n* kaartspel *n*

care /kɛə, kɛ(ə)ɹ/ • *n* zorg • *v* zorgen, bemoederen **~less** • *adj* onvoorzichtig, onbedachtzaam, achteloos, nalatig, onachtzaam **~ful** • *adj* voorzichtig, behoedzaam, omzichtig, prudent; zorgvuldig, grondig, doortastend **~fully** • *adv* voorzichtig **~r** • *n* verzorger **~taker** • *n* voogd *m*

career /kəˈɹɪɹ, kəˈɹɪə/ • *n* carrière *f*, loopbaan

cargo • *n* vracht *f*

carp /kɑːp, kɑɹp/ • *n* karper *m*

carpenter /ˈkɑː.pən.tə, ˈkɑɹpəntɚ/ • *n* timmerman *m*, timmervrouw *f*, timmeraar *m*

carpet /ˈkɑːpɪt, ˈkɑɹpɪt/ • *n* tapijt *n*, vloerkleed *n* • *v* tapijt leggen, vloerkleed leggen;

een tapijt vormen, bedekken
carriage /ˈkærɪdʒ/ • *n* koets; wagon *m*
carrier /ˈkæ.ɪɪ.ə, ˈkæ.ɪɪ.ɚ/ • *n* drager *m*; vervoerder *m*
carrot /ˈkær.ət/ • *n* wortel *m*, peen *m*
carry /ˈkæ.ɪi/ • *n* greep *m*; overdracht *m* • *v* dragen; beschikbaar hebben, ter beschikking hebben; overnemen; overdragen, onthouden; te horen zijn
cart /kɑːt, kɑɪt/ • *n* kar *f*, wagen *m*
cartoon /kɑɪˈtuːn, kɑːˈtuːn/ • *n* tekenfilm *m*
carve /kɑɪv, kɑːv/ • *v* snijden
case /keɪs/ • *n* kast; geval; rechtszaak, proces *n*; naamval *m*; kist *f*; hulsel *n*; tas *f*; valies; vitrine, uitstalraam; omhulsel
cash /kæʃ/ • *n* contanten, cash *m*, baar geld • *v* innen
cashier /kəˈʃɪə/ • *n* kassier • *v* ontslaan
casino /kæˈsiːnoʊ/ • *n* casino *n*, speelhuis *n*
cast /kɑːst, kæst/ • *n* schijn *m*; bezetting *f*, rolbezetting *f*, cast *m*, rolverdeling *f*; casten *n*, casting *f*; afgietsel *n*; gips *m*, spalk *m*; vorm *m*, mal *f*; blik *m*, zijwaartse blik • *v* (*sp* cast, *pp* cast) werpen, gooien, smijten; uitgooien; neergooien, afweren, afwerpen; gieten; een rol geven; omzetten, casten; peilen

castle /ˈkɑːsəl, ˈkæsəl/ • *n* kasteel *n*, fort *n*, burcht *f*, slot *n* • *v* rokeren
casual /ˈkæʒuəl, ˈkaʒuəl/ • *adj* achteloos
casualty /ˈkaʒ(ʊ)əlti/ • *n* slachtoffer
catalogue /ˈkæt.ə.lɒg, ˈkætəlɔg/ • *n* catalogus *m*, cataloog; inventaris *m*; bibliotheekcatalogus *m* • *v* catalogiseren
catch /kætʃ/ • *n* haak *m*; struikelblok *n*, valstrik *m*; vangst *f*; opvangen, vangen • *v* (*sp* caught, *pp* caught) grijpen; halen; vangen; oplopen, krijgen; snappen, begrijpen ~ **up** • *v* bijpraten
category /ˈkætəˌgɔɹi, ˈkætɪg(ə)ɹi/ • *n* categorie *f*
caterpillar /ˈkætəpɪlə(ɹ), ˈkædəɹˌpɪləɹ/ • *n* rups *f*
cathedral /kəˈθiːdɹəl/ • *n* kathedraal *f*
Catholic • *adj* katholiek; rooms-katholiek • *n* katholiek *m*
cattle /ˈkæt(ə)l/ • *n* rundvee *n*; vee *n*; beesten
caught (*sp/pp*) ▷ CATCH
cauliflower /ˈkɒl.iˌflaʊ.ə, ˈkɔl.ɪˌflaʊ.ɚ/ • *n* bloemkool *f*
cause /kɔːz, kɔz/ • *n* oorzaak *f*, reden *f*, aanleiding *f*; doel • *v* veroorzaken
caustic /ˈkɔːstɪk/ • *adj* corrosief, bijtend; streng, scherp, schamper
cautio|n /ˈkɔːʃ(ə)n, ˈkɑːʃ(ə)n/ • *n* waarschuwing;

voorzichtigheid *f*, voorzorg *m*, omzichtigheid *f*, terughoudendheid; borg, borgsom, garantie, waarborg • *v* waarschuwen, manen **~us** • *adj* voorzichtig

cave /keɪv/ • *interj* opgepast • *n* hol *n*, grot *f* • *v* ondermijnen

CD • *n* (*abbr* Compact Disc) cd

cease /siːs/ • *v* ophouden

ceiling /ˈsiːlɪŋ/ • *n* plafond *n*, zoldering *f*

celebrat|e /ˈsɛl.ɪ.bɹeɪt/ • *v* vieren **~ion** • *n* viering *f*; gedachtenis, herdenking; festiviteit, feest, fuif

celebrity /sɪˈlɛbɹɪti/ • *n* beroemdheid *f*

celery /ˈsɛl.ə.ɹi/ • *n* selderij *m*, selderie *m*, selder *m*

cell /sɛl/ • *n* batterij *f*; cel *f*; mobieltje *n*

cellar /ˈsɛlə(ɹ), ˈsɛlɚ/ • *n* kelder *m*; wijnkelder *m*

cello /ˈtʃɛləʊ, ˈtʃɛloʊ/ • *n* cello *m*

cemetery (*British*) ▷ GRAVEYARD

censor /ˈsɛn.sə, ˈsɛn.sɚ/ • *n* censor *m* • *v* censureren **~ship** • *n* censuur *f*

cent /sɛnt/ • *n* cent *m*

cent|er /ˈsɛn.tɚ, ˈsɛn.tə(ɹ)/ • *adj* centraal • *n* centrum, middelpunt; midden • *v* centreren; concentreren **~ral** • *adj* centraal

centre (*British*) ▷ CENTER

century /ˈsɛn.tʃə.ɹi:/ • *n* eeuw *f*; centurie *f*

CEO • *n* (*abbr* Chief Executive Officer) bestuursvoorzitter

ceramic /səˈɹæmɪk/ • *n* keramiek *f*

ceremon|y /ˈsɛɹɪməni, ˈsɛɹəmoʊni/ • *n* ceremonie *f*, plechtigheid *f* **~ial** • *adj* ceremonieel

certain /ˈsɜːtn̩, ˈsɝtn̩/ • *adj* zeker **~ly** • *adv* beslist, voorzeker, zeker, waarlijk; en of **~ty** • *n* zekerheid *f*

certificat|e /səɹˈtɪfɪkɪt, səɹˈtɪfɪˌkeɪt/ • *n* certificaat, attest *n* **~ion** • *n* attestering *f*

Chad • *n* Tsjaad

chain /tʃeɪn/ • *n* ketting *f*, keten *f*, aaneenrijging *f*; aaneenschakeling *f*, opeenvolging *f*

chair /tʃɛə(ɹ), tʃɛɚ/ • *n* stoel *m*, zetel *m*; leerstoel **~man** • *n* voorzitter *m*

chalk /tʃɔːk, tʃɔk/ • *n* krijt *n*, krijtgesteente *n*; krijtje *n*

challenge /ˈtʃæl.ɪndʒ/ • *n* uitdaging • *v* uitdagen, tarten; betwisten, bekritiseren; wraken

chamber /ˈtʃeɪmbə(ɹ)/ • *n* slaapkamer; kamer *f*

chameleon /kəˈmiːliən/ • *n* kameleon *n*

champion /ˈtʃæmpiən/ • *adj* meesterlijk, eerste klasse • *n* kampioen *m*; voorvechter *m* • *v* voorvechten **~ship** • *n* kampioenschap *n*

chance /tʃæns, tʃɑːns/ • *n* kans *f*, gelegenheid *f*, mogelijkheid *f*; toeval *n* • *v* wagen

chancellor /ˈtʃɑːnsələ, ˈtʃænsələ/ • *n* kanselier

chang|e /tʃeɪndʒ/ • *n* wisselgeld *n*; verandering *f*, aanpassing *f*, wijziging *f*; vervanging *f*, wissel *m*, andere kleren; overstap *m* • *v* veranderen, zich aanpassen; aanpassen; verwisselen, vervangen; zich omkleden; overstappen **~ing room** • *n* kleedkamer *f*; kleedhokje *n*

channel /ˈtʃænəl/ • *n* bedding *f*, kanaal *n*; vaargeul *f*; zee-engte *f*, zeestraat *f*; zender *m* • *v* leiden, omleiden, kanaliseren; nadoen, imiteren

chao|s /ˈkeɪ.ɒs, ˈkeɪ.ɑs/ • *n* chaos *m*, baaierd *m*; wanorde **~tic** • *adj* chaotisch; wanordelijk, onordelijk, warrig, verward

chapter /ˈtʃæptə, ˈtʃæptɚ/ • *n* hoofdstuk *n*, kapittel *n*

character /ˈkɛɹəktə, ˈkæɹəktɚ/ • *n* personage *n*; karakter *n*, persoonlijkheid *f*

characteristic /ˌkʰæɹəktəˈɹɪstɪk/ • *adj* kenmerkend, karakteristiek, idiosyncratisch • *n* trekje *n*, karakteristiek *f*

charcoal /ˈtʃɑː.kəʊl, ˈtʃɑɹ.koʊl/ • *adj* antraciet • *n* houtskool *m*

charge /tʃɑːdʒ, tʃɑɹdʒ/ • *n* last; charge *f*, stormaanval *m*; lading • *v* belasten; opdragen; aanklagen **~r** • *n* oplader *m*

charit|y /ˈtʃɛɹəti/ • *n* naastenliefde *f*; liefdadigheid *f*; liefdadigheidsinstelling *f*, goed doel *n* **~able** • *adj* weldadig

charm /tʃɑːm, tʃɑːm/ • *n* betovering, bezwering, ban; charme; bedeltje • *v* betoveren, bezweren; beheksen **~ing** • *adj* charmant

charter /ˈtʃɑːtə, ˈtʃɑɹɹɚ/ • *n* handvest

chase /tʃeɪs/ • *n* achtervolging *f*, jacht *m*; jachtgebied *n*, jachtdomein *n* • *v* achtervolgen, achternazitten, achternajagen

chat /tʃæt/ • *n* gebabbel *n*, geklets *n*, kletspraat *m*; gesprek *n*, babbel *m*; chat; tapuit *m* • *v* kletsen, babbelen; chatten

cheap /tʃiːp, tʃiːp/ • *adj* goedkoop, onduur, betaalbaar; afgeprijsd, in aanbieding; laagwaardig, ordinair; waardeloos, schamel

cheat /tʃiːt/ • *n* bedrieger; liegen • *v* vals spelen, bedriegen; vreemdgaan **~ing** • *n* valsspelen *n*

check /tʃɛk/ • *n* schaak; vinkje, kruisje; rekening *f*; controle • *v* controleren, inspecteren, checken; aanvinken, aankruisen, afvinken; verifiëren **~ in** • *v* inchecken **~ out** • *v* afrekenen; onderzoeken **~mate** • *interj* schaakmat *n*, mat *n* • *n* schaakmat, mat

cheek /tʃiːk/ • *n* wang *f*, koon *f*, kaak *f*; bil *f* **~y** • *adj* brutaal

cheer|ful /ˈtʃɪəfəl, ˈtʃɪəfəl/ • *adj* blijmoedig, tevreden **~ up** •

interj kop op
cheese /tʃiːz, tʃiz/ ● *n* kaas *m*
chef /ʃɛf/ ● *n* chef-kok
chemi|stry /ˈkɛm.ɪ.stɹi/ ● *n* chemie *f*, scheikunde *f*; chemo-, chemie-, scheikundig **~cal** ● *adj* chemisch, scheikundig ● *n* chemicalie *f*; verslavend middel **~st** ● *n* scheikundige *f*, chemicus *m*
cherry /ˈtʃɛɹi/ ● *adj* met kersensmaak, kers ● *n* kers *f*, kriek *f*; kerselaar *m*, kriekenboom *f*; kersenhout *n*
chess /tʃɛs/ ● *n* schaak *n*, schaakspel *n*, schaken *n* **~board** ● *n* schaakbord **~player** ● *n* schaker *m*, schaakster *f*
chest /tʃɛst/ ● *n* kist *f*; borst *f*, torso *m*, thorax *m*, romp *m*
chestnut /ˈtʃɛs.nʌt/ ● *adj* kastanjebruin, kastanjebruine ● *n* kastanje *f*, tamme kastanje *f*; kastanjebruin *n*
chew /tʃuː, tʃu/ ● *v* kauwen **~ing gum** ● *n* kauwgom *m*
chicken /ˈtʃɪkɪn/ ● *n* kip *f*, hen *f*, hoen *n*; kippenvlees *n*; lafaard *m*, wezel *m*, lafbek, angsthaas *m*
chief /tʃiːf/ ● *n* schildhoofd *n*
child /tʃaɪld/ ● *n* (*pl* children) kind *n* **~ish** ● *adj* kinderachtig, infantiel **~hood** ● *n* kinderjaren *n*, kindertijd *m*
children *(pl)* ▷ CHILD
Chile ● *n* Chili **~an** ● *adj* Chileens, Chileense ● *n* Chileen *m*, Chileense *f*

chili /ˈtʃɪli, ˈtʃɪliː/ ● *n* chili, chilipeper
chill /tʃɪl/ ● *v* chillen **~y** ● *adj* kil, fris; koel
chimney /ˈtʃɪmni/ ● *n* schoorsteen *m*, schouw *m*; lampenkap *f*; spleet *f*
chimpanzee /ˌtʃɪmˈpæn.ziː/ ● *n* chimpansee *m*
chin /tʃɪn/ ● *n* kin
Chin|a /ˈtʃʌɪnə/ ● *n* China *n* **~ese** ● *adj* Chinees, Chinese ● *n* Chinees *n*; Chinezen; Chinese *f*
chip /tʃɪp/ ● *n* fiche *n*; frietjes, patat *f*; chips
chisel /ˈtʃɪzəl/ ● *n* beitel *m*
chivalry /ˈʃɪvəlɹi/ ● *n* ridderschap; ridderlijkheid *f*, hoofsheid *f*, galanterie *f*
chocolate /ˈtʃɒk(ə)lɪt, ˈtʃɔːk(ə)lət/ ● *adj* chocolade-; chocoladekleurig ● *n* chocolade *m*; chocolaatje *n*, bonbon, chocoladebonbon *m*, praline *f*; chocoladekleur *n*
choice /tʃɔɪs/ ● *adj* uitgelezen ● *n* keuze *f*, keuzemogelijkheid *f*
choir /kwaɪə(ɹ), kwaɪɚ/ ● *n* koor *n*
cholesterol ● *n* cholesterol *n*
choose /tʃuːz/ ● *v* (*sp* chose, *pp* chosen) kiezen, uitkiezen; verkiezen
chop /tʃɒp/ ● *n* karbonade
chord /kɔː(ɹ)d, kɔɹd/ ● *n* akkoord *n*; koorde *f*
chose *(sp)* ▷ CHOOSE
chosen *(pp)* ▷ CHOOSE

Christian • *adj* christelijk • *n* christen *f* • *n* Christiaan **~ity** • *n* christendom *n*

Christmas • *n* Kerstmis, kerst *m*

chronic /ˈkrɒnɪk/ • *adj* chronisch

chronology /krəˈnɒl.ə.dʒi/ • *n* chronologie *f*; tijdsorde *f*, tijdrekenkunde *f*, tijdrekening *f*

chunk /tʃʌŋk/ • *n* stuk *n*, brok, klomp

church /tʃɜːtʃ, tʃɝtʃ/ • *n* kerk *f*; kerkdienst *m*

churlish /ˈtʃɜːlɪʃ, ˈtʃɝːlɪʃ/ • *adj* slaafs; grof, onvriendelijk; grommend, weerbarstig

cider /ˈsaɪ.dɚ, ˈsaɪ.də/ • *n* cider *m*, appelwijn *m*, appelcider *m*

cigarette /ˌsɪ.ɡəˈɹɛt/ • *n* sigaret *f*, saffiaantje

cinema /ˈsɪn.ə.mə, ˈsɪn.ɪ.mə/ • *n* cinema *m*, bioscoop *m*; filmindustrie *f*

cinnamon /ˈsɪn.ə.mən, ˈsɪn.mɪn/ • *adj* kaneelachtig, met kaneelsmaak; kaneelkleurig • *n* kaneelboom *m*; kaneel *n*; kaneelkleur *f*

circ|le /ˈsɜːkəl/ • *n* cirkel *m*, kring *m*; groep; wallen • *v* omcirkelen; cirkelen **~ular** • *adj* rond

circulation /ˌsɜː(ɹ).kjʊˈleɪ.ʃən, ˌsɝːkjʊˈleɪʃən/ • *n* omloop *m*; oplage

circumspect /ˈsɜː.kəm.spɛkt, ˈsɝː.kəm.spɛkt/ • *adj* omzichtig, behoedzaam

circumstance /ˈsɜːkəmst(ə)ns, ˈsɝː.kəmˌstæns/ • *n* omstandigheid

circus /ˈsɜːkəs, ˈsɝːkəs/ • *n* circus *n*

citation /saɪˈteɪʃən/ • *n* dagvaarding *n*

citizen /ˈsɪtɪzən/ • *n* burger *m*, staatsburger *m*; poorter *m*, stadsburger *m*; inwoner *m*; particulier *m* **~ship** • *n* burgerschap *n*

city /ˈsɪti, sɪtɪ/ • *n* stad *f* **~ hall** • *n* stadhuis *n*, raadhuis *n*

civic /ˈsɪvɪk/ • *adj* stedelijk

civil /ˈsɪv.əl/ • *adj* burgerlijk, civiel; beschaafd, geciviliseerd **~ian** • *adj* burger- • *n* burger *m*

civilization /ˌsɪv.ɪ.ləˈzeɪ.ʃən, ˌsɪv.ə.ləˈzeɪ.ʃən/ • *n* beschaving *f*; bewoonde wereld; civilisatie • *n* beschaving

clad *(sp/pp)* ▷ CLOTHE

claim /kleɪm/ • *n* aanspraak *f*; bewering • *v* opeisen, claimen; beweren; aanspraak maken op

clam /klæm/ • *n* mossel *f*

clan /klæn/ • *n* clan *m*, stam *m*, sibbe *f*

clarif|y /ˈklæɪfaɪ/ • *v* verduidelijken **~ication** • *n* opheldering *f*, verduidelijking *f*

clarinet /ˌklæɹɪˈnɛt/ • *n* klarinet

clarity /ˈklæɹɪti/ • *n* helderheid *f*, klaarheid *f*

class /klɑːs, klæs/ • *n* klasse *f*; laag *f*; klas *f* **~mate** • *n* klasgenoot **~room** • *n* klaslokaal *n*

classical /ˈklæsəkəl/ • *adj* klassiek

classif|y /ˈklæsɪfaɪ/ • *v* rangschikken, classificeren

~ication • *n* classificatie *f*
clause /klɔ:z/ • *n* bijzin *m*; nevenschikking *f*; clausule *f*
claw /klɔ:, klɑ/ • *n* klauw • *v* klauwen
clay /kleɪ/ • *n* klei *m*
clean /kli:n, klin/ • *adj* schoon, proper; blanco; leeg; mooie; prachtig • *adv* schoon, proper • *v* schoonmaken, kuisen, poetsen, reinigen, wassen; opruimen **~er** • *n* schoonmaker *m*; reinigingsmiddel *n*, reiniger *m*
clear /klɪə(ɪ), klɪɪ/ • *adj* doorzichtig, klaar, doorschijnend; helder; vrij; onbewolkt, wolkenloos; duidelijk; zuiver • *adv* helemaal; weg van • *v* ontruimen, ruimen, vrijmaken; verduidelijken, verklaren; ontheven, vrijspreken; opklaren; verrekenen **~ly** • *adv* duidelijk
cleav|e /kli:v, kliv/ • *v* (*sp* cleft, *pp* cleft) klieven; splitsen **~age** • *n* splijten *n*, splijting *f*; decolleté *n*; deling *f*, celdeling *f*
cleaved (*sp/pp*) ▷ CLEAVE
cleft (*sp/pp*) ▷ CLEAVE
clerk /klɑːk, klɜ́k/ • *n* klerk *m*, bediende *m*
clever /ˈklɛvər/ • *adj* slim, kloek, scherpzinnig
click /klɪk/ • *n* klikken
client /ˈklʌɪənt, ˈklaɪ.ənt/ • *n* klant *f*, cliënt *f*; client *m*
cliff /klɪf/ • *n* klip *f*, klif *f*

climate /ˈklaɪmɪt/ • *n* klimaat *n* **~ change** • *n* klimaatsverandering *f*
climb /klaɪm/ • *v* klimmen; beklimmen **~er** • *n* klimmer *m*, beklimmer *m*; klimplant *f*, slingerplant *f*
cling /klɪŋ/ • *v* klampen
clinic /ˈklɪnɪk/ • *n* kliniek *f* **~al** • *adj* klinisch
clipboard • *n* klembord *n*
cloak /kloʊk/ • *n* mantel *m*
clock /klɒk, klɑk/ • *n* klok *m*; teller *m*, kilometerteller *m* • *v* klokken
close /kləʊz, kloʊz/ • *adj* nabije, dichtbij; zwoel, drukkend • *v* dichten, sluiten; dichtdoen; beëindigen; verkleinen **~d** • *adj* gesloten, dicht, afgesloten, toe **~ly** • *adv* dichtbij
closet /ˈklɒzɪt, ˈklɑzɪt/ • *n* kast *f*
closure /ˈkləʊ.ʒə(ɪ), ˈkloʊ.ʒɪ/ • *n* beëindiging, afsluiting, sluiting
cloth /klɒθ, klɑθ/ • *n* doek *n*, kleed *n*; vod *f* **~es** • *n* kleren **~ing** • *n* kleding *f*, kledij *f*
clothe /kləʊð, ˈkloʊð/ • *v* (*sp* clothed, *pp* clothed) kleden
clothed (*sp/pp*) ▷ CLOTHE
cloud /klaʊd/ • *n* wolk **~y** • *adj* bewolkt
clove (*sp*) ▷ CLEAVE
cloven (*pp*) ▷ CLEAVE
club /klʌb/ • *n* knuppel *m*; club *f*; klaveren *v* neerknuppelen, slaan
clue /klu:/ • *n* aanwijzing *f*, spoor *n* • *v* een tip geven;

inlichten, informeren
clumsy /ˈklʌmzi/ ● *adj* onhandig, stuntelig
cluster /ˈklʌstə, ˈklʌstər/ ● *n* tros *m*
coach /kəʊtʃ, koʊtʃ/ ● *n* koets; coach *m*, trainer *m*, trainster *f*; reisbus *m* ● *v* coachen, trainen; opleiden
coal /kəʊl, koʊl/ ● *n* kool *f*, steenkool *f*
coalition /koʊəˈlɪʃən/ ● *n* coalitie *f*
coast /koʊst, kəʊst/ ● *n* kust, kustlijn, zeekant, zeekust
coat /koʊt, kəʊt/ ● *n* mantel *m*, jas *m*; laag *f* ● *v* bekleden, coaten
cocaine /koʊˈkem/ ● *n* cocaïne *m*, sos, coke
cock /kɒk, kak/ ● *n* haan *m*; opper *m*; mannetje *n*; kip zonder kop; doffer *m* ● *v* opperen; neuken
cockroach ● *n* kakkerlak *f*, sissende kakkerlak *f*
cocktail ● *n* cocktail *m*
cocoa /ˈkəʊ.kəʊ, ˈkoʊ.koʊ/ ● *n* cacao *m*
coconut /ˈkoʊ.kə.nʌt, ˈkəʊ.kə.nʌt/ ● *n* kokosnoot *f*; kokos
cod /kɒd, kad/ ● *n* kabeljauw *m*
code /kəʊd, koʊd/ ● *n* code *m*; wetboek *n* ● *v* programmeren; coderen
coffee /ˈkɒ.fi, ˈkɔː.fi/ ● *adj* mokka, koffiebruin ● *n* koffie *m*; koffieboon; koffieplant *m*; mokka *n*, koffiebruin *n*
~maker ● *n* koffiezetmachine *m*, koffiezetapparaat *n*

cognitive /ˈkɒɡnɪtɪv/ ● *adj* cognitief
coherent /kəʊˈhɪərənt, koʊˈhɪrənt/ ● *adj* samenhangend, coherent
coin /kɔɪn/ ● *n* munt *m*, muntstuk *n*, geldstuk *n* ● *v* munten, aanmunten, munt slaan; verzinnen, smeden, opperen, bedenken
coincide /ˌkoʊɪnˈsaɪd/ ● *v* samenvallen, coïncideren
~ntal ● *adj* toevallig; samenvallend
cold /kəʊld, koʊld/ ● *adj* koud, fris, koel; afstandelijk; onvoorbereid ● *n* kou *f*, koude *f*; verkoudheid *f*
collaborat|e /kəˈlabəreɪt, kəˈlæbəreɪt/ ● *v* samenwerken; collaboreren **~ion** ● *n* samenwerking *f*, het samenwerken; collaboratie *f*
collage /kɒˈlɑːʒ, kəˈlɑʒ/ ● *n* collage *f*
collapse /kəˈlæps/ ● *n* ineenstorting *f*, instorten *n* ● *v* instorten
collar /ˈkɒl.ə, ˈkɑ.lər/ ● *n* kraag *m*, boord *m*, halsboord *m*; halsketen *f*, halsketting *f*; halsband *m*; nekriem *m*; gareel *n*; gordel, rand, ring ● *v* vatten, grijpen
colleague /ˈkɑliːɡ/ ● *n* collega *m*
collect /kəˈlɛkt/ ● *v* verzamelen, opstapelen; concluderen, opmaken **~ive** ● *adj* collectief ● *n* verzamelnaam **~or** ● *n* verzamelaar *m* **~ion** ● *n* collectie *f*; verzamelen *n*;

inzameling *f*
college /ˈkɒlɪdʒ, ˈkɑlɪdʒ/ • *n* faculteit *f*
colli|de /kəˈlaɪd/ • *v* botsen **~sion** • *n* botsing *f*
colloquial /kəˈləʊ.kwi.əl, kəˈloʊ.kwi.əl/ • *adj* gemeenzaam, idiomatisch, van de spreektaal, informeel
Colombia • *n* Colombia, Colombië
colon /ˈkəʊlən, ˈkoʊlən/ • *n* dubbelpunt *n*; karteldarm *m*
colony /ˈkɒl.əni, ˈkɑləni:/ • *n* kolonie *f*
color /ˈkʌl.ɚ, ˈkʌl.ə(ɪ)/ • *n* kleur *f* • *v* kleuren, inkleuren; blozen, een kleur krijgen **~ful** • *adj* kleurrijk
colossal /kəˈlɒsəl/ • *adj* kolossaal
colour *(British)* ▷ COLOR
column /ˈkɒləm, ˈkɑləm/ • *n* kolom *f*; colonne *f*
coma /ˈkəʊmə, ˈkoʊmə/ • *n* coma *n* **~tose** • *adj* comateus
comb /kəʊm, koʊm/ • *n* kam *m* • *v* kammen; uitkammen
combat /ˈkɒm.bæt, ˈkɑm.bæt/ • *n* gevecht, kamp, slag, strijd, treffen, veldslag • *v* vechten **~ive** • *adj* strijdbaar
combin|e /kəmˈbaɪn, ˈkɒm.baɪn/ • *v* combineren; verenigen **~ation** • *n* combinatie *f*, verbinding; vereniging; serie *f*, combo *n*
come /kʌm/ • *v* (*sp* came, *pp* come) komen; klaarkomen
comed|y /ˈkɒm.ə.di/ • *n* blijspel *n*; komedie *f* **~ian** • *n* komiek *m*, komediant

comfort /ˈkʌm.fət, ˈkʌm.fɚt/ • *n* comfort *n*, gemak *n*; troost • *v* troosten; comfort verschaffen, het gemakkelijk maken **~able** • *adj* comfortabel, gemakkelijk
comic /ˈkɒmɪk, ˈkɑmɪk/ • *adj* grappig, komisch • *n* komiek *m*, humorist *m*; strip *m*, stripboek *n*, stripverhaal *n*; jeugdkrant, kinderkrant **~ strip** • *n* stripboek
coming /ˈkʌmɪŋ/ • *n* komst *f*
comma /ˈkɒm.ə, ˈkɑm.ə/ • *n* komma *f*
command /kəˈmɑːnd, kəˈmænd/ • *n* opdracht, bevel *n* • *v* bevelen, commanderen **~er** • *n* commandant *m*; aanvoerder, gezagvoerder
commence /kəˈmɛns/ • *v* aanvangen
comment /ˈkɒmɛnt, ˈkɑmɛnt/ • *n* commentaar • *v* becommentariëren **~ator** • *n* commentator *m*
commerc|e /ˈkɒm.əs, ˈkɒm.əs/ • *n* handel *m*, commercie *f* **~ial** • *adj* commercieel • *n* reclamespot
commission /kəˈmɪʃən/ • *n* commissie *f*; afsluitprovisie *f*, afsluitpremie *f* **~er** • *n* commissaris *m*; gevolmachtigde *m*
commit /kəˈmɪt/ • *v* toevertrouwen, toewijzen **~ment** • *n* verbintenis *f*, verplichting *f*; engagement *n*
committee /kəˈmɪt.i, kɒmɪˈtiː/ • *n* comité *n*

common /ˈkɒmən, ˈkɑmən/ ● *adj* gemeen, gemene, gewoon, gewone; veelvoorkomend; commuun ● *n* gemeengoed *n*; meent *m* **in ~** ● *phr* gemeen

communicat|e /kəˈmjuːnɪkeɪt/ ● *v* meedelen, mededelen, communiceren **~ion** ● *n* communicatie, verbinding *f*

communis|m /ˈkɒm.jʊˌnɪzm̩/ ● *n* communisme *n* **~t** ● *adj* communistisch ● *n* communist *m*, communiste *f*

community /kəˈmjuːnɪti, k(ə)ˈmjunəti/ ● *n* gemeenschap *f*; commune

Comoros ● *n* Comoren

companion /kəmˈpænjən/ ● *n* metgezel *m*

company /ˈkʌmp(ə)ni, ˈkʌmpəni/ ● *n* bedrijf *n*, zaak *f*, firma *f*, compagnie *f*, gezelschap *n*; bezoek *n*, bezoekers

compar|e /kəmˈpɛɚ, kəmˈpɛə/ ● *v* vergelijken; overeenstemmen **~able** ● *adj* vergelijkbaar **~ative** ● *n* vergrotende trap, vergelijkende trap **~ison** ● *n* vergelijking *f*; gelijkenis; trappen van vergelijking *m*

compass /ˈkʌm.pəs/ ● *n* kompas *n*; omvang *m*, bereik *n* ● *v* beslaan, omvatten; doorkruisen, omzwerven; bereiken; samenzweren

compassion /kəmˈpæʃ.ən/ ● *n* medelijden *n*, deernis *f*

compel /kəmˈpɛl/ ● *v* bijeendrijven, samendrijven; bedwingen; dwingen; afdwingen

compensat|e /ˈkɒmpənseɪt/ ● *v* compenseren, goedmaken **~ion** ● *n* compensatie *f*; smartengeld *n*; Compensatie *f*

compet|e /kəmˈpiːt/ ● *v* wedijveren **~ition** ● *n* concurrentie *f*; competitie *f*, toernooi *n* **~itor** ● *n* concurrent *f*, concurent

competen|t /ˈkɒmpətənt/ ● *adj* bekwaam, bevoegd, capabel, competent **~ce** ● *n* competentie, bekwaamheid; bevoegdheid *f*

compile /kəmˈpaɪl, kəmˈpaɪl/ ● *v* samenstellen; compileren

complain /kəmˈpleɪn/ ● *v* klagen; een klacht indienen **~t** ● *n* klacht *m*, beklag *n*, grieven; proces-verbaal

complement /ˈkɒmpləmənt, ˈkɑmpləmənt/ ● *v* aanvullen, volmaken

complet|e /kəmˈpliːt/ ● *adj* volledig, compleet, allesomvattend, algeheel ● *v* voltooien; aanvullen **~ely** ● *adv* compleet, volledig, volkomen; helemaal **~ion** ● *n* vervollediging *f*, afronding *f*, afwerking *f*, voltooiing *f*

complex /kəmˈplɛks, ˈkɒm.plɛks/ ● *adj* complex, ingewikkeld ● *n* complex *n* **~ity** ● *n* ingewikkeldheid *f*, complexiteit *f*; gecompliceerdheid *f*, verwikkeling *f*

complicate ● *v* compliceren **~d** ● *adj* ingewikkeld,

gecompliceerd
comply /kəmˈplaɪ/ • *v* voldoen
component /kʌmˈpoʊnənt/ • *n* onderdeel *n*, component *f*
compos|e /kəmˈpoʊz, kɒmˈpəʊz/ • *v* samenstellen; vormen; omvatten; componeren, redigeren; bedaren; composeren **~er** • *n* auteur, maker *m*; componist *m*, toondichter *m*, componiste *f*, toondichteres *f*; bedarer *m* **~ition** • *n* combinatie; compositie, samenstelling *f*
compound /ˈkɒmpaʊnd, ˈkɑmpaʊnd/ • *adj* samengesteld • *n* complex; verbinding
comprehen|d /kɒmprɪˈhend, kɑmprɪˈhend/ • *v* begrijpen, bevatten **~sion** • *n* begrijpen **~sive** • *adj* omvattend, alomvattend, uitgebreid, diepgaand
comprise /kəmˈpraɪz/ • *v* bevatten, omvatten; uitmaken, vormen
compromise /ˈkɒmprəˌmaɪz, ˈkɑmprəˌmaɪz/ • *n* compromis *n* • *v* compromitteren
compulsory • *adj* verplicht
compute /kəmˈpjuːt/ • *v* uitrekenen, berekenen **~r** • *n* computer *m*, rekenaar *m*
comrade /ˈkɒmreɪd, ˈkɑmræd/ • *n* makker *m*, maat *m*; strijdmakker *m*, kameraad *m*
conceal /kənˈsiːl/ • *v* verbergen, verstoppen
concede /kənˈsiːd/ • *v* toegeven
conceited • *adj* verwaand

conce|ive /kənˈsiːv/ • *v* krijgen; begrijpen; zwanger worden **~ption** • *n* bevruchting *f*, ontvangenis *f*; concept *n*
concentrat|e /ˈkɒn.sən.tɹeɪt, ˈkɑn.sən.tɹeɪt/ • *v* concentreren **~ion** • *n* concentratie *f*
concept /ˈkɒn.sept/ • *n* opvatting *f*, begrip *n*, concept *n* **~ual** • *adj* conceptueel
concern /kənˈsɜːn, kənˈsɜːrn/ • *n* zorg, belangstelling *f*; onderneming *f*, zaak *f* • *v* belang hechten aan, zich inlaten; ongerust maken, verontrusten **~ed** • *adj* bezorgd **~ing** • *prep* met betrekking tot, omtrent, aangaande, betreffende
concert /ˈkɒnsɜːt, kənˈsɜːt/ • *n* concert *n*
conclu|de /kənˈkluːd/ • *v* besluiten, concluderen **~sion** • *n* conclusie, einde; besluit; logisch gevolg
concrete /ˈkɒnkɹiːt, ˈkɑnkɹiːt/ • *adj* concreet; betonnen • *n* beton *n* • *v* betonneren; concretiseren, concreet worden, vorm aannemen
condemn /kənˈdem/ • *v* veroordelen
condescend /ˌkɒndɪˈsend, ˌkɑːndɪˈsend/ • *v* neerbuigend behandelen, bevoogden **~ing** • *adj* neerbuigend, aanmatigend
condition /kənˈdɪʃən/ • *n* conditie; voorwaarde *f*; toestand **~al** • *adj* voorwaardelijk • *n*

voorwaardelijke wijs *m*
condom /ˈkɒn.dɒm, ˈkɑn.dəm/ • *n* condoom *m*, capotje *n*, regenjasje *n*
conduct /ˈkɒndʌkt, ˈkɑndʌkt/ • *v* leiden; zich gedragen; dirigeren; geleiden
cone /kəʊn, koʊn/ • *n* kegel *m*; dennenappel, kegelvrucht
confederation /kənfɛdəˈreɪʃən/ • *n* statenbond *m*, confederatie *f*
confer /kənˈfɜ, kənˈfɜː/ • *v* toekennen, schenken; overleggen, consulteren; verzamelen; bijdragen **~ence** • *n* conferentie *f*
confess /kənˈfɛs/ • *v* bekennen; biechten; belijden **~ion** • *n* bekentenis *f*; biecht
confiden|t /ˈkɒnfɪdənt, ˈkɑːnfɪdənt/ • *adj* vol vertrouwen **~ce** • *n* zelfvertrouwen; vertrouwen
confine /kənˈfaɪn, ˈkɒnfaɪn/ • *n* limiet • *v* begrenzen, inperken, beperken
confirm /kənˈfɜːm, kənˈfɜm/ • *v* bevestigen, beamen **~ation** • *n* bevestiging *f*; vormsel *n*, confirmatie *f*
conflict /ˈkɒn.flɪkt, ˈkɑn.flɪkt/ • *n* conflict *n*, geschil *n*, strijd *m*; onverenigbaarheid, tegenstrijdigheid *f* • *v* conflicteren, configeren, strijdig zijn; overlappen
confront /kʌnˈfrʌnt/ • *v* confronteren; tegenover stellen, vergelijken **~ation** • *n* confrontatie *f*

confus|e /kənˈfjuːz/ • *v* verwarren, in de war brengen, verbijsteren; verwisselen, door elkaar halen, dooreenhalen **~ed** • *adj* verward, in de war **~ing** • *adj* verwarrend, niet duidelijk, chaotisch **~ion** • *n* verwarring
Congo • *n* Kongo, Kongo-Brazzaville
congratulat|e /kənˈɡrædʒʊˌleɪt/ • *v* feliciteren, gelukwensen **~ions** • *interj* gefeliciteerd, proficiat, van harte
congregation /ˌkɒŋɡrɪˈɡeɪʃən/ • *n* gemeente, congregatie, kudde; bijeenkomst, menigte, samenscholing, vergadering
conjunction /kənˈdʒʌŋkʃən/ • *n* voegwoord *n*
connect /kəˈnɛkt/ • *v* verbinden; aansluiten **~ion** • *n* verbinding *f*, connectie *f*
connotation /ˌkɑnəˈteɪsən, ˌkɒnəˈteɪʃən/ • *n* connotatie *f*, bijbetekenis *f*, bijklank *m*, associatie *f*, gevoelswaarde *f*
conquer /ˈkɒŋkə, ˈkɑŋkɚ/ • *v* veroveren **~or** • *n* overwinnaar *m*, veroveraar *m*
conscientious /ˌkɒnʃiˈɛnʃəs, ˌkɑnʃiˈɛnʃəs/ • *adj* consciëntieus, zorgvuldig, plichtsbewust, gewetensvol **~ objector** • *n* gewetensbezwaarde *f*
consci|ous /ˈkɒnˈʃəs, ˈkɒnˈʃəs/ • *adj* bij bewustzijn, alert, wakker; bewust **~ence** • *n* geweten *n* **~ousness** • *n* bewustzijn *n*

consecutive /kɒnsɛkjʊtɪv/ • *adj* achtereenvolgend, opeenvolgend; sequentieel

consensus • *n* consensus *m*, eensgezindheid, overeenstemming

consent /kənˈsɛnt/ • *n* toestemming *f*, instemming *f* • *v* toestemmen, instemmen

consequen|t /ˈkɒn.sɪ.kwənt/ • *adj* met als gevolg; hiermee gepaard gaande • *n* gevolg **~tly** • *adv* bijgevolg **~ce** • *n* gevolg *n*, consequentie *f*

conservation /ˌkɒnsə(r)ˈveɪʃən/ • *n* bewaren *n*, conserveren *n*; natuurbescherming

conservatory • *n* conservatorium *n*

conserve /kɒnsɜː(r)v, kənˈsɜː(r)v/ • *n* reservaat *n*, natuurreservaat *n*

consider /kənˈsɪdə, kənˈsɪdər/ • *v* in acht nemen, overwegen, bedenken; beschouwen, vinden; observeren; nemen, aannemen **~able** • *adj* geruim, aanzienlijk, aanmerkelijk, beduidend **~ably** • *adv* aanzienlijk **~ation** • *n* overleg *n*, beraad *n*; overweging, consideransz *m*; voorkomendheid; vergoeding, tegemoetkoming

considerate /kənˈsɪdərət/ • *adj* zorgzaam, voorkomend

consist /kənˈsɪst/ • *n* samenstelling *f* • *v* bestaan **~ent** • *adj* veel voorkomend, consequent; consistent **~ency** • *n* consistentie *f*; samenhang *m*

conspir|e • *v* samenzweren **~ator** • *n* samenzweerder *m* **~acy** • *n* samenzwering *f*, complot *n*

constant /ˈkɒnstənt, ˈkɑnstənt/ • *adj* constant

constituen|t • *n* bestanddeel *n* **~cy** • *n* kiesdistrict

constitution /ˌkɒnstɪˈtjuːʃən, ˌkɑnstɪˈtuʃən/ • *n* grondwet *m* **~al** • *adj* grondwettelijk, constitutioneel

constraint /kənˈstreɪnt/ • *n* beperking *f*, inperking *f*, begrenzing *f*; randvoorwaarde *f*

consult /ˈkɒnsʌlt, ˈkɑnsʌlt/ • *v* raadplegen **~ation** • *n* consultatie *f*, samenspraak

consum|e /kənˈsjuːm, kənˈsuːm/ • *v* consumeren, verbruiken; bezighouden, verteren **~er** • *n* consument *m*, verbruiker *m* **~ption** • *n* consumptie *f*, verbruik *n*; wegteren *n*

contact /ˈkɑntækt, ˈkɒntækt/ • *n* contact • *v* aanraken; contacteren

contain /kənˈteɪn/ • *v* inhouden, bevatten **~er** • *n* bak *m*; container *m*, vrachtcontainer *m*

contemplat|e /ˈkɑn.təm.ˌpleɪt/ • *v* beschouwen, contempleren, overwegen **~ion** • *n* beschouwing, bespiegeling, overweging

contemporary • *adj* gelijktijdig, eigentijds, contemporain; hedendaags • *n* tijdgenoot

contempt /kənˈtɛmpt/ • *n* verachting *f*, minachting *f*

contender /kənˈtɛn.dər/ • *n* mededinger

content /ˈkɒn.tɛnt, ˈkɑn.tɛnt/ • *adj* tevreden, content • *n* inhoud *m* • *v* vergenoegen, tevredenstellen **~ion** • *n* strijd *m*, ruzie *f*; bewering *f*

contest /ˈkɒn.tɛst, ˈkɑn.tɛst/ • *n* wedstrijd **~ant** • *n* deelnemer *m*

context /ˈkɒntɛkst, ˈkɑːntɛkst/ • *n* context *m*

continent /ˈkɒntɪnənt, ˈkɑntɪnənt/ • *n* werelddeel *n*, continent *n*

continu|e /kənˈtɪnjuː/ • *v* verdergaan, voortzetten, doorgaan; herbeginnen **~ous** • *adj* continu, voortdurend, ononderbroken, aanhoudend, onophoudelijk

contract /ˈkɒntrækt, ˈkɑntrækt/ • *n* contract *n*, overeenkomst *f* **~or** • *n* aannemer *m*; uitvoerder **~ion** • *n* wee *f*; samentrekking *f*

contradict /kɒntrəˈdɪkt/ • *v* tegenspreken, weerleggen **~ory** • *adj* tegenstrijdig, contradictoir; tegengesteld; onverenigbaar; tegendraads, dwars • *n* tegenstrijdigheid **~ion** • *n* tegenspraak, contradictie

on the contrary • *phr* integendeel

contribut|e /kənˈtrɪb.juːt, kənˈtrɪ.b(j)ət/ • *v* bijdragen **~ion** • *n* bijdrage *f*; financiële bijdrage *f*, financiële steun *f*; bijdragen *n* **~or** • *n* donateur

control /kənˈtrəʊl, kənˈt(ʃ)roʊl/ • *n* beheersing *f*, controle *m*; zelfbeheersing *f* • *v* besturen, beheersen (in modern usage also controleren, though this is still considered an anglicism by many)

controvers|y /ˈkɒntrəvɜːsi, ˈkɑntrəˌvɜːsi/ • *n* controverse **~ial** • *adj* omstreden

convenien|t /kənˈviːnɪənt, kənˈvɪnjənt/ • *adj* geschikt, gemakkelijk, gelegen **~ce** • *n* geschikt; handig; wanneer het goed uitkomt

convention /kənˈvɛn.ʃən/ • *n* bijeenkomst; conventie *f*; overeenkomst; e praktijk

convers|e /kənˈvɜːs, kənˈvɜːs/ • *n* tegenovergestelde • *v* converseren **~ation** • *n* gesprek *n*

conver|t /ˈkɒn.vɜːt, ˈkɑn.vɜːt/ • *v* bekeren **~sion** • *n* bekering *f*; omzetting *f*

convey /kənˈveɪ/ • *v* overdragen; overbrengen **~or belt** • *n* loopband

convict /kənˈvɪkt, ˈkɒnvɪkt/ • *n* veroordeelde *f*; strafkolonist *m* • *v* veroordelen, vonnissen **~ion** • *n* overtuiging; veroordeling

convince /kənˈvɪns/ • *v* overtuigen **~d** • *adj* overtuigd

cook /kʊk, kuk/ • *n* kok *m*, kokkin *f* • *v* koken; bakken

cookie /ˈkʊki/ • *n* koekje

cool /kuːl/ ● *adj* koel, fris; verkoelend, verkwikkend; kil, kalm; lauw, onentoesiast; koelbloedig, beheerst, zelfzeker; cool; in, blits; aanvaardbaar, acceptabel, in orde, okee, patabel; bedaard, rustig ● *v* afkoelen, bekoelen, koelen, verkoelen, verfrissen, verkillen

cooperat|e /koʊˈɒpəreɪt/ ● *v* samenwerken **~ion** ● *n* samenwerking *f*; coöperatie *f*; samenwerkingsverband *n* **~ive** ● *adj* samenwerkend

coordinate /koʊˈɔːdənət, koʊˈɔːdɪneɪt/ ● *n* coördinaat *m* ● *v* coördineren; doen bijeen passen, zorgen dat het bijeenpast

cop /kɒp, kɑp/ ● *n* diender *m*, flik *m*, smeris *m*

cope /koʊp/ ● *v* mee omgaan

copper /ˈkɒp.ə, ˈkɑp.ə/ ● *adj* koperkleurig; koperen ● *n* koperkleur *f*, koperrood *n*, koperbruin *n*; kopermunt *f*; ketel *m*; koper *n*; smeris *m*, wout *m*; koperen

copy /ˈkɒpi, ˈkɑpi/ ● *n* kopie *f*, afschrift *n*; namaak, nabootsing; kopij *f*; exemplaar *n* ● *v* kopiëren nabootsen, nadoen, naäpen; kopiëren; ontvangen **~right** ● *n* auteursrecht *n* ● *v* onder auteursrecht plaatsen

cord /kɔːd, kɔːd/ ● *n* touw *n*, koord *f*, zeel *n*; kabel *n*

core /kɔː, kɔɹ/ ● *n* klokhuis *n*; kern *m*, binnenste *n*

coriander /ˌkɒriˈændə/ ● *n* koriander *m*, ketoembar *m*, wantsenkruid *n*

cork /kɔːk/ ● *n* kurk *n*; stop, stopsel *n*

corn /kɔːn, kɔɹn/ ● *n* koren *n*, graan *n*; eelt *n*, eksteroog *n*

corner /ˈkɔːnə, ˈkɔːnə(ɹ)/ ● *n* hoek *m* **~stone** ● *n* hoeksteen *m*

corpora *(pl)* ▷ CORPUS

corporat|e /ˈkɔːp(ə)rət, ˈkɔːpərət/ ● *adj* bedrijfs- **~ion** ● *n* naamloze vennootschap *f*

corpus /ˈkɔːpəs, ˈkɔːpəs/ ● *n* (*pl* corpora) corpus *n*

correct /kəˈɹɛkt/ ● *adj* correct, juist; welgemanierd, welopgevoed, goedgemanierd ● *v* corrigeren, verbeteren **~ion** ● *n* verbetering *f*, correctie *f* **~ly** ● *adv* correct, juist, goed

correlat|e /ˈkɒrəleɪt, ˈkɔːrəleɪt/ ● *v* correleren, in wederkerige betrekking staan **~ion** ● *n* correlatie *f*

correspond /ˌkɒrəˈspɒnd, ˌkɔːrəˈspɒnd/ ● *v* corresponderen **~ence** ● *n* correspondentie *f* **~ent** ● *adj* overeenkomend, overeenstemmend ● *n* correspondent *m* **~ing** ● *adj* corresponderend, overeenkomstig

corridor /ˈkɒrɪdɔː(ɹ), ˈkɔːrəˌdɔːr/ ● *n* gang, hal; corridor; luchtweg

corrupt /kəˈɹʌpt/ ● *adj* corrupt, verdorven ● *v* verderven, verworden

cost /ˈkɒst, ˈkɔːst/ • *n* kost • *v* (*sp* cost, *pp* cost) kosten **~ly** • *adj* prijzig, duur, kostbaar

Costa Rica • *n* Costa Rica *n*

costume /ˈkɒs.tjuːm, ˈkɑs.t(j)uːm/ • *n* kostuum *n*, klederdracht; vermomming • *v* aankleden, uitdossen

cotton /ˈkɑt.n̩, ˈkɒt.n̩/ • *adj* katoenen • *n* katoen *m*, katoenplant *m*

couch /kaʊtʃ/ • *n* sofa

cough /kɒf, kɔːf/ • *n* hoest *m*, kuch *m* • *v* hoesten, kuchen

could *(sp)* ▷ CAN

council /ˈkaʊn.səl/ • *n* raad *m*

count /kaʊnt/ • *n* telling; aftelling *f*; graaf *m* • *v* tellen **~ on sb/sth** • *v* rekenen op

counter /ˈkaʊntɚ, ˈkaʊntə/ • *n* balie *f*; aanrecht *n* **~part** • *n* tegenhanger *m*, complement *n*, pendant *m*; duplikaat *n*; gelijke *n*, equivalent *n*; evenknie *f*, tegenpartij *m*, tegenspeler *m*

countless • *adj* ontelbaar, talloos

country /ˈkʌntɹi, ˈkɛntɹi/ • *adj* plattelands, boeren-, land- • *n* land *n*; platteland, open veld; country **~side** • *n* platteland *n*; buitengebied

county /ˈkaʊnti/ • *n* graafschap *n*

coup /kuː, ku/ • *n* coup

couple /ˈkʌpəl/ • *n* stel, koppel *n*, paar *n*, duo *n*; tweetal *n* • *v* koppelen

courage /ˈkʌɹɪdʒ/ • *n* moed *m*, dapperheid *f*

courgette /kʊɹˈʒɛt, kʊəˈʒɛt/ • *n* courgette

course /kɔːs, kɔːɹs/ • *n* cursus *m*; gang *m*, gerecht *n*; parcours *n*; baan; koers *m* • *v* vloeien; achtervolgen, achternazitten

court /kɔːt, kɔɹt/ • *n* binnenruimte *f*, koer, hof *m*; paleis *n*; hofhouding *f*; rechtbank; gerecht *n*; baan *f* • *v* vrijen, het hof maken **~room** • *n* rechtszaal *f*

courte|ous /ˈkɜti.əs, ˈkɜːti.əs/ • *adj* hoffelijk **~sy** • *adj* beleefdheids-, hoffelijkheid *f*

cousin /ˈkʌz.n̩, ˈkʌz.m̩/ • *n* kozijn *m*

cover /ˈkʌvɚ, ˈkʌvə/ • *n* omslag, kaft *n*, cover; sprei; entree, inkom; dekking; deksel *n*, kap *f* • *v* dekken; paren, bestijgen, bespringen, bedekken; behandelen; coveren **~age** • *n* dekking *f*

cow /kaʊ/ • *n* koe *f*; rund *n*; domme koe *f*

coward /ˈkaʊəd, ˈkaʊɚd/ • *n* lafaard *m*, slapjanus, watje **~ly** • *adj* laf

coworker • *n* collega, medewerker, medewerkster

crab /kɹæb/ • *n* krab *f*

crack /kɹæk/ • *n* reet *f*; crack; gekraak *n*; spleet *f*; barst, breuk • *v* kraken

craft /kɹɑːft, kɹæft/ • *n* vakmanschap *n*; gewiekstheid; vak *n*, stiel; voertuig *n*, toestel *n* • *v* handbewerken **~sman** • *n* vakman *m*

cranky /ˈkræŋki/ ● *adj* opvliegend, driftig

crash /kræʃ/ ● *n* knal *m*; botsing; crash *m*, computercrash *m*; beurscrash *m* ● *v* neerstorten; binnenvallen; vastlopen

crawl /krɔːl, krɒl/ ● *v* kruipen

crayon /ˈkreɪ.ən, ˈkreɪ.ɒn/ ● *n* kleurpotlood *n*

crazy /ˈkreɪzi/ ● *adj* zot, gek, getikt, gestoord, krankjorum, geschift

cream /kriːm/ ● *adj* crèmekleurig, crème, crèmewit ● *n* room *m*; crème *f*; crème de la crème; zalf *f*

creat|e /kriːˈeɪt/ ● *v* creëren, scheppen, maken; ontwerpen **~ion** ● *n* creatie *f*, uitvinding *f*; schepping *f* **~or** ● *n* maker *m*; schepper *m*

creativ|e /kriˈeɪtɪv/ ● *adj* creatief; kunstzinnig ● *n* creatief **~ity** ● *n* creativiteit

creature /ˈkriːtʃə, ˈkriːtʃər/ ● *n* schepsel, creatuur, wezen *n*

credib|le /ˈkrɛdəbl̩/ ● *adj* geloofwaardig **~ility** ● *n* geloofwaardigheid *f*

credit /ˈkrɛdɪt/ ● *n* lof *m*, lofbetuiging *f*; krediet *n*, betalingsuitstel *n*; kredietwaardigheid *f*; saldo *n* ● *v* geloof hechten aan, geloven; crediteren; toeschrijven, toedenken, vermelden **~ card** ● *n* creditcard *m*, kredietkaart *f*

creep /kriːp/ ● *n* kruip *m*; griezel *m*, engerd *m* ● *v* (*sp* crept, *pp* crept) kruipen; opschuiven **~y**
● *adj* griezelig

crept (*sp/pp*) ▷ CREEP

crew /kruː/ ● *n* bemanning *f*, ploeg *f*; schepeling *m*; team *n*; technisch theaterpersoneel; gezelschap *n*; bemanningslid *n*, teamlid *n* ● *v* dienen; bemannen; een bemanning werven ● (*also*) ▷ CROW

cricket /ˈkrɪk.ɪt/ ● *n* krekel *m*; cricket *n*; fair-play ● *v* cricketen

crim|e /kraɪm/ ● *n* misdaad *f* **~inal** ● *adj* misdadig, crimineel, onwettig ● *n* misdadiger *m*, crimineel *m*

crisis /ˈkraɪsɪs/ ● *n* (*pl* crises) crisis *f*, keerpunt *n*; breekpunt *n*

criterion /kraɪˈtɪəri.ən/ ● *n* criterium *n*

critic /ˈkrɪt.ɪk/ ● *n* criticus *m* **~ize** ● *v* kritiseren, bekritiseren, afkeuren, hekelen; beoordelen

critical /ˈkrɪtɪkəl/ ● *adj* kritisch; kritiek **~ly** ● *adv* kritiek

Croatia /n/ Kroatië *n* **~n** ● *adj* Kroatisch ● *n* Kroaat *m*, Kroatische *f*, Kroaten; Kroatisch *n*

crocodile /ˈkrɒkədaɪl, ˈkrɑːkədaɪl/ ● *n* krokodil

crooked /ˈkrʊkt/ ● *adj* corrupt

crop /krɒp, krɑːp/ ● *n* gewas *n*, voedselgewas *n*, voedselplant *m*; oogst *m*, opbrengst *m*; rijzweepje *n*; bros *m*; krop *m*, keelzak *m* ● *v* brosknippen; bijknippen, bijsnijden

cross /krɒs, krɑːs/ ● *adj* tegenwerkend,

tegenwerkende; geërgerd, geërgerde • *n* kruis *n*, kruisteken *n*; cross • *v* oversteken; kruisen; doorkruisen **~ing** • *n* kruising *f*; oversteek *m* **~roads** • *n* kruising *f*, kruispunt *n*; keerpunt *n* **~walk** • *n* oversteekplaats, zebrapad *n* **~word** • *n* kruiswoordraadsel *n*, kruiswoordpuzzel *m*

crow /krəʊ, kroʊ/ • *n* kraai *m*; koevoet; hanengekraai • *v* (*sp* crowed, *pp* crew) kraaien

crowd /kraʊd/ • *n* menigte *f*, schare *f*, massa; hoop; gepeupel *n*, volk *n* **~ed** • *adj* overvol

crowed (*sp/pp*) ▷ CROW

crown /kraʊn/ • *adj* kroon-, kroons- • *n* kroon *f*; krans, hoofdband; kruin; hoogste punt; bol; midden; top • *v* kronen; koning kronen; bekronen

crude /kru:d/ • *adj* ruw, onbewerkt, ongeraffineerd; onafgewerkt, rudimentair, primitief; naakt; grof, smakeloos, vulgair

cruel /kru:əl/ • *adj* wreed, wrede, gemeen, gemene **~ty** • *n* wreedheid *f*, wreedte *f*, gruwzaamheid *f*

cruise /kru:z/ • *n* cruise *m* • *v* varen; cruisen

crush /krʌʃ/ • *n* dranghek *n*; bevlieging *f*; overrompeling, stormloop • *v* verpletteren, vermorzelen; verdrukken; overweldigen; pletten; vermalen, vergruizelen **~ing** • *adj* verpletterend

cry /kraɪ/ • *v* huilen, wenen, schreien, janken; schreeuwen, gillen, krijsen; roepen, uitroepen

crystal /ˈkrɪstəl/ • *n* kristal *n*; kristallen

Cuba • *n* Cuba **~n** • *adj* Cubaans • *n* Cubaan *m*, Cubaanse *f*

cube /kju:b, kjub/ • *n* kubus *m*, regelmatig zesvlak *n*; derde macht • *v* tot de derde macht verheffen; tot een kubus vormen; in blokjes snijden

cuckoo /ˈkʊku:, ˈku:ku:/ • *n* koekoek *m*

cucumber /ˈkju:ˌkʌmbər, ˈkju:ˌkʌmbə/ • *n* komkommer *m*

cuddl|e /ˈkʌd.l/ • *n* knuffel • *v* knuffelen **~y** • *adj* minzaam, hartelijk, knuffel-

cue /kju:/ • *n* keu

cuff /kʌf/ • *n* manchet *f*, voormouw

cult /kʌlt/ • *n* sekte *f*; cultus *m*

cultivat|e /ˈkʌltɪveɪt/ • *v* telen, verbouwen; cultiveren, verzorgen; bewerken **~ion** • *n* teelt

cultur|e /ˈkʌltʃər, ˈkʌltʃə/ • *n* cultuur *f* **~al** • *adj* cultureel

cumin /ˈkʌmɪn, ˈkumɪn/ • *n* komijn *m*, kummel *m*; komijnzaad *n*

cup /kʌp/ • *n* beker *m*, kop *m*, mok *f*, tas *f*, jat *f*, kopje *n*; bekertoernooi *n*

cupboard /ˈkʌbəd, ˈkʌbəd/ • *n* kast *f*; keukenkast *f*

curdle /ˈkɜ:.dəl, ˈkɜ.dəl/ • *v* stremmen; klonteren

cure /kjʊə(ɹ), kjʊɹ/ • *n* remedie *f* • *v* genezen, helen; conserveren

curio|us /ˈkjʊəɹi.əs, ˈkjɜi.əs/ • *adj* nieuwsgierig; apart **~sity** • *n* nieuwsgierigheid; curiositeit *f*

curly /ˈkɜli, ˈkɜ:li/ • *adj* krullig, krullerig • *n* krullenbol *f*

currency /ˈkʌɹ.ən.si/ • *n* munteenheid *f*, valuta *f*

current /ˈkʌɹənt/ • *adj* huidig, huidige, actueel; aktueel, aktuele • *n* stroming *f*, stroom *m* **~ly** • *adv* momenteel, huidig

curriculum /kəˈɹɪkjələm, kəˈɹɪk.jə.ləm/ • *n* curriculum *n*

curtain /ˈkɜ:tn̩, ˈkɜtn̩/ • *n* gordijn *n*; doek *n*

curve /kɜ:v, kɜv/ • *n* curve *f*, kromming *f*, bocht *m*; kromme *f*; rondingen, figuur *f* • *v* krommen, plooien, buigen; afbuigen **above the ~** • *phr* zich onderscheidend van de rest

cushion /ˈkʊʃən/ • *n* kussen *n*; band

custom /ˈkʌstəm/ • *adj* op maat, aangepast • *n* manieren, gebruiken; klandizie *f*; gewoonte, gebruik; bekendheid; heffing, tol, accijns

customer /ˈkʌstəmə, ˈkʌstəmɚ/ • *n* klant *m*

cut /kʌt/ • *adj* snijden; geslepen • *n* snee; snit; stuk *n* • *v* (*sp* cut, *pp* cut) snijden in, verminderen; slijpen; verdelen; snijden; kappen; schudden; spijbelen; scheiden; knippen; voorsteken; stoppen **~ sth down** • *v* vellen **~ sth out** • *v* uitvallen, afslaan, : wegvallen **~ting** • *n* stek **~lery** • *n* bestek *n*, couvert *n*

cute /kju:t/ • *adj* schattig, koddig, lief, zoetjes; leuk, geestig, guitig, olijk; knap

cycle /ˈsaɪkəl/ • *n* cyclus *m*; programma *n* • *v* fietsen, rijden; inschakelen, aanzetten

cycling /ˈsaɪk(ə)lɪŋ/ • *n* wielrennen

cylinder /ˈsɪlɪndə(ɹ), ˈsɪləndɚ/ • *n* cilinder *m*; trommel *m*

cymbal /ˈsɪmbəl/ • *n* klankbekken *n*

cynical • *adj* cynisch

Cypr|us • *n* Cyprus *n* **~iot** • *adj* Cypriotisch • *n* Cyprioot

Czech • *adj* Tsjechisch • *n* Tsjech *m*, Tsjechische *f*; Tsjechisch **~ Republic** • *n* Tsjechische Republiek, Tsjechië *n*

dad /dæd/ • *n* pappa
dainty /ˈdeɪnti/ • *adj* delicaat

dairy /ˈdɛəɪi/ ● *adj* zuivel- ● *n* zuivel *m*

dam /dæm/ ● *n* dam *m*

damage /ˈdæmɪdʒ/ ● *n* schade ● *v* beschadigen

damn /dæm/ ● *adj* verdomd, vervloekt, verdraaid ● *adv* verschrikkelijk, vreselijk ● *v* verdoemen

damp /dæmp/ ● *adj* klam

danc|e /dæns, dɑːns/ ● *n* dans ● *v* dansen **~er** ● *n* danser *m*; danseres *f*; exotisch danser *m*, karakterdanser *m*, stripdanser *m* **~ing** ● *n* dansen *n*

danger /ˈdeɪn.dʒə(ɹ), ˈdeɪndʒɚ/ ● *n* gevaar *n*; bedreiging *f* **~ous** ● *adj* gevaarlijk, gevaarlijke

Danish ● *adj* Deens

dare /dɛə(ɹ), dɛɚ/ ● *n* uitdaging *f* ● *v* durven, wagen; uitdagen, tarten; riskeren **~devil** ● *n* waaghals *m*

dark /dɑːk, dɑːk/ ● *adj* donker, duister; geheim ● *n* donker *n*; ongewisse, onwetendheid *f*; nachtval, het vallen van de avond **~ness** ● *n* duisternis *f*, donkerheid *f*; schemering *f* **after ~** ● *phr* na het donker, nadat de nacht gevallen is, na het vallen van de avond **at ~** ● *phr* wanneer de avond valt

data /ˈdeɪtə, ˈdætə/ ● *n* gegevens, informatie *f*, data **~base** ● *n* database, databank *f*

date /deɪt/ ● *n* dadel *m*; datum *m*; tijdstip *n*; einde *n*; levensduur *m*; afspraakje *n*, afspraak *f* ● *v* dateren; daten

daughter /ˈdɔːtə(ɹ), ˈdɔː.tɚ/ ● *n* dochter *f* **~-in-law** ● *n* schoondochter *f*

dawn /dɔːn, dɔːn/ ● *n* dageraad *m*, zonsopgang *m*; ochtendschemering *f*; opgang *m* ● *v* dagen, rijzen

da|y /deɪ/ ● *n* dag *m*, etmaal *n* **~ily** ● *adj* dagelijks ● *n* dagblad *n*

dead /dɛd/ ● *adj* dood, dode, overleden, gestorven ● *adv* bloed-, oer-, dood- ● *n* stilte *f*; doden, overledenen, gestorvenen **~ly** ● *adj* dodelijk **~line** ● *n* termijn *m*, deadline *m* **~pan** ● *adj* emotieloos, zonder uitdrukking

deaf /dɛf, diːf/ ● *adj* doof, dove ● *n* doven

deal /diːl/ ● *v* (*sp* dealt, *pp* dealt) uitdelen; verdelen; delen; handelen; dealen; te maken hebben met; behandelen, regelen **~er** ● *n* dealer *m*; gever *m*

dealt *(sp/pp)* ▷ DEAL

dean /diːn/ ● *n* decaan *m*, deken *m*

dear /dɪɹ, dɪə/ ● *adj* geliefd, bemind, lief, beminnelijk, kostbaar; liefdevol, innig; dierbaar, gekoesterd, duur, precieus, waardevol; beste, geachte, hooggeachte; lieve; waarde ● *n* lieverd, schat

death /dɛθ/ ● *n* dood *m*, overlijden *n* **~ penalty** ● *n* doodstraf *f*

debate /dɪˈbeɪt/ ● *n* debat *n*; discussie *f*, bespreking *f*;

meningsverschil • *v* debatteren, uitpraten, bespreken

debris /ˈdɛbɹiː, dəˈbɹiː/ • *n* puin *n*, wrakstukken, wrakhout, restanten; overblijfselen, afval *n*; ruïne; gletsjerpuin

debt /dɛt/ • *n* verplichting, schuld *f*; schulden

debut /ˈdɛbjuː, deɪˈbjuː/ • *n* debuut *n* • *v* debuteren

decade /ˈdɛkeɪd/ • *n* decade, decennium *n*, jaartien *n*; tiental *n*; tientje *n*

deceive /dɪˈsiːv/ • *v* misleiden, bedriegen

December • *n* december *m*

decen|t /ˈdiːsənt/ • *adj* integer; toonbaar; redelijk; substantieel, significant **~cy** • *n* fatsoen *n*

decepti|on /dɪˈsɛpʃən/ • *n* bedrog *n*, misleiding *f* **~ve** • *adj* bedrieglijk, onoprecht, misleidend

decide /dɪˈsaɪd/ • *v* beslissen, besluiten

decisi|on /dɪˈsɪʒən/ • *n* beslissing *f*, besluit *n*; verdict *n* **~ve** • *adj* beslissend, afdoend, doorslaggevend; besluitvaardig, beslist

deck /dɛk/ • *n* spel kaarten *n*; dek *n*

declar|e /dɪˈklɛə, dɪˈklɛɚ/ • *v* verklaren; aangeven **~ation** • *n* verklaring *f*, declaratie *f*

decl|ine /dɪˈklaɪn/ • *n* verval *n*; afname *f*, helling *f*; verzwakking *f*, achteruitgang *m*; terugval *m* • *v* verbuigen; afnemen, terugvallen, achteruitgaan, vervallen; afzwakken, verzwakken; afwijzen, weigeren **~ension** • *n* verbuigen *n*; verbuiging *f*

decorat|e /ˈdɛkəɹeɪt/ • *v* sieren, opsmukken, decoreren **~ion** • *n* versieren *n*, decoratie *f*; versiering *f*; medaille *f* **~ive** • *adj* decoratief

decrease /dɪˈkɹiːs, ˈdiːkɹiːs/ • *v* afnemen, verminderen

dedicat|e /ˈdɛdɪkeɪt/ • *v* inwijden, wijden; bestemmen; opdragen; inhuldigen **~ed** • *adj* toegewijd **~ion** • *n* toewijding, dedicatie

deed /diːd/ • *n* daad *f*; oorkonde, akte *f*

deem /diːm, dɪm/ • *v* beschouwen; vinden, achten

deep /diːp/ • *adj* diep; diepgaand; dik; zwaar; donker • *adv* diep

deer /dɪə, dɪɹ/ • *n* hert *n*

default /dɪˈfɔːlt, dɪˈfɒlt/ • *n* niet-nakoming *f*

defeat /dɪˈfiːt/ • *n* nederlaag • *v* verslaan, overwinnen

defect /ˈdiːfɛkt, dɪˈfɛkt/ • *v* overlopen, deserteren; asiel aanvragen **~ive** • *adj* gebrekkig, onvolkomen, onvolmaakt, defectief

defence (*British*) ▷ DEFENSE

defen|d /dɪˈfɛnd, dəˈfɛnd/ • *v* verdedigen **~der** • *n* verdediger *m*, verdedigster *f* **~se** • *n* verdediging *f*, weer *f*; verweer *n* **~seless** • *adj* weerloos **~dant** • *n* beschuldigde *f*

deficien|t /dɪˈfɪʃənt/ • *adj* gebrekkig **~cy** • *n* tekort *n*

deficit /ˈdɛfɪsɪt, ˈdɛfəsɪt/ • *n* tekort, gat in de begroting

defin|e /dɪˈfaɪn/ • *v* bepalen, determineren; definiëren, kenschetsen, karakteriseren; beschrijven, omschrijven; afbakenen **~ition** • *n* definitie *f*, omschrijving *f*; definiëring *f*; scherpte *f*

definit|e /ˈdɛfɪnɪt/ • *adj* eenduidig **~ely** • *adv* zeker, zeker weten, zonder twijfel **~ive** • *adj* definitief

deforestation /diːˌfɒrɪsˈteɪʃən/ • *n* ontbossing *f*

defy /dɪˈfaɪ/ • *v* afzweren; uitdagen, het hoofd bieden

degree /dɪˈɡriː/ • *n* graad *m*; mate; titel *m*

delay /dɪˈleɪ/ • *n* vertraging *f* • *v* uitstellen

delegat|e /ˈdɛlɪɡət, ˈdɛlɪˌɡeɪt/ • *n* afgevaardigde *m*, gedelegeerde *m* **~ion** • *n* delegatie *f*

delete /dɪˈliːt/ • *v* verwijderen

deliberate /dɪˈlɪbərət, dəˈlɪbərət/ • *adj* opzettelijk, opzettelijke, met opzet, voor expres; doordacht, doordachte, weloverwogen • *v* beraadslagen, overwegen, doordenken **~ly** • *adv* bewust, expres, opzettelijk, met opzet

delicacy /ˈdɛlɪkəsi/ • *n* lekkernij *f*

delicious /dɪˈlɪʃəs, dəˈlɪʃəs/ • *adj* heerlijk, lekker, smakelijk

delight /dəˈlaɪt/ • *n* vreugde *f*, plezier *n* • *v* bevallen, behagen **~ed** • *adj* verrukt

deliver /dɪˈlɪvə(ɹ), dɪˈlɪvɚ/ • *v* bevrijden; baren; afleveren **~y** • *n* levering *f*; bevalling *f*, verlossing *f*, geboorte *f* **~ance** • *n* bevrijding *f*, verlossing *f*

demand /dɪˈmɑːnd, dɪˈmænd/ • *n* vraag; navraag *f*; eis • *v* eisen, opeisen

democra|cy /dɪˈmɒkɹəsi, dɪˈmɑkɹəsi/ • *n* democratie *f* **~tic** • *adj* democratisch

demographic /dɛməˈɡɹæfɪk/ • *adj* demografisch

demoli|sh /dəˈmɒl.ɪʃ/ • *v* slopen **~tion** • *n* sloop, afbraak

demon /ˈdiː.mən/ • *n* demon *m*, demoon *m*

demonstrat|e /ˈdɛmənstɹeɪt/ • *v* demonstreren **~or** • *n* betoger *m* **~ion** • *n* demonstratie *f*, betoog *n*; betoging *f*

demure /dɪˈmjʊə(ɹ), dɪˈmjʊɹ/ • *adj* bescheiden, beschaafd, keurig, netjes

Denmark • *n* Denemarken

denounce /dɪˈnaʊns/ • *v* bekendmaken; beschuldigen, afkeuren; aanklagen; opzeggen

density /ˈdɛn.sɪ.ti, ˈdɛn.sə.ti/ • *n* dichtheid *f*; waarschijnlijkheid *f*

dentist /ˈdɛntɪst/ • *n* tandarts

deny /dɪˈnaɪ/ • *v* ontkennen

depart /dɪˈpɑːt, dɪˈpɑɹt/ • *v* vertrekken; heengaan; afwijken; verlaten **~ure** • *n* vertrek *n*; afwijking *f*; overlijden *n*

department /dɪˈpɑːtm(ə)nt, dəˈpɑɹtmənt/ • *n* afdeling **~store** • *n* warenhuis *n*

depend /dɪˈpɛnd/ • *v* afhangen; vertrouwen; hangen; hangende zijn **~ent** • *adj* afhankelijk **~ence** • *n* afhankelijkheid *f*, nood *f*; verslaving *f*

depict /dɪˈpɪkt/ • *v* afbeelden, beschrijven **~ion** • *n* uitbeelding *f*, afbeelding *f*

deploy /dɪˈplɔɪ/ • *v* uitrollen

deposit /dɪˈpɒzɪt, dɪˈpɑzɪt/ • *n* afzetting *f*, neerzetting *f*; storting *f*; deposito *n*; aanbetaling *f*; statiegeld • *v* afzetten, neerzetten; storten

depress /dɪˈprɛs/ • *v* deprimeren **~ing** • *adj* deprimerend **~ion** • *n* depressie *f*

depriv|e /dɪˈpraɪv/ • *v* ontnemen **~ation** • *n* ontberingen

depth /dɛpθ/ • *n* diepte *f*

deputy /ˈdɛpjəti/ • *n* adjudant *m*, adjudante *f*

deriv|e /dəˈraɪv/ • *v* afleiden; deduceren; ontstaan **~ative** • *n* afgeleide *f*, derivaat *n*; afleiding *f*

descen|d /dɪˈsɛnd/ • *v* afdalen, neerdalen; afstammen **~t** • *n* afdaling *f*; helling; afkomst, herkomst **~dant** • *n* afstammeling *m*, nakomeling *m*, nazaat *m*, telg *m*

descri|be /dəˈskɹaɪb/ • *v* beschrijven, omschrijven **~ption** • *n* beschrijving *f*

desert /dɪˈzɜː(ɹ)t, dɪˈzɜɹt/ • *n* woestijn *f* • *v* 'n lot overlaten; deserteren

deserve /dɪˈzɜːv, dɪˈzɜv/ • *v* verdienen

design /dɪˈzaɪn/ • *n* ontwerp *n*; dessin; vormgeving, design *n* • *v* ontwerpen **~er** • *n* ontwerper *m*, designer *m*

designat|e /ˈdɛzɪɡ.nət, ˈdɛzɪɡ.neɪt/ • *v* bepalen; noemen, benoemen, aanduiden als **~ion** • *n* benaming

desir|e /dɪˈzaɪə, dɪˈzaɪɹ/ • *n* verlangen *n*, wens *m*; begeerte *f* • *v* wensen, verlangen; begeren **~able** • *adj* wenselijk

desk /dɛsk/ • *n* bureau *n*, schrijftafel *f*, schrijfberd *n* **~top** • *n* desktop *m*; bureaublad *n*

despair /dɪˈspɛə(ɹ), dɪˈspɛəɹ/ • *n* wanhoop • *v* wanhopen

desperate /ˈdɛsp(ə)ɹət/ • *adj* wanhopig, vertwijfeld, radeloos, hopeloos, desperaat **~ly** • *adv* wanhopig

despite /dɪˈspaɪt/ • *n* ondanks

dessert /dɪˈzɜːt, dɪˈzɜt/ • *n* dessert *n*, nagerecht *n*, toetje *n*

destination /dɛstɪˈneɪʃən/ • *n* bestemming

destiny /ˈdɛstɪni/ • *n* lot *n*

destr|oy /dɪˈstɹɔɪ/ • *v* vernietigen, vernielen, verwoesten, kapot maken, slopen; tenietdoen; afmaken, laten inslapen; wissen; verpulveren **~uction** ● *n* vernietiging *f* **~uctive** ● *adj* destructief, destructieve, verwoestend, verwoestende

detail /ˈdiːteɪl, ˈdɪˌteɪl/ ● *n* detail *n*, kleinigheid *f*; persoonsgegevens; detachement *n* **~ed** ● *adj* gedetailleerd

detain /dɪˈteɪn/ ● *v* detineren

detect /dɪˈtekt/ ● *v* detecteren **~ive** ● *n* rechercheur *m*, speurder *m*, detective *m*

deter /dɪˈtɜː(r)/ ● *v* verhinderen; ontmoedigen **~iorate** ● *v* verslechteren, slechter maken

determine /dɪˈtɜːmɪn, dɪˈtɝːmɪn/ ● *v* vaststellen; bepalen

devastation /ˌde.vəˈsteɪ.ʃən/ ● *n* verwoesting *f*

develop /dɪˈvɛ.ləp, ˈdɛv.ləp/ ● *v* ontwikkelen; zich ontwikkelen, uitgroeien **~er** ● *n* ontwikkelaar *m*, ontwerper *m*; promotor *m*, projectontwikkelaar *m*; programmeur *m* **~ment** ● *n* ontwikkeling

deviant /ˈdiːviənt/ ● *adj* afwijkend ● *n* afwijkeling *m*, afvallige

device /dəˈvaɪs/ ● *n* toestel, apparaat

devil /ˈdɛvəl, ˈdɛvɪl/ ● *n* duivel *m*; deugniet *m*; hard *f*; verduiveld; duvel *m* ● *v* beduvelen, pesten, plagen; peperen **~ish** ● *adj* duivels, diabolisch, satanisch; deksels, verduiveld

devot|e /dɪˈvəʊt/ ● *v* wijden, toewijden **~ion** ● *n* verering *f*, toewijding

diabetes /ˌdaɪəˈbiːtiːz/ ● *n* diabetes *m*, suikerziekte

diagnos|e /ˈdaɪəɡˌnəʊz, ˌdaɪəɡˈnoʊs/ ● *v* diagnosticeren **~is** ● *n* diagnose *f*

diagram /ˈdaɪ.ə.ɡɹæm/ ● *n* diagram *n*

dialogue /ˈdaɪəlɒɡ, ˈdaɪəlɔːɡ/ ● *n* dialoog *m*, gesprek *n*; dialoogvenster *n* ● *v* dialogeren, discussiëren, kortsluiten

diamond /ˈdaɪ(ə)mənd/ ● *n* diamant *n* ● *v* inleggen met diamant

diary /ˈdaɪəɹi/ ● *n* dagboek

dictation /dɪkˈteɪʃən/ ● *n* dictee *n*

dictator /dɪkˈteɪtə(ɹ), ˈdɪkteɪtəɹ/ ● *n* dictator *m* **~ship** ● *n* dictatuur *f*

dictionary /ˈdɪkʃ(ə)n(ə)ɹi, ˈdɪkʃənɛɹi/ ● *n* woordenboek *n*

did *(sp)* ▷ DO

die /daɪ/ ● *n* voet *m*, plint *f*; mal *f*, matrijs *f*, vorm *f*; stempel *m*; dobbelsteen *m*, teerling *m*, rafelsteen *m* ● *v* het laten afweten, het opgeven; doodgaan, sterven, overlijden

diet /ˈdaɪət/ ● *n* dieet *n*; parlement *n*, rijksdag *m*

differ /ˈdɪfə/ ● *v* verschillen, afwijken

differen|t /ˈdɪf.ɹənt/ ● *adj* verschillend, anders, ongelijk **~ce** ● *n* verschil *n*; onderscheid *n*; meningsverschil ● *v*

differentiëren, onderscheiden
~tiate • *v* onderscheiden; differentiëren, discrimineren; afleiden

difficult /ˈdɪfɪkəlt/ • *adj* lastig, moeilijk **~y** • *n* moeilijkheid *f*; hindernis *f*

dig /dɪg/ • *n* opgraving *f* • *v* (*sp* dug, *pp* dug) graven, delven

digest /daɪˈdʒɛst/ • *n* compendium *n*, overzicht *n* • *v* ordenen; verteren; overdenken **~ion** • *n* spijsvertering *f*, vertering *f*; verteren *n*; verwerven *n*, verwerving *f*, assimilatie *f*

digit /ˈdɪdʒɪt/ • *n* vinger, teen; cijfer *n* **~al** • *adj* vinger; discreet; digitaal

dignity /ˈdɪɡnɪti/ • *n* waardigheid *f*; plechtigheid

dilemma /daɪˈlɛmə/ • *n* dilemma *n*

diligent /ˈdɪlɪdʒənt/ • *adj* ijverig, vlijtig, toegewijd

dill /dɪl/ • *n* dille *m*

dimension /daɪˈmɛnʃən, daɪˈmɛnʃn/ • *n* dimensie *f*, afmeting *f*

diminish /dɪˈmɪnɪʃ/ • *v* verkleinen, verminderen; afnemen; verlagen

din|e /daɪn/ • *v* dineren **~ner** • *n* avondeten *n*, avondmaaltijd *m*, avondmaal *n*, eten *n*; voer; middageten *n*, middagmaaltijd *m*, middagmaal *n*, lunch *m*; dinee *n*

dinosaur /ˈdaɪnəsɔː(ɹ)/ • *n* dinosaurus *m*

diploma /dɪˈpləʊmə/ • *n* diploma *n*

diploma|t /ˈdɪ.plə.mæt/ • *n* diplomaat *m* **~cy** • *n* diplomatie *f* **~tic** • *adj* diplomatiek

direct|ion /dəˈɹɛk.ʃən/ • *n* richting **~ly** • *adv* direct, rechtstreeks; rechtuit; onomwonden; zondermeer, eerlijk; dadelijk, zodadelijk, meteen, zo **~or** • *n* directeur *f*, regisseur *m*

directory /dɪˈɹɛktəɹi/ • *n* gids *m*, repertorium *n*, telefoongids, Gouden gids, Witte gids; lijst *f*; folder *m*, map *f*

dirty /ˈdɜːti, ˈdɜti/ • *adj* vuil, smerig, vies; vulgair, obsceen, schunnig; grof, oneerlijk • *v* bevuilen

disabled /dɪsˈeɪbəld/ • *adj* onklaar; gehandicapt, invalide, mindervalide • *n* invaliden, gehandicapten

disadvantage /ˌdɪsədˈvɑːntɪdʒ, ˌdɪsədˈvæntɪdʒ/ • *n* nadeel *n*

disagree /dɪsəˈɡɹiː/ • *v* niet overeenkomen, niet overeenstemmen **~ment** • *n* verschil van mening, meningsverschil

disappear /dɪsəˈpɪə, dɪsəˈpɪɹ/ • *v* verdwijnen; laten verdwijnen **~ance** • *n* verdwijning

disappoint /dɪsəˈpɔɪnt/ • *v* teleurstellen **~ed** • *adj* teleurgesteld **~ing** • *adj* teleurstellende **~ment** • *n* teleurstelling *f*; tegenvaller, tegenslag

disast|er /dɪˈzæs.tɚ, dɪˈzɑːs.tə(ɹ)/ • *n* ramp **~rous** • *adj* rampzalig, catastrofaal, rampspoedig; onheilspellend, sinister

disc *(British)* ▷ DISK

discard /dɪsˈkɑːd, dɪsˈkɑɹd/ • *v* verwerpen, afdanken, afleggen, opzijzetten

discharge /dɪsˈtʃɑːdʒ, ˈdɪstʃɑːdʒ/ • *v* voltooien; ontladen

discipline /ˈdɪ.sə.plɪn/ • *n* discipline, tuchtiging, tuchtstraf; branche; tak; beheersing • *v* disciplineren, temmen; drillen; tuchtigen

disclose /dɪsˈkləʊz/ • *v* onthullen, ontsluieren; bekendmaken, vrijgeven

discount /dɪsˈkaʊnt, ˈdɪskaʊnt/ • *n* korting

discourage /dɪsˈkʌɹɪdʒ/ • *v* ontmoedigen; ontraden, afraden om

discourse /ˈdɪskɔː(ɹ)s, dɪsˈkɔː(ɹ)s/ • *n* betoog *n*, discussie, gesprek *n*, conversatie, uiting, communicatie *f*; verhandeling, discours *n*; gedachtenwisseling; rede • *v* converseren, spreken; bespreken

discover /dɪsˈkʌvə, dɪsˈkʊvə/ • *v* blootleggen, onthullen; ontdekken **~y** • *n* ontdekking *f*, vinding *f*

discretion /dɪˈskɹɛʃən/ • *n* discretie *f*

discuss /dɪsˈkʌs/ • *v* overleggen, discussiëren, debatteren, bediscussiëren, bepraten, bespreken **~ion** • *n* bespreking *f*, discussie *f*

disease /dɪˈziːz, dɪˈziz/ • *n* ziekte *f*

disguise /dɪsˈɡaɪz, dɪˈskaɪz/ • *n* vermomming *f*, mom *n* • *v* vermommen, verhullen; verbergen, maskeren

dish /dɪʃ/ • *n* bord *n*, taloor; gerecht *n*; vaat *m*; stoot *f* **~washer** • *n* vaatwasser *m*, vaatwasmachine *f*, afwasmachine *f*; afwasser *f*

disk /dɪsk/ • *n* schijf *f*; discus *m*; plaat *f*; harde schijf

dislike /dɪsˈlaɪk/ • *v* een hekel hebben aan, het land hebben aan

dismissal /dɪsˈmɪsəl/ • *n* ontslag *n*

disorder /dɪsˈɔːdə(ɹ), dɪsˈɔːɹdɚ/ • *n* stoornis *f*

displace /dɪsˈpleɪs/ • *v* onthemen

display /dɪsˈpleɪ/ • *n* spektakel *n*; display *n*, beeldscherm *n* • *v* tonen

disposable /dɪsˈpəʊzəbl̩, dɪsˈpoʊzəbl̩/ • *adj* besteedbaar

disrupt /dɪsˈɹʌpt/ • *v* verstoren; onderbreken, hinderen **~ion** • *n* onderbreking *f*, ontregeling *f*; wanorde

dissolve /dɪˈzɒlv/ • *n* fade-out • *v* ontbinden, oplossen; verdampen; uiteendrijven

distan|t /ˈdɪstənt/ • *adj* ver, in de verte; afstandelijk **~ce** • *n* afstand *m*, eind *n*; verte *f* • *v* verwijderen

distinguish /dɪsˈtɪŋɡwɪʃ/ • *v* onderscheiden **~ed** • *adj*

distort /dɪsˈtɔːt, dɪsˈtɔːt/ • *v* vervormen; verdraaien, vervalsen

distraction /dɪsˈtɹækʃən/ • *n* afleiding *f*

distraught /dɪsˈtɹɔːt/ • *adj* verstoord, vertwijfeld

distress /dɪˈstɹɛs/ • *n* druk *m*, stress *f* • *v* onder druk zetten, benauwen

distribut|e /dɪˈstrɪbjuːt, dɪˈstrɪbjʊt/ • *v* verdelen; leveren; verspreiden; indelen, opdelen **~ion** • *n* distributie, uitdeling, verdeling *f*; opdeling; spreiding *f*, verspreiding *f*

district /ˈdɪstɹɪkt/ • *n* district *n*; gebied *n*, regio *f*

disturb /dɪsˈtɜːb/ • *v* storen, verstoren **~ed** • *adj* gestoord **~ing** • *adj* verontrustend **~ance** • *n* storing *f*, verstoring *f*

dive /daɪv/ • *n* duik *m*; kelderrestaurant, buurtcafé *n*; schwalbe, fopduik *m* • *v* duiken, onderwaterzwemmen; een schwalbe maken, een fopduik maken, fopduiken **~r** • *n* duiker *m*, duikster *f*

divers|e /daɪˈvɜːs, dɪˈvɜːs/ • *adj* divers **~ity** • *n* verscheidenheid

diversion /dɪˈvɜːʒən, daɪˈvɜːʃən/ • *n* afleidingsmanoeuver, misleiding; verstrooiing, vermaak; verstrooien, ontspannen; verlegging; omleiding

divi|de /dɪˈvaɪd/ • *v* verdelen; delen **~dend** • *n* deeltal *n*; dividend *n* **~sion** • *n* deling *f*, verdeling *f*, scheiding *f*; deel *n*, gedeelte *n*; delen *n*; staartdeling *f*; divisie *f*; afdeling *f*, eenheid *f*; deelbaarheid *f*

divine /dɪˈvaɪn/ • *adj* goddelijk • *v* waarzeggen; wichelen

divorce /dɪˈvɔːs, dɪˈvɔːs/ • *n* echtscheiding *f* **~d** • *adj* gescheiden

dizz|y /ˈdɪzi/ • *adj* draaierig, duizelig; duizelingwekkend **~iness** • *n* duizeligheid

DNA • *n* (*abbr* DeoxyriboNucleic Acid) DNA, DNZ

do /duː, du/ • *n* gedoe, feest *n*, fuif *m*; ruzie; snit *m*; do • *v* (*sp* did, *pp* done) doen; genoegen, het ermee doen; gaan; bezoeken; zitten; binnendoen; bakken, koken; wel

dock /dɒk, dɑk/ • *n* klit *f*; dok *n*; beklaagdenbank *f* • *v* couperen; afmeren

doctor /ˈdɒktə, ˈdɑktɚ/ • *n* doctor *f* • *v* dokteren, valsificeren **~ate** • *n* doctorsgraad *m*

document /ˈdɒkjʊmənt, ˈdɑkjəmənt/ • *n* document *n* • *v* documenteren **~ation** • *n* documentatie

documentary /ˌdɒk.jəˈmɛn.tɹi, ˌdɑːkjəˈmɛn.tɚ.i/ • *adj* documentair • *n* documentaire *m*, docu *m*

dog /dɒg, dɔg/ ● *n* hond *m*; reu *m* ● *v* jagen, vervolgen; plagen, pesten; bevestigen, vastmaken

doll /dɒl, dɑl/ ● *n* pop *f*

dollar /'dɒlə, 'dɑlɚ/ ● *n* dollar *m*

dolphin /'dɒlfɪn, 'dɑlfɪn/ ● *n* dolfijn *m*

domain /dəʊˈmeɪn, doʊˈmeɪn/ ● *n* domein *n*

domesticate /dəˈmɛstɪkeɪt, dəˈmɛstɪkət/ ● *v* domesticeren

dominan|ce /ˈdɒmɪnəns, ˈdɑːmɪnəns/ ● *n* dominantie *f*; overheersing **~t** ● *adj* dominant; overheersend ● *n* dominant *f*

don|ation /dəʊˈneɪʃən, doʊˈneɪʃən/ ● *n* schenking *f* **~or** ● *n* schenker

done *(pp)* ▷ DO

donkey /ˈdɒŋki, ˈdɑŋki/ ● *n* ezel *m*

door /dɔː, dɔɹ/ ● *n* deur *f*, portier *n* **~ handle** ● *n* deurkruk, deurknop, klink **~bell** ● *n* deurbel *f* **~way** ● *n* deurgat *n*, deuropening *f*

dormitory /ˈdɔːmɪˌtɔːɹi/ ● *n* slaapzaal, slaapcel

dose /dəʊs, doʊs/ ● *n* doos

dot /dɒt, dɑt/ ● *n* punt *m*

double /ˈdʌb.əl/ ● *adj* dubbel; contra ● *n* dubbelganger *m*, dubbelgangster *f*

doubt /daʊt, dʌʊt/ ● *n* twijfel *f* ● *v* twijfelen, betwijfelen **~less** ● *adv* zonder twijfel **without a ~** ● *phr* ongetwijfeld, zonder twijfel

dough /dəʊ, doʊ/ ● *n* deeg *n*

dove /dʌv/ ● *n* duif *m*

down /daʊn/ ● *adj* laag; down, depri, depressief ● *adv* beneden; uit, af; neer ● *n* dons *n*; down *m*, ronde *f*, kwart *n*; heuvel *m*; veld *n*, baan *f* ● *prep* af, beneden ● *v* atten, drinken, zuipen; potten; laten vallen, droppen **~load** ● *n* download *m* ● *v* downloaden, afladen, binnenhalen, binnenladen **~stairs** ● *adv* beneden **~town** ● *n* binnenstad *m*, stadscentrum *n*, centrum *n* **~wards** ● *adv* benedenwaarts

dozen /ˈdʌzn̩/ ● *n* dozijn *n*; tientallen

draft /drɑːft, dræft/ ● *adj* van 't vat, getapt ● *n* kladversie *f*, sketch *f*; diepgang *m*; tocht *m*, trek; slok *m*, teug *f*; kladje *n*, aanzet *m*, schets *f*; lichting *f*; wissel *m* ● *v* wetsontwerp; oproepen, ronselen

drag /dræg/ ● *n* luchtweerstand, weerstand *m*; fundering *f*; belemmering, hinderpaal ● *v* slepen

dragon /ˈdrægən/ ● *n* draak *m*, lintworm; dragonder; Draak **~fly** ● *n* libel *f*

drain /dreɪn/ ● *n* afvoer ● *v* leeglopen; leeg laten lopen; ontwateren; uitputten **~age** ● *n* drainage, afwatering

drama /ˈdrɑːmə, ˈdrɑmə/ ● *n* drama *n*; toneelstuk *n*, theateropvoering *f* **~tic** ● *adj* dramatisch

drank *(sp)* ▷ DRINK

draw /drɔː, drɒ/ • *n* gelijkspel; trekking *f* • *v* (*sp* drew, *pp* drawn) putten; aantrekken; tekenen; gelijkspelen; trekken; sluiten **~ing** • *n* tekening; tekenen *n*; tekenkunst

drawer /drɔː(r), drɔr/ • *n* la *f*, schuif *m*; tekenaar *m*, tekenares *f*

drawn *(pp)* ▷ DRAW

dread /drɛd/ • *n* vrees *f*, doodsangst *f*; gevreesde *f* • *v* vrezen, schrik hebben, bang zijn **~ful** • *adj* vervaarlijk

dream /driːm, drɪm/ • *n* droom *m*; hoop *n* • *v* (*sp* dreamt, *pp* dreamt) dromen

dreamed *(sp/pp)* ▷ DREAM

dreamt *(sp/pp)* ▷ DREAM

dress /drɛs/ • *n* jurk *m*, gewaad *n*, kleed *n*; kledij *f*, kleding *f* • *v* kleden, aankleden; zich aankleden, zich kleden **~ed** • *v* aangekleed

drew *(sp)* ▷ DRAW

dried /draɪd/ • *adj* gedroogd

drift /drɪft/ • *v* trekken

drill /drɪl/ • *n* boor *f*, boormachine *f*; dril • *v* graven; boren; pompen; drillen; stampen, blokken

drink /drɪŋk/ • *n* drank *m*, drinken *n* • *v* (*sp* drank, *pp* drunk) drinken

drive /draɪv/ • *n* oprit *m*, oprijlaan *m*; weg *m*; drijfveer *f*, motivatie *f*; rit; aandrijving *f* • *v* (*sp* drove, *pp* driven) besturen, rijden; motiveren; drijven; maken; pendelen; samendrijven; voortdrijven; indrijven; aandrijven **~r** • *n* bestuurder *m*, chauffeur *m*; stuurprogramma *n* **~way** • *n* oprit, inrit

driven *(pp)* ▷ DRIVE

drool /druːl/ • *v* kwijlen

drop /drɒp, drɑp/ • *n* val *m*; snoepje, bolletje; afgrond *m*; druppel *m* • *v* laten vallen; uitstoten, verwijderen; vallen; dalen

drought /draʊt/ • *n* droogte *f*

drove *(sp)* ▷ DRIVE

drown /draʊn/ • *v* verdrinken, verzuipen; overspoelen; overweldigen

drowsy /ˈdraʊzi/ • *adj* slaperig

drug /drʌɡ/ • *n* drug *m* • *v* drogeren

drum /drʌm/ • *n* drum *m*, trom *m*; vat • *v* trommel **~mer** • *n* drummer *m*, drumspeler *m*; kramer *m*

drunk /drʌŋk/ • *adj* dronken, zat, bezopen, blauw, beschonken • *n* dronkaard *m*, zatlap *m* • *(also)* ▷ DRINK

dry /draɪ/ • *adj* droog • *v* drogen **~er** • *n* droger

dual /djuː.əl, ˈd(j)uː.əl/ • *adj* tweeledig; dubbel; dualis; tweevoud • *n* dualis *m*, tweevoud *n*

dub /dʌb/ • *v* tot ridder slaan, ridderen; betitelen, bestempelen

Dublin • *n* Dublin

duck /dʌk/ • *n* eend *f*

dude /d(j)uːd, duːjud/ • *n* kerel *m*, knul *m*; maat *m*, vent *m*

dug *(sp/pp)* ▷ DIG
dull /dʌl/ • *adj* bot, stomp; saai; mat; dom
dumb /dʌm/ • *adj* dom, stom
dump /dʌmp/ • *n* vuilnisbelt *f* • *v* dumpen
duo /ˈdjuːəʊ, ˈduːoʊ/ • *n* duo *n*, paar *n*, koppel *n*
duration /djʊˈreɪʃn, dəˈreɪʃn/ • *n* tijdsduur *m*, duur *m*
during /ˈdjʊərɪŋ, ˈdʊərɪŋ/ • *prep* gedurende; tijdens, in
dust /dʌst/ • *n* stof *n* • *v* afstoffen **~y** • *adj* stoffig
Dutch • *adj* Nederlands • *n* Nederlands *n*; Nederlander *m*, Nederlandse *f*, Nederlanders
duty /ˈdjuːti, duːti/ • *n* plicht *f*; van dienst *m*; taks *m*
DVD • *n (abbr* Digital Versatile Disc) dvd *m*
dwell /dwɛl/ • *v (sp* dwelt, *pp* dwelt) rondhangen, verblijven
dwelled *(sp/pp)* ▷ DWELL
dwelt *(sp/pp)* ▷ DWELL
dynamic /daɪˈnæmɪk/ • *adj* dynamisch, dynamische, veranderlijk, veranderlijke • *n* dynamiek *m* **~s** • *n* dynamica *f*, stromingsleer *f*

E

each /iːtʃ, itʃ/ • *det* elk, ieder

eager /ˈiːgɚ, ˈiːgə/ • *adj* begerig **~ly** • *adv* gretig
eagle /ˈiːgəl/ • *n* arend *m*, adelaar *m*
ear /ɪə, ɪɹ/ • *n* oor *n*; aar *m* • *v* ploegen
early /ˈɜːli, ˈɜːli/ • *adj* vroeg
earn /ɜːn, ɜɹn/ • *v* verdienen
earth /ɜːθ, ɜθ/ • *n* aarde *f*, grond; droge land *n*, land *n* • *v* aarden; begraven **~quake** • *n* aardbeving *f*, aardschok *m* **on ~** • *phr* in vredesnaam, in hemelsnaam, in godsnaam
easi|ly /ˈiːzɪli, ˈiːzə.li/ • *adv* makkelijk **~ness** • *n* gemakkelijkheid *f*
east /iːst/ • *adj* oostelijk; oosters • *adv* oostwaarts • *n* oosten *n* **~ern** • *adj* oostelijk
easy /ˈiːzi, izi/ • *adj* makkelijk, gemakkelijk
eat /iːt, it/ • *v (sp* ate, *pp* eaten) eten, vreten, consumeren; opvreten **~ out** • *v* uit eten **~er** • *n* eter *m*
eaten *(pp)* ▷ EAT
echo /ˈɛkəʊ, ˈɛkoʊ/ • *n (pl* echoes) echo *m* • *v* echoën, terugzeggen, herhalen, napraten, nadoen
ecolog|y /ɛˈkɒlədʒi, iˈkɑ.lə.dʒi/ • *n* ecologie *f* **~ical** • *adj* ecologisch
econom|y /iˈkɒn.ə.mi, iˈkɑn.ə.mi/ • *n* economie *f* **~ic** • *adj* economisch **~ics** • *n* economie *f* **~ist** • *n* econoom
ecosystem /ˈiːkəʊˌsɪstəm, ˈikoʊˌsɪstəm/ • *n* ecosysteem *n*
Ecuador • *n* Ecuador

edge /ɛdʒ/ • *n* rand, kant; ribbe; voorsprong; kling; grens; lijn, zijde, tak

Edinburgh • *n* Edinburgh

edit /ˈɛdɪt/ • *n* wijziging *f*, aanpassing *f*, bewerking *f* • *v* bewerken, wijzigen **~ion** • *n* editie *f*; druk **~or** • *n* redacteur *m*; krantenredacteur *m*; editor *m*, tekstverwerker *m*

educat|e /ˈɛdʒəkeɪt, ˈɛdjʊkeɪt/ • *v* opleiden, onderwijzen, opvoeden **~ion** • *n* onderwijs *n*; opvoeding **~ional** • *adj* opvoedkundig, onderwijskundig

eel /iːl/ • *n* paling *m*, aal, palingachtigen

eerie /ˈɪri, ˈɪəri/ • *adj* vreemd; vreesachtig, angstaanjagend

effect /ɪˈfɛkt, əˈfɛkt/ • *n* effect *n*, werking *f* • *v* bewerkstelligen **~ive** • *adj* efficiënt, werkzaam **~iveness** • *n* effectiviteit *f*

efficien|t /ɪˈfɪʃənt, əˈfɪʃənt/ • *adj* efficiënt **~cy** • *n* efficiëntie *f*; rendement *n* **~tly** • *adv* op een efficiënte manier

effort /ˈɛfət, ˈɛfɚt/ • *n* inspanning **~less** • *adj* moeiteloos

egg /ɛg, eɪg/ • *n* ei *n*

eggplant • *n* aubergine *m*, eierplant *m*, eiervrucht *f*

egoism • *n* egoïsme *n*, zelfzucht *m*

Egypt • *n* Egypte **~ian** • *adj* Egyptisch • *n* Egyptenaar *m* • *n* Egyptisch *n*

eight /eɪt/ • *n* acht *f* • *num* acht **~een** • *num* achttien *f* **~h** • *adj* achtste **~y** • *num* tachtig *f*

either /ˈaɪð.ə(ɹ), aɪ/ • *adv* ook • *conj* of, ofwel, hetzij • *det* beide

El Salvador • *n* El Salvador

elaborat|e /ɪˈlæbəɹeɪt, ɪˈlæbəɹeɪt/ • *adj* gedetailleerd, diepgaand; intrigerend • *v* uitweiden **~ion** • *n* uitwerking

elastic /iˈlæstɪk/ • *adj* elastieken **~ity** • *n* elasticiteit *f*

elbow /ˈɛl.bəʊ, ˈɛl.boʊ/ • *n* elleboog *m*

elder /ˈɛldə, ˈɛldɚ/ • *adj* ouder • *n* ouderling *m*; vlier **~ly** • *adj* bejaard

election /ɪˈlɛkʃ(ə)n/ • *n* verkiezing *f*

electric /ɪˈlɛktɹɪk/ • *adj* elektrisch **~al** • *adj* elektrisch **~ity** • *n* elektriciteit *f*, stroom *m* **~ian** • *n* elektricien

electronic /ˌɛl.ɛkˈtɹɒn.ɪk, ɪˌlɛkˈtɹɑn.ɪk/ • *adj* elektronen-; elektronisch; virtueel, web- **~s** • *n* elektronica *m*

elegant /ˈɛl.ə.gənt/ • *adj* elegant, sierlijk, gracieus

element /ˈɛl.ɪ.mənt/ • *n* element *n*; fractie; gegeven *n*

elephant /ˈɛləfənt/ • *n* olifant *m*, elpendier *n*, elp *m*

eleven /ɪˈlɛv.ən/ • *num* elf

elite /ɪˈliːt/ • *adj* elitair, elitaire • *n* elite *f*; top-

else /ɛls, ɛlts/ • *adv* zoniet, anders, in het andere geval

email /ˈiːmeɪl/ • *n* mail *m*, e-mail *m*, email *m*; e-mailbericht *n* • *v* e-mailen, mailen

embark /ɪmˈbɑː(ɹ)k/ • *v* beginnen, starten

embarrass /ɪmˈbæɹ.əs, ɪmˈbæ(ə).ɹəs/ • *v* verlegen maken, in verlegenheid brengen **~ed** • *adj* in verlegenheid **~ing** • *adj* gênant **~ment** • *n* verlegenheid *f*

embassy /ˈɛmbəsi/ • *n* ambassade *f*

embed /ɛmˈbɛd/ • *v* vastleggen, inbedden; inbedden in **~ded** • *adj* ingebed; verankerd, vastgebetonneerd

embod|y • *v* belichamen **~iment** • *n* belichaming *f*

embrace /ɪmˈbɹeɪs/ • *n* omarming *f*, omhelzing *f*, knuffel • *v* omarmen, omhelzen, knuffelen

emerg|ing • *adj* boven komen, naar buiten komen, zich vertonen, zich voordoen, blijken **~ence** • *n* opkomst; emergentie *f* **~ency** • *n* nood *m*, noodgeval *n*, spoedgeval *n*

eminent /ˈɛmɪnənt/ • *adj* voortreffelijk, eminent

emi|t /ɪˈmɪt/ • *v* uitzenden, afgeven **~tter** • *n* zender *m*; emitter *m* **~ssion** • *n* uitstoot, emissie

emotion /ɪˈmoʊʃən, ɪˈməʊʃən/ • *n* emotie *f* **~al** • *adj* gevoelsmatig; emotioneel

emperor /ˈɛmpəɹə, ˈɛmpəɹɚ/ • *n* keizer *m*

emphasi|s /ˈɛmfəsɪs/ • *n* (*pl* emphases) nadruk *m*; benadrukking; klemtoon *m*, beklemtoning **~ze** • *v* benadrukken, beklemtonen

empire /ˈɛmpaɪə, ˈɛmˌpaɪɹ/ • *n* rijk *n*, keizerrijk *n*; imperium

employ /ɪmˈplɔɪ/ • *v* tewerkstellen **~ee** • *n* bediende *f*, werknemer *m*, medewerker *m* **~er** • *n* werkgever *m* **~ment** • *n* benutting, gebruik *n*, nut *n*, emplooi *n*; aanwerving, tewerkstelling; werk *n*; tewerkstellingsgraad, tewerkstellingscijfer

empower • *v* opmachtigen

empress /ˈɛmpɹəs/ • *n* keizerin *f*

empt|y /ˈɛmpti/ • *adj* leeg • *v* leegmaken, legen **~iness** • *n* leegte *f*

enable /ɪˈneɪbəl/ • *v* inschakelen, in staat stellen; activeren

enchant /ɛnˈtʃænt, ɛnˈtʃɑnt/ • *v* betoveren **~ing** • *adj* betoverend

enclose /ənˈkloʊz, ɪnˈkləʊz/ • *v* omheinen; bijvoegen, insluiten

encompass /ɛnˈkʌm.pəs/ • *v* omvatten; bevatten

encounter /ɪnˈkaʊntɚ, ɪnˈkaʊntə/ • *n* treffen *n*; botsing, confrontatie • *v* ontmoeten, stuiten/botsen, treffen; oog in oog staan; confronteren, het hoofd bieden

encourage /ɪnˈkʌɹɪdʒ, nˈkɜɹɪdʒ/ • *v* bemoedigen, aanmoedigen; bevorderen, patroneren; steunen **~ment** • *n* aanmoediging *f*; bemoediging *f*

encyclopedia /ənˌsaɪ.kləˈpi.di.ə, mˌsaɪ.kləˈpi(ː).di.ə/ • *n* encyclopedie *m*

end /ɛnd/ • *n* einde *n*, uiteinde *n* • *v* eindigen, ophouden, einden; beëindigen ~ **up** • *v* belanden, terechtkomen ~**ing** • *n* beëindiging *f* ~**less** • *adj* eindeloos; oneindig, grenzeloos

endangered • *adj* bedreigd

endeavor /ɪnˈdɛv.ə, ɛnˈdɛv.ɚ/ • *n* inspanning, ijveren *n*, poging; moeite, streven *n* • *v* zich beijveren, proberen, nastreven

endorse • *v* ondersteunen, aanbevelen, goedkeuren, bevestigen

endur|e /ɪnˈdjʊə(ɹ), ɪnˈd(j)ʊɹ/ • *v* voortduren; verdragen ~**ance** • *n* uithoudingsvermogen *n*

enemy /ˈɛnəmi/ • *adj* vijandelijk • *n* vijand *m*, tegenstander *m*

energy /ˈɛnədʒi, ˈɛnɚdʒi/ • *n* energie *f*

enforce /ɪnˈfɔːs/ • *v* versterken; handhaven ~**ment** • *n* handhaving *f*

engage /ɪnˈɡeɪdʒ/ • *v* verloven ~**d** • *adj* verloofd; bezet, in gesprek

engine /ˈɛndʒɪn/ • *n* motor *m*, aandrijving *f* ~**er** • *n* ingenieur *f*; probleemoplosser *m*; machinist *m* ~**ering** • *n* ingenieurswetenschap *f*

English • *adj* Engels • *n* Engelsman *m*, Engelse *f*, Engelsen; grote Augustijn, dubbel kolonel • *n* Engels *n*

engrav|e • *v* graveren ~**ing** • *n* gravure *m*

enhance /ɪnˈhɑːns, ɪnˈhæns/ • *v* vergroten, uitbreiden; verbeteren ~**ment** • *n* verbetering *f*

enjoy /ɪnˈdʒɔɪ, ɛnˈdʒɔɪ/ • *v* genieten van; genieten

enlightenment • *n* verlichting

enormous /ɪˈnɔː(ɹ)məs/ • *adj* enorm, gigantisch

enough /ɪˈnʌf/ • *adv* genoeg • *det* voldoende • *interj* genoeg! • *pron* genoeg

enrich /ɪnˈɹɪtʃ/ • *v* verrijken

enslave • *v* knechten

ensue /ɛnˈsjuː, ɪnˈsjuː/ • *v* erop volgen, daarop volgen

ensure /ɪnˈʃʊə, ɪnˈʃʊɹ/ • *v* verzekeren

entail /ɛnˈteɪl/ • *v* verlangen

enter /ˈɛntə(ɹ), ˈɛntɚ/ • *v* binnengaan; invoeren

enterprise /ˈɛntɚˌpɹaɪz/ • *n* onderneming *f*

entertain /ˌɛntəˈteɪn, ˌɛntɚˈteɪn/ • *v* vermaken, amuseren; ontvangen ~**ing** • *adj* vermakelijk ~**ment** • *n* vermaak *n*, amusement *n*

enthusias|m /ɪnˈθjuːziæz(ə)m, -θuː-/ • *n* enthousiasme *n*, geestdrift ~**tic** • *adj* enthousiast

entirely /ɪnˈtaɪəli, ɪnˈtaɪɹli/ • *adv* helemaal, geheel, volledig

entitle /ənˈtaɪtəl, ənˈtaɪ.təl/ • *v* berechtigen; benoemen, betitelen ~**d** • *adj* getiteld; gerechtigd, rechthebbend

entrance /ˈɛn.trəns/ • *n* ingang *m* • *v* verwonderen; in trance brengen

entrepreneur /ˌɒn.trə.prəˈnɜː, ˌɑn.t(ʃ)rə.prəˈnʊɜːr/ • *n* ondernemer

entry /ˈɛntrɪ, ˈɛntrɪ/ • *n* invoer *m*; toegang *m*; ingang; entree; trefwoord *n*, artikel; post, notitie; element *n*

envelope /ˈɛn.və.ləʊp, ˈɛn.və.loʊp/ • *n* envelop *f*, briefomslag *m*; omslag *m*

environment /ɪnˈvaɪrə(n)mənt/ • *n* omgeving; milieu *n* **~ally friendly** • *adj* milieuvriendelijk

env|y /ˈɛnvi/ • *n* afgunst *f*, nijd *m* • *v* benijden, afgunstig zijn **~ious** • *adj* jaloers, nijdig

epic /ˈɛp.ɪk/ • *adj* episch; heldhaftig • *n* epos, heldendicht *n*; episch gebeuren/verhaal, heldendaden

epidemic /ˌɛpɪˈdɛmɪk/ • *adj* epidemisch • *n* epidemie

episode /ˈɛpɪsəʊd, ˈɛ.pəˌsoʊd/ • *n* gebeuren *n*, episode; aflevering *f*

equal /ˈiːkwəl/ • *adj* gelijk, gelijke, identiek, identieke • *n* gelijke *f* • *v* gelijk zijn aan; betekenen **~ity** • *n* gelijkheid *f*; gelijkberechtiging **~ly** • *adv* even, gelijk, gelijkelijk, gelijkmatig

equation /ɪˈkweɪʒən/ • *n* vergelijking

equestrian • *adj* ruiter

equip /ɪˈkwɪp/ • *v* uitrusten **~ment** • *n* uitrusting *f*

equity /ˈɛk.wɪ.ti/ • *n* aandeel

equivalen|t /ɪˈkwɪvələnt/ • *adj* gelijkwaardig **~ce** • *n* gelijkwaardigheid

era /ˈɪərə, ˈɛrə/ • *n* tijdperk *n*, periode *f*, era *m*, tijdrekening *f*

erase /ɪˈreɪz, ɪˈreɪs/ • *v* uitwissen, uitgummen **~r** • *n* gom, gum

erecti|on /ɪˈrɛkʃən/ • *n* erectie **~le dysfunction** • *n* erectiestoornis

Eritrea • *n* Eritrea

erode /ɪˈrəʊd/ • *v* afslijten, uitslijten, verweren, eroderen, corroderen, aantasten, aanvreten, uitbijten, inbijten

error /ˈɛrə(r), ˈɛrər/ • *n* fout, vergissing *f*, onjuistheid *f*; afwijking; procedurefout

eruption /ɪˈrʌpʃən/ • *n* uitbarsting *f*; huiduitslag *m*

escalat|e /ˈɛs.kə.leɪt/ • *v* escaleren **~or** • *n* roltrap *m* **~ion** • *n* escalatie *f*

escape /ɪˈskeɪp/ • *n* ontsnappen; escapetoets *m* • *v* ontsnappen; ontsnappen aan, ontgaan; er vanaf komen; stoppen, afbreken, onderbreken

especially /ɪˈspɛʃ(ə)li, ɛkˈspɛʃ(ə)li/ • *adv* vooral

essay /ˈɛˌseɪ/ • *n* essay *n*, opstel *n*, essai; poging *f*

essen|ce /ˈɛsəns/ • *n* essentie; essence, aftreksel; parfum *n*; wezen *n* **~tial** • *adj* essentieel, onontbeerlijk, wezenlijk, noodzakelijk, nodig; belangrijk; echt • *n* essentieel *n* **~tially** • *adv* essentieel

establish /ɪˈstæb.lɪʃ/ • *v* oprichten, stichten; bevestigen, vaststellen **~ment** • *n* oprichting *f*; vestiging, bestel *n*; establishment *n*

estate /ɪsˈteɪt/ • *n* bezit *n*; standadel; eigendom; landgoed *n*

estimate /ˈɛstɪmɪt, ˈɛstɪˌmeɪt/ • *n* schatting *f* • *v* schatten

Estonia • *n* Estland *n* **~n** • *adj* Ests, Estisch • *n* Est *m*, Estlander *m*, Estlandse *f*; Ests *n*, Estisch *n*

etern|al /ɪˈtɜːnəl, ɪˈtɜːnəl/ • *adj* eeuwig, eindeloos **~ity** • *n* eeuwigheid; de eeuwigheid

ethic|al /ˈɛθɪkəl/ • *adj* ethisch **~s** • *n* zedenkunde *f*, ethiek *f*

Ethiopia • *n* Ethiopië *n*

ethnic /ˈɛθ.nɪk/ • *adj* etnisch; exotisch, vreemd • *n* vreemdeling *m*; minderheid

EU *(abbr)* ▷ EUROPEAN UNION

euro /ˈjʊərəʊ, ˈjʊrəʊ/ • *n* euro

Europe • *n* Europa *n* **~an** • *adj* Europees • *n* Europeaanse *f*, Europeaan *m*

European Union • *n* Europese Unie *f*

evacuat|e • *v* evacueren **~ion** • *n* evacuatie *f*

evaluation /ɪˌvæljuˈeɪʃən/ • *n* beoordeling *f*, evaluatie *f*

even /ˈiːvən, ˈivən/ • *adj* gelijke, gelijkmatig, gelijkmatige; gelijk; even, paar; vlak, vlakke • *adv* nog; zelfs, eens • *n* avondstond *m* • *v* evenen, gelijkmaken, platmaken

evening /ˈiːvnɪŋ, ˈivnɪŋ/ • *n* avond

event /ɪˈvɛnt/ • *n* gebeurtenis **~ually** • *adv* uiteindelijk

ever /ˈɛvə, ˈɛvər/ • *adv* ooit, altijd, steeds

every /ˈɛv.(ə.)ri/ • *det* elk, ieder **~body** • *pron* iedereen, allen **~day** • *adj* alledaags **~one** • *pron* iedereen, elkeen, allen, allemaal, iegelijk **~thing** • *pron* alles **~where** • *adv* overal

eviden|tly /ˈɛvɪdəntli/ • *adv* duidelijk, klaarblijkelijk **~ce** • *n* bewijs *n*, bewijsmateriaal *n*

evil /ˈiːvɪl, ˈivəl/ • *adj* kwaadaardig, boosaardig, kwaad, slecht, euvel • *n* kwade *n*, kwaad *n*, slechte *n*, euvel *n*

evoke /ɪˈvəʊk, ɪˈvoʊk/ • *v* oproepen

evolution /ˌiːvəˈluːʃ(ə)n, ˌɛvəˈluʃ(ə)n/ • *n* evolutie *f* **~ary** • *adj* evolutionair

evolve • *v* ontwikkelen

exact /ɪɡˈzækt/ • *adj* exact, precies **~ly** • *adv* precies, exact

exaggerate /ɛɡˈzæ.dʒəˌreɪt/ • *v* overdrijven

exam ▷ EXAMINATION

examin|e /ɪɡˈzæmɪn/ • *v* onderzoeken; examineren **~ation** • *n* toets *m*, proefwerk *n*, examen *n*

example /ɪgˈzɑːmpl, əgˈzæːmpuː/ • *n* voorbeeld *n* **for** ~ • *phr* bijvoorbeeld

exceed /ɪkˈsiːd/ • *v* overschrijden, overstijgen, overtreffen; te buiten gaan

excellent /ˈɛksələnt/ • *adj* uitstekend, uitmuntend, excellent, voortreffelijk

except /ɪkˈsept, ɛˈksept/ • *prep* behalve, uitgezonderd *n* • *v* uitsluiten, uitzonderen; bezwaar hebben, protesteren, bezwaar maken **~ion** • *n* uitzondering *f* **~ional** • *adj* buitengewoon, exceptioneel, uitzonderlijk

excess /əkˈses/ • *n* overtreffen; eigen risico **~ive** • *adj* overmatig

exchange /ɛksˈtʃeɪndʒ/ • *n* uitwisseling; beurs *f* • *v* handelen; ruilen, omruilen, wisselen

excit|e /ˈɛgzaɪt/ • *v* prikkelen, opwinden; stimuleren, exciteren **~ed** • *adj* opgewonden, opgetogen; aangeslagen **~ement** • *n* opgewondenheid *f* **~ing** • *adj* spannend

exclamation /ˌɛkskləˈmeɪʃ(ə)n/ • *n* uitroep *m* **~ mark** • *n* uitroepteken *n*

exclu|de /ɪksˈkluːd/ • *v* uitsluiten, buitensluiten **~sive** • *adj* exclusief **~sively** • *adv* uitsluitend, exclusief

excursion /ɛks.kɜː(ɹ).ʃən, ɪks.kɜːɹ.ʒən/ • *n* uitstapje *n*, excursie *f*

excuse /ɪkˈskjuːz, ɪksˈkjuz/ • *n* uitvlucht *f*, excuus • *v* vergeven, excuseren; verontschuldigen; goedpraten

execut|e /ˈɛksɪˌkjuːt/ • *v* executeren; bewerkstelligen, uitvoeren **~ion** • *n* uitvoering *f*; executie, terechtstelling *f*, doodstraf; tenuitvoerlegging

executive /ɪgˈzɛkjʊtɪv/ • *n* uitvoerende macht *m*

exercise /ˈɛk.sə.saɪz, ˈɛk.sɚ.saɪz/ • *n* oefening *f*; lichaamsbeweging *f*

exert • *v* inspannen; uitoefenen **~ion** • *n* inspanning *f*

exhaust /ɪgˈzɔːst/ • *n* uitlaatpijp *f*, uitlaat *m* • *v* uitputten, verminderen **~ed** • *adj* uitgeput **~ion** • *n* uitputting *f*

exhibit /ɪgˈzɪbɪt, ɪgˈzɪbət/ • *n* vertoning; tentoonstellingsstuk; tentoonstelling, expositie • *v* tonen, tentoonstellen; vertonen **~ion** • *n* tentoonstelling *f*

exile /ˈɛɡˌzaɪl/ • *n* ballingschap *f*; banneling *m* • *v* verbannen

exist /ɪgˈzɪst/ • *v* bestaan **~ing** • *adj* bestaande **~ence** • *n* bestaan *n*, voorkomen *n*

exit /ˈɛgzɪt/ • *n* uitgang *m* • *v* uitgaan, vertrekken

exotic /ɪgˈzɒtɪk, ɪgˈzɑtɪk/ • *adj* exotisch; uitheems • *n* exoot *m*

expan|d /ɛkˈspænd/ • *v* vergroten, uitbreiden, openzetten, opentrekken;

vermeerderen; elaboreren, uitwerken; ontbinden in factoren, factoriseren; uitdijen, uitzetten, uitplooien; zich uitbreiden, toenemen; uitweiden **~sion** • *n* expansie *f*

expect /ɪkˈspɛkt/ • *v* verwachten **~ation** • *n* verwachting *f*, afwachting *f* **~ed** • *adj* verwacht

expedient /ɪkˈspiːdiənt/ • *adj* doelmatig; eenvoudig, snel, uitgekookt • *n* redmiddel, uitweg, slimmigheid

expedition /ɛkspəˈdɪʃən/ • *n* expeditie *f*

expenditure • *n* uitgave

expense /ɪkˈspɛns/ • *n* uitgave *f*

expensive /ɪkˈspɛnsɪv/ • *adj* duur

experience /ɪkˈspɪɹ.i.əns, ɪkˈspɪə.ɹɪəns/ • *n* ervaring *f*, belevenis *f*, beleving *f*, ondervinding *f*; kennis • *v* ervaren, meemaken, ondergaan, ondervinden, beleven **~d** • *adj* ervaren

experiment /ɪkˈspɛɹ.ɪ.mənt, ɪkˈspɛɹ.ə.mənt/ • *n* experiment *n*, proef *f* • *v* experimenteren

expert /ˈɛkspɜːt/ • *n* deskundige, expert

expire /ɪkˈspaɪ.ə(ɹ)/ • *v* aflopen, vervallen, verstrijken, verlopen; uitademen, uitblazen

explain /ɪkˈspleɪn/ • *v* uitleggen, verklaren, toelichten **~nation** • *n* verklaring *f*, toelichting *f*, uitleg *m*; uitvlucht

explicit /ɪkˈsplɪsɪt/ • *adj* expliciet, uitdrukkelijk

explode /ɪkˈspləʊd, ɪkˈsploʊd/ • *v* opblazen; exploderen, ontploffen **~sion** • *n* explosie *f*, ontploffing *f* **~sive** • *n* explosief *n*, springstof *f*, plofstof

exploit /ˈɛksplɔɪt, ɪksˈplɔɪt/ • *n* heldendaad; wapenfeit *f*; exploit *m* • *v* exploiteren, uitbuiten **~ation** • *n* uitbuiting *f*, exploitatie *f*, uitbaten *n*

explore /ɪkˈsplɔː, ɪkˈsplɔɹ/ • *v* onderzoeken, bestuderen, navorsen, exploreren, napluizen, uitpluizen, uitzoeken, aftasten; verkennen, op/een ontdekkingsreis gaan naar/maken in; diagnosticeren; op verkenning zijn, exploratie doen **~ation** • *n* verkenning *f*, exploratie; ontdekkingsreis, ontdekkingstocht **~er** • *n* verkenner *m*; ontdekker, ontdekkingsreiziger *m*

export /ˈɛks.pɔːt, ˈɛks.pɔɹt/ • *v* exporteren **~er** • *n* exporteur *m*

expose /ɪkˈspəʊz, ɪkˈspoʊz/ • *v* zichtbaar maken, blootleggen; blootstellen **~ure** • *n* blootstelling *f*, contact *n*; ligging *f*; blootstelling aan de elementen; belichting *f*

express /ɛk.ˈspɹɛs/ • *adj* snel; gedetailleerd • *v* uitdrukken

~ive ● *adj* uitdrukkend, zeggingskrachtig, expressief
~ion ● *n* uitdrukking *f*; spreekwijze *f*, wijze van spreken *f*; gelaatsuitdrukking *f*
exten|d /ɛkˈstɛnd/ ● *v* uitbreiden; uitstrekken **~sion** ● *n* uitbreiding *f*; verlenging *f*; toestelnummer *n*, toestel *n*; achtervoegsel *n*, extensie *f* **~sive** ● *adj* uitgebreid **~sively** ● *adv* uitvoerig, uitgebreid, omvangrijk; intensief **~t** ● *n* bereik *n*, mate *f*
external /ɛksˈtɜːnəl, ɛksˈtɜːnəl/ ● *adj* uiterlijk, uitwendig
extinct /ɪkˈstɪŋkt/ ● *adj* uit, uitgedoofd; in onbruik; uitgestorven; slapend, dood **~ion** ● *n* uitsterven
extra /ˈɛkstrə/ ● *adj* extra
extradition ● *n* uitlevering *f*, uitzetting
extraordinary /ɪksˈtrɔː(r)dɪˌnərɪ/ ● *adj* buitengewoon
extrem|e /ɪkˈstriːm/ ● *adj* afgelegen; extreem, extreme, intens, intense; overmatig, overmatige; drastisch, drastische; ultiem, ultieme ● *n* extreem *n*; uiterste *n* **~ely** ● *adv* uitermate, extreem **~ist** ● *adj* extremistisch
exuberant /ɪɡˈzuːbərənt/ ● *adj* uitbundig; overvloedig, overdadig, exuberant
eye /aɪ/ ● *n* oog *n*, kijker *m*, gezichtsorgaan *n*, oculus *m*; naaldoog *n* ● *v* bekijken, observeren; nakijken; gadeslaan, in het oog houden
~brow ● *n* wenkbrauw *f*
~lash ● *n* wimper *m*, ooghaar
~lid ● *n* ooglid *n* **~sight** ● *n* zicht *n*, gezichtsvermogen *n*

fable /ˈfeɪbəl/ ● *n* fabel *f*
fabric /ˈfæbrɪk/ ● *n* weefsel *n*; stof *f*; textuur
facade /fəˈsɑːd, fəˈsɑːd/ ● *n* gevel *m*, façade *f*
face /feɪs/ ● *n* gezicht *n*, aangezicht *n*, gelaat *n*; gelaatsuitdrukking *f*; zijde; bakkes *m* ● *v* zich richten naar, zich richten; naar ... staan; onder ogen zien, mee afrekenen, tegemoet gaan, de confrontatie aangaan met
facetious /fəˈsiːʃəs/ ● *adj* spottend, spotterig; grappig
facility /fəˈsɪlɪti/ ● *n* aanleg *m*, gemak *n*; inrichting *f*, voorziening *f*, faciliteit *f*
fact /fækt/ ● *n* feit *n* **in ~** ● *phr* feitelijk, in feite
faction /ˈfækʃən/ ● *n* fractie *f*
factor /ˈfæktə, ˈfæktər/ ● *n* uitvoerder *m*
factorial /fækˈtɔːrɪəl/ ● *n* faculteit
factory /ˈfæktəri/ ● *n* fabriek *f*
factual /ˈfækt(j)uəl/ ● *adj* feitelijk
faculty /ˈfækəlti/ ● *n* faculteit

fade /feɪd/ ● *adj* saai, smaakloos ● *v* verzwakken, verslappen, verwelken; verbleken; verzinken, verdwijnen, wegkwijnen

fail /feɪl/ ● *v* mislukken, falen; negeren; mankeren; buizen **~ure** ● *n* mislukking *f*, faling *f*, fout; mislukkeling *f*

faint /feɪnt/ ● *adj* zwak ● *v* flauwvallen, bezwijmen

fair /fɛə, fɛər/ ● *adj* bevallig, mooi; bleek, blank; eerlijk, rechtvaardig, rechtschapen, correct; redelijk, schappelijk, doenbaar ● *n* beurs *f*; jaarmarkt *m*, kermis *m*, braderie *f* ● *v* uitlijnen; effenen

faith /feɪθ/ ● *n* vertrouwen *n*, geloof *n* **~ful** ● *adj* getrouw; trouw **~fulness** ● *n* trouw *f*

fake /feɪk/ ● *adj* nep, vals ● *v* voorwenden

falcon /ˈfɔː(l)kən, ˈfælkən/ ● *n* valk *m*

fall /fɔːl, fɒl/ ● *n* val *m*; verval *n*; ondergang *m* ● *v* (*sp* fell, *pp* fallen) vallen; worden **~ apart** ● *v* uiteenvallen, uit elkaar vallen, instorten **~ down** ● *v* neervallen **~ out** ● *v* in onmin raken

fallen (*pp*) ▷ FALL

false /fɔːls, fɒls/ ● *adj* onwaar, vals, fout, onjuist; onecht

fam|e /feɪm/ ● *n* bekendheid *f*, roem *m*, beroemdheid *f* **~ous** ● *adj* beroemd; alom bekend

famil|y /ˈfæm(ɪ)li, ˈfæm(ə)li/ ● *n* gezin *n*; familie *f* **~iar** ● *adj* bekend; vertrouwd; familiair ● *n* geleidegeest *m*, geleidedier *n*

famine /ˈfæmɪn/ ● *n* hongersnood *m*

fan /fæn/ ● *n* waaier; ventilator; fan *f*, bewonderaar *m*, bewonderaarster *f*, liefhebber ● *v* waaieren

fanc|y /ˈfæn.si/ ● *v* zich voorstellen; zich aangetrokken voelen tot iemand **~iful** ● *adj* denkbeeldig, verzonnen, fantastisch, fantasievol

fantastic /fænˈtæstɪk/ ● *adj* fantasierijk; fantastisch, grandioos

fantasy /ˈfæntəsi/ ● *n* fantasie; fantasy

far /fɑː, fɑɹ/ ● *adj* ver

fare /fɛə(ɹ), feər/ ● *n* veergeld *n*, veerloon *n*, vervoersprijs; betalende passagier, reiziger *m*, opvarende *f*; dieet *n*, levensmiddelen; voorraad *n*, voorraadje *n*, proviand ● *v* varen, reizen

farm /fɑːɹm, fɑːm/ ● *n* boerderij *f*, hoeve *f* **~er** ● *n* boer *m*, boerin *f*, landbouwer, veehouder

fashion /ˈfæʃən/ ● *n* mode ● *v* maken **~able** ● *adj* modieus

fast /fɑːst, fæst/ ● *adj* vast; snel, vlug, rap, kwiek, gezwind ● *v* vasten

fasten /ˈfɑːsən, ˈfæsən/ ● *v* vastmaken

fastidious /fæˈstɪdi.əs/ ● *adj* kieskeurig; scrupuleus;

veeleisend

fat /fæt/ ● *adj* vet, dik, gezet, corpulent, volslank ● *n* vet *n*, vetlaag *f* ● *v* vetmesten **~ty** ● *n* vetzak *m* **~-free** ● *adj* vet-vrij, vetvrij

fat|e /feɪt/ ● *n* lot *n*, beschikking *f* **~al** ● *adj* fataal, fatale

father /ˈfɑːðə(ɹ), ˈfɑːðɚ/ ● *n* vader *m*, papa; vadertje *n* **~hood** ● *n* vaderschap *n* **~-in-law** ● *n* schoonvader *m*

fault /fɔːlt, fɔlt/ ● *n* fout; breuk *f* ● *v* beschuldigen **~y** ● *adj* kapot, gebrekkig

favor /ˈfeɪvɚ, ˈfeɪvə/ ● *n* dienst, gunst

favour *(British)* ▷ FAVOR

favourite /ˈfeɪv.ɹɪt/ ● *adj* favoriet, lievelings-, geliefkoost

fear /fɪə, fɪəɹ/ ● *n* angst, vrees *f*; schrik *f* ● *v* vrezen **~less** ● *adj* onbevreesd

feat /fiːt/ ● *n* prestatie *f*, verwezenlijking *f*

feather /ˈfɛð.ə(ɹ), ˈfɛð.ɚ/ ● *n* veer *f*, veder *f*, pluim *f*

feature /ˈfiːtʃə, ˈfitʃɚ/ ● *n* eigenschap *f*; hoofdartikel *n*, verslag *n*; trek *m*, gelaatstrek *m* ● *v* oplichten, benadrukken; met, bevatten

February ● *n* februari *m*

fed *(sp/pp)* ▷ FEED

federal /ˈfɛdəɹəl/ ● *adj* federaal

fee /fiː/ ● *n* prijs *m*, honorarium *n*

feeble /ˈfiːbəl/ ● *adj* zwak

feed /fiːd/ ● *n* voer *n*, voeder *n*; aanvoer *m*; festijn *n* ● *v* (*sp* fed, *pp* fed) voeden, voeren; zich voeden met; invoeren

feel /fiːl/ ● *v* (*sp* felt, *pp* felt) voelen **~ing** ● *adj* gevoelig ● *n* gevoel *n*; emotie *f*; gevoelens; voorgevoel *n*

feet *(pl)* ▷ FOOT

fell *(sp)* ▷ FALL

felt *(sp/pp)* ▷ FEEL

female /ˈfiːmeɪl/ ● *adj* vrouwelijk ● *n* vrouw *f*

feminine /ˈfɛmɪnɪn/ ● *n* vrouwelijke *n*

feminis|t /ˈfɛmənɪst/ ● *adj* feministisch ● *n* feminist *m*, feministe *f* **~m** ● *n* feminisme *n*

fence /fɛns/ ● *n* hek *n*, omheining *f*; heler *m*

fennel /ˈfɛnəl/ ● *n* venkel *m*

ferocious /fəˈɹəʊʃəs/ ● *adj* woest, wild, heftig

ferry /ˈfɛɹi, ˈfɛɹɪ/ ● *n* veer *n*, veerpont, pont, pontveer *n*

fertil|e /ˈfɜːtaɪl, ˈfɜːtəl/ ● *adj* vruchtbaar **~ity** ● *n* vruchtbaarheid **~izer** ● *n* mest *m*; kunstmest *m*

fervent /ˈfɜːvənt, ˈfɜːvənt/ ● *adj* fervent

festiv|al /ˈfɛstəvəl/ ● *n* festival *n*, feest *n* **~ity** ● *n* festiviteit *f*; vreugde *f*

fetch /fɛtʃ/ ● *v* halen

fever /ˈfiːvə, ˈfiːvɚ/ ● *n* verhoging *f*, koorts *f*

few /fjuː, fju/ ● *det* weinig **~er** ● *det* minder

fiancé /fiˈɑnseɪ, fiˈɒseɪ/ ● *n* verloofde *m*

fibre /faɪ.bə(ɹ)/ • *n* vezel *f*; draad *m*; moraal *n*

fiction /ˈfɪk.ʃən/ • *n* fictie *f* **~al** • *adj* fictief

field /fiːld, fɪld/ • *n* veld *n*; akker *n*, wei *f*, weide *f*, weiland *n*; slagveld *n*; vak *n*, vakgebied *n*, gebied *n*, terrein *n*; lichaam *f*; speelveld *n*

fierce /fɪəs, fɪɹs/ • *adj* woest

fiery /ˈfaɪəɹi/ • *adj* vurig

fift|een /fɪf.tiːn, fɪfˈtiːn/ • *num* vijftien *f* **~h** • *adj* vijfde • *n* vijfde *n*; kwint *f* **~y** • *num* vijftig *f*

fig /fɪɡ/ • *n* vijgenboom *m*; vijg *f*

fight /faɪt/ • *n* vechtlust *m*; gevecht *n*; strijd *m*; boel *m* • *v* (*sp* fought, *pp* fought) opkomen voor, ijveren voor; uitvechten; vechten tegen, vechten met, bevechten; bekampen; strijden, vechten, kampen **~er** • *n* vechter *m*, strijder *m*, kamper *m*, bestrijder *m*, krijger *m*; gevechtsvliegtuig *n*, straaljager; vechtsporter *m*, kampvechter *m*

figure /ˈfɪɡə, ˈfɪɡə/ • *n* afbeelding *f*, figuur *n*; personage *n*; cijfer *n*; vorm *m* • *v* berekenen; menen **~ sth out** • *v* uitvogelen, er achter komen, ontcijferen, doorhebben

Fiji • *n* Fiji *n*

file /faɪl/ • *n* dossier *n*, ordner *n*; bestand *n*, file; rij, kolonne; lijn; vijl *f* • *v* archiveren; opslaan; vijlen

fill /fɪl/ • *n* lading *f*; vulsel *n*, vulling *f* • *v* vullen; vervullen; invullen; opvullen, aanvullen **~ sth in** • *v* vervangen **~ sth out** • *v* invullen; dikkerworden **~ sth up** • *v* opvullen, vollopen

film /fɪlm, ˈfɪləm/ • *n* laagje *n*, film *f* **~maker** • *n* filmmaker *m*

filter /ˈfɪltə, ˈfɪltɚ/ • *n* filter *m* • *v* filteren; sijpelen; druppelen

filthy /ˈfɪlθi/ • *adj* smerig, vuil

final /ˈfaɪ.nəl/ • *adj* finaal, laatste, ultiem, definitief • *n* eindexamen *n*; eindronde, finale *f* **~ly** • *adv* uiteindelijk; ten slotte

financ|e /ˈf(a)ɪˌnæns/ • *n* financiën • *v* financieren **~ial** • *adj* financieel, financiële; betalend, betalende

finch /fɪntʃ/ • *n* vink *m*

find /faɪnd/ • *n* vondst *f* • *v* (*sp* found, *pp* found) vinden, aantreffen; ontdekken; van mening zijn; achten **~ out** • *v* ontdekken, onderzoeken, uitvinden **~ing** • *n* vinding *f*

fine /faɪn, fæːn/ • *adj* uitstekend; prachtig; goed; fijn • *n* boete *f*, bekeuring *f* • *v* bekeuren, beboeten

finger /ˈfɪŋɡə, ˈfɪŋɡə/ • *n* vinger *m*; bodempje *n* • *v* aanwijzen; porren; vingeren **~nail** • *n* vingernagel *m*, nagel *m* **~tip** • *n* vingertop *m*

finish /ˈfɪnɪʃ/ • *n* eindstreep *f*, finish *f*, meet *f* • *v* afwerken, beëindigen; ophouden,

eindigen, gedaan zijn
Fin|land • *n* Finland *n* **~nish** • *adj* Fins • *n* Fins *n*
fire /faɪ.ə(ɹ), 'faɪ.ə(ɹ)/ • *n* vuur *n*; brand *m*; fornuis *n*, stoof *f* • *v* bakken; ontslaan; afvuren; vuren, schieten; afgaan **~arm** • *n* vuurwapen *n* **~fighter** • *n* brandweerman *m*, brandweervrouw *f* **~place** • *n* open haard *m* **~work** • *n* vuurwerk *n* **~ station** • *n* brandweerkazerne *f*
firmly /fɜːmli, fɜːmli/ • *adv* stevig
first /fɜːst, fɜst/ • *adj* eerst • *n* eerste *f*; origineel *n* **~ly** • *adv* ten eerste
fiscal /ˈfɪskəl/ • *adj* fiscaal
fish /fɪʃ, foʃ/ • *n* (*pl* fish) vis *m* • *v* vissen, hengelen, snoeken **~erman** • *n* visser *m*; vissersboot *f*, vissersschip *n* **~ing** • *n* vissen *n*, sportvisserij *f*, hengelsport; visserij *f*; stek
fist /fɪst/ • *n* vuist *f*
fit /fɪt/ • *adj* passend; aangepast; fit • *n* pasvorm *m* • *v* aanpassen; passen
five /faɪv, fäːv/ • *num* vijf
fix /fɪks/ • *n* repareren
flag /flæg, fleɪg/ • *n* vlag; optie *f*; signaalvlag *f*; gele lis *f*; tegel *m*; vaandel *n*; vlaggen • *v* plaveien, betegelen; markeren; wenken, aanhouden; signaleren, melden; aanzetten; verzwakken
flaky /ˈfleɪkiː/ • *adj* vlokkig
flamboyant /flæmˈbɔɪənt, flæmˈbɔɪ(j)ənt/ • *adj*
extravagant, flamboyant • *n* flamboyant *m*
flame /fleɪm/ • *n* vlam *f*, laai *f* • *v* vlammen, laaien
flamingo /fləˈmɪŋɡoʊ/ • *n* flamingo *m*
flash /flæʃ/ • *n* flits *f* **~card** • *n* flitskaart *f*
flat /flæt/ • *adj* vlak, plat; lek; verschaald • *n* bemol *m*, mol *m*; lekke band *m*, platte band *m*
flatmate • *n* huisgenoot *m*
flavor /ˈfleɪvə, ˈfleɪvɚ/ • *n* meug, smaak; smaakstof
flavour *(British)* ▷ FLAVOR
flawless /ˈflɔː.ləs, ˈflɑː.ləs/ • *adj* vlekkeloos, feilloos, foutloos
flea /fliː/ • *n* vlo *f*
fled *(sp/pp)* ▷ FLEE
flee /fliː/ • *v* (*sp* fled, *pp* fled) vluchten, wegvluchten, ontsnappen, vlieden; ontkomen, ontlopen, ontvluchten; vervliegen
fleet /fliːt/ • *n* vloot *f*
flesh /flɛʃ/ • *n* vlees *n*; vel *n*; vruchtvlees *n*; mensenkleur *f* • *v* vervetten, verdikken, aandikken **in the ~** • *phr* persoonlijk, in het vlees
flew *(sp)* ▷ FLY
flexible /ˈflɛk.sɪ.bəl/ • *adj* buigzaam; flexibel
flight /flaɪt/ • *n* vlucht *f*, vliegen *n* **~ attendant** • *n* steward
fling /flɪŋ/ • *n* slippertje *n*, avontuurtje *n* • *v* (*sp* flung, *pp* flung) smijten
flirt /flɜːt, flɜt/ • *v* flirten

float /fləʊt, floʊt/ • *n* vlot *n*; rasp, vijl; soort truweel; praalwagen; vlottende kommagetal *n* • *v* drijven; vloeien; meedrijven; te water laten, voorstellen

flood /flʌd/ • *n* overstroming *f*, vloed *m* • *v* overstromen

floor /flɔː, flɔɹ/ • *n* vloer *m* • *v* vloeren

florist /ˈflɒɹɪst/ • *n* bloemist *m*, bloemenverkoper *m*

flour /flaʊə, ˈflaʊəɹ/ • *n* meel *n*, bloem *f*

flourish /ˈflʌɹ.ɪʃ, ˈflɜɹ.ɪʃ/ • *n* zwaai, gezwaai *n*; versiering *f*, ornament *n* • *v* floreren, bloeien; opbloeien, gedijen; zwaaien, wuiven

flow /fləʊ, floʊ/ • *n* stroom; vloed; afronding, ronding; debiet; een zijn met • *v* vloeien, stromen

flower • *n* bloem *f* • *v* bloeien, openbloeien

flown *(pp)* ▷ FLY

flu /fluː, flɜː/ • *n* griep *f*

fluffy /flʌfi/ • *adj* pluizig

fluid /fluːɪd/ • *adj* vloeibaar, vloeibare; vloeiend, vloeiende; incasseerbaar, incasseerbare • *n* fluïdum *n*

flung *(sp/pp)* ▷ FLING

flute /fluːt/ • *n* fluit; cannelure *f*

fly /flaɪ/ • *n* vlieg *m*; vlucht; gulp *f* • *v* (*sp* flew, *pp* flown) vliegen; vluchten; besturen

focus /ˈfəʊ.kəs, ˈfoʊ.kəs/ • *n* (*pl* foci) focus *m*, brandpunt *n* • *v* zich concentreren, focussen

fog /fɒɡ, fɑɡ/ • *n* mist *m*, nevel *m*

fold /fəʊld, foʊld/ • *n* plooi *f* • *v* vouwen; plooien; zich gewonnen geven **~er** • *n* hechtmap *f*, map *f*

folk /fəʊk, foʊk/ • *n* volk

follow /ˈfɒləʊ, ˈfɑloʊ/ • *v* volgen **~er** • *n* volger *m*, navolger *m*; volgende *n*; gevolgsman *m*; volgeling *m*, discipel *m*; imitator *m* **~ing** • *adj* volgende

food /fuːd, fʊd/ • *n* voedsel *n*, eten *n*

fool /fuːl/ • *n* dwaas *m*, dwazin *f*, domme gans *f*, imbeciel *m*, imbeciele *f* • *v* bedriegen, in de maling nemen

foolish /ˈfuː.lɪʃ/ • *adj* onverstandig, dom

foot /fʊt/ • *n* (*pl* feet) poot *m*, pootje *n*; voet *m* • *v* stampen; betalen, voldoen **~age** • *n* filmmateriaal *n* **~ball** • *n* voetbal *n*; voetballen *n* **on ~** *phr* te voet

for /fɔː(ɹ), fɔɹ/ • *conj* want, omdat • *prep* naar; voor; wegens; lang

forbad *(sp)* ▷ FORBID

forbade *(sp)* ▷ FORBID

forbid /fə(ɹ)ˈbɪd/ • *v* (*sp* forbad, *pp* forbid) verbieden, weigeren, ontzeggen, niet toestaan

forbidden *(pp)* ▷ FORBID

force /fɔɹs, fɔːs/ • *n* kracht *f*; macht *f*, troep *f*; truc *m*; geweld *n* • *v* dwingen tot, overweldigen; afdwingen, forceren; branden

forecast /ˈfɔɹkæst, ˈfɔːkɑːst/ • *n* voorspelling *f*, schatting *f*; weersvoorspelling *f* • *v* (*sp* forecast, *pp* forecast) voorspellen

forecasted (*sp/pp*) ▷ FORECAST

forehead /ˈfɒɹɪd, ˈfɔɹɛd/ • *n* voorhoofd *n*

foreign /ˈfɒɹɪn, ˈfɔɹən/ • *adj* vreemd, buitenlands; allochtoon **~er** • *n* buitenlander *m*, buitenlandse *f*, vreemdeling *m*, vreemdelinge *f*, uitlander *m*, uitlandse *f*

forest /ˈfɒɹɪst, ˈfɔɹɪst/ • *n* woud *n*, bos *n* • *v* bebossen

forever /fəˈɹɛvə(ɹ), fəˈɹɛvɚ/ • *adv* eeuwig, altijd; een eeuwigheid, eeuwen, tijden; eindeloos; steed

forge /fɔːdʒ, fɔɹdʒ/ • *n* smeltoven, smidsvuur; smidse, smelterij, smederij *f* • *v* smeden; vervalsen; met moeite/langzaam vorderen

forget /fəˈget, fɚˈgɛt/ • *v* (*sp* forgot, *pp* forgotten) vergeten; nalaten **~ful** • *adj* vergeetachtig, vergeetachtige **~fulness** • *n* vergeetachtigheid *f*, vergetelheid

forgiv|e /fəˈ(ɹ)gɪv, fɚˈgɪv/ • *v* vergeven **~ing** • *adj* genadig **~eness** • *n* vergeven *n*; vergevingsgezindheid

forgot (*sp*) ▷ FORGET

forgotten (*pp*) ▷ FORGET

fork /fɔːɹk/ • *n* hooivork, mestvork, gaffel; vork *f*; splitsing *f*; afsplitsing *f*, fork *f* • *v* met een vork eten, prikken; afsplitsen, forken

form /fɔːm, fɔɹm/ • *n* vorm *m*; formulier *n* • *v* vormen, vormgeven

formal /ˈfɔɹməl, ˈfɔːməl/ • *adj* formeel **~ly** • *adv* formeel

format /ˈfɔː(ɹ)mæt, ˈfɔɹmæt/ • *n* lay-out *m*, formaat *n*; format *m*, vorm *f*; bestandstype *n*, bestandsformaat *n* • *v* lay-outen, ontwerpen; aanpassen; formatteren

formation /fɔɹˈmeɪʃən, fə(ɹ)ˈmeɪʃən/ • *n* formatie *f*; rotsformatie *f*; vorming

former /ˈfɔɹmɚ, ˈfɔːmə/ • *adj* voormalig, gewezen; deze, eerstgenoemde

formula /ˈfɔːmjʊlə, ˈfɔɹmjələ/ • *n* formule *f*; zuigelingenvoeding *f*, kindervoeding *f*

formulate • *v* verwoorden, formuleren

forsake /fɔɹˈseɪk/ • *v* (*sp* forsook, *pp* forsaken) verzaken, opgeven

forsaken (*pp*) ▷ FORSAKE

forsook (*sp*) ▷ FORSAKE

fort /fɔɹt, fɔːt/ • *n* fort *n*, vesting *f*

fortnight /ˈfɔːt.naɪt, ˈfɔɹt.naɪt/ • *adv* veertien dagen, twee weken

fortunately • *adv* gelukkig, gelukkigerwijs

fortune /ˈfɔːtʃuːn, ˈfɔɹtʃən/ • *n* lot *n*, noodlot *n*, fortuin *n*; kans, geluk *n*; vermogen *n* **~teller** •

n wichelaar *m*, wichelaarster *f*, waarzegger *m*
forty /'fɔːti/ • *num* veertig *f*
forward /'fɔːwəd, 'fɔɹwəd/ • *v* doorsturen, forwarden
fossil /'fɒsəl, 'fɑːsəl/ • *n* fossiel *n*
foster /'fɒstə, 'fɑstɚ/ • *v* verzorgen, opvoeden; kweken, aanmoedigen ~ **care** • *n* pleegzorg *f*
fought *(sp/pp)* ▷ FIGHT
found /faʊnd/ • *v* stichten • *(also)* ▷ FIND ~**ation** • *n* stichting *f*; fundament *n*; fundering ~**er** • *n* stichter *m*, grondlegger *m*, oprichter *m* • *v* zinken, kelderen
four /fɔː, fo(ː)ɹ/ • *n* vier *f* • *num* vier ~**teen** • *num* veertien *f* ~**th** • *adj* vierde
fox /fɒks, fɑks/ • *n* vos *m*; schelm *m*
fraction /'fræk.ʃən/ • *n* breuk
fragil|e /'frædʒaɪl, 'frædʒəl/ • *adj* broos, fragiel ~**ity** • *n* broosheid *f*
fragment /'frægmənt, fræɡˈment/ • *n* fragment *n* • *v* fragmenteren ~**ation** • *n* fragmentatie *f*
frame /freɪm/ • *n* raamwerk *n*; skelet *n*, geraamte *n*; frame • *v* inkaderen
framework /'freɪmwɜːk, 'freɪmwɜːk/ • *n* geraamte *n*; raamwerk *n*, framework, kader *n*
France • *n* Frankrijk *n*
franchise /'fræntʃaɪz/ • *n* concessie; franchise

frank /fræŋk/ • *adj* eerlijk, open, oprecht, openhartig • *v* frankeren ~**ly** • *adv* ronduit
frantic /'fræntɪk/ • *adj* panisch
fraud /frɔːd, frɔd/ • *n* fraude, flessentrekkerij *f*, bedrog *n*, oplichterij *f*, oplichting *f*, zwendel *m*; fraudeur *m*, oplichter *m*, bedrieger *n*, charlatan *m*, vervalser *m*
freckle /'frɛkəl/ • *n* sproet
free /friː/ • *adj* vrij, los; loslopend; open; ongedwongen; vrije; zonder, -vrij • *adv* gratis • *v* bevrijden, loslaten, laten gaan ~**dom** • *n* vrijheid *f*, vrijdom *m* **for ~** • *phr* gratis
freez|e /friːz/ • *n* loonstop, salarisstop; vorst, vorstperiode; vastlopen; bevriezing • *v* (*sp* froze, *pp* frozen) bevriezen; invriezen, vriezen; verstijven ~**er** • *n* vriezer *m*, diepvriezer *m*, diepvries *m* ~**ing** • *adj* ijskoud, ijzig • *n* bevriezing *f*; verdoving
French /frɛntʃ/ • *adj* Frans • *n* Frans *n*; Fransen, fransozen; schuttingtaal *f*
frequen|t /'friː.kwənt/ • *adj* veelvuldig, frequent ~**tly** • *adv* veelvuldig, vaak ~**cy** • *n* frequentie *f*; regelmaat *f*
fresh /frɛʃ/ • *adj* vers, nieuw; fris; zoet; onbeschoft, onbeleefd, grof, onbehoorlijk ~**man** • *n* feut *m*
Friday • *n* vrijdag *m*
fridge ▷ REFRIGERATOR

friend /fɹend, fɾɪnd/ • *n* vriend, vriendje *n*, vriendin, vriendinnetje *n*, maatje *n* • *v* bevriend zijn met **~ly** • *adj* vriendelijk, hartelijk; sympathiek, aangenaam, vriendschappelijk; bevriend • *adv* vriendelijk, vriendschappelijk • *n* bevriende, bondgenoot *m* **~ship** • *n* vriendschap *f*

frighten /ˈfɹaɪtn̩/ • *v* bang maken, beangstigen **~ed** • *adj* lafhartig, bangelijk **~ing** • *adj* ontstellend, beangstigend, angstaanjagend; afschuwelijk

frog /fɾɒɡ, fɹɑɡ/ • *n* kikker *m*, kikvors *m*; puntstuk *n*

from /fɾɒm, fɹʌm/ • *prep* van, uit; tegen

front /fɹʌnt/ • *n* voorkant *m*, voorzijde *m*; front *n*, façade *f*

frontier /fɹʌnˈtɪɹ, fɹʌnˈtɪə/ • *n* grens, landgrens

frown /fɹaʊn/ • *n* frons • *v* fronsen

froze *(sp)* ▷ FREEZE

frozen /ˈfɹəʊzən/ • *adj* bevroren • *(also)* ▷ FREEZE

fruit /fɾuːt, fɾut/ • *n* vrucht *f*, fruit *n*; ooft *n*; spruit *f*

frustrat|e /fɾəˈstɹeɪt, ˈfɹʌstɹeɪt/ • *v* frustreren **~ing** • *adj* frustrerende **~ion** • *n* frustratie *f*

fry /fɹaɪ/ • *v* bakken, braden **~ing pan** • *n* koekenpan *f*

fuck /fʌk, fʊk/ • *interj* kut!, kanker!, fuck! • *n* neukpartij; neukmaatje; naaibeer • *v* neuken, naaien; penetreren; verneuken **~ing** • *adj* fucking, focking, fakking, kanker, kut

fuel /ˈfjuːəl/ • *n* brandstof *f* • *v* tanken

fulfill /fʊlˈfɪl/ • *v* vervullen

full /fʊl/ • *adj* vol; volledig; verzadigd, zat; ruim, wijd **~-time** • *adj* voltijds **~y** • *adv* volledig

fun /fʌn, fʊn/ • *adj* plezierig, leuk, lollig, plezant • *n* lol, plezier, pret /; pret **~ny** • *adj* grappig, geinig, komiek; eigenaardig, raar, zeldzaam, merkwaardig, vreemd, bizar • *n* grap, mop, grol

function /ˈfʌn(k)ʃən, ˈfʌŋkʃən/ • *n* functie *f*; gelegenheid *f* • *v* fungeren, dienen; functioneren **~al** • *adj* functionerend, operationeel, werkend; functioneel, doelmatig • *n* functionaal

fund /fʌnd/ • *n* fonds • *v* financieren **~ing** • *n* financiering

fundamental • *adj* fundamenteel

funeral /ˈfjuːnəɹəl, ˈfjunəɹəl/ • *n* begrafenis *f*

fur /fɜː(ɹ), fɝ/ • *n* bont *n*, pels, vacht; voering • *v* voeren

furious /ˈfjʊə.ɹɪəs, ˈfjʊɹ.i.əs/ • *adj* woedend

furniture /ˈfɜːnɪtʃə, ˈfɝnɪtʃɚ/ • *n* meubel *n*, meubelstuk *n*

furry /ˈfɜːɹi, ˈfɝi/ • *adj* pelzig, pels • *n* furry

furthermore /ˈfɜː(ɹ).ðə(ɹ).mɔː(ɹ)/ • *adv* daarenboven, bovendien

fusion /ˈfjuːˌʒən/ • n smelten n; fusie; samensmelting
fussy /ˈfʌ.si/ • adj pietluttig
future /ˈfjuːtʃə, ˈfjuːtʃɚ/ • adj toekomstig • n toekomst f

G

gabardine /ˈgæbəˌdiːn, ˈgæbɚˌdin/ • n gabardine
Gabon • n Gabon
gain /geɪn/ • n winst f • v verkrijgen, winnen, bekomen; aankomen
galaxy /ˈgaləksi, ˈgæləksi/ • n sterrenstelsel n
gallery /ˈgæləɪi/ • n galerij f
Gambia • n Gambia
gamble /ˈgæm.bəl/ • n gok m; waagstuk n • v gokken; kansspelen bedrijven; op het spel zetten, vergokken, wagen
game /geɪm/ • n spel n, spelleke; wedstrijd m; wild n
gang /gæŋ/ • n bende f, gang **~ster** • n gangster m
gap /gæp/ • n reet f, spleet f
garage /ˈgæɪɑː(d)ʒ, ˈgæɪɪdʒ/ • n garage f
garbage /ˈgɑɪbɪdʒ, ˈgɑːbɪdʒ/ • n huisvuil n, vuilnis n, vuil n, afval n
garden /ˈgɑɪdn̩, ˈgɑːdn̩/ • n tuin m, gaard m; park n • v tuinieren **~er** • n hovenier m, tuinier m, tuinman m, tuinlieden **~ing** • n tuinieren, tuinbouw
garlic /ˈgɑːlɪk, ˈgɑɪlɪk/ • n knoflook f
gas /gæs/ • n gas n; pit; benzine f • v vergassen; gas geven, gassen; tanken ~ **station** • n tankstation n, benzinestation n, pompstation n, benzinepomp, pomp
gasoline /ˈgæs.ə.lin/ • n benzine
gasp /gɑːsp, gæsp/ • v hijgen, snakken
gate /geɪt/ • n poort; gate m
gather /ˈgæðɚ, ˈgæðə/ • v verzamelen, bijeenkomen **~ing** • n katern
gave (sp) ▷ GIVE
gay /geɪ/ • adj goedgezind, vrolijk, monter, uitgelaten, opgetogen; feestelijk, kleurrijk; homoseksueel, homofiel; verwijfd • n homo m, homoseksueel m
gaze /geɪz/ • v staren, turen
gazelle /gəˈzɛl/ • n gazelle f
gear /gɪə(ɹ), gɪɚ/ • n tandwiel; overbrenging f; versnelling f • v in een versnelling komen, schakelen
geese (pl) ▷ GOOSE
gender /ˈdʒɛndə, ˈdʒɛndɚ/ • n geslacht n, genus n, woordgeslacht n; sekse; gender
gene /dʒiːn/ • n gen n
general /ˈdʒɛnɹəl, ˈdʒɛnəɹəl/ • adj algemeen • n generaal m **~ly** • adv in het algemeen **~ization** • n generalisatie

generation /ˌdʒɛnəˈreɪʃən/ • n generatie ~al • adj generationeel

generic /dʒɪˈnɛrɪk/ • adj generiek

generous /ˈdʒɛn(ə)rəs/ • adj grootmoedig; gul, genereus, vrijgevig, scheutig; edelboortig, nobel, hooggeboren

genetic /dʒəˈnɛtɪk/ • adj genetisch; erfelijk

genius /ˈdʒin.jəs, ˈdʒiː.nɪəs/ • n genie n; genialiteit f

genocide /ˈdʒɛnəsaɪd/ • n volkerenmoord f, genocide f, soortmoord f

genre /(d)ʒɑnɹə, (d)ʒɒnɹə/ • n genre n

gentl|e /ˈdʒɛntl/ • adj lieflijk; geleidelijk **~y** • adv zachtjes, voorzichtig, zachtaardig **~eman** • n heer m; meneer m; heren

genuine /ˈdʒɛnjuːɪn/ • adj echt, authentiek, origineel

geograph|y /dʒɪˈɒɡɹəfi, dʒiːˈɑɡɹəfi/ • n geografie f, aardrijkskunde f **~ic** • adj geografisch

geometry /dʒiˈɑmətɹi, dʒiːˈɒmɪtɹi/ • n geometrie, meetkunde f

Georgia • n Georgië; Georgia

gerbil /ˈdʒɜːbl, ˈdʒɜːbl/ • n gerbil m, springmuis, woestijnrat f

German • adj Duits, Duitse • n Duitser m; Germaan m, Germaanse f; achtste cicero; Duits n **~y** • n Duitsland n

gesture /ˈdʒɛstʃə, ˈdʒɛs.tʃɚ/ • n gebaar n • v gebaren

get /ɡɛt/ • v (sp got, pp got) krijgen, verkrijgen; worden; maken; halen; doen, laten; aankomen; nemen; begrijpen, verstaan, snappen; pakken **~ along** • v opschieten met, overeenkomen; overleven, doorgaan, zich erdoorheen slaan **~ to-her** • v samenkomen **~ up** • v opstaan

Ghana • n Ghana

ghastly /ˈɡɑːs(t).li, ˈɡæs(t).li/ • adj afgrijselijk, afschuwelijk, verschrikkelijk; abominabel

gherkin /ˈɡɜːkɪn, ˈɡɜːkɪn/ • n augurk m

ghetto /ˈɡɛtəʊ, ˈɡɛtoʊ/ • n jodenbuurt f, getto n; ghetto n

ghost /ɡəʊst, ɡoʊst/ • n geest m, spook n, fantoom n, verschijning f, gespens n, schim f, spooksel n

giant /ˈdʒaɪ.ənt/ • adj reusachtig, reuzen- • n reus m; reuzin f

gift /ɡɪft/ • n gift n, geschenk n, presentje n, cadeau n; gave f • v schenken

gig /ɡɪɡ/ • n optreden n, schnabbel m, concert n; klus m

gigantic /dʒaɪˈɡæntɪk/ • adj gigantisch

gild /ɡɪld/ • v (sp gilded, pp gilded) vergulden; verfraaien, opsmukken

gilded (sp/pp) ▷ GILD

gilt (sp/pp) ▷ GILD

ginger /ˈdʒɪndʒə, ˈdʒɪndʒɚ/ • adj ros, rosse • n gember m; ros

giraffe /dʒɪˈrɑːf, dʒəˈræf/ • *n* giraf *f*

girl /gɜːl, gɜl/ • *n* meisje *n*, meid *f*, meidje *n*, griet *f*, grietje *n* **~friend** • *n* vriendin, meisje *n*

give /gɪv/ • *v* (*sp* gave, *pp* given) geven, overhandigen **~ sb/sth away** • *v* weggeven **~ sth out** • *v* uitdelen **~ in** • *v* opgeven, prijsgeven, overgeven **~ up** • *v* zich overgeven; afzien

given (*pp*) ▷ GIVE

glad /glæd/ • *adj* blij, verheugd **~ly** • *adv* graag

glass /glɑːs, glæs/ • *n* glas *n*

glasses ▷ SPECTACLES

glimpse /glɪmps/ • *n* glimp *m* • *v* een glimp opvangen

global /ˈgləʊbəl, ˈgloʊbəl/ • *adj* bolvormig, bolrond, sferisch **~ warming** • *n* opwarming van de aarde *f*

glob|e /gləʊb, gloʊb/ • *n* wereldbol *m* **~al** • *adj* bolvormig, bolrond, sferisch

gloomy /ˈgluːmi/ • *adj* duister, donker; benauwd, melancholisch

glory /ˈglɔːri, ˈgloʊ(ː)ri/ • *n* glorie *f*, luister *m*, pracht *f*; eer *f*, roem *m*; lof *m*, dankzegging *f*

glossary /ˈglɒsəri/ • *n* glossarium *n*

glove /glʌv/ • *n* handschoen *f*

glue /gluː/ • *n* lijm *m* • *v* lijmen

gnaw /nɔː/ • *v* (*sp* gnawed, *pp* gnawed) knagen

gnawed (*sp/pp*) ▷ GNAW

gnawn (*pp*) ▷ GNAW

go /gəʊ, goʊ/ • *n* go *n* • *v* (*sp* went, *pp* gone) gaan; verdwijnen, weggaan **~ back** • *v* teruggaan **~ out** • *v* naar buiten gaan; uitgaan

goal /gəʊl, goʊl/ • *n* doel *n*, bedoeling, objectief *n*, oogmerk *n*; goal; doelpunt *n*; punt *n*

goat /gəʊt, goʊt/ • *n* geit *f*, bok *m*

God /gɒd, gɔd/ • *n* god, God *m*

god /gɒd, gɔd/ • *n* god *m*, godheid *f*; afgod *m*, godenbeeld, idool • *v* verafgoden, idoliseren

gold /gəʊld, goʊld/ • *adj* gouden; goudkleurig **~en** • *adj* gouden; goudkleurig **~fish** • *n* goudvis *m*

golf /gɒlf, gɒf/ • *n* golf *n* • *v* golfen

gone (*pp*) ▷ GO

good /gʊd, gʊ(d)/ • *adj* goed • *n* goed, goede **~ afternoon** • *phr* goedenamiddag, goeienamiddag; goedemiddag, goeiemiddag, goedendag **~ evening** • *n* goedenavond **~ morning** • *interj* goedemorgen, goeiemorgen **~bye** • *interj* tot ziens, doei, dag, houdoe **~ness** • *n* goedheid *f* **~s** • *n* goederen, waar *f* **for ~** • *phr* voorgoed

goose /ˈguːs/ • *n* (*pl* geese) gans *f*

gor|e /gɔː, gɔɪ/ • *v* spiezen **~y** • *adj* bloedig, bloederig

gorilla /gəˈrɪl.ə/ • *n* gorilla *m*

gossip /ˈgɒs.ɪp, ˈgɑs.ɪp/ • *n* roddelaar *m*, roddelaarster *f*;

kletspraatje, roddel, geroddel *n*, achterklap • *v* roddelen; babbelen, zeveren, kletsen, zwetsen

got *(sp)* ▷ GET

gotten *(pp)* ▷ GET

govern /ˈɡʌvən, ˈɡʌvən/ • *v* regeren; beheersen; bepalen; regelen; leiden **~ment** • *n* regering, overheid *f* **~or** • *n* gouverneur *m*; regelaar

gown /ɡaʊn/ • *n* japon, kleed *n*; toga *f*

grab /ɡræb/ • *v* grijpen

grace /ɡreɪs/ • *n* gratie *f*, elegantie *f*; uitstel van betaling; genade *f* **~ful** • *adj* elegant, gracieus

grade /ɡreɪd/ • *n* punt

gradual /ˈɡrædʒuəl, ˈɡrædjuəl/ • *adj* geleidelijk, gestaag **~ly** • *adv* geleidelijk, allengs, gaandeweg, langzamerhand

graduate /ˈɡrædjuət, ˈɡrædʒuɪt/ • *n* afgestudeerde *m*; abituriënt *m* • *v* promoveren, afstuderen; gradueren

grain /ɡreɪn/ • *n* koren *n*, graan *n*; graankorrel *m*; nerf; korrel *m*; grein *n*

gram /ɡræm/ • *n* gram *m*

grand /ɡrænd/ • *adj* groots, groot; grandieus **~child** • *n* kleinkind *n* **~son** • *n* kleinzoon *m* **~daughter** • *n* kleindochter *f* **~parent** • *n* grootouder *m* **~father** • *n* grootvader *m*, opa *m*, bompa *m*; voorvader *m* **~mother** • *n* grootmoeder, oma

grant /ɡrɑːnt, ɡrænt/ • *v* verlenen; toegeven

grape /ɡreɪp/ • *adj* druiven-; druivenkleurig • *n* druif *f*; druivelaar *m* **~fruit** • *n* grapefruit *m*

graphic /ˈɡræfɪk/ • *adj* grafisch

grasp /ɡrɑːsp, ɡræsp/ • *n* grip *m*; begrip *n* • *v* grijpen, vastpakken; begrijpen, snappen

grass /ɡrɑːs, ɡræs/ • *n* gras *n*; wiet *m* **~hopper** • *n* sprinkhaan *m*

grate /ɡreɪtʰ/ • *n* rooster *n* • *v* raspen, malen; op de zenuwen werken, irriteren, vervelen

grateful /ˈɡreɪtfəl/ • *adj* dankbaar

grave /ɡreɪv/ • *n* graf *n* **~yard** • *n* kerkhof *n*, begraafplaats *f*, knekelveld *n*

gravity /ˈɡrævɪti/ • *n* zwaartekracht *f*

gray /ɡreɪ/ • *adj* grijs; grauw • *n* grijs • *v* grijzen

grease /ɡris, ɡriːs/ • *n* vet *n*, smeer *n*; olie • *v* smeren, invetten; omkopen

great /ɡreɪt/ • *adj* groot; heerlijk, prachtig • *interj* fantastisch, fijn

Gree|ce • *n* Griekenland **~k** • *adj* Grieks, Griekse • *n* Griek *m*, Griekse *f*; Grieks

greed /ɡriːd/ • *n* hebzucht *f*, gulzigheid *f*, schraapzucht *f*, hebgierigheid *f*, hebgier *f* **~y** • *adj* hebzuchtig

green /ɡɹiːn, ɡɹɪn/ • *adj* groen; een groentje, onervaren; groene • *n* groen *n*; groene jongen *m* **~house** • *n* kas *f* **~house effect** • *n* broeikaseffect *n*

greet /ɡɹiːt/ • *v* begroeten, ontvangen; groeten, tegemoet komen **~ing** • *n* begroeting *f*, groet *m*

gregarious /ɡɹɪˈɡɛə.ɹɪ.əs, ɡɹɪˈɡɛɹ.i.əs/ • *adj* gezellig, sociaal, gregarieus, uitgaand; in kudde levend

Grenada • *n* Grenada

grew *(sp)* ▷ GROW

grid /ɡɹɪd/ • *n* raster; net, elektriciteitsnet; netwerk; coördinatiestelsel, coördinatienet

grief /ɡɹiːf/ • *n* harteleed

grill /ɡɹɪl/ • *n* raster *n*, rooster *n*, grill *m*; barbecue *m*

grim /ɡɹɪm/ • *adj* grimmig

grin /ɡɹɪn/ • *n* grijns *f* • *v* grijnzen

grind /ɡɹaɪnd/ • *n* karwei *n* • *v* (*sp* ground, *pp* ground) malen, vermalen, verpulveren; schuren

grip /ɡɹɪp/ • *n* greep *m*, grip *n*, begrip *n*; handvat *n* • *v* grijpen

grisly /ˈɡɹɪzli/ • *adj* afgrijselijk, griezelig

grit /ɡɹɪt/ • *v* knarsen

grocer|y /ˈɡɹəʊsəɹi, ˈɡɹoʊs(ə)ɹi/ • *n* kruidenier *m* **~ies** • *n* boodschappen

gross /ɡɹəʊs, ɡɹoʊs/ • *adj* bruto; walgelijk • *n* gros *n*; bruto

grotesque /ɡɹəʊˈtɛsk, ɡɹoʊˈtɛsk/ • *adj* grotesk

grouchy /ˈɡɹaʊtʃi/ • *adj* knorrig, prikkelbaar, kwaad

ground /ɡɹaʊnd/ • *n* grond *m*, bodem *m*; aarde *f*; ondergrond; achtergrond; aarding *f*; neuter *m* • *v* aarden; huisarrest geven; een vliegverbod opleggen **~ floor** • *n* begane grond *m* • *(also)* ▷ GRIND

group /ɡɹuːp/ • *n* groep *f*, verzameling *f* • *v* groeperen

grow /ɡɹəʊ, ɡɹoʊ/ • *v* (*sp* grew, *pp* grown) groeien, wassen; spruiten; doen groeien; telen, kweken **~ing** • *adj* groeiend **~th** • *n* groei *m*, toename

grown *(pp)* ▷ GROW

grubby /ˈɡɹʌbi/ • *adj* groezelig, smerig, vuil; wormstekig

gruesome • *adj* angstaanjagend, verschrikkelijk, gruwzaam, gruwelijk, afschuwelijk, afgrijselijk

grumpy /ˈɡɹʌmpi/ • *adj* korzelig, kribbig

guarantee /ˌɡærənˈtiː/ • *n* garantie • *v* garanderen

guard /ɡɑːd, ɡɑɹd/ • *n* wacht *m*, bewaker *m*, lijfwacht; pareerstang *f* • *v* bewaken **~ian** • *n* bewaker *m*, wachter *m*; voogd *m*, voogdes *f*

Guatemala • *n* Guatemala

guerrilla /ɡəˈɹɪlə/ • *n* partizaan *m*, partizane *f*

guess /ɡɛs/ • *n* gok *m*, gissing *f*, veronderstelling *f*, raden, gis

- *v* veronderstellen, gissen; raden
- **guest** /gɛst/ • *n* gast *m* **~house** • *n* gastenverblijf *n*
- **guide** /gaɪd/ • *n* gids **~line** • *n* richtlijn *f*
- **guilt** /gɪlt/ • *n* schuld; schuldgevoel *n*; schuldig **~y** • *adj* schuldig
- **Guinea** • *n* Guinee
- **guinea pig** /ˈgɪni pɪg/ • *n* guinees biggetje *n*, cavia *m*; proefkonijn *n*
- **guitar** /gɪˈtɑː(ɹ), gɪˈtɑɹ/ • *n* gitaar *f* **~ist** • *n* gitarist *m*
- **gullible** /ˈgʌlɪbl/ • *adj* naïef, lichtgelovig, goedgelovig
- **gum** /gʌm/ • *n* tandvlees *n*
- **gun** /gʌn/ • *n* vuurwapen *n*, pistool *n*; geweer *n*; kanon *n* • *v* neerschieten; opdrijven **~powder** • *n* buskruit *n*
- **gut** /gʌt/ • *n* buik *m*; ingewanden • *v* uithalen; uitbranden, vernietigen
- **gutter** /ˈgʌt.ə, ˈgʌt.ɚ/ • *n* dakgoot
- **guy** /gaɪ/ • *n* kerel *m*, vent *m*, gozer *m*, gast *m*; gasten *m*, jongens *m*
- **Guyana** • *n* Guyana
- **gym** /dʒɪm/ • *n* sportschool *m* **~nast** • *n* turner *m*, gymnast *f*, gymnaste *f* **~nastics** • *n* gymnastiek *f*
- **gymnasium** /dʒɪmˈneɪ.zi.əm/ • *n* turnzaal *m*, gymnastiekzaal *m*
- **gynecology** /ˌgaɪnɪˈkɒlədʒi, ˌgaɪnəˈkɑlədʒi/ • *n* gynaecologie

H

- **ha** /hɑː/ • *interj* ha
- **habit** /ˈhæbɪt, ˈhæbət/ • *n* gewoonte *f*; tic *m*, automatisme *n*; habijt *n*, pij *m*; uniform *n*, truitjes; kledij *f*, kleding *f*, uitdossing *f*; verslaving *f* • *v* zich kleden
- **habitat** /ˈhæbɪtæt/ • *n* leefgebied, habitat *n*
- **had** *(sp/pp)* ▷ HAVE
- **haddock** /ˈhædək/ • *n* schelvis *m*
- **hail** /heɪl/ • *n* hagel *m* • *v* hagelen; begroeten
- **hair** /hɛə/ • *n* haar *n* **~y** • *adj* harig, behaard **~dresser** • *n* kapper *m*, kapster *f*
- **Haiti** • *n* Haïti
- **hake** /heɪk/ • *n* heek
- **half** /hɑːf, hæf/ • *adj* half • *adv* half • *n* (*pl* halves) helft **~time** • *n* rust *f* **~way** • *adv* halfweg, halverwege
- **halibut** /ˈhæ.li.bət/ • *n* heilbot *m*
- **hall** /hɔːl, hɒl/ • *n* hal *m*, gang *m*; zaal *m*; villa *f*, herenhuis *n*; studentenflat *m*
- **hallucination** /həˌluːsɪˈneɪʃən/ • *n* hallucinatie *f*
- **halt** /hɔːlt, hɑlt/ • *n* halte *f*
- **halves** *(pl)* ▷ HALF
- **ham** /hæm, hæːm/ • *n* knieboog *m*; ham *m*, hesp *f*
- **hammer** /ˈhæm.ə(ɹ), ˈhæmɚ/ • *n* hamer *m* • *v* hameren, timmeren; op doorhameren, inhameren

hamster /ˈhæm(p)stɚ/ • *n* hamster *m*

hand /hænd/ • *n* hand *f*; wijzer *m*; kant *m*, zijde *f*; handigheid *f*; matroos *m*, werkkracht *m*, werkman *m*; handschift *n*; handtekening *f*; handvol *n*; speelhand *f*; greep *m*, handgreep *m*; e.g. hand Gods) • *v* overhandigen; geleiden, begeleiden, leiden, helpen **~ sth down** • *v* overleveren **~ sth in** • *v* inleveren, indienen **~ sth over** • *v* overgeven **~bag** • *n* handtas *f* **~ball** • *n* handbal *n*; hands *n*, handsbal *m* **~cuffs** • *n* handboeien **~ful** • *n* handvol *n*; handbreed *n*, handbreedte; beetje *n*; handenbinder *m*, lastpost **~made** • *adj* met de hand gemaakt, handgemaakt **~y** • *adj* handig; binnen handbereik, bij de hand **~written** • *adj* handgeschreven **~writing** • *n* handschrift *n* **on the one ~** • *phr* enerzijds

handle /ˈhæn.dl/ • *n* klink *f*; handvat *n*, handgreep *f*, hengsel *n*, heft *n* • *v* behandelen, zich bezighouden met; hanteren, omgaan met, bedienen; aanpakken; gebruiken; aanraken, betasten

handsome /ˈhæn.səm/ • *adj* knap

hang /hæŋ, æ/ • *v* (*sp* hung, *pp* hung) laten vastlopen, laten hangen; hangen, zweven; ophangen; rondhangen, uithangen; behangen; volhangen; vastlopen **~ing** • *adj* hangend, hangende • *n* verhanging *f*, verhangen *n*; behang *n* **~ out** • *v* rondhangen **~over** • *n* kater *m*

hangar /ˈhæŋə, ˈhæŋɚ/ • *n* hangar *m*

happen /ˈhæpən/ • *v* gebeuren

happ|y /ˈhæpiː, ˈhæpi/ • *adj* gelukkig, blij; tevreden; handig, bedreven, kundig **~iness** • *n* blijheid *f*, blijdschap, geluk *n*, vreugde *f*; fortuin

harass /həˈɹæs, ˈhæɹəs/ • *v* vermoeien; pesten; kwellen, vervolgen **~ment** • *n* pesterij

harbor /ˈhɑɹbɚ, ˈhɑːbə/ • *n* rede, ree; haven *f* • *v* onderbrengen

hard /hɑːd, hɑɹd/ • *adj* hard; moeilijk, zwaar; onweerlegbaar; straf, sterk; kalkrijk **~ly** • *adv* nauwelijks

hardware /ˈhɑːdˌwɛə, ˈhɑɹdˌwɛɹ/ • *n* hardware

hare /hɛɚ/ • *n* haas *m*

harm /hɑɹm, hɑːm/ • *n* schade *m* • *v* schaden, beschadigen **~ful** • *adj* schadelijk **~less** • *adj* ongevaarlijk, schadeloos

harmon|y /ˈhɑɹməni, ˈhɑːməni/ • *n* samenklank *m*, eendracht *f*, overeenstemming *f* **~ious** • *adj* harmonieus **~ica** • *n* mondharmonica *f*

harp /hɑːp, hɑɹp/ • *n* harp *f*

harpsichord /ˈhɑː(ɹ)p.sɪ.kɔː(ɹ)d, ˈhɑɹp.sɪˌkɔɹd/ • *n* klavecimbel

harsh /hɑːʃ, hɑːʃ/ • *adj* ruw, grof; wreed, zwaar

harvest /ˈhɑː.vəst, ˈhɑːvɪst/ • *n* oogsttijd; oogst *m*; gewin *n*, opbrengst; oogstfeest *n* • *v* oogsten, binnenhalen; behalen, winnen

hat /hæt/ • *n* hoed *m*; pet *f*

hat|e /heɪt/ • *v* haten **~eful** • *adj* hatelijk **~er** • *n* hater **~red** • *n* haat *m*

haunt /hɔːnt, hɑːnt/ • *n* trefpunt • *v* rondspoken; beklemmen; achtervolgen; wonen, verblijven

have /hæv, həv/ • *v* (*sp* had, *pp* had) hebben; zijn; krijgen **~ to** • *v* moeten

Hawaii • *n* Hawaï, Hawaii

hawk /hɔːk, hɔk/ • *n* havik *m*

hay /heɪ/ • *n* hooi *n* • *v* hooien

hazard /ˈhæzəɹd, ˈhazəd/ • *n* toeval; gevaar

he /hiː, hi/ • *det* hij, ie

head /hɛd/ • *n* hoofd *n*, kop *m*; schuim *n*; baas *m*, bazin *f*, leider *m*, leidster *f*, chef *m*, cheffin *f*; hoofdmeester; krop • *v* leiden, aanvoeren **~ache** • *n* hoofdpijn *m*, koppijn *m*; hoofdbreker *m*, kopzorg **~line** • *n* kop *m* **~phones** • *n* hoofdtelefoon, koptelefoon **~quarters** • *n* hoofdkwartier *n*

heal /hiːl/ • *v* genezen, helen, beter maken

health /hɛlθ/ • *n* gezondheid *f*, welzijn *n* **~ care** • *n* gezondheidszorg **~y** • *adj* gezond; hartig; deugdelijk, duchtig

hear /hɪə(ɹ), hɪɹ/ • *v* (*sp* heard, *pp* heard) horen

heard (*sp/pp*) ▷ HEAR

heart /hɑːt, hɑɹt/ • *n* hart *n*; harten **~y** • *adj* hartelijk; stevig; machtig, voedzaam

heat /hiːt/ • *n* warmte *f*; hitte *f*; pikantheid *f*; loops, krols, tochtig, broeds; voorrronde; hittegolf *m* • *v* verhitten, verwarmen, opwarmen; opwinden, heet worden **~ing** • *adj* verwarmend • *n* verwarming *f* **on ~** • *phr* tochtig, rits, ritsig, bronstig, hitsig

heave /hiːv/ • *v* heffen, tillen • *v* (*sp* heaved, *pp* heaved) kokhalzen

heaved (*sp/pp*) ▷ HEAVE

heaven /ˈhɛvən/ • *n* hemel *m*, lucht *f*, firmament *n*, uitspansel *n*; paradijs *n*, hof van Eden *n*, tuin der lusten *m* **~ly** • *adj* hemels

heavy /ˈhɛ.vi, ˈhɛ.vi/ • *adj* zwaar; serieus

hectare /ˈhɛktɛː, ˈhɛktɛɹ/ • *n* hectare, bunder

hedgehog /ˈhɛdʒhɒɡ/ • *n* egel *m*

heel /hiːl/ • *n* hak, hiel; korst *m* • *v* op de hielen zitten; hellen

height /haɪt/ • *n* hoogte *f*; lengte *f* **~en** • *v* verhogen; aandikken, opsmukken

heir /ɛəɹ/ • *n* erfgenaam; opvolger

held (*sp/pp*) ▷ HOLD

helicopter /ˈhelɪˌkɒptə(ɹ), ˈhɛl.iˌkɒp.tə(ɹ)/ • *n* helikopter *m*

hell /hɛl/ • *n* hel **~ish** • *adj* hels

hello /həˈləʊ, hɛˈloʊ/ • *interj* hallo, hoi, haai, hé, dag, goeiedag, goededag, goedendag, goeiendag; hallo?; hallo!

helmet /ˈhɛlmɪt/ • *n* helm *m*

help /hɛlp/ • *interj* help!, hulp! • *n* hulp • *v* helpen **~ful** • *adj* behulpzaam **~less** • *adj* hulpeloos **~er** • *n* helper *m*, helpster *f*

Helsinki • *n* Helsinki

hen /hɛn/ • *n* hen *f*, kip *f*, leghen *f*, legkip *f*; wijfje *n*; moederkloek *f*

hence /hɛns/ • *adv* van hier, heen, hiervandaan; derhalve, dus, bijgevolg

her /hɜː(ɹ), ˈhɜ/ • *det* haar *f* **~s** • *pron* het hare, de hare **~self** • *pron* zijzelf

herb /hɜːb, (h)ɝb/ • *n* kruid *n*

here /hɪə(ɹ), hɪɹ/ • *adv* hier; hierheen • *n* hier *n*; hier en nu *n*, heden *n*

heritage • *n* erfenis *f*; erfgoed *n*

hero /ˈhɪɹoʊ, ˈhɪəɹəʊ/ • *n* (*pl* heroes) held *m*, heldin *f*; hoofdrolspeler *m* **~in** • *n* heroïne *f* **~ine** • *n* heldin *f*

herring /ˈhɛɹɪŋ/ • *n* haring *m*

hesita|te /ˈhɛzɪteɪt/ • *v* aarzelen **~nt** • *adj* schoorvoetend, aarzelend, weifelend **~tion** • *n* aarzeling

hew /hjuː/ • *v* (*sp* hewed, *pp* hewed) houwen; vormen, modelleren, boetseren; zich conformeren met, zich richten naar

hewed (*sp/pp*) ▷ HEW

hewn (*pp*) ▷ HEW

hey /heɪ/ • *interj* hé; hela, ho, hola; hè, huh; hoi • *n* hey

hi /haɪ/ • *interj* hallo, hoi

hid (*sp*) ▷ HIDE

hidden /ˈhɪd(ə)n/ • *adj* verscholen, verborgen; obscuur; verstopt • (*also*) ▷ HIDE

hide /haɪd/ • *n* huid *f*, vel *n*, vacht *f*, leer *n* • *v* (*sp* hid, *pp* hidden) versteken, verstoppen, wegstoppen

hierarchy /ˈhaɪ.ə.ɹɑː(ɹ).ki/ • *n* hiërarchie *f*; rangorde *f*

high /haɪ/ • *adj* hoog; high **~light** • *v* benadrukken **~way** • *n* snelweg *m*, autosnelweg *m*, autostrade *f*

hik|e /haɪk/ • *n* wandeling; plotse stijging **~ing** • *n* wandelen

hilarious /hɪˈlɛəɹiəs, hɪˈlɛɹiəs/ • *adj* hilarisch

hill /hɪl/ • *n* heuvel *m*

him /hɪm/ • *pron* hem **~self** • *pron* zich, zichzelf; zelf, hijzelf

hint /hɪnt/ • *n* aanwijzing *f*

hip /hɪp/ • *n* heup *f*; rozenbottel *f*

hippie /ˈhɪpi/ • *n* hippie *f*

hire /haɪə, haɪɹ/ • *n* werknemer *m* • *v* huren; aanwerven, aanstellen; verhuren; werk aannemen

his /hɪz, ˈhəz/ • *det* zijn *m* • *pron* de zijne, aan hem

hiss /hɪs/ • *n* sis *m*, gesis *n*; tss *m* • *v* sissen, blazen

histor|y /ˈhɪst(ə)ɹi/ • *n* geschiedenis *f*, historie *f* **~ic** • *adj* historisch **~ical** • *adj* geschiedkundig, historisch **~ian** • *n* historicus *m*, geschiedkundige *f*

hit /hɪt/ • *adj* slag *f*, stoot *m*; hit *m*; tref *m*; aanslag *m* • *v* (*sp* hit, *pp* hit) raken, treffen, slaan

hobby /ˈhɒ.bi, ˈhɑ.bi/ • *n* hobby *f*, vrijetijdsbesteding *f*; boomvalk *m*

hockey /ˈhɒki/ • *n* hockey *n*

hog /hɒg, hɑg/ • *n* varken • *v* voor zichzelf opeisen, inpikken

hold /həʊld, hoʊld/ • *n* ruim *n*, scheepsruim *n* • *v* (*sp* held, *pp* held) houden, vasthouden; bevatten; bijhouden; tegenhouden ~ **on** • *v* wachten; vasthouden **~er** • *n* houder *m*

hole /həʊl, hoʊl/ • *n* gaatje *n*, gat *n*, holletje *n*, opening *f*; holte *f*; leemte; lichaamsholte; hole • *v* doorboren, doorzeven

holiday /ˈhɒlɪdeɪ, ˈhɑləˌdeɪ/ • *n* feestdag *m*; vakantie *f*

hollow /ˈhɒl.əʊ, ˈhɑ.loʊ/ • *adj* hol; leeg • *n* laagte *f*

holy /ˈhəʊli, ˈhoʊli/ • *adj* heilig, sacraal, gewijd; foutloos, volmaakt, perfect

home /(h)əʊm, hoʊm/ • *adv* naar huis; thuis • *n* thuis *n*; huis *m*, heem *n*; tehuis *n*; habitat; moederland *n* • *v* mikken **~land** • *n* thuisland *n* **~less** • *adj* dakloos **~made** • *adj* huisgemaakt **~sick** • *adj* heemziek **~work** • *n* huiswerk, huistaak **at** ~ • *phr* thuis

Honduras • *n* Honduras

honest /ˈɒnɪst, ˈɔːnɪst/ • *adj* eerlijk **~y** • *n* eerlijkheid *f*

honey /ˈhʌni/ • *n* honing *m*; schat *m*, schatje *n* ~ **bee** • *n* honingbij *f*, bij *f*, imme *f* **~moon** • *n* wittebroodsweken; huwelijksreis *m*

honor /ˈɑː.nɚ, ˈɒ.nə/ • *n* eer *f* • *v* vereren, eren, huldigen, respecteren

honorable /ˈɒnəɹəbl̩, ˈɑnəɹəbl̩/ • *adj* eervol

honour (*British*) ▷ HONOR

hoof /hʊf/ • *n* (*pl* hooves) hoef *m*

hook /hʊk, huːk/ • *n* haak • *v* haken; verslaven

hooves (*pl*) ▷ HOOF

hope /həʊp, hoʊp/ • *n* hoop *f* • *v* hopen **~less** • *adj* hopeloos, uitzichtloos, kansloos **~fully** • *adv* hopelijk; hoopvol

horizon /həˈɹaɪzən/ • *n* horizon *m*, horizont *m*, einder *m*, kim *f* **~tal** • *adj* horizontaal

hormon|e /ˈhɔːməʊn, ˈhɔːɹmoʊn/ • *n* hormoon *n* **~al** • *adj* hormonaal

horn /hɔːn, hɔɹn/ • *n* hoorn *m*; toeter, claxon; horen *m*

horror /ˈhɔɹɚ, ˈhɑɹə/ • *n* gruwel *m* ~ **movie** • *n* horrorfilm *m*

horse /hɔːs, hɔɹs/ • *n* paard *n*; bok **~man** • *n* ruiter *m* **~riding** • *n* paardrijden *n*

hospita|ble /hɒsˈpɪtəbəl/ • *adj* gastvrij **~lity** • *n* gastvrijheid *f*; horeca *m*

hospital /ˈhɒs.pɪ.tl̩, ˈɒs.pɪ.tl̩/ • *n* ziekenhuis *n*, hospitaal *n*, gasthuis *n*

host /həʊst, hoʊst/ • *n* hostie *m*; organisator *m*, gastgever *m*, gastheer; moderator *m*, gastvrouw *f*; host *m*; drager *m*; berg *m*, troep *m*; heerschaar, leger *n* • *v* ontvangen, onderbrengen, modereren; hosten

hostage /ˈhɒstɪdʒ/ • *n* gijzelaar *m*

hostil|e /ˈhɒstaɪl, ˈhɑstəl/ • *adj* vijandig **~ity** • *n* hostiliteit *f*, vijandigheid *f*, vijandschap *f*; vijandelijkheid *f*

hot /hɒt, hɑt/ • *adj* heet, warm; pittig, pikant; lekker, geil, porno

hotel /həʊˈtɛl, hoʊˈtɛl/ • *n* hotel *n*

hour /ˈaʊə(ɹ), ˈaʊɚ/ • *n* uur *n*, stonde *f*; tijd

house /haʊs, hɑʊs/ • *n* huis *n*, onderkomen *n*; zaal *m*; kamer *f* • *v* onderbrengen **~work** • *n* huishouden *n*, huishoudelijk werk *n*

hove *(sp/pp)* ▷ HEAVE

how /haʊ, hæð/ • *adv* hoe • *conj* hoe

however /haʊˈɛvə, haʊˈɛvɚ/ • *adv* daarentegen, echter

howl /haʊl/ • *n* gehuil *n*; gebrul *n*, gejammer *n* • *v* huilen, jammeren; uitroepen, uitschreeuwen

hue /hjuː, hju/ • *n* schakering *f*, kleurschakering *f*, tint *f*; aanblik, voorkomen *n*

hug /hʌɡ/ • *n* knuffel, knuffelen

huge /hjuːdʒ, juːdʒ/ • *adj* reusachtig, enorm, gigantisch

huh /hʌ, hə/ • *interj* hè; nou; wat

human /ˈ(h)juːmən, ˈ(h)jumən/ • *adj* menselijk, mens **~e** • *adj* humaan **~ity** • *n* mensheid *f*, mensdom *n*, mensengeslacht *n*; menselijkheid *f*, menslievendheid *f*, humaniteit *f* **~kind** • *n* mensheid *f*, mensdom *n* **~being** • *n* mens *n*

humble /ˈhʌmbəl, ˈʌmbəl/ • *adj* bescheiden, modest; deemoedig • *v* verlagen, vernederen, humiliëren; deemoedigen

humour /ˈhjuːˌmə(ɹ), ˈhjuːmɚ/ • *n* humor; stemming, humeur *n*

hundred /ˈhʌndɹəd, ˈhʌndɚd/ • *num* honderd *f*

hung *(sp/pp)* ▷ HANG

Hungar|y • *n* Hongarije *n* **~ian** • *adj* Hongaars, Hongaarse • *n* Hongaar *m*, Hongaarse *f*; Hongaars *n*

hunger /ˈhʌŋɡə, ˈhʌŋɡɚ/ • *n* honger *m*, trek • *v* honger hebben, hongeren

hungry /ˈhʌŋ.ɡɹi/ • *adj* hongerig; hongerend, begerig, lustend, snakkend

hunt /hʌnt/ • *n* jacht *m* • *v* jagen; zoeken **~er** • *n* jager

hurricane /ˈhʌrɪkən, ˈhʌrɪˌkeɪn/ • *n* orkaan *f*
hurt /hɜːt, hɜt/ • *adj* gekwetst, gewond, geblesseerd; pijn gedaan • *v* (*sp* hurt, *pp* hurt) pijn doen, zeer doen; pijnigen, kwellen, kwetsen
husband /ˈhʌzbənd/ • *n* man *m*, echtgenoot *m*
hut /hʌt/ • *n* hut *f*
hydrogen /ˈhaɪdrədʒ(ə)n, ˈhaɪdrədʒən/ • *n* waterstof *n*
hyena /haɪˈiːnə/ • *n* hyena *f*
hyperbole /haɪˈpɜːbəli/ • *n* hyperbool
hypothesis /haɪˈpɒθɪsɪs/ • *n* (*pl* hypotheses) hypothese *f*, stelling; veronderstelling

I

I • *pron* ik, 'k
ic|e /aɪs, ʌɪs/ • *n* ijs *n*; ijsje *n* • *v* koudmaken; glaceren **~e cream** • *n* roomijs *n*, ijs *n*; ijsje *n* **~y** • *adj* ijskoud
Iceland • *n* IJsland *n*
icon /ˈaɪ.kən, ˈaɪ.kɑːn/ • *n* icoon *m*; idool *n*; pictogram *n* **~ic** • *adj* voorbeeldig
idea /aɪˈdɪə, aɪˈdi.ə/ • *n* idee *n*, ingeving *f*, gedachte *f*, denkbeeld *n*; bedenking *f*; bedoeling *f*, intentie *f*, plan *n*; indruk *m*, impressie *f* **~l** • *adj* ideaal, optimaal; perfect, volmaakt; ideëel, conceptueel • *n* ideaal *n*, perfectie *f*, streefdoel *n* **~list** • *n* idealist *m*
identif|y /aɪˈdɛn.tɪ.faɪ/ • *v* identificeren; determineren **~ication** • *n* identificatie *f*, identificeren *n*; identiteitsbewijs *n*; vereenzelving *f*
identi|ty /aɪˈdɛntəti/ • *n* identiteit *f*; persoonlijkheid; identiteiten **~cal** • *adj* identiek, identieke; eeneiig
ideolog|y /aɪ.di.ˈɑl.ə.dʒi/ • *n* ideologie **~ical** • *adj* ideologisch
idiot /ˈɪd.i.(j)ɪt/ • *n* idioot *m* **~ic** • *adj* idioot
if /ɪf/ • *conj* als, indien; of
ignor|e /ɪɡˈnɔː, ɪɡˈnɔːr/ • *v* negeren **~ance** • *n* onwetendheid *f*, ignorantie *f*, onkunde *f* **~ant** • *adj* onwetend, ignorant
iguana /ɪˈɡjuːɑːnə, ɪˈɡwɑːnə/ • *n* leguaan *m*, iguana *m*
ill /ɪl/ • *adj* ziek, zieke; misselijk **~ness** • *n* ziekte *f*, aandoening *f*
illegal /ɪˈliːɡəl, ɪˈliːɡəl/ • *adj* strafbaar, illegaal, onwettig • *n* illegaal *f*, sans-papiers *m*
illegitimate /ɪlɪˈdʒɪtɪmət, ələˈdʒətəmət/ • *adj* illegaal, onrechtmatig
illiterate /ɪˈlɪtərət/ • *adj* ongeletterd • *n* ongeletterde *m*, analfabeet *m*
illogical • *adj* onlogisch

illusion /ɪˈl(j)uːʒ(ə)n, ɪˈl(j)uːzj(ə)n/ • *n* illusie *f*, zinsbegoocheling *f*; truuk *m*, trick *m*
illustrat|or /ˈɪləˌstreɪtə/ • *n* illustrator *m* **~ion** • *n* illustratie *f*
image /ˈɪmɪdʒ/ • *n* beeld *n*, beeltenis *f*, plaatje *n*; perceptie *f*; beeldkopie *f*; imago *n*
imagin|e /ɪˈmædʒ.ɪn/ • *v* veronderstellen; fantaseren; raden, speculeren **~ary** • *adj* denkbeeldig; imaginair **~ation** • *n* verbeelding *f*, fantasie
immediate /ɪˈmiː.di.ɪt, ɪˈmiː.dɪət/ • *adj* direct, onmiddellijk **~ly** • *adv* meteen, direct, onmiddellijk
immense /ɪˈmɛns/ • *adj* immens
immigra|nt /ˈɪmɪɡrənt/ • *n* inwijkeling *m*, ingewekene *m*, immigrant *m* **~tion** • *n* inwijking *f*, immigratie *f*
imminent /ˈɪmɪnənt/ • *adj* imminent, dreigend
immodest • *adj* onbescheiden
immune system • *n* immuunsysteem *n*
impact /ˈɪmpækt, ɪmˈpækt/ • *n* inslag *m*, botsing *f*; schokeffect *n* • *v* samenpersen; inwerken, beïnvloeden
impartial /ɪmˈpɑːɹ.ʃəl/ • *adj* onpartijdig **~ity** • *n* onpartijdigheid
impatien|t /ɪmˈpeɪʃənt/ • *adj* ongeduldig **~tly** • *adv* ongeduldig **~ce** • *n* ongeduld
impersonal /ɪmˈpɜːsənəl/ • *adj* onpersoonlijk

implement /ˈɪmpləmənt/ • *n* gereedschap *n*, hulpmiddel *n* • *v* implementeren, toepassen, uitwerken **~ation** • *n* implementatie *f*
impl|y /ɪmˈplaɪ/ • *v* impliceren, inhouden; suggereren **~ication** • *n* implicatie
import /ˈɪm.pɔːt, ˈɪm.pɔɹt/ • *n* import, invoer; invoervergunning; belang *n*, gewicht *n* • *v* invoeren, importeren
importan|t /ɪmˈpɔː.tənt, ɪmˈpɔɹtənt/ • *adj* belangrijk **~ce** • *n* belangrijkheid *f*, belang *n*
impos|e /ɪmˈpoʊz, ɪmˈpəʊz/ • *v* opleggen **~ition** • *n* strafwerk *n*
impossib|le /ɪmˈpɒsɪbəl/ • *adj* onmogelijk **~ility** • *n* onmogelijkheid *f*
impractical • *adj* onpraktisch, onhandig
impress /ɪmˈpɹɛs, ˈɪmpɹɛs/ • *v* ronselen **~ive** • *adj* indrukwekkend, imposant; onder de indruk **~ion** • *n* indruk, deuk; impressie; uitbeelding, verbeelding; voorkomen *n*
imprisonment /ɪmˈpɹɪzn̩.mənt/ • *n* gevangenschap *n*
improve /ɪmˈpɹuːv/ • *v* beter maken, verbeteren; beteren **~ment** • *n* verbetering *f*
impulsive • *adj* impulsief
in /ɪn, ən/ • *adj* in • *adv* binnen; in; tijdens; binnen **~ love** • *phr* verliefd; verliefd op; gek

van
inability /ˌɪnəˈbɪlɪti/ • *n* onvermogen

inactivity • *n* inactiviteit

inadequate • *adj* onvoldoende, inadequaat, ontoereikend, ongeschikt

inappropriate /ˌɪnəˈprəʊpri.ət, ˌɪnəˈprɔːrti.ət/ • *adj* ongepast

incentive /ɪnˈsɛntɪv/ • *n* drijfveer *f*, aansporing, incentief *n*, stimulans *m*, prikkel *m*; bonus *m*, premie *f*

inch /ɪntʃ/ • *n* duim *m*; haarbreed *n*

incident /ˈɪn.sɪ.dənt/ • *adj* inherent; inslaand • *n* voorval *n*, episode, gebeuren *n*, gebeurtenis

inclination /ˌɪn.klɪˈneɪ.ʃən/ • *n* buiging, knik; inclinatie *f*, helling, glooiing *f*, glooiingshoek *m*; neiging *f*, tendens

inclu|ding /ɪnˈkluːdɪŋ/ • *prep* met inbegrip van, inclusief **~sion** • *n* toevoeging *f*; inbegrip *n*; insluiting *f*

income /ˈɪn.kʌm/ • *n* inkomen *n*

incompetent • *adj* incompetent

inconsistency /ˌɪnkənˈsɪst(ə)nsi, ˌɪnkənˈsɪstənsi/ • *n* inconsistentie *f*, tegenstrijdigheid *f*

incorporate /ɪŋˈkɔːrpəre(ɪ)t, ɪŋˈkɔː(ɹ).pəɹ.eɪt/ • *v* inbouwen, inlijven

incorrect /ˌɪnkəˈrɛkt/ • *adj* incorrect

increase /ɪnˈkriːs, ˈɪnkriːs/ • *n* toename, stijging, vermeerdering • *v* toenemen, vermeerderen, verhogen, groeien; opvoeren, vergroten

incredible /ɪnˈkrɛdəbəl/ • *adj* ongelofelijk

incur /ɪnˈkəː, ɪnˈkɜː/ • *v* zich blootstellen aan *n*

indeed /ɪnˈdiːd/ • *adv* inderdaad, daadwerkelijk • *interj* en of

indefatigable /ˌɪndɪˈfætɪɡəbl, ˌɪndəˈfætəɡəbəl/ • *adj* onvermoeibaar, onvermoeid

independen|t /ˌɪndɪˈpɛndənt/ • *adj* onafhankelijk, zelfstandig **~tly** • *adv* onafhankelijk **~ce** • *n* onafhankelijkheid *f*, zelfstandigheid *f*

index /ˈɪndɛks/ • *n* (*pl* indices) inhoud *m*, index *m*, register *n* • *v* indexeren

India • *n* India *n* **~n** • *adj* Indisch, Indiaas; Indiaans • *n* Indiër *m*, Indische *f*; indiaan, Indiaan *m*, Indiaanse *f*

indicat|e /ˈɪndɪkeɪt/ • *v* aanwijzen, aanduiden, wijzen op; aangeven **~ive** • *adj* indicatief *n* aantonende wijs *m*, indicatief *m* **~or** • *n* indicator *m*; richtingaanwijzer *m*, clignoteur *m*

indices (*pl*) ▷ INDEX

indict /ɪnˈdaɪt/ • *v* beschuldigen; aanklagen **~ment** • *n* beschuldiging

indigenous /ɪnˈdɪdʒɪnəs, ɪnˈdɪdʒənəs/ • *adj* inheems, autochtoon, oorspronkelijk; aangeboren, ingeboren, overgeërfd

indirect /ˌɪndaɪˈrɛkt, ˌɪndəˈrɛkt/ ● *adj* onrechtstreeks; indirect **~ly** ● *adv* onrechtstreeks

indiscreet ● *adj* indiscreet

individual /ˌɪndɪˈvɪdʒu.əl, ˌɪndɪˈvɪdʒʊəl/ ● *adj* individueel ● *n* enkeling *m*, individu *n* **~ism** ● *n* individualisme *n*

indolent /ˈɪn.dəl.ənt/ ● *adj* werkschuw

Indonesia ● *n* Indonesië *f* **~n** ● *adj* Indonesisch, Indonesische ● *n* Indonesiër *m*, Indonesische *f*; Indonesisch *n*, bahasa

induc|e /ɪnˈdu:s, ɪnˈdju:s/ ● *v* opwekken, veroorzaken, overhalen, forceren **~tion** ● *n* toeleiding *f*, inductie *f*

indulge /ɪnˈdʌldʒ/ ● *v* toegeven, zwichten; in de watten leggen, verwennen, koesteren; uitstel van betaling toestaan **~nt** ● *adj* toegeeflijk **~nce** ● *n* aflaat *m*

industrious /ɪnˈdʌstɹi.əs/ ● *adj* ijverig, vlijtig

industr|y /ˈɪndəstɹi/ ● *n* werklust *m*; sector *f*; industrie *f*, nijverheid *f* **~ial** ● *adj* industrieel; geïndustrialiseerd

inequality /ˌɪnɪˈkwɒlɪti/ ● *n* ongelijkheid *f*

inevitable /ɪnˈɛvɪtəbəl/ ● *adj* onvermijdelijk, onafwendbaar; voorspelbaar

inexpensive ● *adj* goedkoop, goedkope

infamous /ˈɪnfəməs/ ● *adj* berucht

infant /ˈɪn.fənt/ ● *n* zuigeling *f*

infantry /ˈɪnfəntɹi/ ● *n* infanterie *f*, voetvolk *n*; infanterieregiment *n*

infect /ɪnˈfɛkt/ ● *v* infecteren, besmetten **~ious** ● *adj* aanstekelijk **~ion** ● *n* infectie *f*, infectering *f*

infer /ɪnˈfɜ, ɪnˈfɜ:/ ● *v* concluderen **~ence** ● *n* afgeleid gegeven, conclusie

inferiority ● *n* minderwaardigheid *f*, inferioriteit

inflation /ɪnˈfleɪʃən/ ● *n* opblazen *n*; inflatie; uitdijing *f*

influen|ce /ˈɪn.fl(j)u.əns/ ● *n* invloed, impact; beïnvloeding; inductie ● *v* beïnvloeden; invloed uitoefenen **~tial** ● *adj* invloedrijk

inform /ɪnˈfɔɹm, ɪnˈfɔːm/ ● *v* informeren, inlichten, voorlichten; verklikken; kond doen **~ation** ● *n* informatie *f*

informally ● *adv* informeel

ingredient /ɪnˈɡɹiːdi.ənt/ ● *n* ingrediënt *n*, bestanddeel *n*

inhabitant /ɪnˈhæ.bɪ.tənt/ ● *n* bewoner *m*, inwoner

inherent /ɪnˈhɪəɹənt/ ● *adj* inherent, samengaand

inherit /ɪnˈhɛɹɪt/ ● *v* erven **~ance** ● *n* erfenis, nalatenschap; erfdeel *n*; erfelijkheid; overerving *f*

inhibit ● *v* remmen **~ion** ● *n* remming *f*

initial /ɪˈnɪʃəl/ ● *adj* aanvankelijk ● *n* beginletter, initiaal, voorletter ● *v* paraferen **~ly** ● *adv* aanvankelijk

initiat|e /ɪˈnɪʃɪeɪt/ • *n* beginner *m*; ingewijde *f* • *v* beginnen, starten, aanvangen, initiëren **~ive** • *n* initiatief

inject /ɪnˈdʒɛkt/ • *v* injecteren, inspuiten; spuiten **~ion** • *n* inspuiting *f*; injectie, spuitje

injur|e /ˈɪndʒɚ, ˈɪndʒə/ • *v* kwetsen **~y** • *n* verwonding *f*, letsel *n*

injured *(sp/pp)* ▷ INJURE

injustice /ɪnˈdʒʌs.tɪs/ • *n* onrecht *n*

ink /ɪŋk/ • *n* inkt *m* • *v* inkten

inmate • *n* gedetineerde, gevangene

innocen|t /ˈɪnəsn̩t/ • *adj* onschuldig **~ce** • *n* onschuld

innovat|e /ˈɪnəveɪt/ • *v* vernieuwen **~ive** • *adj* innovatief **~ion** • *n* innovatie *f*, vernieuwing *f*

input /ˈɪmpʊt/ • *n* invoer • *v* ingeven, invoeren

insan|e /ɪnˈseɪn/ • *adj* gestoord, waanzinnig; gekken-, krankzinnigen- **~ity** • *n* krankzinnigheid

insect /ˈɪnsɛkt/ • *n* insect *n*, kerfdier *n*; nietsnut **~icide** • *n* insecticide *n*

insert /ɪnˈsɜːt, ɪnˈsɜ́t/ • *v* invoegen

inside /ˈɪnsaɪd/ • *adj* binnen • *n* binnenkant *m*

insight /ˈɪnsaɪt/ • *n* inzicht *n*

insist /ɪnˈsɪst/ • *v* blijven bij, volhouden, met klem beweren, erop staan, aandringen

inspect /ɪnˈspɛkt/ • *v* inspecteren, onderzoeken **~ion** • *n* onderzoek *n*, inspectie *f*; keuring *f*

inspir|e /ɪnˈspaɪɹ, ɪnˈspaɪə(ɹ)/ • *v* inspireren; beademen **~ation** • *n* inademing *f*, inademen; adem *m*, ademhaling *f*; ingeving *f*, inspiratie *f*

instability • *n* instabiliteit *f*

install /ɪnˈstɔːl/ • *v* installeren, aansluiten, opzetten

instance /ˈɪnstəns/ • *n* voorbeeld; voorval

instant /ˈɪnstənt/ • *adj* dringend, ogenblikkelijk; onmiddelijk; kortstondig; kant-en-klaar • *n* moment, ogenblik, poosje

instead /ɪnˈstɛd/ • *adv* in plaats van

instinct /ˈɪn.stɪŋkt/ • *n* instinct *n* **~ive** • *adj* instinctief, instinctmatig

institut|e /ˈɪnstɪt(j)uːt/ • *n* instituut *n* **~ion** • *n* instelling

instruct /ˌɪnˈstɹʌkt/ • *v* instrueren **~ion** • *n* onderwijs *n*; aanwijzing *f*; instructie *f* **~or** • *n* leermeester *m*, leermeesteres *f*, instructeur *m*, instructrice *f*

instrument /ˈɪnstɹəmənt/ • *n* instrument *n*, muziekinstrument *n*; meetinstrument *n*, meter *m* **~al** • *adj* instrumentaal

insult /ɪnˈsʌlt, ˈɪn.sʌlt/ • *n* belediging *f* • *v* beledigen

insurance /ɪnˈʃəɹ.ɪns/ • *n* verzekering *f*, assurantie *f*

intact /ɪnˈtækt/ • *adj* intact

integral /ˈɪntɪɡɹəl, ˈɪntəɡɹəl/ • *adj* integraal; geheel • *n*

integraal
integration /ˌɪntəˈgreɪʃən/ • *n* integratie *f*; inburgering; integraalrekening *f*
intellectual /ˌɪntəˈlɛk(t)ʃʊəl/ • *adj* verstandelijk
intelligen|t /ɪnˈtɛlɪdʒənt/ • *adj* intelligent; doordacht **~ce** • *n* intelligentie *f*; intelligent wezen; inlichting; inlichtingendienst *m*
inten|d /ɪnˈtɛnd/ • *v* van plan zijn **~t** • *n* bedoeling **~tion** • *n* voornemen *n*, opzet *n*, oogmerk *n*; bedoeling *f* **~tional** • *adj* opzettelijk; met voorbedachte rade
intens|e /ɪnˈtɛns/ • *adj* intens **~ify** • *v* intensiveren
interact /ˌɪntərˈækt/ • *n* tussenspel *n*, entr'acte *f* • *v* interageren, elkaar beïnvloeden, in wisselwerking zijn met **~ion** • *n* wisselwerking *f*; interactie *f*
interest /ˈɪntrɪst, ˈɪntərəst/ • *n* interest *m*, rente *m*; interesse *f*; belangstelling *f*; belang • *v* interesseren **~ed** • *adj* geïnteresseerd, geïnteresseerde; belanghebbend **~ing** • *adj* interessant, belangwekkend
interface /ˈɪntəfeɪs, ˈɪntərˌfeɪs/ • *n* koppeling *f*, aansluiting *f*, raakpunt *n*; interface *m*
interference /ˌɪntərˈfɪərɪns, ˌɪntəˈfɪərəns/ • *n* bemoeien
interim /ˈɪntərɪm/ • *adj* tussentijds

interior /ɪnˈtɪəriər, ɪnˈtɪəriə/ • *n* interieur *n*
interjection /ˌɪn.təˈdʒɛk.ʃən, ˌɪn.tərˈdʒɛk.ʃən/ • *n* tussenwerpsel *n*
internal /ɪnˈtɜːnəl/ • *adj* intern, inwendig; binnenlands
international /ˌɪntəˈnæʃ(ə)n(ə)l, ˌɪntərˈnæʃ(ə)n(ə)l/ • *adj* internationaal
Internet • *n* Internet *n*
interpret /ɪnˈtɜːprɪt, ɪnˈtɜːprɪt/ • *v* interpreteren; vertalen, tolken **~er** • *n* tolk *m*, vertolker *m*
interrogat|e • *v* verhoren, ondervragen, interrogeren **~ive** • *adj* vragend • *n* vraagwoord, interrogatief; vraag **~ion** • *n* ondervraging *f*
interrupt /ˌɪntəˈrʌpt, ˌɪntəˈrʌpt/ • *v* onderbreken **~ion** • *n* onderbreking *f*
interval /ˈɪntəvəl, ˈɪntəvəl/ • *n* interval *n*
interven|e • *v* tussenkomen, ingrijpen, interveniëren **~tion** • *n* tussenkomst *f*
interview /ˈɪntəvjuː, ˈɪntərvjuː/ • *n* interview *n*, vraaggesprek *n* • *v* interviewen **~er** • *n* interviewer *m*, interviewster *f* **~ee** • *n* geïnterviewde
intestine /ɪnˈtɛstɪn, ɪnˈtɛstaɪn/ • *n* darm *m*, ingewanden
intima|te /ˈɪn.tɪ.mət, ˈɪn.tɪ.meɪt/ • *adj* innig • *v* suggereren, laten doorschemeren **~cy** • *n* intimiteit
intonation /ˌɪntəˈneɪʃən/ • *n* intonatie *f*

intrigu|e /ˈɪntriːg, ɪnˈtriːg/ • *n* intrige *f* • *v* intrigeren **~ing** • *adj* intrigerend

introduc|e /ˌɪntrəˈdus, ˌɪntrəˈdjuːs/ • *v* introduceren, voorstellen **~tion** • *n* inleiding, introductie

intuition /ˌɪntjʊˈɪʃən, ɪntuwˈɪʃɪn/ • *n* intuïtie *f*

invade /ˈmˈveɪd/ • *v* binnenvallen **~r** • *n* indringer *m*, indringster *f*

invent /ɪnˈvɛnt/ • *v* uitvinden, uitdenken; bedenken, verzinnen **~ive** • *adj* vindingrijk **~or** • *n* uitvinder *m* **~ion** • *n* uitvinding *f*

inventory /ˈɪn.vən.tri, ˈɪn.vənˌtɔː.ri/ • *n* inventariseren *n* • *v* inventariseren

invest|ment • *n* investering **~or** • *n* investeerder *m*

investigat|e /ɪnˈvɛs.tɪ.geɪt/ • *v* onderzoeken, bekijken, bestuderen; een onderzoek instellen, uitzoeken; een onderzoek voeren **~ion** • *n* onderzoek, nasporing **~or** • *n* onderzoeker *m*

invisible /ɪnˈvɪzəb(ə)l/ • *adj* onzichtbaar, onzichtbare

invit|e /ɪnˈvaɪt/ • *v* uitnodigen, nodigen, inviteren, laden **~ation** • *n* uitnodiging *f*

invoice /ˈɪnˌvɔɪs/ • *n* factuur *f*, rekening *f* • *v* factureren, in rekening brengen

invoke /ɪnˈvoʊk/ • *v* aanroepen; inroepen; oproepen; over afroepen; beroep doen op

involvement • *n* betrokkenheid

iodine /ˈaɪ.əˌdaɪn, -dɪn/ • *n* jood *n*, jodium *n*; jodiumtinctuur *m*

Iran • *n* Iran **~ian** • *adj* Iraans • *n* Iraniër *m*, Iraanse *f*

Iraq • *n* Irak **~i** • *adj* Iraaks • *n* Iraki *m*, Irakees *m*, Irakese *f*

Ir|eland • *n* Ierland **~ish** • *adj* Iers • *n* Iers *n*

iron /ˈaɪən, ˈaɪərn/ • *adj* ijzeren • *n* ijzer *n*; strijkijzer *n* • *v* strijken

iron|y /ˈaɪə.rən.i, ˈaɪ.rə.ni/ • *adj* ijzerachtig, ijzerhoudend • *n* ironie *f*; het ironische **~ic** • *adj* ironisch **~ically** • *adv* ironisch

irrelevant • *adj* irrelevant

irresistible /ˌɪrɪˈzɪstəbl/ • *adj* onweerstaanbaar

irritate /ˈɪrɪteɪt/ • *v* irriteren

Islam • *n* islam *m* **~ic** • *adj* islamitisch

island /ˈaɪlənd/ • *n* eiland *n*; enclave • *v* afsluiten, afzonderen, isoleren

isolate /ˈaɪsəleɪt, ˈaɪsələt/ • *v* isoleren; afscheiden **~d** • *adj* geïsoleerd

Israel • *n* Israël **~i** • *adj* Israëlisch • *n* Israëli

issue /ˈɪsjuː, ˈɪʃ(j)u/ • *n* nummer

Istanbul • *n* Istanboel

IT /ɪt, ət/ • *n* ICT

it /ɪt, ət/ • *pron* het, hij; er **~s** • *det* zijn *n*, haar *f* **~self** • *pron* zichzelf; zelf

Ital|y • *n* Italië **~ian** • *adj* Italiaans, Italiaanse • *n* Italiaan *m*, Italiaanse *f*; Italiaans

itchy /ˈɪtʃi/ • *adj* jeukend

item /ˈaɪtəm/ • *n* exemplaar *n*, artikel *n*, stuk *n*, object *n*; agendapunt *n*; koppeltje *n*

jackdaw /ˈdʒækˌdɔː, ˈdʒækˌdɒ/ • *n* kauw *m*
jacket /ˈdʒæk.ɪt, ˈdʒækɪt/ • *n* jas *m*; vest
jam /dʒæm, ˈdʒæːm/ • *n* confituur, jam; opstopping *f*
Jamaica • *n* Jamaica
January • *n* januari *m*
Japan • *n* Japan *n* **~ese** • *adj* Japans, Japanse • *n* Japanner *m*, Japanse *f*; Japans
jar /dʒɑː, dʒɑɪ/ • *n* pot *m*, schroefpot *m*
jaw /dʒɔː, dʒɔ/ • *n* kaak *f*; bek
jay /dʒeɪ/ • *n* gaai *m*, Vlaamse gaai *m*; jee *f*
jazz /dʒæz/ • *n* jazz *m*
jealous /ˈdʒɛləs/ • *adj* jaloers **~y** • *n* jaloezie, jaloersheid *f*, afgunst *f*, naijver, ijverzucht, ijver *m*; nijd *m*
jeans /dʒiːnz/ • *n* jeansbroek *f*, jeans, spijkerbroek *f*
jelly /ˈdʒɛl.i/ • *n* gelei
jellyfish /ˈdʒɛliˌfɪʃ/ • *n* kwal *f*
jet /dʒɛt/ • *adj* gitzwart, pikzwart • *n* straal *f*; koolzwart *n*
Jew • *n* jood *m*, jodin *f*; Jood *m*, Jodin *f* **~ish** • *adj* joodse • *n* Joods *n*

jewel /ˈdʒuːəl, dʒʊl/ • *n* juweel *n*; sieraad *n* **~er** • *n* juwelier
jittery /ˈdʒɪt.ɹi, ˈdʒɪt.ə.ɹi/ • *adj* springerig, zenuwachtig, scherp
job /dʒɒb, dʒɑb/ • *n* taak *f*, job *f*; werk *n*, beroep *n*, baan *f* **~seeker** • *n* werkzoekende
join /dʒɔɪn/ • *n* verbinding • *v* samenvoegen, verenigen; samenkomen; vervoegen; lid worden van, toetreden
joint /dʒɔɪnt/ • *adj* gezamenlijk, gezamenlijke • *n* gewricht *n*; verbinding; zaak; bak, nor; joint *m*, stickie *n* **~ly** • *adv* gezamenlijk
joke /dʒəʊk, dʒoʊk/ • *n* mop *m*, grap *f*, grol *f*; geintje *n*, lol *f*; aanfluiting *f* • *v* grappen, grappenmaken
Jordan • *n* Jordanië *n*; Jordaan
journal /ˈdʒɜːnəl/ • *n* log *n*, logboek *n*
journalis|t /ˈdʒɜːnəlɪst, ˈdʒɜːnəlɪst/ • *n* dagboekschrijver *m*; journalist *m*; reporter *m*, verslaggever *m* **~m** • *n* journalistiek
journey /ˈdʒɜːni, ˈdʒɜːni/ • *n* trip *f*, trektocht *f*, reis *f* • *v* trekken, op trektocht gaan, rondtrekken, reizen, rondreizen
joy /dʒɔɪ/ • *n* vreugde *f*
judg|e /dʒʌdʒ/ • *n* rechter *f*; scheidsrechter *f*; kenner *m*, beoordelaar *m* • *v* oordelen, bemiddelen; achten, houden voor; afleiden, schatten; beoordelen, veroordelen;

rechtspreken ~**ment** • *n* oordeel *n*; gezond oordeel *n*; vonnis *n*, uitspraak *f*, veroordeling *f*
judicial /dʒuːˈdɪʃəl/ • *adj* gerechtelijk
judo /ˈdʒuːdəʊ, ˈdʒuːdoʊ/ • *n* judo
jug /dʒʌg/ • *n* kan *f*, kruik *m*; bak *m*; tet *f*
juic|e /dʒuːs, dʒus/ • *n* sap *n* • *v* persen; voeden ~**y** • *adj* sappig; smeuïg
July • *n* juli *m*
jump /dʒʌmp/ • *n* sprong *m* • *v* springen, opspringen; voordringen; opschrikken; zetten
junction /ˈdʒʌŋkʃən/ • *n* samenkomst *f*, samenvloeiing *f*, aansluiting *f*; knooppunt; las *f*, voeg *f*, naad *f*
June • *n* juni
jungle /ˈdʒʌŋgəl/ • *n* oerwoud, jungle *f*
Jupiter • *n* Jupiter
jury /ˈdʒʊəri/ • *n* gezworenen, jury *f*
just /dʒʌst/ • *adj* juist, rechtmatig, billijk, eerlijk, correct; rechtvaardig, gerechtig • *adv* slechts, enkel, net, gewoon, maar; onlangs, pas, zojuist; juist, nog net, op een haar na; precies
justice /ˈdʒʌs.tɪs/ • *n* gerechtigheid *f*, rechtvaardigheid *f*; recht *n*; rechtsbedeling, berechting; gerecht *n*, justitie; raadsheer *m*

justif|y /ˈdʒʌstɪfaɪ/ • *v* rechtvaardigen; uitlijnen ~**ication** • *n* rechtvaardiging *f*

kangaroo /ˌkaŋ.gəˈruː, ˌkæŋ.gəˈruː/ • *n* kangoeroe *m*
Kazakhstan • *n* Kazachstan
keep /kiːp/ • *n* slottoren *m*, bergvrede *m*, donjon *m* • *v* (*sp* kept, *pp* kept) houden; behouden ~**er** • *n* bewaarder *m*; houder; bewaker *m*, conservator *m*; keeper *m*, doelman *m*, doelvrouw *f*
Kenya • *n* Kenia, Kenya
kept *(sp/pp)* ▷ KEEP
kestrel /ˈkɛstɹəl/ • *n* valk *m*; torenvalk *m*
key /kiː, ki/ • *n* sleutel *m*; toets *m*; toonsoort *m*, toonaard *m* ~**board** • *n* toetsenbord *n*, klavier *n*; keyboard *n* ~**chain** • *n* sleutelhanger *m* ~**ring** • *n* sleutelbos *m* ~**word** • *n* sleutelwoord *n*
kick /kɪk/ • *n* schop *m*, trap *m*, stamp *m*; kick *m* • *v* schoppen, stampen, trappen
kid /kɪd/ • *n* geitje *n*
kidnap • *v* ontvoeren, kidnappen
kidney /ˈkɪdni/ • *n* nier *f*
kill /kɪl/ • *n* moorden, vermoorden; moord *m*, prooi

m • *v* doden, vermoorden **~er**
• *n* doder *m*; moordenaar *m*
kilometre /ˈkɪləˌmiːtə, kəˈlɑmɪtəɪ/
• *n* kilometer
kin /kɪn/ • *n* verwanten
kind /kaɪnd/ • *adj* aardig, leuk,
lief, mooi, prettig; gunstig;
mild • *n* soort, type *n*,
categorie *f*, genre *n*, ras *n*;
aard *m*, natuur *f*, slag; natura;
gelijke munt **~ly** • *adj*
vriendelijk • *adv* beminnelijk
~ness • *n* vriendelijkheid *f*,
aardigheid *f*
king /kɪŋ, ŋ/ • *n* koning *m*; heer
m **~dom** • *n* koninkrijk *n*; rijk
n, plantenrijk *n*, dierenrijk *n*
Kiribati • *n* Kiribati
kiss /kɪs/ • *n* kus, zoen • *v*
kussen, zoenen
kit /kɪt/ • *n* ton *f*; mand *f*;
uitrusting *f*; set *m*
kitchen /ˈkɪtʃən/ • *n* keuken *f*
kite /kaɪt/ • *n* wouw *m*; vlieger
kiwi /ˈkiːwiː/ • *n* kiwi *m*
knee /niː, niˈ/ • *n* knie *f*
kneel /niːl/ • *v* (*sp* knelt, *pp*
knelt) knielen
kneeled (*sp/pp*) ▷ KNEEL
knelt (*sp/pp*) ▷ KNEEL
knew (*sp*) ▷ KNOW
knickers ▷ PANTIES
knife /naɪf/ • *n* (*pl* knives) mes
n; lemmet **under the ~** • *phr*
onder het mes
knit /nɪt/ • *v* (*sp* knitted, *pp*
knitted) breien;
aaneenbreien;
aaneengroeien; samenbreien
knitted ▷ KNIT
knives (*pl*) ▷ KNIFE

knock /nɒk, nɑk/ • *n* kloppen *n*,
aankloppen *n*; klap *m* • *v*
kloppen, aankloppen; botsen
knot /nɒt/ • *n* knot *m*; kluwen *n*;
knoop *m*; de knoop *m*, knoei;
knoest *m*; buil, bluts • *v*
fronsen; knopen,
aaneenknopen, dichtknopen
know /nəʊ, noʊ/ • *v* (*sp* knew,
pp known) weten; kennen **in
the ~** • *phr* ingewijd
knowledge /ˈnɒlɪdʒ, ˈnɑlɪdʒ/ • *n*
kennis, weten, wetenschap;
medeweten *n* **~able** • *adj*
geïnformeerd; goed ingelicht
known (*pp*) ▷ KNOW
knuckle /ˈnʌkəl/ • *n* knokkel *m*
kookaburra /ˈkʊkəˌbʌɪə,
ˈkʊkəˌbaɪə/ • *n* kookaburra
Korea • *n* Korea **~n** • *adj*
Koreaans, Koreaanse • *n*
Koreaans *n*; Koreaanse *f*
Kosovo • *n* Kosovo *n*
Kuwait • *n* Koeweit
Kyrgyzstan • *n* Kirgizië,
Kirgizstan

label /ˈleɪbəl/ • *n* etiket *n*, label *n*
• *v* etiketteren, etiket,
prijzen; bestempelen,
categoriseren
laboratory /ˈlæbrəˌtɔːɪ,
ləˈbɒrət(ə)ɹiː/ • *n* laboratorium
n, lab *n*, labo *n*

labour /ˈleɪ.bə, ˈleɪ.bɚ/ • *n* arbeid *m*

lack /lak, læk/ • *n* gebrek *n* • *v* derven, ontberen, missen, gebrek hebben

lad /læd, ləd/ • *n* jongen *m*

ladder /ˈladə, ˈlædɚ/ • *n* ladder *f*

lady /ˈleɪdi/ • *n* dame *f*; damestoilet *n* **~bird** • *n* lievenheersbeestje *n*

laid *(sp/pp)* ▷ LAY

lain *(pp)* ▷ LIE

lake /leɪk/ • *n* meer *n*

lamb /læm/ • *n* lam *n*, lammetje *n*; lamsvlees *n* • *v* lammeren

lame /leɪm/ • *adj* lam, verlamd, kreupel, mank; mankend; wankel; flauw

lamp /læmp/ • *n* lamp *m*; olielamp *m*

land /lænd/ • *n* land *n*; grond *m*; vaderland *n*; trek *m* • *v* landen **~ing** • *n* landing *f*; overloop *m*; steiger *m*, aanlegplaats *f* **~lady** • *n* hospita *f* **~lord** • *n* huisbaas *m*; herbergier, kastelein *m*, kroegbaas *m*

landmark /ˈlændmɑɹk/ • *n* oriëntatiepunt

landscape /ˈlandskeɪp/ • *n* landschap *n*; liggend

lane /leɪn/ • *n* gang *m*, wegeltje *n*, laan *f*; rijvak *n*, rijstrook *m*

language /ˈlæŋgwɪdʒ, æ/ • *n* taal *f*, spraak *f*, tong *f*; jargon *f*; code *f*

Laos • *n* Laos *n*

lap /læp/ • *n* zoom; schoot *m*; ronde *f* **~top** • *n* laptop, notebook

lard /lɑːd, lɑɹd/ • *n* reuzel *m*, smout *n* • *v* larderen

large /lɑːdʒ, lɑɹdʒ/ • *adj* groot **at ~** • *phr* in het algemeen

larva /ˈlɑː.və, ˈlɑɹ.və/ • *n* larve *f*, larvestadium *n*

laser /ˈleɪz.ə(ɹ), ˈleɪzɚ/ • *n* laser

last /lɑːst, læst/ • *adj* laatst; afgelopen, vorig; laagst • *n* last *m*; leest • *v* duren; volhouden **at ~** • *phr* uiteindelijk; eindelijk

latch /lætʃ/ • *n* klink *f*; kruisboog

late /leɪt/ • *adj* laat, late; wijlen • *adv* laat **~r** • *adv* later • *interj* later **of ~** • *phr* de laatste tijd *f*

Latin • *adj* Latijns; Romeins; Latijns-Amerikaans • *n* Latijn; Romein; Romaan

latter /ˈlæt.ə(ɹ), ˈlæt̬.ɚ/ • *adj* laatstgenoemd; laatste; jongstleden, dichtsbijzijnde

Latvia • *n* Letland *n* **~n** • *adj* Lets; Letse

laugh /lɑːf, lɑːf/ • *n* lach *m* • *v* lachen; uitlachen **~ter** • *n* gelach *n*; lachen *n*

launch /lɔːntʃ, lɑːntʃ/ • *n* worp *m*, lancering *f*; tewaterlating *f* • *v* werpen, gooien, smijten, lanceren; spietsen, doorboren; te water laten; aanzetten

laundry /ˈlɔːn.dɹi, ˈlɑn.dɹi/ • *n* was *m*; washok; wasgoed *n*

law /lɔː, lɒ/ • *n* wet *m*, recht *n* **~less** • *adj* wetteloos; verboden, illegaal, onwettig **~ful** • *adj* wettig, rechtmatig

~yer • *n* jurist *m*, raadsman *m*, informally also advocaat, advocate *f* **~suit** • *n* rechtszaak *f*, zaak *f* **above the ~** • *phr* boven de wet

lawn /lɔːn, lɒn/ • *n* gazon *n*, grasperk *n*

lay /leɪ/ • *adj* leken-; wereldlijk • *n* ligging *f* • *v* (*sp* laid, *pp* laid) leggen • (*also*) ▷ LIE

layer /leɪə, ˈleɪ.ɚ/ • *n* laag *f*; legger *m*; legster *f*

layout /ˈleɪ.aʊt/ • *n* indeling *f*; indelen *n*; opzet *m*, lay-out *m*; plan *n*

lazy /ˈleɪzi/ • *adj* lui

lead /lɛd/ • *n* lood *n*, blij *n*; dieplood; interlinie *f*; stift; leiding *f*, begeleiding *f*; voorsprong *m*; uitkomst *f*; vaargeul; lengte *f*; lijn; aanwijzing *f*; leidraad *m* • *v* (*sp* led, *pp* led) uitkomen; aanvoeren, vooroplopen; voorlopen; leiden naar; verloden; interliniëren; leiden; begeleiden, meevoeren **~er** • *n* leider *m*, leidster *f*, aanvoerder *m*, aanvoerster *f* **~ership** • *n* voorzitterschap *n*, leiderschap *n*

leaf /liːf/ • *n* (*pl* leaves) blad *n*; plaat *f* • *v* bladeren krijgen

leaflet /ˈliːflɪt/ • *n* blaadje *n*; folder *m*

leak /liːk/ • *n* lek *n* • *v* lekken

lean /liːn/ • *adj* mager, tenger • *v* (*sp* leant, *pp* leant) aanleunen

leaned (*sp/pp*) ▷ LEAN

leant (*sp/pp*) ▷ LEAN

leap /liːp/ • *n* sprong *m* • *v* (*sp* leapt, *pp* leapt) springen, wippen, huppen

leaped (*sp/pp*) ▷ LEAP

leapt (*sp/pp*) ▷ LEAP

learn /lɜːn, lɜːrn/ • *v* (*sp* learnt, *pp* learnt) leren; studeren; ervaren, vernemen, te weten komen, op de hoogte gesteld worden **~ing** • *n* leren *n*; kennis *f*, geleerdheid *f*, geleerde *n*

learned (*sp/pp*) ▷ LEARN

learnt (*sp/pp*) ▷ LEARN

least /liːst, list/ • *det* minst **at ~** • *phr* minstens, tenminste, althans, op z'n minst

leather /ˈlɛðə, ˈlɛðɚ/ • *adj* leren • *n* leer *n*, leder *n*

leave /liːv/ • *n* verlof, toestemming • *v* (*sp* left, *pp* left) deponeren; overdragen, overlaten; achterlaten, laten; beëindigen, verlaten; weggaan, vertrekken; nalaten

leaves (*pl*) ▷ LEAF

Leban|on • *n* Libanon *n* **~ese** • *adj* Libanesisch • *n* Libanees *m*, Libanese *f*

led (*sp/pp*) ▷ LEAD

leek /liːk/ • *n* prei *m*, porrei *m*

leery /ˈlɪə.ɹi/ • *adj* argwaanend, wantrouwend

left /lɛft/ • *adj* links, linker • *n* linkerkant *m*; links *n* • *v* over **~-handed** • *n* linkshandig • (*also*) ▷ LEAVE

leg /lɛg, leɪg/ • *n* been *n*; scheen *m*, scheenbeen *n*; poot *m*

legacy /ˈlɛgəsi, ˈleɪgəsi/ • *n* erfenis, erfgoed

legal /ˈliːɡəl, ˈliɡəl/ • *adj* juridisch, recht; wettelijk, legaal, wettig, legitiem **~ity** • *n* wettigheid

legend /ˈlɛdʒ.ənd/ • *n* legende *f*; kaartlegenda **~ary** • *adj* legendarisch

legislat|e /ˈlɛdʒɪsˌleɪt/ • *v* wetten maken **~or** • *n* wetgever *m* **~ure** • *n* wetgevende macht *m* **~ion** • *n* wetgeving *f*; wet *f*

legume /lɪˈɡjuːm/ • *n* peul, peulvrucht

leisure /ˈlɛʒə(ɹ), ˈliːʒəɹ/ • *n* vrije tijd *m*

lemon /ˈlɛmən/ • *adj* citroengele • *n* citroen *f*; citroenboom; kat in de zak; citroengeel; citroensmaak

lend /lɛnd/ • *v* (*sp* lent, *pp* lent) lenen, uitlenen

length /lɛŋ(k)θ/ • *n* lengte *f* **at ~** • *phr* lang, ellelang

lens /lɛnz/ • *n* lens *f*; linze; kristallens

lent (*sp/pp*) ▷ LEND

lentil /ˈlɛntəl/ • *n* linze *f*, linzenplant *f*

leopard /ˈlɛpəd, ˈlɛpəɹd/ • *n* luipaard *m*

lesbian /ˈlɛzbi.ən/ • *adj* lesbisch • *n* lesbienne *f*, lesbo, lesbi

Lesotho • *n* Lesotho

less /lɛs/ • *adj* kleiner; minder • *adv* minder

lesson /ˈlɛsn̩/ • *n* les

let /lɛt/ • *v* (*sp* let, *pp* let) laten, toestaan; verhuren **~ sb down** • *v* neerlaten; teleurstellen

lethal /ˈliːθəl/ • *adj* dodelijk

lethargy /ˈlɛθədʒi, ˈlɛθɚdʒi/ • *n* lusteloosheid *f*, futloosheid *f*, slaapzucht *f*, lethargie *f*; onverschilligheid *f*

letter /ˈlɛtə(ɹ), ˈlɛtɚ/ • *n* letter *f*, karakter *n*, letterteken *n*, boekstaaf *m*; brief *m*

lettuce /ˈlɛtɪs/ • *n* sla, salade, slaplant *m*; slaatje *n*; flappen

level /ˈlɛv.əl/ • *adj* vlak; constant; geëqualiseerd • *n* etage, verdieping *f*; niveau *n*, hoogte *f*; waterpas *n* • *v* egaliseren

liab|le /ˈlaɪəbəl/ • *adj* aansprakelijk, verantwoordelijk **~ility** • *n* aansprakelijkheid *f*

liar /laɪ.ə, ˈlaɪ.ɚ/ • *n* leugenaar *m*, leugenaarster *f*

liberal /ˈlɪbɹəl, ˈlɪbəɹəl/ • *adj* vrijzinnig **~ism** • *n* liberalisme *n*

liberat|e /ˈlɪbəɹeɪt/ • *v* bevrijden **~ion** • *n* bevrijding *f*

Liberia • *n* Liberia *n*

liberty /ˈlɪbəti/ • *n* vrijheid *f*

librar|y /ˈlaɪbɹəɹi, ˈlaɪbəɹi/ • *n* bibliotheek *f*, boekerij *f*; boekenkast; archief **~ian** • *n* bibliothecaris *m*, bibliothecaresse *f*

Libya • *n* Libië *n*

lice (*pl*) ▷ LOUSE

licence (*British*) ▷ LICENSE

license /ˈlaɪsəns/ • *n* vergunning *f*; licentie *f*; bandeloosheid *f* • *v* licentiëren, vergunning toekennen; toelaten

lid /lɪd/ • *n* deksel *n*

lie /laɪ/ • *n* ligging *f*, terreinligging *f*; leugen *f* • *v* (*sp* lay, *pp* lain) liggen; gelegen zijn; liegen **~ down** • *v* gaan liggen

Liechtenstein • *n* Liechtenstein *n*

life /laɪf/ • *n* (*pl* lives) levensduur *f*; leven *n*; levenslang *n* **~ insurance** • *n* levensverzekering *f* **~ jacket** • *n* reddingsvest *n* **~guard** • *n* badmeester *m*, reddingszwemmer; strandmeester **~style** • *n* levensstijl *m*

lift /lɪft/ • *n* lift *m* • *v* opheffen; stelen

light /laɪt, lʌɪt/ • *adj* onbelangrijk, triviaal; licht, helder, lichtend, lichtgevend; verkeerd • *n* licht; vuurtje • *v* (*sp* lit, *pp* lit) aansteken; lichten, bijlichten **~house** • *n* vuurtoren *m* **~ning** • *n* bliksem *m*, weerlicht *n*, bliksemschicht *m*, bliksemflits *m* **~ bulb** • *n* gloeilamp *f*, peer

lighted (*sp/pp*) ▷ LIGHT

like /laɪk/ • *adj* zoals, gelijk • *adv* als • *n* evenknie *m*, dat soort dingen, gelijkaardige dingen, gelijkaardigheden; favoriet *m*, voorkeur *m*; like *m* • *prep* zoals, als, lijkend op, gelijk • *v* liken; graag hebben, graag zien, zich aangetrokken voelen tot, leuk vinden; houden van, graag, lusten, graag lusten **~wise** • *adv* evenzo, eveneens, op gelijkaardige wijze, op gelijkwaardig; insgelijks

likelihood /ˈlaɪklihʊd/ • *n* waarschijnlijkheid

limb /lɪm/ • *n* lid *n*, lidmaat *n*, ledemaat *n*

lime /laɪm/ • *n* kalk; lijm; limoen *f*; limoenenboom *m*; limoengeel, limoengroen • *v* logen

limit /ˈlɪmɪt/ • *n* grens; limiet *f* • *v* beperken **~ation** • *n* begrenzing, beperking, inperking; grens; verjaring, verjaringstermijn **~ed** • *adj* begrensd, beperkt

line /laɪn/ • *n* lijn *f*, touw *n*; rechte *f*, streep *f*; lijnstuk *n*; kant *m*; meridiaan *m*; evenaar *m*; regel *m*; meetlat *f*; richting *f*, gezichtspunt *n*; aansluiting *f*, verbinding *f*; brief *m*; loopgraaf *f*; contour *m*, grens *f*; rimpel *m*; kenmerk *n*; rij *f*, file *f*; vers *n*, stanza *f*; visie *f*, methode *f*; gamma *n*, aanbod *n*, productlijn *f*, maatschappij *f*; uitlijning *f* • *v* opstellen, uitlijnen; tekenen, van lijn; opzeggen; zich opstellen; dekken; voeren, bedekken, bekleden; vullen; versterken **~ar** • *adj* lineair **out of ~** • *phr* ongepast, buitensporig

linen /ˈlɪnɪn/ • *n* linnen *n*, doek *n*

linger • *v* treuzelen, talmen; aanslepen; weifelen

lingerie /ˈlæn.ʒə.ɹi, ˌlɑn.(d)ʒəˈɹeɪ/ • *n* lingerie

link /lɪŋk/ • *n* link *m*, verbinding *f*, relatie *f*, koppeling *f*; schakel *m*, schalm *m*; verwijzing *f*; fakkel *m*, flambouw *m*, toorts *f* • *v* verbinden, linken

lion /ˈlaɪən/ • *n* leeuw *m*; coryfee *m* **~ess** • *n* leeuwin *f*

lip /lɪp/ • *n* lip *f*; grote bek, grote mond, tegenspraak **~stick** • *n* lippenrood *m*, lippenstift *f*, lipstick

liquid /ˈlɪkwɪd/ • *adj* vloeibaar • *n* vloeistof *f*; vloeiklank *m*

Lisbon • *n* Lissabon *n*

list /lɪst/ • *n* lijst *f* • *v* een lijst maken

listen /ˈlɪs.ən/ • *v* luisteren; opletten; gehoorzamen; horen **~er** • *n* luisteraar *m*

lit *(sp/pp)* ▷ LIGHT

literal /ˈlɪt(ə)rəl/ • *adj* letterlijk; strikt; letter • *n* literaal *m* **~ly** • *adv* letterlijk

literary /ˈlɪtərəɹi, ˈlɪtəɹɛ(ə)ɹi/ • *adj* literair

literacy /ˈlɪtərəsi/ • *n* alfabetisering, alfabetisme

literature /ˈlɪ.tə.ɹɪ.tʃə(ɹ), ˈlɪ.tə.ɹɪ.tʃɚ/ • *n* literatuur

lithe /laɪð/ • *adj* kalm, rustig; slank; soepel

Lithuania • *n* Litouwen *n* **~n** • *adj* Litouws *n* • *n* Litouws; Litouwer *m*, Litouwse *f*

litre /ˈliː.tə, ˈli.tɚ/ • *n* liter

litter /ˈlɪtə(ɹ), ˈlɪtɚ/ • *n* draagbed *n*, draagstoel *m*, draagbaar *m*; worp *m*; strooisel *n*; afval *n*, zwerfafval *n*, vuil *n*, zwerfvuil *n*, vuilnis *n* • *v* sluikstorten; werpen

little /ˈlɪtəl, ˈlɪtl̩/ • *adj* klein; jongere • *adv* weinig • *det* een beetje

live /lɪv/ • *adj* levend; live, rechtstreeks; scherp • *adv* rechtstreeks • *v* leven; wonen; verderleven, overleven, voortbestaan **~ly** • *adj* levendig

liver /ˈlɪvə(ɹ)/ • *n* lever *f*; levertjes

lives *(pl)* ▷ LIFE

lizard /ˈlɪz.əd, ˈlɪz.ɚd/ • *n* hagedis *m*

llama /ˈlɑː.mə, ˈlɑmə/ • *n* lama *m*

load /loʊd, ləʊd/ • *n* gewicht, last *m*; lading; hoop, heel wat; belasting; vermogen • *v* inladen; laden; inlezen

loaf /ləʊf, loʊf/ • *n* (*pl* loaves) brood *n*

loan /ləʊn, loʊn/ • *n* lening *f* • *v* lenen, uitlenen

loaves *(pl)* ▷ LOAF

lobster /ˈlɒb.stə, ˈlɑb.stɚ/ • *n* zeekreeft *f*, kreeft *f*, hommer *m*

local /ˈləʊkl̩, ˈloʊkl̩/ • *adj* lokaal, plaatselijk • *n* plaatselijke bewoner; lokale trein *m*, lokaaltrein *m*, stoptrein *m*; stamcafé *n*, stamkroeg *f* **~ization** • *n* lokalisatie *f*

location /loʊˈkeɪʃən, ləʊˈkeɪʃən/ • *n* plaats *f*, locatie *f*

lock /lɒk, lɑk/ • *n* slot *n*; sluis *f*; haan *m*; lok *f* • *v* blokkeren, vastlopen; afsluiten, op slot doen **~smith** • *n* slotenmaker

log /lɒg, lag/ • *n* boomstam, boomstronk; houtblok *m* • *v* houthakken **~ in** • *v* aanmelden, inloggen **~ out** • *v* afmelden

logic /ˈlɒdʒɪk, ˈladʒɪk/ • *n* logica *f* **~al** • *adj* logisch

logistics • *n* logistiek

logo /ˈləʊgəʊ, ˈloʊgoʊ/ • *n* logo

London • *n* Londen *n*; Londens, van Londen

lonel|y /ˈləʊnli, ˈloʊnli/ • *adj* eenzaam, alleen, allenig, alleenig **~iness** • *n* eenzaamheid *f*

long /lɒŋ, lɔːŋ/ • *adj* lang • *v* verlangen **~-term** • *adj* langdurig, langlopend **~ing** • *n* verlangen *n*

look /lʊk, luːk/ • *n* blik *m*; uitzicht *n*, look *m*, uiterlijk *n*, stijl *m* • *v* uitzien; kijken; lijken, er uitzien; zoeken **~ sth up** • *v* opkijken; opzoeken **~ after sb/sth** • *v* verzorgen, behartigen, naar omkijken **~ down on sb** • *v* neerkijken op **~ for sb/sth** • *v* zoeken **~ forward to sth** • *v* uitkijken naar, ernaar uitkijken om, verheugen zich op

loom /luːm, lum/ • *n* weefgetouw *n*; opdoemen, dreigen

loop /luːp/ • *n* lus, herhaling *f*, repetitie *f* **~hole** • *n* schietgat *n*; achterdeur, maas *f*

loose /luːs/ • *adj* ontspannen; los; ruim; mul • *v* losmaken; loslaten; lossen; verlossen

lord /lɔːd, lɔɪd/ • *n* heer *m*, landheer *m*; overste *f*

los|e /luːz/ • *v* (*sp* lost, *pp* lost) verliezen; afvallen **~s** • *n* verlies *n*, nederlaag, verliezen *n*; verslagenheid; stroomverlies, krachtverlies, warmteverlies

lost /lɒst, lɔːst/ • *adj* kwijt • (*also*) ▷ LOSE

lot /lɒt, lat/ • *n* lood

lottery /ˈlɒtəɹi, ˈlatəɹi/ • *n* loting, loterij, lottrekking

loud /laʊd/ • *adj* luid, luide, hard, harde; luidruchtig, luidruchtige; vloekend, schreeuwerig, fel

louse /laʊs/ • *n* (*pl* lice) luis *f*

lov|e /lʌv, luːv/ • *n* liefde *f*; schat; liefs; nul • *v* gedijen; gek zijn op, houden van; liefhebben; smachten naar; vrijen, de liefde bedrijven; beminnen, graag zien **~ingly** • *adv* liefdevol **~ely** • *adj* liefelijk, lieflijk, beminnelijk; heerlijk, zalig • *n* lieverd *m*, liefje *n*, schat, oogappel; liefs **~able** • *adj* beminnelijk **~er** • *n* minnaar *m*, minnares *f* **in ~e** • *phr* verliefd; verliefd op; gek van

low /ləʊ, loʊ/ • *adj* laag, lage; diep • *n* lagedrukgebied *n*, depressie *f*

loyal /ˈlɔɪəl/ • *adj* loyaal

luck /lʌk, lʊk/ • *n* geluk *n* **~y** • *adj* gelukkig, succesvol; boffend **~ily** • *adv* gelukkig

luggage /ˈlʌgɪdʒ/ • *n* bagage *f*

lunch /lʌntʃ/ ● *n* lunch, middageten *n*, middagmaal *n* ● *v* middageten, dineren, lunchen **~box** ● *n* broodtrommel

lung /lʌŋ/ ● *n* long *f*

lust /lʌst/ ● *n* begeerte, lust, wellust; verlangen *n*; plezier ● *v* begeren, lusten, smachten

Luxembourg ● *n* Luxemburg *n*

luxur|y /ˈlʌk.ʃə.ɹi, ˈlʌɡʒəɹi/ ● *n* luxe *m* **~ious** ● *adj* luxueus

lynx /lɪŋks/ ● *n* lynx *m*

lyrics /ˈlɪɹ.ɪks/ ● *n* songtekst *m*, liedtekst *m*

Macedonia ● *n* Macedonië *n* **~n** ● *adj* Macedonisch ● *n* Macedoniër; Macedonisch; Oudmacedonisch

machine /məˈʃiːn/ ● *n* machine *f*, apparaat; automobiel *m* **~ry** ● *n* machinery *f*, machinepark *n*; machinerie *f*, mechaniek

mad /mæd, ˈmæːd/ ● *adj* waanzinnig, gek, zot; boos, kwaad

Madagascar ● *n* Madagaskar

made *(sp/pp)* ▷ MAKE

Madrid ● *n* Madrid *n*

magazine /ˌmæɡəˈziːn, ˌmæɡəˈziːn/ ● *n* tijdschrift *n*, magazine *n*; magazijn *n*

maggot /ˈmæɡət/ ● *n* made *f*; worm *m*; gril, kuur, luim

magic /ˈmadʒɪk, ˈmædʒɪk/ ● *adj* magisch, betoverend, feeëriek ● *n* toverij, toverkracht, toverkunst *f*, magie *f*; tovenarij; goochelkunst *f*, illusionisme *n* **~al** ● *adj* magisch; betoverend

magnet /ˈmæɡnət/ ● *n* magneet *f* **~ic** ● *adj* magnetisch

magnificent /mæɡˈnɪfəsənt/ ● *adj* prachtig

magnify /ˈmaɡnɪfaɪ, ˈmæɡnɪfaɪ/ ● *v* vergroten **~ing glass** ● *n* vergrootglas *n*, loep *f*

magnitude /ˈmæɡnɪtjuːd/ ● *n* grootte *f*

mail /meɪl/ ● *n* post *f* **~man** ● *n* postbode *m*, brievenbesteller *m*, postbesteller

main /meɪn/ ● *adj* hoofd-, voornaam, belangrijk **~land** ● *n* vasteland *n* **~ly** ● *adv* voornamelijk

maint|ain /memˈteɪn/ ● *v* handhaven **~enance** ● *n* onderhoud *n*, handhaving *f*

major /ˈmeɪdʒə(ɹ), ˈmeɪdʒɹ̩/ ● *adj* meerderjarig ● *n* majoor *m*; hoofdvak *n*; meerderjarige *f* **~ity** ● *n* meerderheid *f*, merendeel *n*

make /meɪk/ ● *n* merk *n* ● *v* (*sp* made, *pp* made) maken; vormen; denken, interpreteren; doen, ertoe brengen **~r** ● *n* maker *m* **~up** ● *n* schmink *m*, make-up *m*

Malawi ● *n* Malawi

Malaysia ● *n* Maleisië **~n** ● *n* Maleisiër *m*, Maleisische *f*

Maldives ● *n* Maladiven

male /meɪl/ • *adj* mannelijk, man-, mannen-, mannetjes-, masculien • *n* mannetje *n*, man *m*, jongen *m*; mannetjesdier; mannetjesplant

Mali • *n* Mali

mall /mæl, mɔːl/ • *n* winkelcentrum

mallard /ˈmæl.ɑː(ɹ)d, ˈmælərd/ • *n* wilde eend *f*

Malt|a ~ese • *adj* Maltees • *n* Maltezen; Maltees *m*, Maltese *f*

mammoth /ˈmæməθ/ • *n* mammoet *m*

man /mæn/ • *n* (*pl* man) mens *m*; man *m*, heer *m*; pion *m*, speelstuk *n* • *v* bemannen **~kind** • *n* mensheid *f* **~ly** • *adj* mannelijk

manage /ˈmænɪdʒ/ • *v* beheren, leiden, managen; erin slagen, lukken **~ment** • *n* management, administratie *f*, beheer *n*, bestuur *n*, directie *f* **~r** • *n* directeur *m*, manager *m*

mandat|e /ˈmæn.deɪt/ • *n* mandaat **~ory** • *adj* verplicht, nodig

manifest /ˈmæn.ɪ.fɛst/ • *n* manifest *f*, vrachtbrief *m*, vrachtlijst *f* • *v* manifesteren **~ation** • *n* manifestatie

manipulat|e /məˈnɪpjʊleɪt/ • *v* manipuleren; beïnvloeden **~ion** • *n* manipulatie *f*, gebruik *n*; misbruik *n*

manner /ˈmænə, ˈmænər/ • *n* manier *f*, wijze *f*; gedrag *n*

mansion /ˈmæn(t)ʃən/ • *n* landhuis *n*

manual /ˈman.j(ʊ)əl, ˈmænjə(wə)l/ • *adj* handmatig, met de hand, manueel • *n* handleiding *f*, handboek *n*; manuaal *n*; handbak *m* **~ly** *adv* manueel, met de hand, handmatig

manufacture /ˌmænjʊˈfæktʃə, ˌmænjuˈfæktʃər/ • *v* vervaardigen; fabriceren **~r** • *n* fabrikant

manuscript /ˈmænjəˌskɹɪpt/ • *adj* handgeschreven, geschreven • *n* manuscript *n*, handschrift *n*; kopij *f*

many /ˈmɛni, ˈmɪni/ • *det* veel, vele, menig • *pron* menigte; velen, veel

map /mæp/ • *n* kaart *f*, landkaart *f*, plan *n*, plattegrond *m* • *v* afbeelden, in kaart brengen

marathon /ˈmærəθən, ˈmærəˌθɑn/ • *n* marathon *m*

marble /ˈmɑːbəl, ˈmɑɹbəl/ • *n* marmer *n*; knikker *m*

March /mɑːtʃ, mɑɹtʃ/ • *n* maart

march /mɑːtʃ, mɑɹtʃ/ • *n* mars; grensmark; mark *n* • *v* marcheren; ten strijde trekken

mare /mɛə, mɛəɹ/ • *n* merrie *f*

margin /ˈmɑːdʒɪn, ˈmɑːɹɪdʒ(ə)n/ • *n* kantlijn, marge

marinade • *n* marinade

marine /məˈɹiːn/ • *adj* marien, maritiem • *n* marinier *m*

mark /mɑːk/ • *n* markering *f*, aanduiding *f*, teken *n*; punt *n*,

score f; blaam m; mark m • v noteren, opschrijven, neerpennen, nota nemen; bevlekken; verbeteren; markeren, aanduiden, optekenen **~er** • n merker

market /'mɑːkɪt, 'mɑːkɪt/ • n markt m, marktplein n; afzetmarkt m; afzetgebied n; beurs; markt-

marmot /'mɑː.mət/ • n marmot f

marr|y /'mæn, 'mæɹi/ • v trouwen, huwen; zich in de echt verbinden; in de echt verbinden **~iage** • n huwelijk f, echt m; bruiloft f **~ied** • adj getrouwd

Mars • n Mars n

mashed potatoes • n aardappelpuree f

mask /mɑːsk, mæsk/ • n masker m • v maskeren

mass /mæs/ • adj massa • n massa f, hoeveelheid f; meerderheid f; mis f • v vieren, misvieren; samennemen, samenhopen, ophopen **~ive** • adj massief

massacre /'mæs.ə.kɚ, 'mæs.ə.kə(ɹ)/ • n bloedbad

master /'mɑːstə, 'mæstɚ/ • n meester m • v controleren; beheersen **~piece** • n meesterwerk n

match /mætʃ/ • n wedstrijd f, match f; evenknie f, gelijke; lucifer m, zwavelstokje • v overeenstemmen; overeenkomen met; evenaren

mate /meɪt/ • n maat m, scheepsmaat m; gast m; kameraad m, makker m, gabber m; gezel m, partner f, paringsgezel m • v schaakmat spelen; paren; koppelen

material /məˈtɪɹi.əl, məˈtɪəɹnəl/ • adj materieel, materiële; wereldlijk, wereldlijke • n materiaal n, grondstof f; naaigoed n

maternal /məˈtɜːnəl, məˈtɜɹnəl/ • adj moederlijk; langs moeders kant

mathematic|s /mæθ(ə)ˈmætɪks/ • n wiskunde f, mathematiek, mathematica, mathesis; rekenvaardigheid f **~al** • adj wiskundig; theoretisch

maths ▷ MATHEMATICS

matrix /'meɪtɹɪks, 'mætɹɪks/ • n (pl matrices) matrix f

matter /'mætə, 'mætɚ/ • n materie f; stof f • v belangrijk zijn, er toe doen

mattress /'mætɹɪs/ • n matras m

matur|e /məˈtjʊə, məˈtʃʊ(ə)ɹ/ • v rijpen, volwassen worden; vervallen **~ity** • n maturiteit, rijpheid; geslachtsrijpheid, volwassenheid, wasdom m; vervaldag, betaaldatum

Mauritania • n Mauretanië n

Mauritius • n Mauritius

May /meɪ/ • n mei, bloeimaand m

may /meɪ/ • v (sp might, pp -) mogen

maybe /'meɪbi/ • adv misschien, wellicht, mogelijk,

mogelijkerwijs; het zou kunnen

mayonnaise /meɪ.ə.neɪz, ˈmæn.eɪz/ • *n* mayonaise *m*

mayor /ˈmeɪ.ɚ, ˈmeə/ • *n* burgemeester *m*; hofmeier *m*

me /miː, mi/ • *pron* me, mij; mijn; m'n; ik

meal /miːl/ • *n* maaltijd *m*; meel *n*

mean /miːn/ • *adj* gemeen, boosaardig; minderwaardig; gemiddeld, gemiddelde • *n* middel *n*; gemiddelde • *v* (*sp* meant, *pp* meant) willen, van plan zijn; betekenen; bedoelen, menen; willen zeggen **~ing** • *n* waarde *f*, betekenis *m*; zin *m* **~ingful** • *adj* zinvol **~ingless** • *adj* zinloos, betekenisloos

means /miːnz/ • *n* (*pl* means) middel *n*; middelen

meant *(sp/pp)* ▷ MEAN

meantime /ˈmiːntaɪm/ • *n* ondertussen

meanwhile /ˈmiːnwaɪl, ˈmiːnhwaɪl/ • *adv* intussen, ondertussen; in de tussentijd

measure /ˈmɛʒə, ˈmɛʒɚ/ • *n* maat *f*; hoeveelheid *f*; afstand *m*; meten *n*, meting *f*; regel *m*, meetlat *f*, lat *f*, lineaal *n*; maatregel *m*; maatstaf *m* • *v* meten; schatten; afmeten **~ment** • *n* meting *f*

meat /miːt, mɪt/ • *n* vlees *n*; vleessoort; vruchtvlees *n*; substantie, vlees op de botten; hansworst, lulvent *m* **~ball** • *n* gehaktbal *f*

mechani|c • *n* mecanicien *m*, werktuigkundige *m* **~cal** • *adj* mechanisch **~sm** • *n* mechanisme *n*

medal /ˈmɛdəl/ • *n* medaille *f*, erepenning *f*

meddle /ˈmɛd.əl/ • *v* zich moeien, tussenkomen, bemoeien **~some** • *adj* bemoeizuchtig

medic|ine /ˈmɛd.sn, ˈmɛ.dɪ.sn/ • *n* medicijn *n*, geneesmiddel *n*; geneeskunde *f*, artsenij *f* **~al** • *adj* medisch **~ation** • *n* medicatie

medieval /ˌmɛd.iˈiː.vəl, mɪdˈiː.vəl/ • *adj* middeleeuws, mediëvaal • *n* middeleeuws; middeleeuwer *m*

meditat|e • *v* mediteren **~ion** • *n* meditatie *f*; overpeinzing *f*

medium /ˈmiːdɪəm/ • *n* medium *n*

meet /miːt, mɪt/ • *v* (*sp* met, *pp* met) ontmoeten, treffen; afspreken; leren kennen; raken; overeenstemmen met, beantwoorden aan, vervullen; elkander ontmoeten

meeting /ˈmiːtɪŋ, ˈmɪtɪŋ/ • *n* bijeenkomst *f*, beraad *n*, overleg *n*, ontmoeting, samenkomst, vergadering *f*, zitting *f*, treffen *n*; ontmoetingsplaats *f*, raakpunt *n*, raakvlak *n*

Melbourne • *n* Melbourne

melod|y /ˈmɛl.ə.di, ˈmɛl.ə.di/ • *n* melodie *f* **~ic** • *adj* melodisch

melon /ˈmɛlən/ • *n* meloen *m*

melt /mɛlt/ • *v* (*sp* melted, *pp* molten) smelten
melted (*sp/pp*) ▷ MELT
member /ˈmɛmbə, ˈmɛmbɚ/ • *n* lid *n*; ledemaat *m* **~ship** • *n* lidmaatschap *n*
memor|y /ˈmɛm(ə)ɹi, ˈmɪm(ə)ɹi/ • *n* geheugen *n*; herinnering *f* **~able** • *adj* memorabel, gedenkwaardig **~ial** • *n* herdenkingsplaats *m* **~ize** • *v* memoriseren, uit het hoofd leren
men (*pl*) ▷ MAN
mental /ˈmɛntəl/ • *adj* geestelijk, mentaal **~ity** • *n* mentaliteit *f*
mention /ˈmɛnʃən/ • *n* vermelding *f* • *v* vermelden
mentor /ˈmɛn.tɔː, ˈmɛn.tɔɹ/ • *n* leidsman *m*
menu /ˈmɛnjuː, ˈmɛnju/ • *n* menukaart *f*, menu *n*
merchant /ˈmɜːtʃənt, ˈmɜːtʃənt/ • *n* koopman *m*, koopvrouw *f*
mercurial /məˈkjʊə.ɹi.əl, mɜˈkjʊ.ɹi.əl/ • *adj* kwikhoudend
Mercury /ˈmɜː.kjʊ.ɹi, ˈmɜːkjəɹi/ • *n* Mercurius *f*
merc|y /ˈmɜːsi, ˈmɜːsi/ • *n* barmhartigheid, genade; erbarmen *n*, vergeving *f*, vergiffenis *f* **~iless** • *adj* genadeloos **~iful** • *adj* barmhartig, genadig
mere /mɪə, mɪɹ/ • *adj* schamel, luttel **~ly** • *adv* alleen, louter
merge /mɜːdʒ, mɜːdʒ/ • *n* samenvloeiing *f*, kruising *f* • *v* samenvoegen, fuseren, fusioneren; samenkomen, samenvloeien, samengaan; overgaan in **~r** • *n* samensmelting *f*, versmelting, fusie *f*; opslorping, amalgamatie *f*
merit /ˈmɛɹɪt/ • *n* verdienste *f*
mess /mɛs/ • *n* puinhoop *m*, zootje *n* **~y** • *adj* wanordelijk, chaotisch, rommelig
message /ˈmɛsɪdʒ/ • *n* bericht *n*, boodschap *f*
met (*sp/pp*) ▷ MEET
metal /ˈmɛtəl/ • *n* metaal *n*; metal
metaphor /ˈmɛt.ə.fɔː(ɹ), ˈmɛt.ə.fɔ(ə)ɹ/ • *n* metafoor, beeldspraak, vergelijking **~ical** • *adj* metaforisch
meteorite /ˈmiː.ti.ə.ɹaɪt, ˈmi.ti.ə.ɹaɪt/ • *n* meteoriet *m*
meteorolog|y /ˌmiː.tɪəˈɹɒlədʒi, ˌmiti.əˈɹɑːlədʒi/ • *n* weerkunde *f* **~ist** • *n* weerkundige *m*, meteoroloog; weerpresentator *m*, weerman *m*, weervrouw *f*
meter /ˈmiːtəɹ, ˈmiːtə/ • *n* meter *m*, teller *m*
method /ˈmɛθəd/ • *n* methode *f*
meticulous /mɪˈtɪkjɪlɪs/ • *adj* angstvallig, scrupuleus, meticuleus, acribisch
metre (*British*) ▷ METER
Mexic|o • *n* Mexico **~an** • *adj* Mexicaans • *n* Mexicaan *m*, Mexicaanse *f*
mice (*pl*) ▷ MOUSE
Micronesia • *n* Micronesia
microwave /ˈmaɪkɹəˌweɪv, ˈmaɪkɹəʊˌweɪv/ • *n* microgolf *m* **~ oven** • *n* magnetron *m*,

magnetronoven *m*, microgolf *m*, microgolfoven *m*

middle /ˈmɪdəl, ˈmɛdəl/ • *adj* midden • *n* midden *n*, centrum *n* ~ **class** • *n* middenklasse *f* ~ **finger** • *n* middelvinger *m* ~**man** • *n* tussenhandelaar *m*

Middle Ages • *n* middeleeuwen

midge /mɪdʒ/ • *n* mug

midnight /ˈmɪdnʌɪt, ˈmɪdˌnaɪt/ • *n* middernacht *m*

midwife /ˈmɪd.waɪf/ • *n* verloskundige *f*, vroedvrouw *f*

might /maɪt/ • *n* macht *f*; kracht; vermogen • *v* zou kunnen • *(also)* ▷ MAY ~**y** • *adj* machtig

mild /maɪld/ • *adj* mild, zacht

mile /maɪl/ • *n* mijl *m*

military /ˈmɪl.ɪ.tɹi, ˈmɪl.ɪ.tɛɹ.i/ • *adj* militair; oorlogs-, krijgs- • *n* leger *n*

militia /məˈlɪʃə/ • *n* militie

milk /mɪlk/ • *n* melk *f* • *v* melken; uitmelken

Milky Way • *n* Melkweg

mill /mɪl/ • *n* molen *m*; fabriek *f*, papierfabriek *f*, staalfabriek *f*, textielfabriek *f* • *v* malen; slijpen; graveren

millilitre • *n* milliliter

millimeter • *n* millimeter

million /ˈmɪljən/ • *num* miljoen *n*

millipede /ˈmɪləpɪd/ • *n* miljoenpoot *m*

mince /mɪns/ • *n* gehakt • *v* hakken

mind /maɪnd/ • *n* verstand, geest, psyche, denkvermogen, rede; geheugen • *v* letten op, aandacht schenken aan; erg vinden, iets op tegen hebben, uitmaken; passen op

mine /maɪn/ • *n* mijn *f*, groeve *f* • *pron* de mijne, het mijne • *v* ontginnen; mijnen leggen

miner /ˈmaɪnə/ • *n* mijnwerker *m*; mineur *m*, mijnenlegger *m*, ontmijner *m*

mineral /ˈmɪ.nəɹ.əl/ • *n* delfstof, mineraal; mineraalwater *n*

miniature /ˈmɪn(ɪ)ətʃə(ɹ), ˈmɪn(i)ətʃəɹ/ • *n* miniatuur *f*

minimal /ˈmɪnəməl/ • *adj* minimaal; minimalistische; minimalistisch ~**ist** • *adj* minimalistisch

miniskirt /ˈmɪnɪskəːt/ • *n* minirok, minirokje

minist|er /ˈmɪnɪstə, ˈmɪnɪstɚ/ • *n* dominee *m*; minister *f*; dienaar ~**ry** • *n* ministerie *n*, departement *n*; kabinet *n*, regering, gouvernement *n*; bediening van de eredienst

mink /mɪŋk/ • *n* nerts *m*, visotter *m*

minor /ˈmaɪnə, ˈmaɪnɚ/ • *adj* onbelangrijk • *n* minderjarige *f*; bijvak *n* ~**ity** • *n* minderheid *f*

mint /mɪnt/ • *adj* mintgroen, mint; piekfijn, piekfijne, ongeschonden; uitmuntend, uitmuntende • *n* mintgroen *n*, mint *n*; munt *m*; fortuin *n* • *v* munten

minute /ˈmɪnɪt/ • *adj* minuscuul, minuscule, onbeduidend, onbeduidende, nietig, nietige

• *n* minuut; minuutje *n*, secondje *n*, moment *n*; notulen • *v* notuleren

mirac|le /ˈmɪrəkəl, ˈmɪrəkəl/ • *n* wonder *n*, mirakel *n* **~ulous** • *adj* miraculeus, verwonderlijk, wonderbaarlijk

mirror /ˈmɪrə, ˈmɪrɚ/ • *n* spiegel

misbehavior /ˌmɪsbəˈheɪvjə, ˌmɪsbəˈheɪvjɚ/ • *n* wangedrag *n*

misery /ˈmɪz(ə)rɪ, ˈmɪz(ə)ri/ • *n* ellende *f*

mislead /mɪsˈliːd/ • *v* misleiden; bedotten, bedriegen; verleiden, verlokken **~ing** • *adj* misleidend

miss /mɪs/ • *n* misser *m*; mislukking *f*; juffrouw *f* • *v* niet snappen, ergens overheen kijken, ergens overheen lezen; missen; ontwijken

missile /ˈmɪsaɪl/ • *n* raket *f*

mission /ˈmɪʃ(ə)n/ • *n* missie *f*; zending *f*

mist /mɪst/ • *n* mist, nevel, damp; waas **~y** • *adj* mistig; waterig

mistake /mɪˈsteɪk/ • *n* fout *f*, misverstand *n*, blunder *m*, vergissing *f*, onjuistheid *f* • *v* misverstaan, verwisselen; een fout maken, in de fout gaan

mistress /ˈmɪstrɪs/ • *n* mevrouw *f*, meesteres *f*; minnares *f*, buitenvrouw *f*

mix /mɪks/ • *v* mengen; vermengen; mixen; afmixen **~ed** • *adj* gemengd; onzuiver, verdeeld; gemengdbloedig **~er** • *n* mengar *n*

moan /məʊn, moʊn/ • *n* kreun • *v* kreunen; klagen

mob /mɒb, mɑb/ • *n* menigte *f*, massa; kudde • *v* omgeven

mobile /ˈməʊbaɪl, ˈmoʊbəl/ • *adj* beweeglijk, mobiel

mode /məʊd, moʊd/ • *n* wijs *f*; wijze *f*; modus *m*; mode *f*, trend *m*

model /ˈmɒdl̩, ˈmɑdl̩/ • *n* model *n*; mannequin *m* • *v* tonen; modelleren

moderate /ˈmɒdərət, ˈmɑdərət/ • *adj* middelmatig, matig, doorsnee; gematigd • *n* gematigde *m* • *v* modereren, bemiddelen; matigen, milderen, temperen; zich matigen

modern /ˈmɒd(ə)n, ˈmɑdɚn/ • *adj* modern, eigentijds, hedendaags, nieuwerwets **~ize** • *v* moderniseren

modest /ˈmɑdəst/ • *adj* bescheiden, ingetogen; kuis, fatsoenlijk, eerbaar, zedig **~y** • *n* bescheidenheid; gereserveerdheid, schroom

modif|y /ˈmɒdɪfaɪ, ˈmɑdɪfaɪ/ • *v* modificeren, veranderen **~ication** • *n* modificatie *f*

Moldova • *n* Moldavië

mole /məʊl, moʊl/ • *n* moedervlek *f*; mol *m*

molecule /ˈmɒləkjuːl, ˈmɑləkjul/ • *n* molecuul *n*

molten *(pp)* ▷ MELT

moment /ˈməʊmənt, ˈmoʊmənt/ • *n* ogenblik *n*, moment *n*, oogwenk *m*, tijdstip *f*, tel *m*; wijl *f*, wijle *f*, stond *m*; krachtmoment *n* **~um** • *n* impuls *m*; vaart *f* **at the ~** • *phr* momenteel

Monaco • *n* Monaco

Monday • *adv* maandag • *n* maandag *m*

money /mʌni/ • *n* geld *n* **~ laundering** • *n* witwassen *n*

Mongolia • *n* Mongolië **~n** • *adj* Mongools • *n* Mongool; Mongools

mongoose /mɒŋɡuːs, ˈmaŋɡus/ • *n* mangoeste

monitor /ˈmɒnɪtə/ • *n* toezichthouder *m*; monitor, beeldscherm • *v* controleren, surveilleren, toezicht houden

monk /mʌŋk/ • *n* monnik

monkey /ˈmʌŋki/ • *n* aap *m*, apin *f*; apenjong, brutale aap

monopoly /məˈnɒpəli, məˈnɑpəli/ • *n* monopolie *n*; alleenbezit *n*; alleenrecht *n*; monopolist *m*

monster /ˈmɒnstə(ɹ), ˈmɑnstɚ/ • *adj* monsterachtig, monstrueus • *n* monster *n*; gedrocht *n*; monstertje *n*

month /mʌnθ/ • *n* maand *f* **~ly** • *adv* maandelijks

monument /ˈmɒnjəmənt/ • *n* monument *n*

mood /muːd/ • *n* humeur *n*, stemming *f*, gemoedstoestand *m*; bui **in the ~** • *phr* hebben er zin in

moon /muːn/ • *n* maan *m*; maand *f* • *v* moonen, het naakte achterwerk tonen; aanbidden **~light** • *n* maanlicht *n* • *v* zwartwerken **~lit** • *adj* maanverlicht, verlicht door de maan

moose /muːs/ • *n* eland *m*

mop /mɒp, mɑp/ • *n* zwabber, dekzwabber *m*, mop *m*

moral /ˈmɒɹəl, ˈmɔɹəl/ • *adj* zedelijk

morbid /ˈmɔːbɪd, ˈmɔɹbɪd/ • *adj* morbide, ongezond, ziek, ziekelijk; macaber; akelig, gruwelijk **~ity** • *n* morbiditeit, ziekelijkheid; ziektecijfer; ziekte

moreover /mɔɹˈoʊvɚ, mɔːˈɹəʊvə/ • *adv* bovendien, daarnaast, verder, daar komt bij

morning /ˈmɔːnɪŋ, ˈmɔɹnɪŋ/ • *n* ochtend *m*, morgen *m*, voormiddag

Morocc|o • *n* Marokko **~an** • *adj* Marokkaans • *n* Marokkaan, Marokkaanse

moron /ˈmɔːɹɒn/ • *n* debiel; mogool, mongol

morose /məˈɹəʊs, mɒˈɹoʊs/ • *adj* nors, mismoedig

mortal /ˈmɔːtəl/ • *adj* sterfelijk; dodelijk • *n* sterveling *m* **~ity** • *n* sterfelijkheid *f*, mortaliteit *f*

mortgage /ˈmɔːɡɪdʒ, ˈmɔɹɡɪdʒ/ • *n* hypotheek *m* • *v* hypothekeren, lijfrente afsluiten, verpanden

mosaic /məʊˈzeɪɪk, moʊˈzeɪɪk/ • *n* mozaïek *n*; mozaïekvirus; collage *f*

Moscow • *n* Moskou *n*

mosque /mɒsk, mʊsk/ • *n* moskee *f*

most /məʊst, ˈmoʊst/ • *det* meeste **~ly** • *adv* meestal, overwegend, voornamelijk **at ~** • *phr* hoogstens, maximaal

motel /moʊˈtɛl/ • *n* motel *n*

moth /mɒθ, mɔθ/ • *n* mot *f*, nachtvlinder *m*

mother /ˈmʌðə(ɹ), ˈmʌðɚ/ • *n* moeder *f* • *v* bemoederen, koesteren **~ tongue** • *n* moedertaal, moerstaal **~-in-law** • *n* schoonmoeder *f* **~land** • *n* vaderland *n*; geboorteland *n*; land van oorsprong *n*; moederland

motion /ˈməʊʃən, ˈmoʊʃən/ • *n* beweging *f*; motie *f* **~less** • *adj* bewegingsloos

motivat|e /ˈməʊtɪveɪt, ˈmoʊtɪveɪt/ • *v* motiveren **~ion** • *n* motivatie *f*

motive /ˈməʊtɪv, ˈmoʊtɪv/ • *adj* bewegend; beweging, motioneel • *n* motief *n*, beweegreden *f*, motivatie; onderwerp *f* • *v* motiveren

motor /ˈməʊtə, ˈmoʊtɚ/ • *n* motor *m*; motorrijtuig *n* **~ist** • *n* automobilist *m* **~cycle** • *n* motorfiets *f*

mount /maʊnt/ • *n* rijpaard *n*; ruiter *m* • *v* beklimmen; monteren, bevestigen; bestijgen

mountain /ˈmaʊntɪn, ˈmaʊntən/ • *n* berg *m* **~ous** • *adj* bergachtig **~ bike** • *n* BMX *m*

mouse /maʊs, mʌʊs/ • *n* (*pl* mice) muis *f*; muisje *n*; computermuis *f* • *v* muizen; muizen vangen

mouth /maʊθ, mʌʊθ/ • *n* mond *m*, bek *m*, muil *m*; monding *f*, riviermond *m*, muide *f* **~ful** • *n* mondjevol

mov|e /muːv/ • *n* stap *m*, maatregel *m*; verhuizing *f*; zet *m* • *v* bewegen, verroeren, roeren; verzetten, verplaatsen; zich bewegen, zich verplaatsen; ontroeren, aangrijpen, ontzetten; voorstellen; drijven, aanzetten, aansporen; stappen ondernemen, maatregelen treffen; verhuizen **~ement** • *n* beweging *f*, verroering *f* **~ing** • *adj* bewegend, bewegende; ontroerend, ontroerende

movie /ˈmuːvi/ • *n* film *m*

mow /məʊ, moʊ/ • *v* (*sp* mowed, *pp* mown) maaien

mowed (*sp/pp*) ▷ MOW

mown (*pp*) ▷ MOW

Mozambique • *n* Mozambique

Mr. • *n* dhr.

Mrs • *n* mevr., mw.

much /mʌtʃ/ • *adv* veel

mud /mʌd/ • *n* modder *m*, slijk *n*, smurrie *m* • *v* beslijken, verslijken, besmeuren

muffin /ˈmʌfɪn/ • *n* muffin

mule /mjuːl/ • *n* muildier *n*

multipl|y /ˈmʌltɪplaɪ/ • *v* vermenigvuldigen **~e** • *adj* meerdere • *n* veelvoud *n* **~ication** • *n* vermenigvuldigen *n*; vermenigvuldiging *f*

mum /mʌm/ • *n* mama *f*

municipal /mjuˈnɪsɪpəl/ • *adj* gemeentelijk ~**ity** • *n* gemeente

mural /ˈmjʊərəl, ˈmjʊərəl/ • *n* muurschildering *f*

murder /ˈmɜːdə(ɹ), ˈmɜːdər/ • *n* moord *f*, doodslag *m* • *v* vermoorden, moorden; de grond in boren ~ • *n* moord *f*, doodslag *m* • *v* vermoorden, moorden; de grond in boren ~**er** • *n* moordenaar *m*

musc|le /ˈmʌs.əl/ • *n* spier *f* ~**ular** • *adj* musculair, spier; gespierd

museum /mjuːˈziːəm, mjuˈziːəm/ • *n* museum *n*

mushroom /ˈmʌʃ.ɹuːm/ • *n* paddenstoel *m*, zwam *m*

music /ˈmjuːzɪk, ˈmjuzɪk/ • *n* muziek *f*; bladmuziek *f*, partituur *f* ~**al** • *adj* muzikaal • *n* musical *m* ~**ian** • *n* muzikant *m*, muzikante *f*, musicus *f*

Muslim • *adj* moslims • *n* moslim *m*, moslima *f*

mussel /ˈmʌsəl/ • *n* mossel *f*

must /mʌst, məs(t)/ • *v* moeten

mustard /ˈmʌstəɹd/ • *n* mosterd *m*, mosterdplant *m*

mute /mjuːt/ • *adj* stom; stil, gedempt • *n* stomme *f*

mutter /ˈmʌtə, ˈmʌtɚ/ • *n* gemompel, geroezemoes • *v* mompelen

mutual /ˈmjuːtʃuəl/ • *adj* wederzijds

my /maɪ, mɪ/ • *det* mijn

Myanmar • *n* Myanmar

myself /maɪˈsɛlf/ • *pron* me, mijzelf, mezelf

myster|y /ˈmɪstəɹi/ • *n* mysterie *n* ~**ious** • *adj* geheimzinnig, mysterieus; raadselachtig

myth /mɪθ/ • *n* mythe *m* ~**ology** • *n* mythologie *f*

nail /neɪl/ • *n* nagel *m*; spijker • *v* nagelen, inkloppen; vastpinnen

naive /naɪˈiv/ • *adj* naïef, tegen beter weten in

naked /ˈneɪkɪd, ˈnɛkɪd/ • *adj* naakt, bloot, ongekleed; onopgesmukt ~**ness** • *n* naaktheid

name /neɪm/ • *n* naam *m*; roep *m* • *v* noemen; zeggen, kiezen; vermelden, opnoemen; benoemen; aanstellen ~**ly** • *adv* namelijk

Namibia • *n* Namibië

nap /nap, næp/ • *n* dutje *n* • *v* een dutje doen

napkin /ˈnæp.kɪn/ • *n* servet *n*

narrat|e /nəˈɹeɪt, ˈnæɹeɪt/ • *v* verhalen, vertellen; verslaan, rapporteren ~**ive** • *adj* verhalend, vertellend, narratief; breedsprakig, spraakzaam • *n* verhaal *n*, vertelling *f*, verslag *n*; vertelde *n* ~**or** • *n* verteller *m*, vertelster *f*

narrow /ˈnærəʊ, ˈnærəʊ/ • *adj* nauw, smal **~-minded** • *adj* bekrompen

nation /ˈneɪʃən/ • *n* natie *f*, volk *n*; staat *m* **~al** • *adj* nationaal, landelijk

native /ˈneɪtɪv, ˈneɪtəv/ • *adj* moeder-, geboorte-, aangeboren; oorspronkelijk, ingeboren, inheems, geboren en getogen; autochtoon • *n* autochtoon *m*, inwoner

NATO • *n* (*abbr* North Atlantic Treaty Organization) NAVO

natur|e /ˈneɪtʃə, ˈneɪtʃɚ/ • *n* natuur *f* **~al** • *adj* natuurlijk; normaal • *n* natuurtalent *n* **~ally** • *adv* natuurlijk; van nature; uiteraard, vanzelfsprekend, tuurlijk

naughty /ˈnɔːti, ˈnɒti/ • *adj* stout, ondeugend; gewaagd, gedurfd, brutaal, vuil

Nauru • *n* Nauru

navel /ˈneɪvəl/ • *n* navel *m*

navigat|e /ˈnæv.ɪ.geɪt/ • *v* navigeren; varen; surfen **~ion** • *n* navigatie *f*; scheepvaart *f*

near /nɪə(ɹ), nɪɹ/ • *adj* nabij, dichtbij • *adv* bij, naverwant, dierbaar • *prep* nabij • *v* naderen, dichterbijkomen **~by** • *adj* dichtbij • *adv* nabij **~ly** • *adv* bijna

neat /niːt/ • *adj* net, puur, proper; netjes • *n* rund *n*

necessar|y /ˈnɛsəˌsɛɹi, ˈnɛsəsɪɪ/ • *adj* nodig, noodzakelijk **~ily** • *adv* nodig, noodzakelijk, noodzakelijkerwijs

neck /nɛk/ • *n* nek *m*, hals *m*; flessenhals *m* • *v* nekken, wurgen **~tie** • *n* stropdas *f*, das *f*

nectarine /ˈnɛk.tə.ɹiːn/ • *n* nectarine

need /niːd/ • *n* behoefte *f*; nood • *v* vereisen, nodig hebben, behoeven, benodigen; moeten hebben; moeten **~less** • *adj* nodeloos

needle /ˈniːdl/ • *n* naald *f* • *v* naaien; stangen, pesten, plagen

negative /ˈnɛɡətɪv, ˈnɛ(ə)ɡəˌɹɪv/ • *adj* negatief; min; negatie *f*, ontkenning *f*, ontkennende vorm *m*

neglect /nɪˈɡlɛkt/ • *n* verwaarlozing *f*, nalatigheid, onzorgvuldigheid; zorgeloosheid • *v* verwaarlozen, negeren, uit het oog verliezen; nalaten, verzaken **~ed** • *adj* verwaarloosd

negotiat|e /nəˈɡəʊ.ʃi.eɪt, nəˈɡoʊ.ʃi.eɪt/ • *v* onderhandelen **~ion** • *n* onderhandeling *f*

neighbo|ur /ˈneɪbə, ˈneɪbɚ/ • *n* buur, buurman *m*, buurvrouw *f*, buren • *v* grenzen aan **~rhood** • *n* nabuurschap; buurt *f*, kwartier *n*, wijk; nabijheid **~ring** • *adj* naburig, aanpalend, buur-

neighbourhood (British) ▷ NEIGHBORHOOD

neither /ˈnaɪð.ə(ɹ), ˈnaɪðɚ/ • *adv* ook niet, evenmin • *det* geen

van beide
Nepal • *n* Nepal **~i** • *adj* Nepalees • *n* Nepalees *m*, Nepalese *f* • *n* Nepalees *n*
Neptune • *n* Neptunus *n*
nerv|e /nɜv, nɜ:v/ • *n* zenuw *f*, neuronenbundel; zenuwknoop, neuron; nerf *f*; durf *f*, moed, lef *n*, stalen zenuwen; geduld *n*, sterke zenuwen; verduldigheid, uithoudingsvermogen *n* **~ous** • *adj* nerveus; gespannen **~ousness** • *n* zenuwachtigheid *f*
nest /nɛst/ • *n* nest *n* • *v* nestelen, nesten; in elkaar passen; innesten; in elkaar stapelen
net /nɛt/ • *adj* uiteindelijk, finaal; netto • *n* net *n*; val, valstrik, strikken; netwerk *n*; netto *n* • *v* netto vangen, netto verdienen **~work** • *n* netwerk
Netherlands • *adj* Nederlands, Hollands • *n* Nederland *n*
neuter /ˈnjuːtə, ˈnuːtɚ/ • *adj* afzijdig, onpartijdig; onzijdig; asexueel, ongeslachtelijk • *v* castreren, knippen, steriliseren
neutral /ˈnjuːtrəl, ˈnuːtrəl/ • *adj* neutraal **~ity** • *n* neutraliteit
never /ˈnɛv.ə(ɹ), ˈnɛ.vɚ/ • *adv* nooit, nimmer
nevertheless /ˌnɛvəðəlɛs, ˌnɛvɚðəlɛs/ • *adv* niettemin, niettegenstaande, toch, desondanks, desalniettemin, alhoewel

new /njuː, n(j)u/ • *adj* nieuw; ander; jong; vers **~born** • *adj* pasgeboren • *n* nieuwgeborene *f*, boreling *m*, pasgeborene *f*, neonaat, neonatus **~lywed** • *n* pas getrouwd stel
New York • *adj* New Yorks
New Zealand • *n* Nieuw-Zeeland; Nieuw-Zeelands **~er** • *n* Nieuw-Zeelander *m*
news /nuːz/ • *n* (*pl* news) nieuws *n*; journaal *n* **~letter** • *n* nieuwsbrief *m* **~paper** • *n* krant *f*, nieuwsblad *n*, dagblad *n*; krantenpapier *n*
next /nɛkst/ • *adj* volgend; naast, dichtst; aanstaand • *adv* nabij, bij, vlakbij; volgend • *n* de volgende • *prep* naast **~ to** • *prep* naast
NGO • *n* (*abbr* Non-Governmental Organization) NGO
Nicaragua • *n* Nicaragua
nice /naɪs/ • *adj* leuk, aangenaam, fijn; aantrekkelijk, mooi, knap; lekker • *interj* mooi, netjes, goed zo
niche /niːʃ, nɪtʃ/ • *n* nis *f*; niche *f*
Niger • *n* Niger
Nigeria • *n* Nigeria **~n** • *adj* Nigeriaans, Nigeriaanse • *n* Nigeriaan *m*, Nigeriaanse *f*
night /naɪt/ • *interj* nacht • *n* nacht *m*; avondje *n*, nachtje *n*; hotelovernachting *f*, overnachting *f*; nachtrust *m*; nachtelijke duisternis *f* **~mare**

- *n* nachtmerrie *f* **~stand** ● *n* nachtkastje *n*
nightingale /ˈnaɪtɪŋgeɪl/ ● *n* nachtegaal *m*
nin|e /naɪn/ ● *n* negen **~eteen** ● *num* negentien *f* **~th** ● *adj* negende **~ety** ● *num* negentig *f*
no ● *det* geen; verboden te, verboden ● *n* nee *f*, neen *f*; neestem *f*, tegenstem *f* ● *part* geen; verboden te, verboden **~ one** ● *pron* niemand **~ way** ● *interj* echt niet, no way **~body** ● *n* niemand, schertsfiguur *f*, nul *m*
nob|le /ˈnəʊbəl, ˈnoʊbəl/ ● *adj* edel, adellijk, eervol, fatsoenlijk, nobel ● *n* edele *m*, aristocraat *m*, adellijke *m* **~ility** ● *n* adel
nod /nɒd, nɑd/ ● *n* knik ● *v* knikken; knikkebollen
nois|e /nɔɪz/ ● *n* lawaai *n*, herrie *f*, geluid *n*; ruis *m* **~y** ● *adj* lawaaierig
nomination ● *n* nominatie *f*
none /nʌn/ ● *pron* niemand, niet een; geen, niks, niets **~theless** ● *adv* niettemin
nonprofit ● *adj* zonder winstoogmerk ● *n* non-profitorganisatie *f*, non-profitinstelling *f*
nonsense /ˈnɒnsɛns, ˈnɒnsəns/ ● *interj* onzin *m*, lariekoek *m* ● *n* nonsens *m*, flauwekul *m*
noodle /ˈnuːdl/ ● *n* noedel *m*
nor /nɔː, nɔːr/ ● *conj* noch
normal /ˈnɔːməl, ˈnɔːrməl/ ● *adj* normaal, normale, gewoon, gewone **~ly** ● *adv* normaal, normaliter, normaal gesproken, normaal gezien, normalerwijze; gewoon **~ity** ● *n* normaliteit
north /nɔːθ, nɔːrθ/ ● *adj* noordwaarts; noordelijk ● *adv* noordwaarts ● *n* noorden; stijgende **~ern** ● *adj* noordelijk **~west** ● *adj* noordwest, noordwestelijk ● *n* noordwesten *n* **~east** ● *adj* noordoost-, noordoostelijk ● *n* noordoosten *n*
Norw|ay ● *n* Noorwegen *n* **~egian** ● *adj* Noors ● *n* Noor *m*, Noorse *f*; Noors *n*
nose /nəʊz, noʊz/ ● *n* neus *m*; snuit *m*; neuslengte *f* **~bleed** ● *n* bloedneus *m*
nostril /ˈnɒstrɪl/ ● *n* neusgat *n*
nosy /ˈnəʊziː, ˈnoʊziː/ ● *adj* nieuwsgierig, curieus
not /nɒt, nɑt/ ● *adv* niet ● *conj* geen
notable /ˈnəʊtəbəl, ˈnoʊtəbəl/ ● *adj* waarneembaar; opmerkelijk, bemerkenswaardig ● *n* notabele *m*
note /nəʊt, noʊt/ ● *n* aantekening *f*; briefje *n*, notitie *f*; noot; toon; faam ● *v* opmerken, constateren; aantekenen, noteren, opschrijven; aanduiden **~book** ● *n* schrift *n*, cahier *n*, notitieboek *n*
nothing /ˈnʌθɪŋ/ ● *n* niemendal ● *pron* niets, niks
notice /ˈnəʊtɪs, ˈnoʊtɪs/ ● *n*

opmerken; kennisgeving; verwittiging; vooropzeg; kritiek; bescheid • *v* opmerken, merken; bemerken

notify /ˈnoʊtɪfaɪ/ • *v* mededelen, waarschuwen, notificeren

notion /ˈnəʊʃən, ˈnoʊʃən/ • *n* notie *f*, besef

notorious • *adj* berucht, beruchte, notoir

noun /naʊn, næːn/ • *n* zelfstandig naamwoord *n*, substantief *n*; naamwoord *n*

novel /ˈnɒvl, ˈnɑvəl/ • *adj* nieuw • *n* roman *m* **~ist** • *n* romancier *m*, romanschrijver *m*

November • *n* november *m*

novice /ˈnɒvɪs/ • *n* beginneling *m*, beginnelinge *f*, beginner *m*

now /naʊ/ • *adv* nu, nou, thans • *interj* nu! • *n* heden *n*, nu *n* **~adays** • *adv* heden, momenteel, nu; heden ten dage, tegenwoordig **for ~** • *phr* voorlopig

nowhere • *adv* nergens

nucleus /ˈnjuːkliəs, ˈnuːkliəs/ • *n* (*pl* nuclei) kern *m*; kiem; nucleus *m*, atoomkern *m*; celkern *m*

numb /nʌm/ • *adj* verdoofd, bewusteloos, verstijfd, verkleumd • *v* verdoven, in slaap doen **~ness** • *n* gevoelloosheid

number /ˈnʌmbə, ˈnʌmbɚ/ • *n* aantal *n*, hoeveelheid *f*; nummer *n*, cijfer *n*; getal *n* • *v* nummeren

numer|al /ˈnjuːmərəl, ˈnuːmərəl/ • *n* cijfer *n*; telwoord *n* **~ical** • *adj* numeriek **~ous** • *adj* talrijk, ontelbaar, numereus

nurs|e /nɜːs, nɜˈs/ • *n* zoogmoeder *f*, min *f*, voedster *f*; verpleegster *f*, verpleegkundige, verpleger *m* • *v* borstvoeden, zogen; verplegen; vertroetelen **~ery** • *n* verzorgen; kleuterschool, peuterspeelzaal; kwekerij *f* **~ing** • *n* verpleging *f*

nut /nʌt/ • *n* noot *f*; moer *f*; gek *m*, gekkin *f*, zot *m*, zottin *f*; kop *m*; bal *m*, teelbal *m* **~meg** • *n* muskaatboom; muskaat *m*, muskaatnoot *f*, nootmuskaat *m*; panna • *v* poorten

nutrient /ˈnjuːtɹiənt, ˈnuːtɹiənt/ • *adj* voedsel, voedingsmiddel *n*

nutritio|n /njuːˈtɹɪʃən, nuˈtɹɪʃən/ • *n* voeding *f* **~nal** • *adj* voeding **~us** • *adj* voedzaam

o'clock /əˈklɒk, əˈklɑk/ • *adv* één uur; om één uur

oak /oʊk, əʊk/ • *adj* eiken • *n* eik *m*, eikenboom *m*; eikenhout *n*

oat /əʊt/ • *n* haver *m*

obes|e /oʊˈbis, əʊˈbiːs/ • *adj* obees, vetzuchtig, diklijvig **~ity** • *n* obesitas

obe|y /oʊˈbeɪ, əʊˈbeɪ/ • *v* gehoorzamen **~dient** • *adj* gehoorzaam **~dience** • *n* gehoorzaamheid *f*

object /ˈɒb.dʒɛkt, ˈab.dʒɛkt/ • *n* object *n*, voorwerp *n*; lijdend voorwerp *n*, meewerkend voorwerp *n* • *v* protesteren, ertegen zijn, bezwaar maken, tegenwerpen **~ion** • *n* tegenspraak *f*; tegenwerping *f*, bezwaar *n* **~ive** • *adj* objectief, objectieve, zakelijk; nuchter, nuchtere • *n* object *n*; doel *n*, streefdoel *n*, doelstelling *f*; objectief *n* **~ively** • *adv* objectief **~ivity** • *n* objectiviteit *f*, zakelijkheid *f*

oblige /əˈblaɪdʒ/ • *v* verplichten; een plezier doen

obnoxious /əbˈnɒkʃəs, əbˈnɑkʃəs/ • *adj* vervelend, onuitstaanbaar, onaangenaam, weerzinwekkend

oboe /ˈoʊboʊ/ • *n* hobo *m*

obscure /əbˈskjʊə(ɹ), əbˈskjʊɚ/ • *adj* duister; verborgen

observ|e /əbˈzɜːv, əbˈzɜv/ • *v* observeren, opmerken; respecteren, in acht nemen, volgen **~er** • *n* observator *m*, waarnemer *m*; nalever *m* **~atory** • *n* sterrenwacht *f*, observatorium *n* **~ation** • *n* waarneming *f*; waarnemen *n*; opmerking *f*

obsessi|on /əbˈsɛʃən/ • *n* obsessie *f*, bezetenheid *f*; fixatie, dwangvoorstelling **~ve** • *adj* obsederend; obsessief, dwangmatig • *n* geobsedeerde *m*

obstacle /ˈɒbstəkl/ • *n* obstakel *n*, belemmering *f*

obtain /əbˈteɪn/ • *v* verkrijgen

obvious /ˈɑ(b).vi.əs, ˈɒ(b).vɪəs/ • *adj* overduidelijk, voor de hand liggend, voordehandliggend **~ly** • *adv* overduidelijk, vanzelfsprekend

occasion /əˈkeɪʒən/ • *n* gelegenheid *f*; aanleiding *f*; gebeurtenis *f*, voorval *n*; noodzaak *f*, behoefte *f* • *v* veroorzaken **~al** • *adj* toevallig, nu en dan, af en toe, incidenteel, occasioneel **~ally** • *adv* af en toe, wel eens, nu en dan, soms

occup|y /ˈɒkjʊpaɪ, ˈɑkjəpaɪ/ • *v* bezetten **~ied** • *adj* bezet; bezig **~ier** • *n* bezetter *m* **~ant** • *n* inzittende *m*; bewoner *m* **~ation** • *n* bezigheid *f*; bezetting *f*

occur /əˈkɜː, əˈkɜ/ • *v* plaatsvinden; zich aanbieden, zich voordoen, voorkomen, gebeuren; invallen, opkomen, verschijnen **~rence** • *n* voorval *m*

ocean /ˈəʊ.ʃən, ˈoʊ.ʃən/ • *n* oceaan *m*, wereldzee *f*

Oceania • *n* Oceanië *n*

octave /ˈɒktɪv, ˈɑktɪv/ • *n* octaaf *n*

October • *n* oktober *m*

octopus /ˈɒkt.ə.pʊs, ˈɑːkt.ə.pʊs/ •

n octopus *m*, inktvis *m*, kraak *m*

odd /ɒd, ɑd/ • *adj* vreemd, merkwaardig, raar; oneven, onpaar; uitzonderlijk, zeldzaam; overblijvend, resterend; onregelmatig; bij benadering, ongeveer **~s** • *n* de kansen **~ity** • *n* rariteit

of /ɒv, ɔv/ • *prep* van; uit; Noun compound through infixes: -s-e-en-; over; voor

off /ɒf, ɔːf/ • *adv* weg; uit

offen|d /əˈfend/ • *v* kwetsen; pijnigen, kwellen; misdoen; ergeren, irriteren; zich ergeren, aanstoot nemen **~der** • *n* schuldige *f* **~sive** • *adj* weerzinwekkend, walgelijk, beledigend; aanvallend, offensief • *n* offensief *n*, aanval *m*, inval *m*; klaar om aan te vallen

offer /ˈɒfə(ɹ), ˈɔfɚ/ • *n* voorstel *n*, aanbod *n*, bod *n*, aanzoek, aanbieding • *v* offeren; voorstellen, indienen, presenteren; aanbieden, vertonen

office /ˈɒfɪs, ˈɔfɪs/ • *n* dienst *m*; bureau *n*, kantoor *n*; overheidsdienst *m* **~r** • *n* officier *m*

official /əˈfɪʃəl/ • *adj* officieel, ambtelijk • *n* beambte *f*, functionaris *f*, ambtenaar *f* **~ly** • *adv* officieel

offline • *adj* ontkoppeld, offline

offset /ˈɒf.sɛt, ˈɑf.sɛt/ • *n* compensatie; tegenpartij; begin; offset; sprong, verspringing

offspring /ˈɒfspɹɪŋ, ˈɔfspɹɪŋ/ • *n* (*pl* offspring) afstammeling *m*, nageslacht *n*, nakomeling *m*, nazaat *m*, kind *n*; afstammelingen, kinderen, kinders, nageslachten, nakomelingschap *n*, nakomelingen; voortbrengst, productie

often /ˈɒf(t)ən, ˈɔf(t)ən/ • *adv* vaak, dikwijls, menigmaal

oh /əʊ, oʊ/ • *interj* o

oil /ɔɪl/ • *n* olie *f*; aardolie *f*, petroleum *m* • *v* oliën, smeren; invetten

OK • *adj* oké • *adv* goed • *n* oké, groen licht, goedkeuring

old /ˈəʊld, ˈoʊld/ • *adj* oud; vorig, voormalig **~-fashioned** • *adj* ouderwets

olive /ˈɒlɪv, ˈɑlɪv/ • *adj* olijfgroen, olijfgroene • *n* olijf *m*; olijfhout *n*, olijvenhout *n*; olijfgroen *n* **~ oil** • *n* olijfolie *f* **~ tree** • *n* olijfboom *m*

Olympic • *adj* olympisch, olympische; Olympisch **~s** • *n* olympiade *f*

Oman • *n* Oman

omelette /ˈɒm.lɪt, ˈɔm.lət/ • *n* omelet *f*

on /ɒn, ɑn/ • *adj* aan, op, actief • *prep* bij, aan; op; over

once /wʌn(t)s, wʌns/ • *adv* eens, een keer, eenmaal; ooit • *conj* zodra **~ again** • *adv* wederom

one /wʌn, wən/ • *adj* een zekere, ene; op, eens, ooit; de, het, één; enige; dezelfde;

een • *n* één *f*, eenheid *f*; eendollarbiljet, eendollarsbiljet *n* • *num* één, een • *pron* men, je, ze

ongoing • *adj* lopend

onion /ˈʌnjən, ˈʌnjɪm/ • *n* ui *m*, ajuin *m*

only /ˈəʊn.li, ˈoʊn.lɪ/ • *adj* enig • *adv* maar, slechts; pas, net

open /ˈəʊ.pən, ˈoʊ.pən/ • *adj* open • *v* opengaan; openen, opendoen, openmaken; aansnijden **~ing** • *n* première *f*; opening *f*; vacature *f*

opera /ˈɒp.ə.rə, ˈɑ.pə.rə/ • *n* opera *m*

operat|ing system /ˈɒpə(ˌ)reɪtɪŋ (ˌ)sɪstəm, ˈɑpəˌreɪtɪŋ ˌsɪstəm/ • *n* besturingssysteem *n* **~ion** • *n* operatie *f* **~or** • *n* bediener *m*

opinion /əˈpɪnjən/ • *n* mening *f*, opinie *f*, visie *f*, zienswijze *f*, gedachte *f*; conclusie *f*

opportunity /ˌɒp.əˈtjuː.nɪ.ti, ˌɑpəˈtunəti/ • *n* kans *f*; gelegenheid *f*

oppose /əˈpəʊz, əˈpoʊz/ • *v* tegenhouden

opposit|e /ˈɒpəzɪt, ˈɑp(ə)sɪt/ • *adj* tegenoverliggend, tegenovergesteld; tegenovergestelde • *adv* tegenover • *n* tegenovergestelde *n*; tegenstander *m* • *prep* tegenover **~ion** • *n* oppositie *f*

optimistic /ˌɒptɪˈmɪstɪk, ˌɑptɪˈmɪstɪk/ • *adj* optimistisch

option /ˈɒpʃən, ˈɑpʃən/ • *n* optie *f* **~al** • *adj* optioneel

or /ɔː(r), ɔːr/ • *adj* goud • *conj* of • *n* goud, or

oral /ˈɔːreɪl, ˈɔːrəl/ • *adj* mondeling, oraal

orange /ˈɒrɪn(d)ʒ, ˈɑːrɪndʒ/ • *adj* oranje, brandgeel, geelrood • *n* sinaasappelboom *m*, appelsienenboom *m*; sinaasappel *m*, appelsien *f*; oranje *n*

orbit • *n* baan *f* • *v* omcirkelen, omlopen

orchestra • *n* orkest *n*; orkestra; orkestbak

order /ˈɔːdə, ˈɔːrdər/ • *n* volgorde *f*, orde *f*; order *m*, bevel *n*; bestelling *f* • *v* ordenen; bevelen, verordonneren; bestellen **~ly** • *adj* ordelijk **out of ~** • *phr* buiten bedrijf, buiten werking; ongepast; niet op volgorde

ordinar|y /ˈɔːdɪnəri, ˈɔːrdɪnɛri/ • *adj* gewoon **~ily** • *adv* gewoon

oregano /ˌɒrɪˈɡɑːnəʊ, ɔːˈreɡənoʊ/ • *n* oregano

organ /ˈɔː.ɡən, ˈɔː.ɡən/ • *n* orgaan *n*; orgel *n*

organic /ɔːˈɡænɪk, ɔːrˈɡænɪk/ • *adj* orgaan-; organisch, organische; biologisch

organism /ˈɔː.ɡən.ɪ.zəm, ˈɔː.ɡən.ɪ.zəm/ • *n* organisme *n*

organization /ˌɔː(r)ɡə.naɪˈzeɪʃən, ˌɔːrɡənɪˈzeɪʃən/ • *n* ordening; organisatie *f*

organize /ˈɔːrɡənaɪz, ˈɔːɡənaɪz/ • *v* organiseren **~r** • *n* organisator *m*

orientation /ˌɔːriɛnˈteɪʃən/ • *n* oriëntatie; plaatsbepaling, richting; kerkbouwrichting; gerichtheid; oriënteringsvermogen; voorlichting; oriëntering
origin /ˈɒrɪdʒɪn, ˈɔːrɪdʒɪn/ • *n* oorsprong *m*, herkomst *f*; afkomst *f* **~al** • *adj* oorspronkelijk; origineel; vernieuwend; afkomstig • *n* origineel *n*; unicum *n* **~ally** • *adv* indertijd, in het begin, origineel; op een nieuwe manier **~ate** • *v* voortkomen
Oslo • *n* Oslo
ostentatious /ˌɒs.tɛnˈteɪ.ʃəs/ • *adj* protserig
ostrich /ˈɒs.tɪtʃ, ˈɔːs.tɪtʃ/ • *n* struisvogel *m*
other /ˈʌðə(r), ʊðə/ • *adj* ander • *det* andere, anderen **~wise** • *adv* anders, anderszins; afgezien van, behalve
otter /ˈɒt.ə, ˈɑːtɚ/ • *n* otter *m*
ought /ɔːt, ɒt/ • *v* moeten, behoren
ounce /aʊns/ • *n* ons *n*
our /ˈaʊə(r), ˈaʊɚ/ • *det* ons, onze **~s** • *pron* het onze, de onze, die van ons
out /aʊt, æːt/ • *adj* uit; out • *adv* buiten; uit, weg; uit: weg • *n* buiten • *prep* uit **~break** • *n* uitbarsting, uitbraak *n*; explosie; uitbreken *n*; dagzoom *n* **~come** • *n* resultaat *n*, uitkomst *f* **~fit** • *n* outfit *m*; set *m*; eenheid *f*; team *n* **~law** • *n* vogelvrije **~let** • *n* uitlaat *m* **~line** • *n* omtrek **~put** • *n* productie *f*; uitvoer, output *m* • *v* produceren, opleveren; uitvoer geven, uitvoeren **~rage** • *n* wandaad *f*; belediging *f*; woede, razernij **~rageous** • *adj* ongehoord, schandelijk, schokkend **~side** • *adv* buiten • *n* buitenkant *m*; buitenaf • *prep* buiten **~standing** • *adj* bijzonder, prominent; vooraanstaand; overhellend; onopgelost; uitstaand **~ of the blue** • *phr* uit het niets, zomaar **~ of the question** • *adj* nicht im Frage
oven /ˈʌ.vn̩/ • *n* oven *m*
over /ˈaʊ.və(r), ˈoʊ.vɚ/ • *adj* voorbij • *adv* om, omver; overnieuw, opnieuw, over • *prep* op, boven **~all** • *adj* globaal **~board** • *adv* overboord **~come** • *v* overwinnen **~look** • *n* uitkijkpunt *n* • *v* over het hoofd zien; door de vingers zien **~night** • *adv* 's nachts; van de ene dag op de andere; van vandaag op morgen • *v* overnachten **~seas** • *adj* overzees • *adv* in het buitenland **~see** • *v* overzien, overschouwen; toezien op, toezicht houden op, een oog houden op; bekijken **~sight** • *n* toezicht *n* **~turn** • *v* kapseizen, omslaan; omverwerpen; intrekken **~whelm** • *v* overweldigen, overmannen **~whelming** • *adj* overweldigend

owe /əʊ, oʊ/ • *v* schuldig zijn
owl /aʊl/ • *n* uil *m*
own /'əʊn, 'oʊn/ • *adj* eigen • *v* bezitten, hebben **~er** • *n* eigenaar *m*, eigenares *n*, bezitter *m*, bezitster *f*
ox /'ɑks, 'ɒks/ • *n* os *m*
oxygen /'ɒksɪdʒən/ • *n* zuurstof *f*
oyster /'ɔɪ.stə(ɪ), 'ɔɪ.stɚ/ • *n* oester *n*
ozone • *n* ozon **~ hole** • *n* gat in de ozonlaag *n*, ozongat *n* **~ layer** • *n* ozonlaag *m*

P

pack /pæk/ • *n* meute *f* **~age** • *n* pak *n*; verpakken, inpakken **~et** • *n* pakket *n*, pak *n*
page /peɪdʒ, pɑːʒ/ • *n* pagina, bladzijde; blad *n*; page; loopjongen *m*; mot • *v* oproepen, oppiepen; dienen; nummeren, pagineren; bladeren in, doorbladeren
paid *(sp/pp)* ▷ PAY
pain /peɪn/ • *n* pijn *f* • *v* kwetsen **~ful** • *adj* pijnlijk, smartelijk; moeizaam **~less** • *adj* pijnloos **~killer** • *n* pijnstiller *m*
paint /peɪnt/ • *n* verf *f*, tjet *m* • *v* verven, schilderen **~er** • *n* schilder *m*, kunstschilder *m*; huisschilder *m* **~ing** • *n* schilderij *f*, schilderwerk *n*; schilderen *n*, geschilder *n*; schilderkunst **~brush** • *n* penseel *n*
pair /pɛə(ɪ)/ • *n* paar *n*, koppel *n*, duo *n*, tweetal *n*; stel *n*; tweespan *n*; brilstand *n* • *v* paren, koppelen
Pakistan • *n* Pakistan
palace /'pæləs, 'pælɪs/ • *n* paleis *n*
Palau • *n* Palau
pale /peɪl/ • *adj* bleek • *n* staak *m*, paal; palissade *f*; grens *m*, limiet *f*
Palestin|e • *n* Palestina **~ian** • *adj* Palestijns • *n* Palestijns *m*, Palestijnse
palm /pɑːm, pɑm/ • *n* palm *m*, handpalm *m*
pan /pæn/ • *n* pan *f*
Panama • *n* Panama *n* **~nian** • *adj* Panamees • *n* Panamees *m*
pancake /'pæn.keɪk/ • *n* pannenkoek *m*
panda /'pɑndə, 'pændə/ • *n* panda *m*, pandabeer *m*
panel /'pænəl/ • *n* forum
panic /'pænɪk/ • *n* paniek *f* • *v* in paniek raken **~ attack** • *n* paniekaanval *m*
pant /pænt/ • *n* gehijg
panther /'pænθɚ, 'pænθə/ • *n* panter
pant|s /pænts/ • *adj* brol • *n* broek *f*; onderbroek • *v* broekaf doen, de broek aftrekken **~ies** • *n* slipje
paper /'peɪpə, 'peɪpɚ/ • *adj* papieren • *n* papier *n*; document *n*, werk *n*,

eindwerk *n*; artikel *n* • *v* behangen
paprika /ˈpæpɹɪkə, pəˈpriːkə/ • *n* paprika *f*
parable /ˈpaɹəbəl, ˈpæɹ.ə.bəl/ • *n* parabel *n*
parachute /ˈpærəʃuːt/ • *n* parachute *m*, valscherm *n*
parade /pəˈreɪd/ • *n* parade *f*, optocht *m*, defilé *n*
paragliding /ˈpærəɡlaɪdɪŋ/ • *n* parapente
paragraph /ˈpɛɹəɡræf, ˈpærəɡrɑːf/ • *n* alinea *f*
Paraguay • *n* Paraguay
parakeet /ˈpaɹəkiːt/ • *n* parkiet
parallel /ˈpæɹəˌlɛl, ˈpɛɹəˌlɛl/ • *adj* evenwijdig, parallel; evenwijdig met/aan, parallel met • *n* evenwijdige *f*; breedtegraad *m*
parent /ˈpɛəɹənt/ • *n* ouder *m*; bron **~al** • *adj* ouderlijk
parenthesis /pəˈɹɛnθəsɪs/ • *n* (*pl* parentheses) parenthese; haakje *n*; haakjes
Paris • *n* Parijs
parish /ˈpæɹɪʃ/ • *n* parochie; parochianen
park /pɑːk/ • *n* park *n* • *v* parkeren **~ing** • *n* parkeergelegenheid *f*
parliament /ˈpɑːləmənt, ˈpɑːɹləmənt/ • *n* parlement *n* **~ary** • *adj* parlementair
parody /ˈpæɹədi/ • *n* parodie *f* • *v* parodiëren
parrot /ˈpæɹət/ • *n* papegaai *m*; naprater *m*, na-aper *m* • *v* nazeggen, napraten, papegaaien

parsley /ˈpɑː(ɹ)sli/ • *n* peterselie
part /pɑːt, pɑɹt/ • *n* deel *n* **~-time** • *adj* deeltijds, parttime **~ial** • *adj* partieel, gedeeltelijk; partijdig **~ially** • *adv* gedeeltelijk, deels **~ridge** • *n* patrijs *f* **~ly** • *adv* deels, gedeeltelijk
participa|te /pɑːˈtɪsɪpeɪt/ • *v* meedoen, deelnemen, participeren **~nt** • *n* deelnemer *m*, participant *m* **~tion** • *n* deelname *f*, deelneming *f*, meedoen *n*, participatie *f*
particle /ˈpɑːtɪk(ə)l, ˈpɑɹtɪkəl/ • *n* deeltje *n*, partikel *n*
partner /ˈpɑːtnə(ɹ), ˈpɑɹtnɚ/ • *n* partner *m*; medespeler *m* **~ship** • *n* maatschap, partnerschap; vennootschap
party /ˈpɑːti, ˈpɑɹ.ti/ • *n* partij *f*; feest *n*, party *m*, viering *f* • *v* feesten, vieren
pass /pɑːs, pæs/ • *n* passage *f* • *v* doodgaan; gebeuren; voorbijgaan; overgaan; doorgaan; Slagen; slagen **~ away** • *v* overlijden, ontslapen, heengaan
passage /ˈpæsɪdʒ/ • *n* passage *f*
passenger /ˈpæsəndʒɚ, ˈpæsəndʒə/ • *n* passagier *f*
passing /ˈpɑːsɪŋ/ • *adj* uitstekend, eminent; oppervlakkig, vaag; voorbijgaand; verstrijkend • *adv* extreem, enorm • *n* heengaan *n*, overlijden *n*, dood *m*; voorbijgaan *n*; goedkeuring *f*; pass *m*,

passen n in ~ • *phr* in het voorbijgaan, en passant, terloops

passion /ˈpæʃən/ • n passie f, hartstocht m

passive /ˈpæs.ɪv/ • *adj* passief; lijdend, lijdelijk • n passief

passport /ˈpɑːspɔːt, ˈpæspɔrt/ • n paspoort n

password /ˈpæswɜːd, ˈpɑːswɜː(ɹ)d/ • n wachtwoord n

past /pɑːst, pæst/ • *adj* voorbij, voorbije, afgelopen; verleden • *adv* voorbij • n verleden n, voorbije n, vervlogene n; verleden tijd m • *prep* voorbij, verder

pasta /ˈpæstə, ˈpɑstə/ • n deegwaren

paste /peɪst/ • n pasta n; deeg n; pastei f; stijfsel n; stras n • v plakken

pastime /ˈpæs.taɪm/ • n hobby m, tijdverdrijf n, ontspanning f

pastor /ˈpɑːstə, ˈpæstɚ/ • n pastoor

pasty /ˈpeɪsti/ • *adj* pasteus

patch /pætʃ/ • n lap m

patent /ˈpeɪtənt, ˈpætənt/ • n patent n, octrooi n

paternal /pəˈtɜː(ɹ)nəl/ • *adj* vaderlijk; van vaderskant

path /pɑːθ, pæθ/ • n pad n; weg m

patien|t /ˈpeɪʃ(ə)nt, ˈpeɪʃənt/ • *adj* geduldig • n patiënt m, patiënte f ~ce • n geduld n

patrol /pəˈtɹəʊl, pəˈtɹoʊl/ • n patrouille

patron /ˈpeɪ.tɹən/ • n mecenas m

pattern /ˈpat(ə)n, ˈpætəɹn/ • n sjabloon f; patroon n

pause /pɔːz, pɔz/ • n pauze • v pauzeren

pay /peɪ/ • v (*sp* paid, *pp* paid) betalen; lonen, opbrengen ~ **sb back** • v terugbetalen **~ment** • n betaling f; uitbetaling f **~roll** • n loonlijst

PC (*abbr*) ▷ COMPUTER

pea /piː/ • n erwt f **chick~** • n kikkererwt; keker, kekererwt, Spaanse erwt, kreukererwt

peace /piːs/ • n rust f, vrede f; vrede met zichzelf f; peis f **~ful** • *adj* vredevol, vredig, vreedzaam

peach /piːtʃ/ • n perzikboom m; perzik m

peacock /ˈpiːkɑk, ˈpiːkɒk/ • n pauw m

peak /piːk/ • n piek

peanut /ˈpiːˌnʌt, ˈpinət/ • n aardnoot f, pinda m, apennoot f, arachidenoot f, grondnoot f, olienoot f

pear /pɛə, pɛɚ/ • n peer f; perenboom m

peasant /ˈpɛzənt/ • n boer m, landarbeider m, landbouwer m, landman m; plattelander m; boerenpummel m

peculiar /pɪˈkjuljɚ, pɪˈkjuːljə/ • *adj* ongewoon, ongebruikelijk, merkwaardig; karakteristiek

pedestrian /pəˈdɛst.ɹi.ən/ • *adj* voetgangers-; gewoon, alledaags, gewoontjes • n voetganger m, voetgangster f ~ **crossing** • n zebrapad n

peel /piːl/ ● *n* schil *f*; zwaalde *f*, ovenpaal *m* ● *v* schillen

peep /piːp, pip/ ● *n* gepiep; piep ● *v* piepen

peer /pɪə, pɪɹ/ ● *n* gelijke *f*; edelman *m*, edele *m* ● *v* turen

peevish /ˈpiːvɪʃ, ˈpivɪʃ/ ● *adj* zeurderig

pelican /ˈpɛl.ɪ.kən/ ● *n* pelikaan

pen /pɛn, pɪn/ ● *n* ren *m*, kraal; cel *f*; pen *f* ● *v* (*sp* pent, *pp* pent) schrijven

penalty ● *n* straf *f*

pencil /ˈpɛnsəl, ˈpɛnsɪl/ ● *n* potlood *n* ~ **case** ● *n* etui *n*, pennenzak *m* ~ **sharpener** ● *n* slijper, puntenslijper, potloodslijper

pending /ˈpɛndɪŋ/ ● *adj* in afwachting

pendulum /ˈpɛndʒələm, ˈpɪndʒələm/ ● *n* slinger

penetrate /ˈpɛnɪtreɪt, ˈpɛnɪˌtreɪt/ ● *v* indringen; penetreren

penguin /ˈpɛŋgwɪn, ˈpɪŋgwɪn/ ● *n* pinguïn *m*, vetgans *f*

penis /ˈpiːnɪs, ˈpinɪs/ ● *n* penis, lid *n*, mannelijk lid *n*, lul *n*

penned (*sp/pp*) ▷ PEN

penny /ˈpɛ.ni, ˈpəni/ ● *n* penny *m*

pension /ˈpɛnʃ(ə)n/ ● *n* pensioen *n*, pension *n*; lijfrente ● *v* pensioneren, een pensioen verlenen; met pensioen sturen ~**er** ● *n* gepensioneerde *f*

pent (*sp/pp*) ▷ PEN

people /ˈpiːpəl, ˈpipəl/ ● *n* mensen, lui, volk *n*, personen; familie *f*, verwanten; massa *f* ● *v* bevolken; bevolkt worden; bewonen

pepper /ˈpɛpə, ˈpɛpɚ/ ● *n* peper *m*; chilipeper

per /pɜː(ɹ), pɚ/ ● *prep* per

perce|ive /pəˈsiːv, pɚˈsiv/ ● *v* waarnemen ~**ptive** ● *adj* opmerkzaam ~**ption** ● *n* perceptie *f*, gewaarwording *f*, waarneming *f*; zicht *n*

percent /pəˈsɛnt, pɚˈsɛnt/ ● *n* procent *n*

perch /pɜːtʃ, pɝtʃ/ ● *n* baars *m*; stok *m*

perfect /ˈpɜːːfɪkt, ˈpɝfɪkt/ ● *adj* volmaakt, perfect, volkomen; perfecte; voltooid, voltooide ● *v* perfectioneren ~**ion** ● *n* perfectie *f* ~**ly** ● *adv* perfect

perform /pəˈfɔːm, pɚˈfɔɹm/ ● *v* verrichten, uitvoeren, houden; opvoeren ~**ance** ● *n* opvoering *f* ~**er** ● *n* uitvoerder *m*, uitvoerster *f*

perhaps /pəˈhæps, pɚˈhæps/ ● *adv* misschien, wellicht

period /ˈpɪərɪəd/ ● *interj* punt uit ● *n* periode *f*; punt *f* ~**ic table** ● *n* periodiek systeem *n* ~**ically** ● *adv* periodiek

permanent /ˈpɜːmənənt, ˈpɝmənənt/ ● *adj* bestendig, voorgoed, eeuwig, permanent

permi|t /pəˈmɪt, pɚˈmɪt/ ● *n* vergunning *f* ● *v* toelaten, toestaan ~**ssion** ● *n* toestemming *f*, toelating *f*

persever|e ● *v* handhaven ~**ance** ● *n* volharding *f*, vasthoudendheid *f*

Persian ● *adj* Perzisch ● *n* Perzisch *n*; Pers *m*, Perzische *f*; pers *m*

persist /pəˈsɪst/ ● *v* volharden **~ent** ● *adj* volhardend; hardnekkig **~ence** ● *n* doorzettingsvermogen *n*

person /ˈpɜːsən, ˈpɜːsən/ ● *n* (*pl* people) persoon *f* **~al** ● *adj* persoonlijk **~ally** ● *adv* eigenhandig **~ality** ● *n* persoonlijkheid *f* **in ~** ● *phr* persoonlijk, in het vlees, in persoon

personnel /pɜːsəˈnɛl, pɜːˌsəˈnɛl/ ● *n* personeel, medewerkers

perspective /pəˈspɛktɪv/ ● *adj* perspectivisch ● *n* perspectief *n*; dieptezicht; doorzichtkunde

persua|de /pəˈsweɪd, pəˈsweɪd/ ● *v* overtuigen, overhalen, overreden, persuaderen **~sion** ● *n* overtuiging *f*

Peru ● *n* Peru **~vian** ● *adj* Peruaans, Peruaanse ● *n* Peruaan *m*, Peruaanse *f*

pet /pɛt/ ● *n* huisdier *n*, troeteldier *n* ● *v* aaien; strelen

petition /pəˈtɪʃən/ ● *n* verzoekschrift *n*, petitie *f*, smeekschrift *n*

petulant /ˈpɛtʃələnt/ ● *adj* luimig, prikkelbaar, zenuwachtig

pharmac|y /ˈfɑːməsi, ˈfɑːməsi/ ● *n* apotheek *f* **~eutical** ● *adj* farmaceutisch **~ist** ● *n* apotheker *m*

phase /feɪz/ ● *n* fase *f*

pheasant /ˈfɛzənt/ ● *n* fazant *m*

phenomenon /frˈnɒmənɒn, frˈnɑmənən/ ● *n* (*pl* phenomena) fenomeen *n*, verschijnsel *n*

Philippines ● *n* Filipijnen

philosoph|y /frˈlɒsəfi, frˈlɑsəfi/ ● *n* wijsbegeerte *f*, filosofie *f* **~er** ● *n* filosoof *m*, filosofe *f*, wijsgeer *m* **~ical** ● *adj* wijsgerig, filosofisch

phone /foʊn, foʊn/ ● *v* telefoneren, opbellen

phonetic /fəˈnɛtɪk/ ● *adj* fonetisch **~s** ● *n* fonetiek *f*, klankleer *f*

phony /ˈfoʊni/ ● *adj* onecht, nagemaakt

photo ▷ PHOTOGRAPH

photograph /ˈfəʊtəˌɡrɑːf, ˈfoʊtəˌɡræf/ ● *n* foto *f* ● *v* fotograferen, een foto nemen **~er** ● *n* fotograaf *m* **~y** ● *n* fotografie *f*

phrase /freɪz/ ● *n* uitspraak *f*; frase *f*

physical /ˈfɪzɪkəl/ ● *adj* lichamelijk, fysiek; fysisch, fysische; ruw, ruwe ● *n* lichamelijk onderzoek, medisch onderzoek **~ly** ● *adv* lichamelijk **~ education** ● *n* lichamelijke opvoeding *f*, gymles *f*

physician /frˈzɪʃən/ ● *n* dokter *m*, arts *f*, geneesheer *m*

physic|s /ˈfɪzɪks/ ● *n* natuurkunde *f*, fysica *f* **~ist** ● *n* natuurkundige *m*, fysicus *m*

pian|o /piˈænoʊ, piˈænəʊ/ ● *n* piano *m* **~ist** ● *n* pianist *m*

pick /pɪk/ • *v* nemen, krabben; plukken; kiezen

picture /ˈpɪktʃə, ˈpɪk(t)ʃɚ/ • *n* afbeelding *f*, prent *f*, portret *n*, illustratie *f*, plaatje, figuur; foto *m*; film *m*, cinema *m*, bios *m* • *v* zich verbeelden

pie /paɪ/ • *n* taart *f*, pastei *f*

piece /piːs/ • *n* stuk *n*, deel *n*, onderdeel *n*

pig /pɪg/ • *n* zwijn *n*, varken *n*; slokop *f*; smeerlap *m*; flik *m*, smeris *n*, wout, juut, kit, kankerlijer *m*, tiefushoer *f*, hoer *f*

pigeon /ˈpɪdʒɪn, ˈpɪdʒən/ • *n* duif *m*, doffer *m*, mannetjesduif *m*, duivin *f*, vrouwtjesduif *f*, duifje *n*

pike /paɪk/ • *n* piek *f*; snoek *m*

pile /paɪl/ • *n* stapel *m*; punt *n* ~ **up** • *v* stapelen

pill /pɪl/ • *n* pil *f*

pillow /ˈpɪləʊ/ • *n* hoofdkussen *n*, oorkussen *n*, kussen *n*

pilot /ˈpaɪlət/ • *n* piloot *m*, vliegenier; loods *m*; pilot

pin /pɪn/ • *n* pin *f*, speld *f*; speldje *n* • *v* vastpinnen

pinch /pɪntʃ/ • *v* knijpen

pine /paɪn/ • *n* pijnboom, den

pineapple /ˈpaɪnæpəl/ • *n* ananas *m*

pink /pɪŋk/ • *adj* roze, rooskleurig, rooskleurige • *n* anjer; roze

pioneer /ˌpaɪəˈnɪər/ • *n* pionier *m*; pioneer *m*

pipe /paɪp/ • *n* fluit; orgelpijp, pijp; buis *f*

pipeline /ˈpaɪpˌlaɪm/ • *n* pijpleiding *f*

piranha /pɪˈrɑːnjə, pɪˈrɑnjə/ • *n* piranha

pira|te /ˈpaɪ(ə)ɹɪt/ • *adj* gepirateerd • *n* piraat *m*, zeerover *m*, kaper *m*, vrijbuiter *m*, boekanier *m* • *v* pirateren, zeeroven **~cy** • *n* zeeroverij *f*, piraterij *f*, kaping *f*; zendpiraterij *f*, etherpiraterij *f*

pistol /ˈpɪstəl/ • *n* pistool *n*; opdondertje *n*

pit /pɪt/ • *n* kuil *m*, put *m*; pit *m*

pitch /pɪtʃ/ • *n* hars; pek *f*; worp *m*; verkooppraatje *n*; toonhoogte *f* • *v* gooien, werpen; intoneren **~er** • *n* werper *m*

pit|y /ˈpɪti/ • *n* medelijden *n*, deernis *f*; jammer, spijtig • *v* beklagen **~iful** • *adv* zielig

pizza /ˈpiːt.sə, ˈpɪtsə/ • *n* pizza *f*

place /pleɪs/ • *n* plaats *f*; plein *n*; huis *n*, thuis *n*, tehuis *n*; positie *f* • *v* plaatsen **~holder** • *n* plaatshouder *m*, invullen, vulsel *n*, vulling *f*

plagiarism /ˈpleɪdʒəˌrɪzm/ • *n* plagiaat *n*

plague /pleɪg/ • *n* pest *f*; plaag; ellende, kwelling • *v* kwellen, pesten; teisteren

plain /pleɪn/ • *adj* eenvoudig; kaal • *n* vlakte

plaintiff • *n* eiser, aanklager

plan /plæn/ • *n* schema *n*, ontwerp *n*; plan *n* • *v* ontwerpen; plannen; van plan zijn

plane /pleɪn/ • *adj* vlak • *n* vlak *n*; schaaf; vliegtuig *n*; plataan *m* • *v* glijden; schaven

planet /ˈplænɪt, ˈplænət/ • *n* planeet *f* **~arium** • *n* planetarium *n*

plant /plɑːnt, plænt/ • *n* plant *m*, gewas *n* • *v* planten, poten

plastic /ˈplɑːstɪk, ˈplæstɪk/ • *adj* plastisch; plastic • *n* plastiek *n*, kunststof *f*

plate /pleɪt/ • *n* bord *n*, dienblad *f*; plaat *f*; kentekenplaat

platform /ˈplætfɔːm, ˈplætfɔːrm/ • *n* podium *n*, platform *n*, verhoog *n*; platformschoen *n*; kiesprogramma *n*, programma *n*; perron *n*

platypus /ˈplætɪpəs, ˈplætɪˌpʊs/ • *n* vogelbekdier *n*

play /pleɪ/ • *n* spel; spelbeweging *f*; schouwspel *n*; optreden *n*, toneelstuk *n*, stuk *n* • *v* spelen, meespelen; afspelen; bespelen; optreden **~er** • *n* speler *m*; vertolker *m*; bespeler *m*; gokker *n*; player; speelvogel *m*

plea /pliː/ • *n* pleidooi *n*, smeekbede *f*; zaak *f*, rechtszaak *f*

plead /pliːd, ˈpliːdəd/ • *v* (*sp* pled, *pp* pled) pleiten, bepleiten

pleaded (*sp/pp*) ▷ PLEAD

pleas|e /pliːz, pliz/ • *adv* alstublieft, gelieve, alsjeblieft, a.u.b., a.j.b. • *v* bevallen, behagen **~ant** • *adj* aangenaam, behaaglijk, plezierig, fijn **~ure** • *n* plezier *n*, genoegen *n*, welbehagen

n; wellust *m*

pled (*sp/pp*) ▷ PLEAD

pledge /plɛdʒ/ • *n* schacht • *v* plechtig beloven; verpanden

plenty /ˈplɛnti/ • *n* overvloed *m*

plot /plɒt, plɑt/ • *n* plot /, intrige, verhaal; perceel *n*; plot, diagram *n*, grafiek *m*; complot *m*, samenzwering *f* • *v* bedenken, beramen; plotten

pluck /plʌk/ • *n* pluk, gepluk *n*, plukken *n*; ingewanden, slachtafval *n*; moed, doorzettingsvermogen *n* • *v* plukken, grabbelen, grijpen, rukken; pluimen; kaalplukken

plug /plʌɡ/ • *n* stekker *m*; stop *m*, prop *m*; plug *m*

plum /plʌm/ • *adj* donkerrood, donkerrode • *n* pruim; pruimenboom *m*; donkerrood *n*

plumb /plʌm/ • *adj* loodrecht, in het lood **~er** • *n* loodgieter *m*

plus /plʌs/ • *adj* positief; plus; meerwaarde *f* • *prep* plus, en

poach /poʊtʃ/ • *v* pocheren; stropen

pocket /ˈpɒkɪt, ˈpɑkɪt/ • *n* zak *m* **~ money** • *n* zakgeld *n*

poem /ˈpəʊɪm, ˈpoʊəm/ • *n* gedicht *n*, vers *n*

poet /ˈpəʊɪt, ˈpoʊət/ • *n* dichter *m* **~ic** • *adj* poëtisch; dichterlijk **~ry** • *n* poëzie, dichtkunst; dichtwerk *n*

point /pɔɪnt/ • *n* punt *n*, onderdeel *n*; tijdstip *n*, tijdpunt *n*; standpunt *n*; doel *n*, doelstelling *f*, objectief *n*,

target *n*; tel *m*; plek *f*, plaats *f*, oord *n*, locatie *f*; doelpunt *n*; komma *n*; eenheid *f*; schiereiland *n* • *v* wijzen ~ **sb/sth out** • *v* aanwijzen, aanduiden, tonen; uiteenzetten, aangeven, erop wijzen **~less** • *adj* zinloos

poison /ˈpɔɪz(ə)n/ • *n* gif *n*, vergif, vergift *n* • *v* vergiftigen **~ing** • *n* vergiftiging **~ous** • *adj* giftig

poke /pəʊk, poʊk/ • *v* porren; poken, opporren **~y** • *adj* eng; sloom; vurig • *n* nor *f*, amigo *m* **~r** • *n* pook *m*; poker *m*, pookster *f*

Pol|and • *n* Polen *n* **~ish** • *adj* Pools • *n* Pools *n*

pole /pəʊl, poʊl/ • *n* boom, paal; pool

police /p(ə)ˈliːs, ˈpliːs/ • *n* politie *f* **~man** • *n* politieagent *m*, politieagente *f* **~ station** • *n* politiebureau *n*

policy /ˈpɒləsi, ˈpɑləsi/ • *n* beleid *n*, politiek *f*; tactiek *n*, voorzichtigheid; polis, verzekeringscontract *n*

polish /ˈpɒlɪʃ, ˈpɑlɪʃ/ • *n* poets, poetsmiddel; glans *m* • *v* polijsten, poetsen, oppoetsen

polite /pəˈlaɪt/ • *adj* beleefd **~ness** • *n* beleefdheid *f*

politic|s /ˈpɒl.ɪ.tɪks, ˈpɒl.ɪ.tɪks/ • *v* politiek *f* **~al** • *adj* politiek; partijpolitiek **~ally** • *adv* staatkundig **~ally correct** • *adj* politiek correct, policor **~ian** • *n* politicus *m*, politica *f*

poll /pɒl, pəʊl/ • *v* peilen

pollution /pəˈl(j)uːʃn/ • *n* bezoedeling *f*, milieuverontreiniging *f*, pollutie *f*, smet *m*; vervuiling *f*, milieuvervuiling *f*

pond /pɒnd, pɑnd/ • *n* vijver *m*

pony /ˈpəʊni, ˈpoʊni/ • *n* pony *m*

pool /puːl, puːl/ • *n* bekken *n*, poel *m*, plas *m* • *(also)* ▷ SWIMMING POOL

poor /pɔː, pʊə(r)/ • *adj* arm, armoedig, berooid; arme, beklagenswaardig • *n* armen

pop /pɒp, pɑp/ • *n* plop; pap • *v* dichtgaan

poppy /ˈpɒpi, ˈpɑpi/ • *n* klaproos *f*

popular /ˈpɒpjʊlə, ˈpɑpjələr/ • *adj* volk, volks; populair, geliefd, gewild, in trek

populat|e /ˈpɒp.jʊ.leɪt, ˈpɑp.jə.leɪt/ • *v* bevolken **~ion** • *n* bevolking *f*; populatie; inwonertal *n*

porcelain /ˈpɔː.sə.lɪn, ˈpɔː.sə.lɪn/ • *n* porselein *n*

porch /pɔːtʃ, pɔːrtʃ/ • *n* veranda *f*, portiek *f*

porcupine /ˈpɔː(r)kjʊˌpaɪn/ • *n* stekelvarken *n*

pork /pɔːk, pɔːrk/ • *n* varkensvlees *n*

port /pɔːt, pɔːrt/ • *adj* bakboord- • *n* haven *f*; bakboord *n*; poort; porto, port *m* • *v* overdragen, porten

porter /ˈpɔːtə, ˈpɔːrtə/ • *n* kruier *m*; portier *m*

portion /ˈpɔːʃən, ˈpɔːrʃən/ • *n* deel *n*, portie *f*

portrait /ˈpɔːtrɪt, ˈpɔːtɪət/ • n portret n; staand

Portug|al • n Portugal n **~uese** • adj Portugees, Portugese • n Portugees m, Portugese f

pose /poʊz, pəʊz/ • v poseren

position /pəˈzɪʃ(ə)n/ • n positie f; stellingname

positive /ˈpɒzɪtɪv, ˈpɑzɪtɪv/ • adj positief; HIV positief • n stellende trap m

possess /pəˈzɛs/ • v bezitten; bezit nemen van **~ive** • adj bezittelijk; bezitterig **~ion** • n bezitting f; bezit n, bezittingen; bezetenheid f

possib|le /ˈpɒsɪbl̩, ˈpɑsəbl̩/ • adj mogelijk; doenbaar, doenlijk, haalbaar, te doen, overwogen; denkbaar • n mogelijke n, mogelijkheid f; mogelijke kandidaat **~ility** • n mogelijkheid f **~ly** • adv mogelijk

post /poʊst, pəʊst/ • n paal; pool; doelpaal; post • v posten, op de post doen, versturen, verzenden **~war** • adj naoorlogs **~code** • n postcode **~ office** • n postkantoor n, posterij f

poster /ˈpoʊstər/ • n poster m, affiche n

postman (British) ▷ MAILMAN

postpone /poʊstˈpoʊn/ • v uitstellen, verschuiven, achterstellen

pot /pɒt, pɑt/ • n pot m; wiet • v oppotten; inmaken; potten **~tery** • n aardewerk n, vaatwerk n, keramiek f; potterij f, pottenbakkerij f

potato /pəˈteɪtəʊ, pəˈteɪtoʊ/ • n (pl potatoes) aardappel f, pieper m, patat f

potential /pəˈtɛnʃəl/ • adj potentieel **~ly** • adv potentieel

pound /paʊnd/ • n pond n • v beuken

pour /pɔː, pɔɪ/ • n geut, straal, stroom; stortvloed, stortbui f • v gieten, uitstorten, schenken, pouren; uitbraken; stromen, gutsen

poverty /ˈpɒvəti, ˈpɑːvərti/ • n armoede f

powder /ˈpaʊ.də(r)/ • n poeder m • v fijnmalen, malen; bepoederen

power /ˈpaʊə(r), paə/ • n macht f; grootmacht, mogendheid f; kracht f; voeding m, toevoer m, stroom m, spanning f, elektriciteit f; vermogen; vergroting f; machten • v voeden **~ful** • adj machtig **~less** • adj machteloos

practical /ˈpræktɪkəl/ • adj praktisch

practice /ˈpræktɪs/ • n oefening; uitoefening, praktijk

practise /ˈpræktɪs/ • v oefenen; beoefen

practitioner /præk'tɪʃənə, præk'tɪʃənəɪ/ • n beoefenaar m

praise /preɪz/ • n lof m • v loven, prijzen, eren

prawn /prɔːn/ • n garnaal m, scampi

pray /pɹeɪ/ • *v* bidden; smeken **~er** • *n* gebed *n*; bidden *n*; bede

preach • *v* verkondigen, preken, prediken **~er** • *n* prediker *m*, predikant *m*

precede /pɹəˈsiːd/ • *v* voorafgaan, laten voorbijgaan, passen **~nt** • *n* precedent; jurisprudentie **~nce** • *n* voorrang *m*

precious /ˈpɹɛʃəs/ • *adj* kostbaar, waardevol

precise /pɹɪˈsaɪs/ • *adj* nauwkeurig, precies; precijs **~ly** • *adv* precies

predator /ˈpɹɛ.də.təɹ/ • *n* roofdier *n*

predict /pɹɪˈdɪkt/ • *v* voorspellen **~able** • *adj* voorspelbaar **~ion** • *n* voorspelling *f*

prefer /pɹɪˈfɜ, pɹɪˈfɜː/ • *v* voorkeur geven, verkiezen, prefereren **~ence** • *n* voorkeur

prefix /ˈpɹiːfɪks/ • *n* voorvoegsel *n*, prefix *n* • *v* voorvoegen; op voorhand vastleggen, arrangeren, regelen

pregnan|t /ˈpɹɛɡnənt/ • *adj* zwanger, drachtig, pregnant; betekenisvol **~cy** • *n* zwangerschap *f*

prejudice /ˈpɹɛdʒədɪs/ • *n* vooroordeel *n* **~d** • *adj* vooringenomen

preliminary /pɹɪˈlɪmɪnɛɹi, pɹɪˈlɪmɪnəɹi/ • *adj* voorbereidend

premiere /pɹəˈmɪɚ, ˈpɹɛmjɚ/ • *n* première *f*

premise /ˈpɹɛ.mɪs/ • *n* voorwaarde *f*; perceel

premium /ˈpɹimiəm/ • *n* prijs *m*; korting; premie *f*, bonus *m*

prepar|e /pɹɪˈpɛə, pɹɪˈpɛəɹ/ • *v* voorbereiden, prepareren, klaarmaken **~ation** • *n* voorbereiding *f*; preparaat *n*

preposition /ˌpɹɛpəˈzɪʃən/ • *n* voorzetsel *n*, kastwoord *n*

prerequisite /pɹiːˈɹɛkwɪzɪt, pɹiːˈɹɛkwəzət/ • *n* voorwaarde *f*, vereiste *n*

prescri|be /pɹɪˈskɹaɪb, ˌpɹiːˈskɹaɪb/ • *v* voorschrijven **~ption** • *adj* recept • *n* uitvaardigen; bevrijdende verjaring *f*; verkrijgende verjaring *f*; voorschrift *n*, recept *n*

presen|t /ˈpɹɛzənt, pɹɪˈzɛnt/ • *adj* tegenwoordig, huidig; aanwezig • *n* heden *n*, huidige tijd • *v* voorstellen, presenteren; toewijzen **~tly** • *adv* aldra **~ce** • *n* aanwezigheid *f*, tegenwoordigheid *f* **~tation** • *n* presentatie *f*, or less accurately voorstelling, voordracht

preserv|e /pɹəˈzɜːv, pɹəˈzɜv/ • *v* beschermen; bewaren, in stand houden **~ative** • *n* conserveermiddel *n*

preside • *v* voorzitten **~nt** • *n* president *m* **~cy** • *n* voorzitterschap *n*; praesidium *n*, college van bestuur; presidentschap

press /pɹɛs/ • *n* pers *f* • *v* drukken **~ure** • *n* druk *m*

prestig|e /prɛˈsti(d)ʒ/ • *n* aanzien *n*, prestige *n* **~ious** • *adj* prestigieus

presum|e /prɪˈzjuːm, prɪˈz(j)uːm/ • *v* veronderstellen **~ably** • *adv* vermoedelijk, waarschijnlijk

preten|d /prɪˈtɛnd/ • *v* voorwenden, doen alsof, veinzen, pretenderen **~tious** • *adj* pretentieus, zelfingenomen

pretty /ˈprɪti, ˈprɛti/ • *adj* mooi • *adv* tamelijk, nogal, aardig

preva|il /prɪˈveɪl/ • *v* overwinnen, domineren, zegevieren; overheersen; overtuigen **~lence** • *n* het heersen, het algemeen voorkomen; overwicht *n*

prevent /prɪˈvɛnt, prəˈvɛnt/ • *v* verhinderen **~ion** • *n* preventie *f*

previous /ˈpriːviəs, ˈpriːviəs/ • *adj* vorig; voorbarig **~ly** • *adv* tevoren, vroeger

prey /preɪ/ • *n* prooi

price /praɪs, prʌɪs/ • *n* prijs *m* • *v* schatten, prijzen **~less** • *adj* van onschatbare waarde

prick /prɪk/ • *n* prik *n*; lul, toeter, slurf, pik *m*; pestkop, onnozelaar, oen • *v* prikken

pride /praɪd/ • *n* trots, fierheid, eergevoel *n*; eigendunk, zelfvoldaanheid; hoogmoed, eigenwaan, kapsones *m*; zelfbewustzijn *n*; troep

priest /priːst/ • *n* priester *m*, pastoor *m*

primary /ˈpraɪməri, ˈpraɪˌmɛri/ • *adj* voornaamste

prime /praɪm/ • *adj* eerste, voornaamste; uitstekend, prima, beste; priem; primair • *n* priem; priemgetal *n* • *v* primen

prince /prɪns, prɪnts/ • *n* prins **~ss** • *n* prinses *f*; koningin *f*

principal /ˈprɪnsəpəl, ˈprɪnsɪpəl/ • *adj* voornaamste • *n* hoofdsom; schoolhoofd, rector

principle /ˈprɪnsəpəl/ • *n* principe *n*, beginsel *n* **in ~** • *phr* in beginsel

print /prɪnt/ • *n* afdruk *m* • *v* drukken, afdrukken, printen; in drukletters schrijven **~er** • *n* drukker *m*; printer *m* **~ing house** • *n* drukkerij *f*

prior /praɪə(r)/ • *n* prior *m*

priority /praɪˈɒrɪti, praɪˈɔːrɪti/ • *n* voorrang

prison /ˈprɪzən/ • *n* gevangenis *f*, kerker *m* **~er** • *n* gevangene *f*

priva|te /ˈpraɪvɪt/ • *adj* persoonlijk, privaat; privé, besloten **~cy** • *n* afzondering *f*, privacy *f* **~tization** • *n* privatisering *f*

privilege /ˈprɪv(ɪ)lɪdʒ/ • *n* voorrecht *n*, privilege *n*

prize /praɪz/ • *n* buit *f*; prijs *m*, beloning *f*, premie *f*; hendel *m* • *v* prijzen, schatten; wrikken, openwrikken

probab|ility /prɒbəˈbɪlɪti, prɑbəˈbɪlɪri/ • *n* waarschijnlijkheid *f* **~ly** • *adv* waarschijnlijk

probation /prəʊˈbeɪʃən/ • *n* proefverlof

probe /prəʊb, proʊb/ • *n* sonde *f*

problem /ˈprɒbləm, ˈprɑbləm/ • *n* probleem *n*; oefening *f* **~atic** • *adj* problematisch

procedure /prəˈsiːdʒə, prəˈsidʒɚ/ • *n* procedure *f*

proceed /prəˈsiːd/ • *v* doorgaan, verdergaan; voortkomen, afkomstig zijn van **~ings** • *n* afloop *f*; verslag *n* **~s** • *n* opbrengst *f*

process /ˈprəʊses, ˈprɑˌsɛs/ • *n* proces *n* • *v* uitvoeren, verwerken **~or** • *n* verwerker *m*; processor *m*, centrale verwerkingseenheid, CVE, CPU

proclaim • *v* uitroepen

produc|e /prəˈdjuːs, prəˈdus/ • *n* produkt *n*; waar *f*, waren • *v* produceren, maken; voorleggen, beschikbaar stellen **~er** • *n* producent, vervaardiger; producer *m* **~t** • *n* product *n*; resultaat *n*; reactieproduct *n* **~tion** • *n* productie *f* **~tive** • *adj* productief **~tivity** • *n* vruchtbaar

profession /prəˈfɛʃən/ • *n* beroep *n* **~al** • *adj* beroeps-, professioneel; deskundig • *n* beroeps, professional *m*; deskundige, expert *m*

professor /prəˈfɛsə, prəˈfɛsɚ/ • *n* hoogleraar *m*, professor *f*, prof *f*

proficien|t /prəˈfɪʃ.ənt, proʊˈfɪʃ.ənt/ • *adj* geoefend, competent, bekwaam • *n* expert **~cy** • *n* competentie

profile /ˈprəʊfaɪl, ˈproʊfaɪl/ • *n* profiel

profit /ˈprɒfɪt, ˈprɑfɪt/ • *n* profijt *n*, winst *f* **~able** • *adj* winstgevend

profound /prəˈfaʊnd/ • *adj* diep, diepgaand; wijs

program /ˈprəʊɡræm, ˈproʊˌɡræm/ • *n* programma *n* • *v* programmeren; vastleggen, plannen **~mer** • *n* programmeur **~ming** • *n* programmeren

programme (*British*) ▷ PROGRAM

progress /ˈprəʊɡrɛs, ˈprɑɡrɛs/ • *n* vooruitgang *m*; vordering *f*, voortgang *m* • *v* vorderingen maken **~ive** • *adj* progressief

prohibit /prəˈhɪbɪt, proʊˈhɪbɪt/ • *v* verbieden **~ion** • *n* verbod *n*

project /ˈprɒdʒɛkt, ˈprɑdʒˌɛkt/ • *n* project *n* • *v* projecteren **~or** • *n* projector

prologue /ˈprəʊlɒɡ, ˈproʊlɔɡ/ • *n* proloog

prominent /ˈprɒmɪnənt, ˈprɑmɪnənt/ • *adj* prominent, vooraanstaand

promis|e /ˈprɒmɪs, ˈprɑmɪs/ • *n* belofte *f* • *v* beloven **~ing** • *adj* hoopgevend, veelbelovend

promot|e /prəˈmoʊt, prəˈməʊt/ • *v* promotie maken, promoveren, bevorderen; bekend maken **~ion** • *n* promotie *f*, bevordering *f*

prompt /prɒmpt, prɑmpt/ • *v* aansporen, aanmoedigen, aanzetten; souffleren; veroorzaken

pronoun /ˈprəʊnaʊn, ˈproʊ.naʊn/ • *n* voornaamwoord *n*

pron|ounce /prəˈnaʊns/ • *v* uitspreken, verklaren, verkondigen; zich uitspreken; vonnissen **~unciation** • *n* uitspraak *f*

proof /pruːf, pruf/ • *n* bewijs *n*

propaganda /ˌprɒpəˈɡændə/ • *n* propaganda *f*

proper /ˈprɒp.ə, ˈprɑː.pə/ • *adj* volslagen, compleet; keurig, goed, net, deugdelijk; echt, eigenlijk, zelf; eigen; grondig; degelijk; juist, gepast, geschikt

property /ˈprɒp.ət.i, ˈprɑːp.ɚt.i/ • *n* eigendom *n*, bezitting, goed *n*, bezit *n*; eigendomsrecht *n*; eigenschap; kenmerk *n*, karakteristiek; rekwisiet *n*

proportional • *adj* evenredig

propos|e /prəˈpəʊz, prəˈpoʊz/ • *v* voorstellen; ten huwelijk vragen **~al** • *n* voorstel *n* **~ition** • *n* propositie, voorstel *n*

prose /prəʊz/ • *n* proza *n*, ondicht *n*

prosecutor /ˈprɒsəˌkjuːtər/ • *n* aanklager *m*

prospect /ˈprɒspɛkt, ˈprɑːspɛkt/ • *n* vooruitzicht *n*

prosperity /prɒˈspɛɹ.ɪ.ti, prɑːˈspɛɹ.ɪ.ti/ • *n* voorspoed

protagonist /prəˈtæ.ɡə.nɪst, proʊˈtæ.ɡə.nɪst/ • *n* protagonist *f*; hoofdrolspeler *m*, hoofdrolspeelster *f*

protect /prəˈtɛkt/ • *v* beschermen, beveiligen **~ion** • *n* bescherming *f*

protein /ˈprəʊtiːn, ˈproʊtiːn/ • *n* proteïne *f*, eiwit *n*

protest /prəʊ.tɛst, ˈproʊ.tɛst/ • *n* protest *n*; protestactie *f*, manifestatie *f* • *v* protesteren

proud /praʊd/ • *adj* trots, fier

prove /pruːv/ • *v* (*sp* proved, *pp* proven) bewijzen, aantonen, bewijs/bewijzen leveren; blijken, uitwijzen

proved (*sp/pp*) ▷ PROVE

proven (*pp*) ▷ PROVE

provide /prəˈvaɪd/ • *v* voorzien **~r** • *n* verlener *m*

provinc|e /ˈprɒvɪns, ˈprɑːvɪns/ • *n* provincie *f* **~ial** • *adj* provinciaal

provision /prəˈvɪʒ.ən/ • *n* provisie; bepaling

provo|ke /prəˈvəʊk, prəˈvoʊk/ • *v* uitlokken **~cation** • *n* provocatie *f*

prudent /ˈpruːdənt/ • *adj* voorzichtig, omzichtig, vooruitziend, prudent; slim, sluw, beredeneerd, doordacht; zuinig, economisch

prune /pruːn/ • *n* besje *n* • *v* snoeien; inkorten

pseudonym /ˈs(j)uː.dəʊ.nɪm, ˈsudoʊnɪm/ • *n* pseudoniem *n*, schuilnaam *m*, deknaam *m*

psychiatr|y /saɪˈkaɪ.ə.tɹi/ • *n* psychiatrie *f* **~ic** • *adj* psychiatrisch **~ist** • *n* psychiater *f*

psycholog|y /saɪˈkɒlədʒi, saɪˈkɑːlədʒi/ • *n* psychologie *f*, zielkunde *f* **~ical** • *adj*

psychologisch **~ist** • *n* psycholoog *m*
pub /pʌb, pʊb/ • *n* kroeg *f*
public /ˈpʌblɪk/ • *adj* publiek, openbaar; overheids-, staats- • *n* publiek *n* **~ity** • *n* publiciteit **~ation** • *n* publicatie **~ transport** • *n* openbaar vervoer *n*
publish /ˈpʌblɪʃ/ • *v* publiceren, uitgeven **~er** • *n* uitgever *m*, uitgeverij
puff /pʌf/ • *n* wiet **~ pastry** • *n* bladerdeeg *m*, korstdeeg *m*
pull /pʊl/ • *v* trekken
pulse /pʌls, pʊls/ • *n* pols *m*
pump /pʌmp/ • *n* pomp *f* • *v* pompen
pumpkin /ˈpʌmpkɪn/ • *n* pompoen *f*
punch /pʌntʃ/ • *n* stomp *m*; punch *m* • *v* stompen, met de vuist slaan
punctuality • *n* stiptheid
punctuation /ˌpʌŋk.tʃuˈeɪ.ʃən/ • *n* interpunctie **~ mark** • *n* leesteken *n*
punish /ˈpʌnɪʃ/ • *v* straffen, afstraffen, bestraffen **~ment** • *n* bestraffing *f*, straf *f*; afstraffing *f*, boetedoening *f*, vergelding *f*, boete *f*; beproeving *f*
punk /pʌŋk, pəŋk/ • *n* nietsnut *f*
puny /ˈpjuːni/ • *adj* nietig, nietige, klein, zwak, ijdel
pupil /ˈpjuːpəl/ • *n* leerling *m*; pupil *f*
purchase /ˈpɜtʃəs, ˈpɜːtʃəs/ • *n* aankoop, koop; aanschaf; gewin, aanwinst; verwerving *m* • *v* kopen, waard zijn; aanschaffen, aankopen, verwerven; bekomen; winnen; afkopen; nastreven
pure /pjʊə, ˈpjʊɪ/ • *adj* puur, rein; onverontreinigd • *adv* zeer
purple /ˈpɜː(ɹ).pəl, ˈpɝpəl/ • *adj* paars, purperen • *n* purper
purport /pəˈpɔːt, pəˈpɔːɹt/ • *n* doel *n*, intentie *f*, gewicht *n* • *v* beweren; van plan zijn
purpose /ˈpɜpəs, ˈpɜːpəs/ • *n* reden *f*, doel *n*, bedoeling *f*, nut *n*, strekking; intentie, opzet; vastberadenheid; zin • *v* van plan zijn **on ~** • *phr* expres, opzettelijk, met voorbedachte rade
purr /pɜː(ɹ)/ • *n* spinnen *n* • *v* spinnen
purse /pɜːs, pɝs/ • *n* handtas *f*
pursue /pəˈsjuː, pəˈsuː/ • *v* achtervolgen; volgen; najagen; beoefenen
push /pʊʃ/ • *n* duw *m* • *v* duwen, stoten
put /pʊt/ • *v* zetten, plaatsen, leggen, doen, stellen; brengen **~ sth on** • *v* zetten; aantrekken, aandoen; opzetten **~ sth out** • *adj* ontzet, verontwaardigd • *v* buitenzetten, uitwerpen; produceren; kwetsen, blesseren; blussen, uitdoen, doven; toegeven **~ up with sb/sth** • *v* ondergaan, verdragen
puzzl|e /ˈpʌzəl/ • *n* mysterie *n*, raadsel *n*; puzzel,

hersenbreker *m* • *v*
verbijsteren, verwarren, in de
war brengen **~ing** • *adj*
raadselachtig
pyramid /ˈpɪrəmɪd/ • *n* piramide
f; viervlak *n*
python /ˈpaɪθən, ˈpaɪθɑːn/ • *n*
python *m*

Q

Qatar • *n* Qatar
quail /kweɪl/ • *n* kwartel *m*,
kwakkel *m*
quaint /kweɪnt/ • *adj* pittoresk;
merkwaardig, typisch;
onlogisch, ongepast,
onsamenhangend;
schranderheid, slimheid;
veeleisend, kieskeurig
quality /ˈkwɒlɪti, ˈkwælɪti/ • *n*
kwaliteit *f*; eigenschap *f*,
hoedanigheid *f*; klasse *f*
quantity /ˈkwɒn.tɪ.ti, ˈkwɑn(t)ɪti/
• *n* hoeveelheid *f*, kwantiteit
f
quarrel /ˈkwɒrəl, ˈkwɔrəl/ • *n*
onenigheid *f*, dispuut *n*, ruzie,
twist; geschilpunt *n*,
betwisting • *v* bekvechten,
ruzieën, ruzie maken,
redetwisten, twisten **~some** •
adj twistziek, ruzieachtig
quarter /ˈkwɔːtə, ˈk(w)ɔrtə/ • *n*
kwart, vierdeel *n*, vierde *n*;
kwartje; kwartaal, trimester;

wijk *f*, kwartier *n*, stadsdeel *n*
• *v* vierdelen, vierendelen;
kwartieren, inkwartieren,
onderbrengen
queen /kwiːn/ • *n* koningin *f*;
dame *f*; vrouw *f*; wijfjeskat *f*,
poes *f*, kattin *f*
query /ˈkwɪə.ɹi, ˈkwɪ.ɹi/ • *n* vraag
f, verzoek *n* • *v* vragen,
bevragen; informeren;
betwijfelen, in vraag stellen;
queryen
quest /kwɛst/ • *n* queeste *f*,
zoektocht *m*, streeftocht *m*
question /ˈkwɛstʃən/ • *n* vraag *f*;
thema *n*, kwestie *f*; twijfel *m*;
motie *f* • *v* ondervragen; in
vraag stellen **~naire** • *n*
questionnaire **~ mark** • *n*
vraagteken *n*
queue /kjuː, kju/ • *n* rij; wachtrij
quick /kwɪk/ • *adj* snel, vlug,
rap; haastig; kwiek • *n* levend
vlees **~ly** • *adv* snel, vlug,
gauw, spoedig, gezwind
quiet /ˈkwaɪ.ɪt, ˈkwaɪ.ət/ • *adj* stil,
rustig, vredig, geruisloos,
geluidloos; kalm; zwijgzaam
• *v* kalmeren, rustig worden
quince /kwɪns/ • *n* kweepeer;
kwee
quit /kwɪt/ • *adj* verlaten;
ophouden met, stoppen,
opgeven
quite /kwaɪt/ • *adv* volkomen;
tamelijk, aardig, best
quitted *(sp/pp)* ▷ QUIT
quiz /kwɪz/ • *n* (*pl* quizzes)
kwis, quiz
quota /ˈkwoʊtə/ • *n* quotum *n*

quot|e /kwəʊt/ ● *n* citaat *n*, aanhaling; aanhalingsteken; bestek *n*, offerte, prijsopgave ● *v* aanhalen, citeren; een bestek opmaken, een offerte doen; quoteren **~ation** ● *n* citaat *n*; offerte

R

rabbi /'ræ.baɪ/ ● *n* rabbijn *m*
rabbit /'ræbɪt, 'ræbət/ ● *n* konijn *n*; haas *m*
race /reɪs/ ● *n* wedloop *m*; ras, afkomst; soort ● *v* razen
racis|t /'reɪsɪst/ ● *adj* racistisch ● *n* racist **~m** ● *n* racisme *n*
rack /ræk/ ● *n* rek, schap *n*; pijnbank ● *v* klaren
radiation /ˌreɪ.di.'eɪ.ʃən, ˌraɪ.di.'aɪ.ʃən/ ● *n* straling *f*
radio /'reɪdi̯əʊ, 'reɪdi̯oʊ/ ● *n* radio *m* **~active** ● *adj* radioactief **~activity** ● *n* radioactiviteit *f*
radish /'ɹædɪʃ, 'ɹædɪʃ/ ● *n* radijs *m*; radijsje *n*, rammenas *m*
radius /'reɪ.di.əs/ ● *n* (*pl* radii) spaakbeen *n*, radius *m*; straal *f*
rage /reɪdʒ/ ● *n* furie *f*, razernij, toorn, woede *f* ● *v* woeden; razen
raid /reɪd/ ● *n* razzia
rail /reɪl/ ● *n* rail, regel; ral *m* **~road** ● *n* sneltreinprocedure *f* ● *v* versporen; aan het spoor werken; spoorweg uitbaten; er doorjagen **~way** ● *n* spoorweg *m*; spoorwegen
rain /ɹeɪn/ ● *n* regen *m* ● *v* regenen **~bow** ● *adj* bont, meerkleurig, veelkleurig ● *n* regenboog *m*; prisma *n*; gamma *n* **~coat** ● *n* regenjas *m* **~forest** ● *n* regenwoud *n* **~y** ● *adj* regenachtig
raise /ɹeɪz/ ● *n* opslag *m* ● *v* opheffen; op de been brengen
raisin /'ɹeɪzn, 'ɹiːzən/ ● *n* rozijn *f*
rally /'ræ.li/ ● *v* verzamelen; herstellen
ran *(sp)* ▷ RUN
ranch /ɹæntʃ/ ● *n* veefokkerij *f*, landgoed *n*; ranch
random /'ɹændəm/ ● *adj* willekeurig, toevallig, lukraak
rang *(sp)* ▷ RING
range /ɹeɪndʒ/ ● *n* verspreidingsgebied *n*; fornuis *n*; oefenterrein *n*; afstand *m*; bereik *n*; spreiding *f*, spreidingsbreedte *m*; bergketen *f*
rank /ɹæŋk/ ● *adj* stinkend, rans, ranzig ● *n* gelid *n*, rij *f*; register *n*, werk *n*; rang **~ing** ● *adj* geplaatst; superieur, beter ● *n* klassement *n*, rang *m*, plaats *f*, rangschikking *f*, ranking *f*
rap|e /ɹeɪp/ ● *n* verkrachting *f* ● *v* verkrachten; schenden **~ist** ● *n* verkrachter *m*, verkrachterin *f*

rapid /ˈræpɪd/ ● *adj* snel, snelle ● *n* stroomversnelling *f*

rare /ɹɛə, ɹeəɹ/ ● *adj* zeldzaam; bloedig, saignant **~ly** ● *adv* zelden

raspy /ˈɹɑː.spi, ˈræsp.i/ ● *adj* rauw

rat /ræt/ ● *n* rat *f*, bruine rat *f*, rioolrat *f*, zwarte rat *f*

rate /ɹeɪt/ ● *n* verhouding *f*; tarief *n* ● *v* beoordelen

rather /ˈɹɑːðə, ˌɹɑːˈðɜː(ɹ)/ ● *adv* liever; nogal

rational /ˈɹæʃ(ə)nəl/ ● *adj* rationeel, redelijk, verstandelijk; rationele **~ization** ● *n* rationalisatie *f*

raven /ˈɹeɪvən/ ● *adj* ravenzwart ● *n* raaf *m*

raw /ɹɔː, ɹɒ/ ● *adj* rauw, rauwe; ruw, ruwe; pril, prille

ray /ɹeɪ/ ● *n* straal *f*; straaltje *n*; rog *m*

re /ɹiː/ ● *prep* betreft

reach /ɹiːtʃ/ ● *n* pand *m* ● *v* bereiken

react /ɹiːˈækt/ ● *v* reageren **~ion** ● *n* reactie *f*

read /ɹid, ɹiːd/ ● *v* (*sp* read, *pp* read) lezen; voorlezen; gelezen worden; ontvangen, horen **~er** ● *n* lezer *m* **~ing** ● *n* lezen *n*; uitlezing *f*; lezing *f*; voorlezen *n*

ready /ˈɹɛdi/ ● *adj* gereed, klaar **~ily** ● *adv* vlot, gewillig; direct

real /ˈɹiːəl/ ● *adj* echt, waar; echte, oprecht; werkelijk; reëel; reële; vast-; typisch ● *n* real *m* ~ **estate** ● *n* onroerend goed *n*, immobiliën **~ly** ● *adv* werkelijk, echt ● *interj* werkelijk?, echt? **~ity** ● *n* werkelijkheid *f*, realiteit *f*; feitelijkheid *f*; de werkelijkheid, de realiteit

realism /ˈɹi.əlɪzm/ ● *n* realisme

realiz|e /ˈɹi.ə.laɪz, ˈɹɪə.laɪz/ ● *v* realiseren, bewerkstelligen; beseffen, zich realiseren, inzien **~ation** ● *n* besef *n*; vervulling *f*, voltooiing *f*, verwezenlijking *f*

realm /ɹɛlm/ ● *n* sfeer *m*, rijk *n*, wereld *m*; domein; koninkrijk *n*

rear /ɹɪɹ, ɹɪə/ ● *adj* achter ● *n* achterste *n*, achterkant *m*; achterhoede *f*; achtereind *n*, achterwerk *n* ● *v* kweken; oprichten, verheffen; steigeren; construeren; grootbrengen, opvoeden

reason /ˈɹiːzən/ ● *n* oorzaak *f*, reden *f*, grond *m*; rede *f* ● *v* redeneren **~ably** ● *adv* redelijkerwijs; redelijk **~ing** ● *n* redenering *f*

rebel /ˈɹɛbəl/ ● *n* rebel, opstandeling *m* ● *v* rebelleren, opstaan **~lion** ● *n* oproer, opstand *m*, rebellie *f*, verzet *n*

rebuild /ˈɹiːbɪld/ ● *v* heropbouwen, wederopbouwen

recall /ɹɪˈkɔːl, ɹɪˈkɒl/ ● *n* terughaalactie, product recall ● *v* herinneren

receipt /ɹɪˈsiːt/ ● *n* ontvangst, ontvangen *n*; ontvangsten, inkomsten; ontvangstbewijs *n*, kwitantie, bonnetje *n*; recept, voorschrift *n* ● *v* een

ontvangstbewijs geven; voor ontvangst aftekenen
receive /rɪˈsiːv/ • *v* krijgen, ontvangen **~r** • *n* hoorn
recent /ˈriːsənt/ • *adj* recent **-ly** • *adv* onlangs, recentelijk, laatst, overlaatst
recepti|on /rɪˈsɛp.ʃn̩/ • *n* ontvangst; receptie *f* **-onist** • *n* receptionist *m*, onthaalbediende *m* **~ve** • *adj* ontvankelijk
recession /rɪˈsɛʃn̩/ • *n* terugtrekking, terugtocht; recessie; uittredeprocessie
recipe /ˈrɛs.ɪ.pi/ • *n* recept *n*
recipient /rəˈsɪp.i.ənt/ • *n* ontvanger *m*, ontvangster *f*
reckon /ˈrɛkən/ • *v* veronderstellen
reclus|e /rɪˈkluːs/ • *n* kluizenaar *f* **-ive** • *adj* teruggetrokken, afgezonderd
recogni|ze /ˈrɛkəgnaɪz, ˈrɛkənaɪz/ • *v* herkennen, kennen; erkennen; onderkennen **~tion** • *n* herkenning *f*; erkenning *f*
recommend /ˌrɛkəˈmɛnd/ • *v* aanraden, aanbevelen; voordragen; adviseren; bevelen in ..., overdragen aan **~ation** • *n* aanbeveling *f*; aanrader *m*
reconcil|e /ˈrɛkənsaɪl/ • *v* reconciliëren, verzoenen **~iation** • *n* verzoening *f*
reconstruction • *n* wederopbouw *m*
record /ˈrɛkɔːd, ˈrɛkərd/ • *n* verslag *n*; record *m* • *v* optekenen; opnemen **~er** • *n* blokfluit

recover /rɪˈkʌvə, rɪˈkʌvər/ • *v* terugwinnen; herstellen, genezen, recupereren **~y** • *n* terugwinning *f*; herstel *n*, genezing *f*
recruit /rɪˈkruːt/ • *n* rekruut • *v* rekruteren
recycl|e /rəˈsaɪkəl/ • *v* recycleren, hergebruiken; herbruiken **~ing** • *n* recyclage *f*
red /rɛd/ • *adj* rood; ros, rosse • *n* rood
reduce /rɪˈdjuːs, rɪˈduːs/ • *v* verminderen, verlagen
redundan|t /rɪˈdʌn.dənt/ • *adj* overbodig, overtollig, achterhaald **~cy** • *n* overbodigheid *f*; herhaling *m*
refer /rɪˈfɜː, rɪˈfɜ/ • *v* verwijzen, doorverwijzen **~ence** • *n* referentie *f*; referent *m*, referente *f*
referee /ˌrɛf.əˈriː, ˌrɛfəˈriː/ • *n* scheidsrechter; arbiter; referentie
referendum /ˌrɛfəˈrɛndəm/ • *n* (*pl* referenda) referendum *n*
reflect /rɪˈflɛkt/ • *v* weerkaatsen, weerspiegelen **~ion** • *n* reflectie *f*, weerspiegeling *f*, weerbeeld *n*
reform /rɪˈfɔːm/ • *n* reform *f*
refresh /rɪˈfrɛʃ, rɪˈfrɛʃ/ • *v* verfrissen; een webpagina herladen **~ment** • *n* verfrissing, verademing; versnapering

refrigerator /rɪˈfrɪdʒəˌreɪtə, rɪˈfrɪdʒəˌreɪtɚ/ • *n* koelkast *f*, ijskast *f*, frigo *m*

refuge /ˈrɛfjuːdʒ/ • *n* schuilplaats ~**e** • *n* vluchteling *m*

refus|e /ˈrɛfjuːs/ • *n* afval, vuilnis • *v* weigeren, afslaan ~**al** • *n* weigering *f*

regain • *v* herkrijgen

regard /rɪˈɡɑːd, rɪˈɡɑɹd/ • *n* respect, achting • *v* beschouwen ~**less** • *adj* ongeacht • *prep* ongeacht

region /ˈriːdʒn/ • *n* regio *m*, gebied *n*, streek *f*, landstreek *f*, jegenode *f*; gewest *n* ~**al** • *adj* regionaal, gewestelijk

regist|er /ˈrɛdʒ.ɪs.tə, ˈrɛdʒ.ɪs.tɚ/ • *v* inschrijven ~**ration** • *n* registratie *f*

regret /rɪˈɡrɛt/ • *n* spijt *f*, berouw *n* • *v* betreuren, spijten, berouwen

regular /ˈrɛɡjʊlə, ˈrɛɡjəlɚ/ • *adj* regelmatig; vast; gewoon • *n* stamgast *m*

regulat|e /ˈrɛɡjəleɪt/ • *v* regelen ~**ion** • *n* reglement *n*, verordening *f*

rehears|e /rɪˈhɜːs/ • *v* herhalen; vertellen; inoefenen, repeteren; doen repeteren ~**al** • *n* repetitie

reign /reɪn/ • *n* troon *m*, bestuur *n*, heerschappij *f*; regering • *v* regeren

reindeer /ˈreɪndɪə, ˈreɪndɪɹ/ • *n* rendier *n*

reinforce • *v* versterken, vergroten, verhogen; benadrukken ~**ment** • *n* versterking

reject /rɪˈdʒɛkt, ˈriːdʒɛkt/ • *v* verwerpen, afwijzen

relat|e /rɪˈleɪt/ • *v* vertellen ~**ed** • *adj* gerelateerd, verwant; verteld ~**ion** • *n* relatie; familielid *n*, bloedverwant *m*, gezinslid, verwante, verwant, familieverwant, familielui, geboortsverwant ~**ionship** • *n* verwantschap *n*; relatie *f*, verhouding *f* ~**ive** • *adj* relatief, betrekkelijk • *n* familielid *n*, bloedverwant *m* ~**ively** • *adv* relatief

relax /rɪˈlæks/ • *v* losmaken; ontspannen ~**ed** • *adj* rustig, kalm

release /rɪˈliːs/ • *v* loslaten; vrijlaten

relevant /ˈrɛləvənt/ • *adj* relevant

reliab|le /rɪˈlaɪəbəl/ • *adj* betrouwbaar, zeker • *n* getrouwe *m*; zekerheid ~**ility** • *n* betrouwbaarheid *f*

relie|ve /rɪˈliːv/ • *v* oplughten ~**f** • *n* oplughting *f*; reliëf *n*

religio|n /rɪˈlɪdʒən/ • *n* godsdienst *m*, geloofsovertuiging *f*, religie *f* ~**us** • *adj* religieus; godsdienstig

reluctan|t /rɪˈlʌktənt/ • *adj* aarzelend, schoorvoetend ~**ce** • *n* tegenzin *m*; magnetische weerstand

rely /rɪˈlaɪ/ • *v* rekenen op

remain /rɪˈmeɪn/ • *v* blijven, achterblijven; resteren ~**der** •

adj overblijvend, resterend • *n* rest *m*, restant *n*, overblijfsel, overschot *n*; overstock *m* • *v* opruimen, uitverkopen **~s** • *n* overblijfselen

remarkabl|e /rɪˈmɑːkəbl̩, rɪˈmɑːkəbl/ • *adj* opmerkelijk, markant, opvallend **~y** • *adv* opmerkelijk

remedy /ˈrɛmədi/ • *n* remedie *n*

rememb|er /rɪˈmɛmbə, ˈmɛmbə/ • *v* zich herinneren, gedenken; onthouden; eraan denken **~rance** • *n* herinneren; herinnerd, nagedachtenis *f*; herinnerde *n*; geheugensteun *m*

remind /rəˈmaɪnd/ • *v* herinneren **~er** • *n* geheugensteuntje *n*; betalingsherinnering *f*

remote /rɪˈməʊt, rɪˈmoʊt/ • *adj* verwijderd, afgelegen, van op afstand, veraf **~ control** • *n* afstandsbediening *f*

remov|e /rɪˈmuːv/ • *v* verwijderen, weghalen **~al** • *n* verwijdering

render /ˈrɛndə, ˈrɛndə/ • *v* veroorzaken; duiden, uitleggen; weergeven, renderen

renew /rɪˈnjuː/ • *v* hernieuwen, vernieuwen

renowned • *adj* vermaard, beroemd, gerenommeerd

rent /rɛnt/ • *n* huur *m*; scheur, barst, kloof; scheiding, schisma • *v* huren; verhuren **for ~** • *phr* te huur

repair /rɪˈpɛə, rɪˈpɛə/ • *n* reparatie • *v* herstellen, repareren

repe|at /rɪˈpiːt/ • *v* herhalen, wederhalen, herdoen, herzeggen **~ated** • *adj* herhaaldelijk **~atedly** • *adv* herhaaldelijk, meermaals, telkens **~tition** • *n* herhaling *f*

replace /rɪˈpleɪs/ • *v* vervangen **~ment** • *n* vervanger *m*, plaatsvervanger *m*, vervanging *f*

reply /rɪˈplaɪ/ • *n* antwoord *n*, respons *f* • *v* antwoorden, beantwoorden

report /rɪˈpɔːt, rɪˈpɔːt/ • *n* rapport *n*, verslag *n*; knal *m*, pif *m*, poef *m*, paf *m*, boem *m* • *v* berichten, rapporteren; bekendmaken, melden; afkomen, verschijnen **~edly** • *adv* naar verluidt **~er** • *n* verslaggever *m*

represent /ˌrɛp.rɪˈzɛnt/ • *v* voorstellen; vertegenwoordigen, representeren **~ation** • *n* weergave; vertegenwoordiging **~ative** • *adj* representatief • *n* vertegenwoordiger *m*

reproduc|e /ˌriː.prəˈdjuːs, ˌriː.proʊˈduːs/ • *v* voortpanten **~tion** • *n* voortplanting *f*

republic /rɪˈpʌblɪk/ • *n* republiek *f*; deelrepubliek *f* **~an** • *adj* republikeins • *n* republikein

Republican /rɪˈpʌblɪkən/ • *n* republikein *m*, republikeinse *f*

reputa|tion /ˌrɛpjʊˈteɪʃən/ • *n*

faam *m*, naam *m*, reputatie *f* **~ble** ● *adj* eerbaar, fatsoenlijk
request /rɪˈkwɛst/ ● *n* verzoek *n*, vraag *f* ● *v* verzoeken
requirement /rɪˈkwʌɪəm(ə)nt, rɪˈkwaɪrmənt/ ● *n* vereiste, plicht *f*, voorwaarde *f*; gevraagde *n*
rescue /ˈrɛs.kjuː/ ● *n* redding; ontzetting ● *v* bevrijden, redden, verlossen; loswrikken, ontfutselen; ontzetten
research /rɪˈsɜːtʃ, ˈriː.sɚtʃ/ ● *n* onderzoek *n*, speurwerk *n* **~er** ● *n* onderzoeker
resemble /rɪˈzɛmb(ə)l/ ● *v* gelijken, lijken
resent /rɪˈzɛnt/ ● *v* wrok koesteren; zijn ongenoegen uiten, zich storen aan **~ment** ● *n* misnoegen
reserv|e /rɪˈzɜːv, rɪˈzɜːv/ ● *n* reserve *f* ● *v* reserveren, beschermen; bewaren **~ed** ● *adj* terughoudend **~ation** ● *n* reservatie *f*
reside /rɪˈzaɪd/ ● *v* wonen **~nce** ● *n* woonplaats *f*; residentie
resign /rɪˈzaɪn/ ● *v* ontslag nemen **~ation** ● *n* aftreding *f*; gelatenheid *f*
resist /rɪˈzɪst/ ● *v* weerstaan, zich verzetten **~ance** ● *n* weerstand *m*, verzet
resol|ve /rɪˈzɒlv, rɪˈzalv/ ● *n* wilskracht *f*, vastbeslotenheid *f* ● *v* oplossen; besluiten, beslissen, zich voornemen; opnieuw oplossen **~ution** ● *n* resoluutheid *f*,

vastberadenheid; resolutie *f*, voornemen; beeldkwaliteit, beeldscherpte; besluit *n*
resonance /ˈrɛzənəns/ ● *n* resonantie; weergalm, weerklank
resort /rɪˈzɔ(r)t/ ● *n* vakantieoord; uitweg, toevlucht
resource /rɪˈsɔːs, ˈriːsɔːs/ ● *n* bron, hulpbron, faciliteit *f*, hulpmiddel *n*, ressource; middel, middelen
respect /rɪˈspɛkt/ ● *n* respect *m*, achting *f*, eerbied *f* ● *v* respecteren **~ful** ● *adj* respectvol **~ive** ● *adj* achtereenvolgend **~ively** ● *adv* respectievelijk
response /rɪˈspɒns/ ● *n* antwoord *n*, respons; antwoorden *n*
responsib|le /rɪˈspɒnsəbl̩, rɪˈspɑnsəbəl/ ● *adj* verantwoordelijk, aansprakelijk; responsabel; betrouwbaar, degelijk **~ility** *n* verantwoordelijkheid *f*
rest /rɛst/ ● *n* rest; rust; kalmte; rustteken; stilstand *m*; nachtrust ● *v* rusten, stilstaan; daarbij laten **~less** ● *adj* rusteloos
restaurant /ˈrɛs.t(ə).rɒ̃, ˈrɛs.t(ə)rɑnt/ ● *n* restaurant *n*
restor|e /rɪˈstɔː, rɪˈstɔːr/ ● *v* restaureren, terugzetten, herstellen **~ation** ● *n* restauratie *f*; herstel *n*
restrain ● *v* beteugelen; onderdrukken; beperken,

begrenzen **~t** • *n* beperking, inhouding; zelfbeheersing, beheersing

restrict /ɹɪˈstɹɪkt/ • *v* beperken **~ive** • *adj* beperkend **~ion** • *n* beperking *f*

result /ɹɪˈzʌlt/ • *n* resultaat *n*, uitkomst; opbrengst, vrucht • *v* veroorzaken, leiden tot, tot gevolg hebben; opleveren, resulteren, uitkomen

resume /ɹɪˈzjuːm, ɹɪˈz(j)um/ • *v* hervatten, voortzetten

retail /ˈɹiːteɪl/ • *n* detailhandel *m*; adviesprijs *m* **~er** • *n* middenstander *m*

retain /ɹɪˈteɪn/ • *v* behouden

retire /ɹəˈtaɪ.ə(ɹ)/ • *v* met pensioen gaan **~ment** • *n* pensionering *f*; pensioen *n*

retreat • *n* terugtocht, aftocht, terugtrekking; retraite • *v* terugtrekken

retrieve /ɹɪˈtɹiːv/ • *n* redding • *v* redden; bergen; herstellen, rechtzetten; terugbrengen, terugkrijgen; apporteren; opduikelen, in herinnering roepen

return /ɹɪˈtɜːn, ɹɪˈtɜn/ • *n* retour • *v* terugkomen, terugkeren; teruggaan; teruggeven; retourneren

reve|al /ɹəˈviːl/ • *v* onthullen, zich ontpoppen **~lation** • *n* revelatie *f*, openbaring *f*; onthulling

revenge /ɹɪˈvɛndʒ/ • *n* wraak *f*

revenue /ˈɹɛvənjuː, ˈɹɛvəˌn(j)u/ • *n* opbrengst *f*; inkomen *n*, inkomsten; staatsinkomsten, overheidsinkomsten; omzet *m*, zakencijfer *n*

reverse /ɹɪˈvəːs/ • *n* keerzijde *f*; achteruit

review /ɹɪˈvjuː/ • *n* recensie; revue *f* • *v* recenseren; herzien

revis|e /ɹɪˈvaɪz/ • *v* herzien **~ion** • *n* herziening

revive • *v* doen herleven, nieuw leven inblazen; herleven

revolution /ɹɛvəˈl(j)uːʃən/ • *n* revolutie *f* **~ary** • *adj* baanbrekend • *n* revolutionair *m*

reward /ɹɪˈwɔːd/ • *n* beloning *f*, prijs, loon *n*; verloning • *v* belonen

Reykjavik • *n* reykjavik

rhetoric /ˈɹɛtəɹɪk/ • *n* redekunde *f*, retorica *f*, retoriek *f*

rhinoceros /ɹaɪˈnɒsəɹəs, ɹaɪˈnɑːsəɹəs/ • *n* neushoorn *m*

rhyme /ɹaɪm/ • *n* rijm *n*, rijmpje *n*, vers *n*, versje *n*; rijmwoord *n* • *v* rijmen

rhythm /ˈɹɪð(ə)m/ • *n* ritme *n* **~ic** • *adj* ritmisch

rib /ɹɪb/ • *n* rib *f*

ribbon /ˈɹɪbən/ • *n* lint *n*

rice /ɹaɪs/ • *n* rijst *m*

rich /ɹɪtʃ/ • *adj* rijk

rid /ɹɪd/ • *v* (*sp* rid, *pp* rid) kwijt

ridded (*sp/pp*) ▷ RID

ridden (*pp*) ▷ RIDE

ride /ɹaɪd/ • *n* rit *m*; kar *f*, bak *m* • *v* (*sp* rode, *pp* ridden) rijden; beklimmen, berijden **~r** • *n* ruiter *f*, rijder *f*, motorrijder *f*

ridge /rɪdʒ/ • *n* nok *f*; bergkam *m*, bergrug *m*; heuvelkam *m*, heuvelrug *m*; zeerug

ridicul|ous /rɪˈdɪkjʊləs/ • *adj* belachelijk **~ously** • *adv* belachelijk, bespottelijk **~e** • *v* bespotten

rifle /ˈraɪfəl/ • *n* geweer *n*, karabijn *f*

right /ˈraɪt, ˈreɪt/ • *adj* recht; correct, juist; rechts, rechter- • *interj* toch • *n* recht *n*; rechts *m*, rechterhand *f*; rechterkant *m* • *v* verbeteren **~handed** • *n* rechtshandig

rim /rɪm/ • *n* rand *m*; velg • *v* baffen

ring /rɪŋ/ • *n* ring *m* • *v* (*sp* rang, *pp* rung) luiden, weergalmen, beieren; klinken; opbellen, telefoneren; omringen; bellen, rinkelen

rip /rɪp/ • *v* scheuren; rippen

ripe /ˈraɪp/ • *adj* rijp • *v* rijpen

rise /ˈraɪz/ • *n* rijzen, oprijzen, stijgen, opstijgen; toenemen, vermeerderen • *v* (*sp* rose, *pp* risen) rijzen, opstijgen; opkomen; opstaan; stijgen

risen *(pp)* ▷ RISE

risk /rɪsk/ • *n* risico *n* • *v* risico nemen, riskeren **~y** • *adj* gewaagd, riskant

ritual /ˈrɪ.tʃu.əl/ • *n* ritueel *n*

rival /ˈraɪvəl/ • *n* tegenstander, rivaal, concurrent, vijand **~ry** • *n* rivaliteit

river /ˈrɪvə, ˈrɪvɚ/ • *n* rivier *m*, stroom *m* **~bed** • *n* rivierbedding

road /ˈrəʊd, roʊd/ • *n* baan *f*, weg *m*, straat *f* **~ map** • *n* wegenkaart *m* **~ sign** • *n* wegaanduiding *f*, verkeersbord *n*

roast /roʊst, rəʊst/ • *adj* geroosterd • *n* braadstuk *n*, gebraad *n* • *v* roosteren, grillen; branden

rob /rɒb, rɑb/ • *v* beroven, bestelen **~ber** • *n* rover *m*

robe /rəʊb, roʊb/ • *n* kleed

robin /ˈrɒb.ɪn, ˈrɑb.ɪn/ • *n* roodborstje *n*; roodborstlijster

robot /ˈrəʊbɒt, ˈroʊbɑt/ • *n* robot

robust /rəʊˈbʌst, roʊˈbʌst/ • *adj* robuust, degelijk

rock /rɒk, rɑk/ • *n* rock *m*; klif, rots; steen; kandij, suikerstok; gesteente *n*, vels *m* • *v* schudden; schommelen, waggelen; wiegen

rocket /ˈrɑkɪt, ˈrɒkɪt/ • *n* raket *f*; vuurpijl *m*

rod /rɒd, rɑd/ • *n* hengelroede, visgarde; roede, roe; el, meetstok

rode *(sp)* ▷ RIDE

roll /rəʊl, roʊl/ • *n* rol; register, lijst, naamlijst; broodje; geslinger; dreun, gedreun, gerommel; roffel, geroffel; wals, pletwals; boekrol • *v* oprollen, rollen; walsen, pletwalsen; roffelen **~ercoaster** • *n* achtbaan

Romania • *n* Roemenië **~n** • *adj* Roemeens, Roemeense • *n* Roemeen *m*, Roemeense *f*; Roemeens *n*

Rom|e • *n* Rome *n* **~an** • *adj* Romeins, Romeinse • *n* Romein *f*, Romeinse *f*
roof /ru:f/ • *n* dak *n*; plafond *n*
room /ru:m, rʊm/ • *n* ruimte *f*, kamer *f*, vertrek *n*, zaal *m* **~mate** • *n* kamergenoot *m*; huisgenoot *m*
rooster /ru:stə, 'rʊstər/ • *n* haan *m*
root /ru:t, rʊt/ • *n* wortel *m*; machtswortel *m*; nulpunt *n*; stam *m*; beheerder *m*, administrator *m*; neukpartij *m* • *v* graven, rommelen, wroeten; neuken, wippen, poepen; juichen, aanvuren, supporteren
rope /rəʊp, roʊp/ • *n* touw *n*
rose /rəʊz, roʊz/ • *adj* roze, roos, rooskleurig, roosgekleurd, rozig • *n* roos *f*, rozenstruik *m*; roze • *(also)* ▷ RISE
rosemary • *n* rozemarijn *m*
rotat|e /rəʊ'teɪt, 'roʊteɪt/ • *v* roteren, ronddraaien **~ion** • *n* rotatie *f*; draaiing *f*
rotten /rɒtn̩, 'rɑtn̩/ • *adj* rot, verrot; gemeen
rough /rʌf/ • *adj* ruw, ruig **~ly** • *adv* grofweg
roulette • *n* roulette *f*
round /raʊnd/ • *adj* rond; afgerond; dik, mollig • *n* ronde *f*; canon *m* **~about** • *n* rotonde *f*, rondpunt, verkeersplein; draaimolen *m*, carrousel *m*; omweg *m*, omleiding *f*
route /ru:t, ru:t/ • *n* route *n* • *v* leiden, sturen

row /rəʊ, roʊ/ • *n* rij *f*; ruzie *f*; kabaal *n*, lawaai *n* • *v* roeien
royal /'rɔɪəl/ • *adj* koninklijk
rub /rʌb/ • *v* wrijven
rubber /'rʌbə(r), 'rʌbər/ • *n* rubber *n*; condoom *m*
rubbish ▷ GARBAGE
ruby • *n* robijn *n*; robijnrood
rude /ru:d, rʊd/ • *adj* grof, onbeschoft
rugby /'rʌgbi/ • *n* rugby *n*
ruin /ru:ɪn, 'ru.ɪn/ • *n* ruïne *f*, bouwval *m*, puinhoop *m*; verval *n*, puin *n* • *v* ruïneren
rule /ru:l/ • *n* regel • *v* regeren **~r** • *n* meetlat, liniaal; heerser *m*; heerseres *f*
rumor /'ru:mə(r), 'rʊmər/ • *n* gerucht *n*; geruchten
rumour *(British)* ▷ RUMOR
run /rʌn, rʊn/ • *n* loop *m*; ladder *f* • *v* (*sp* ran, *pp* run) rennen, lopen; kandideren **~ away** • *v* vluchten, weglopen **~ out** • *v* opraken **~ over sb/sth** • *v* overrijden **~ner** • *n* renner **~ning** • *n* lopen *n*
rung *(pp)* ▷ RING
rural /'rʊrəl/ • *adj* landelijk
rush /rʌʃ/ • *n* bies *f* • *v* afraffelen
Russia • *n* Rusland *n* **~n** • *adj* Russisch, Russische • *n* Rus *m*, Russin *f*; Russisch *n*
rust /rʌst/ • *n* roest *m*, oxydatie *f*; roestbruin *n* • *v* roesten, verroesten, oxideren **~y** • *adj* roestig, verroest
ruthless /'ru:θləs/ • *adj* onbarmhartig, meedogenloos
Rwanda • *n* Rwanda

S

sack /sæk/ • *n* zak *m*; nest *n* • *v* plunderen

sacred /ˈseɪkrɪd/ • *adj* heilig, zalig, gezegend

sacrifice /ˈsækrɪfaɪs/ • *n* offer, opoffering *f* • *v* offeren

sad /sæd/ • *adj* triest, verdrietig **~ness** • *n* verdriet *n*, droefenis *f*

safe /seɪf/ • *adj* veilig; ongevaarlijk; zekergesteld, veiliggesteld • *n* kluis *f*, safe *f* **~ly** • *adv* veilig **~ty** • *n* zekerheid *f*, veiligheid *f*; veiligheidspal

saffron /ˈsæfrən/ • *n* saffraan

said *(sp/pp)* ▷ SAY

sail /seɪl/ • *n* zeil *n*; zeiltocht *f* • *v* zeilen **~ing** • *n* zeilen *n* **~or** • *n* matroos *m*, zeeman *m*

saint /seɪnt, sən(t)/ • *n* heilige *f* • *v* heiligverklaren

sake /seɪk/ • *n* -halve, wille; sake *m* **for God's ~** *interj* in hemelsnaam, in godsnaam, om Gods wil

salad /ˈsæləd/ • *n* salade

salamander /ˈsæləˌmændə, ˈsæləˌmɑːndə/ • *n* salamander *m*

salary /ˈsæləri/ • *n* salaris *n*, loon *n*

sale /seɪl/ • *n* verkoop; uitverkoop *m*, solden *m*; veiling *f*, veilingverkoop *m* **for ~** • *phr* te koop **on ~** • *phr* te koop; koopje *n*, in solden

salmon /ˈsæmən, ˈsælmən/ • *adj* zalmkleurig, zalmkleurige • *n* (*pl* salmon) zalm *m*; zalmkleur *f*

salt /sɔːlt, sɒlt/ • *adj* zout, zoutig, gezouten • *n* zeerot *m*, rot *m*; salt; zout *n*, keukenzout *n* • *v* zouten; kleuren **~y** • *adj* zout

same /seɪm/ • *adj* dezelfde, hetzelfde *n* • *pron* hetzelfde

Samoa • *n* Samoa

sample /ˈsɑːm.pəl, ˈsæm.pəl/ • *n* monster *n*

San Marino • *n* San Marino

sanction /ˈsæŋkʃən/ • *n* sanctie *f*

sand /sænd/ • *adj* zandkleurig, zandkleurige • *n* zand *n*, zavel *m*; zandstrand *n*; lef *n* • *v* schuren **~y** • *adj* zanderig; zandkleurig

sandal /ˈsændəl/ • *n* sandaal *f*

sandwich /ˈsæn(d)wɪdʒ, ˈsæn.(d)wɪtʃ/ • *n* boterham *m*, sandwich *m*

sang *(sp)* ▷ SING

sank *(sp)* ▷ SINK

sapphire /ˈsæf.aɪə(ɹ), ˈsæf.aɪɚ/ • *adj* saffierblauw, saffierblauwe • *n* saffier *m*; saffierblauw *n*; blauwkeelsaffierkolibrie

sarcas|m /ˈsɑːɹˌkæzəm/ • *n* sarcasme *n* **~tic** • *adj* sarcastisch

sardine /sɑːˈdiːn, sɑɹˈdin/ • *n* sardien *n*

sassy /ˈsasi, ˈsæsi/ • *adj* onbeschaamd; levendig

sat *(sp/pp)* ▷ SIT

satellite /ˈsætəlaɪt/ • *n* satelliet *m*, kunstmaan *m*

satisf|y /ˈsætɪsfaɪ/ • *v* voldoen, voldoende, bevredigen **~action** • *n* voldoening *f*, bevrediging *f*; tevredenheid *f* **~ied** • *adj* voldaan, tevreden

Saturday • *adv* op zaterdag • *n* zaterdag *m*

Saturn • *n* Saturnus *m*

sauc|e /sɒs, sɔːs/ • *n* saus; onbeleefde opmerkingen • *v* saus opdoen; onbeleefd zijn **~epan** • *n* steelpan *f* **~y** • *adj* sausachtig; brutaal; pikant

Saudi Arabia • *n* Saudi-Arabië, Saoedi-Arabië

sausage /ˈsɒsɪdʒ, ˈsɔːsɪdʒ/ • *n* worst *m*

sav|e /seɪv/ • *v* redden; sparen; opslaan, bewaren **~ing** • *n* spaargeld

saw /sɔː, sɔ/ • *n* zaag *f*; gezegde, spreuk, spreekwoord • *v* (*sp* sawed, *pp* sawn) zagen • (*also*) ▷ SEE

sawed (*sp/pp*) ▷ SAW

sawn (*pp*) ▷ SAW

saxophone /ˈsæksəfoʊn/ • *n* saxofoon

say /seɪ/ • *n* zeggenschap *f* • *v* (*sp* said, *pp* said) zeggen, luiden, opzeggen; opgeven; staan; laten wij zeggen

scaffold /ˈskæfəld/ • *n* stelling *f*; schavot *n* • *v* een stelling bouwen **~ing** • *n* steiger

scale /skeɪl/ • *n* schaal *f*; toonladder *f*; schub; weegschaal *f*

scallop /ˈskɒləp, ˈskæləp/ • *n* sint-jakobsschelp

scalp /skælp/ • *n* kruin

scam /skæm/ • *n* oplichting *f*, deceptie, bedrog, misleiding • *v* oplichten

scan /skæn/ • *v* scannen; afspeuren; scanderen **~ner** • *n* scanner

scandal /ˈskændəl/ • *n* schandaal *n*, incident *n*; schande, oneer; geroddel *n*, kwaadsprekerij, laster

scar /skɑː, skɑːr/ • *n* litteken *n*

scarc|e /ˈskɛəs, ˈskɛər/ • *adj* schaars **~ely** • *adv* amper, nauwelijks **~ity** • *n* schaarste; tekort

scar|e /skɛə, skɛər/ • *v* bang maken, beangstigen, angst aanjagen, laten schrikken, doen schrikken, verschrikken **~ed** • *adj* bang **~y** • *adj* eng

scarf /skɑːf, skɑːrf/ • *n* (*pl* scarves) das *m*

scarlet /ˈskɑːlɪt, ˈskɑːrlɪt/ • *adj* scharlaken *n*, scharlakenrood *n*, vuurrood *n*

scarves (*pl*) ▷ SCARF

scatter /ˈskætə, ˈskætər/ • *v* verstrooien, verspreiden; uiteenspatten, uiteengaan

scenario /sɪˈnɑːri.əʊ, sɪˈnɛərioʊ/ • *n* scenario *n*

scene /siːn/ • *n* scène **~ry** • *n* landschap *n*, natuurschoon *n*; decor *n*, coulissen, toneel *n*

scent /sɛnt/ • *n* geur *m*, reuk *f*; reukvermogen *n*; parfum *n*; spoor *n* • *v* ruiken

sceptical (*British*) ▷ SKEPTICAL

schedule /ˈʃɛd.juːl, ˈskɛ.dʒʊl/ • *n* programma *n*
scheme /skiːm/ • *n* plan; schema
scholar /ˈskɒlə, ˈskɑlɚ/ • *n* geleerde *m* **~ship** • *n* studiebeurs
school /skul, skuːl/ • *n* school *f*; universiteit *f* • *v* scholen **~boy** • *n* leerling
scien|ce /ˈsaɪəns/ • *n* wetenschap *f*; weten *n*; kennis *f*, ervaring **~tific** • *adj* wetenschappelijk **~tist** • *n* wetenschapper *m*, wetenschapster *f*
scissors /ˈsɪzəz, ˈsɪzɚz/ • *n* schaar *f*
scope /skəʊp, skoʊp/ • *n* domein, bereik, reikwijdte; scoop
score /skɔː, skɔɹ/ • *n* stand; partituur *f* • *v* scoren
scorpion /ˈskɔː.pi.ən, ˈskɔɹ.pi.ən/ • *n* schorpioen *m*
scrape /skreɪp/ • *n* schram
scratch /skɹætʃ/ • *n* centen • *v* krassen, krabben; krabbelen **from ~** • *phr* vanaf nul, helemaal opnieuw, vanaf het begin
scrawny • *adj* mager
scream /skɹiːm, skɹim/ • *n* schreeuw *m* • *v* schreeuwen
screen /skɹiːn, skɹin/ • *n* beeldscherm *n*; zaal *f* **~saver** • *n* schermbeveiliger **~shot** • *n* schermafbeelding *f*, schermafdruk *m*, screenshot *m*
screw /skɹuː/ • *n* schroef *f*, vijs • *v* schroeven, vijzen; neuken **~driver** • *n* schroevendraaier

script /skɹɪpt/ • *n* geschrift *n*; handschrift *n*
scrutiny /ˈskɹuː.tɪ.ni/ • *n* nauwkeurig onderzoek, kritisch onderzoek, navorsing
sculpt|or /ˈskʌlptə/ • *n* beeldhouwer *m* **~ure** • *n* beeldhouwen, sculptuur *f*; beeldhouwwerk *n*, beeld *n*
sea /siː/ • *n* zee *f* **~food** • *n* zeevruchten, zeebanket *n* **~gull** • *n* meeuw **~man** • *n* matroos *m* **~weed** • *n* zeewier *n* **~ level** • *n* zeeniveau *n*, zeespiegel *m* **~ lion** • *n* zeeleeuw *m*
seal /siːl/ • *n* zeehond *m*, rob *m*; zegel *n*; verzegeling *f*; sluiting *f* • *v* verzegelen
search /sɜːtʃ, sɝtʃ/ • *v* afzoeken, doorzoeken, zoeken
season /ˈsiːzən, ˈsizən/ • *n* seizoen *n*, jaargetijde *f* • *v* kruiden; zich aanpassen; rijpen, rijp worden
seat /siːt/ • *n* zitplaats; zetel; zitmeubel, zitvlak
second /ˈsɛkənd, ˈsɛk.(ə)nd/ • *adj* tweede *n* • *adv* op een na • *n* secunde; seconde *m*; moment *m*; secondant *m*; ondersteuner *m*; herkansing *f* • *v* bijvallen, ondersteunen **~ary** • *adj* secundair; plaatsvervangend
secre|t /ˈsiː.kɹɪt, ˈsiː.kɹət/ • *adj* geheim • *n* geheim *n*, geheimenis *f* **~tly** • *adv* stiekem **~cy** • *n* geheimhouding *f*

secretary /ˈsek.rə.tə.ri, ˈsekrətəri/ • *n* secretaresse *f*, secretaris *m*

section /ˈsekʃən/ • *n* snijding *f*; afdeling, sectie; paragraaf *m*, passage *m*

sector /ˈsek.tər/ • *n* sector

secular /ˈsek.jə.lə(r)/ • *adj* seculier, wereldlijk

security /sɪˈkjʊərəti, səˈkjɔr.ɪˌti/ • *n* veiligheid *f*, zekerheid *f*; beveiliging *f*; veiligheidsdienst *m*; waardepapier *n*; onderpand *n*

see /siː/ • *n* bisdom *n* • *v* (*sp* saw, *pp* seen) zien, aanschouwen, bekijken, bezien; begrijpen **~ off** • *v* uitwuiven, uitlaten **~ you** • *phr* later, mazzel

seed /siːd/ • *n* zaad *n*; sperma *n*

seek /siːk/ • *v* (*sp* sought, *pp* sought) zoeken, nastreven **~er** • *n* zoeker *m*

seem /siːm/ • *v* lijken, schijnen

seen (*pp*) ▷ SEE

segment /ˈseg.mənt, segˈment/ • *n* segment

seize /siːz/ • *v* grijpen, vangen, pakken; aangrijpen; in beslag nemen, beslag leggen op

seldom /ˈseldəm/ • *adv* zelden

select /sɪˈlekt/ • *adj* select • *v* uitkiezen, selecteer

self /self/ • *n* (*pl* selves) zelf *n* **~-esteem** • *n* zelfvertrouwen *n*

sell /sel/ • *v* (*sp* sold, *pp* sold) verkopen **~er** • *n* verkoper *m*, verkoopster *f*

selves (*pl*) ▷ SELF

semantic /sɪˈmæntɪk/ • *adj* semantisch **~s** • *n* semantiek *f*

semester /sɪˈmestə, sɪˈmestər/ • *n* semester

senat|e /ˈsenɪt/ • *n* senaat *m* **~or** • *n* senator *m*

send /send/ • *v* (*sp* sent, *pp* sent) zenden, verzenden, sturen, opsturen

Senegal • *n* Senegal **~ese** • *adj* Senegalees, Senegalese • *n* Senegalees *m*

senior /ˈsinjər/ • *n* senior *f*

sense /sen(t)s, sɪn(t)s/ • *n* zintuig *n*; gevoel *n*, gewaarwording *f*; (gezond verstand; betekenis *f* • *v* gewaarworden, waarnemen

sensible /ˈsen.sə.bl̩, ˈsen.sɪ.bl̩/ • *adj* waarneembaar, merkbaar; aanzienlijk, aanwijsbaar; gevoelig; bewust; verstandig, zinnig; praktisch, functioneel

sensitiv|e /ˈsensɪtɪv/ • *adj* gevoelig **~ity** • *n* gevoeligheid *f*; sensitiviteit *f*; ontvankelijkheid

sent (*sp/pp*) ▷ SEND

sentence /ˈsentəns/ • *n* vonnis *n*, uitspraak *f*, oordeel *n*; veroordeling *f*; straf *f*; zin *m*

sentimental • *adj* emotioneel

separat|e /ˈsep(ə)rət, ˈsepəreɪt/ • *adj* afzonderlijk, gescheiden, afgezonderd, afgezonderde; gescheiden van • *v* scheiden; afzonderen; zich verdelen, schiften **~ion** • *n* scheiding *f*

September • *n* september *m*

sequel /ˈsiːkwəl/ • *n* vervolg

Serbia • *n* Servië *f* **~n** • *adj* Servisch • *n* Serviër *m*, Servische *f*; Servisch *n*

series /ˈsɪə.riːz, ˈsɪriːz/ • *n* (*pl* series) serie *f*; reeks *f*

serious /ˈsɪəri.əs/ • *adj* serieus, ernstig **~ness** • *n* ernst

serv|e /sɜːv, sɜv/ • *v* dienen; serveren; opdienen, bedienen **~ant** • *n* hulp, hulpje, huishoudhulp, bediende, knecht *m*, meid *f*, dienaar *m* **~ice** • *n* dienst *m*, bediening *f*; servies; opslag, service; eredienst *m*

serving /ˈsɜːvɪŋ/ • *n* portie *f*

session /ˈsɛʃən/ • *n* sessie *f*; zitting *f*

set /sɛt/ • *adj* klaar, klare, voorbereid, voorbereide, ingesteld, ingestelde • *n* set *m*; toestel *n*; verzameling *f*; serie • *v* (*sp* set, *pp* set) ondergaan, verdwijnen; aanpassen, instellen; bepalen; dekken; introduceren; zetten; opdragen; harden; neerzetten **~ sb/sth up** • *adj* klaarzetten • *v* bereiden, voorbereiden, opzetten; regelen, schikken; veroorzaken, leiden; verstrikken; verharden, harden, verstokken, stollen **~ting** • *n* context *m*

settle /ˈsɛtəl/ • *v* vestigen, settelen **~ment** • *n* nederzetting *f*

seven /ˈsɛv.ən/ • *n* zeven *f* • *num* zeven **~teen** • *num* zeventien *f* **~th** • *adj* zevende **~ty** • *num* zeventig *f*

sew /səʊ, soʊ/ • *v* (*sp* sewed, *pp* sewn) naaien

sewed (*sp/pp*) ▷ SEW

sewn (*pp*) ▷ SEW

sex /sɛks/ • *n* seks *m*, geslachtsgemeenschap *m*, vrijen *n*; geslacht *n*, sekse *f* • *v* geslacht bepalen, seksen; vrijen, de liefde bedrijven **~ual** • *adj* seksueel **~uality** • *n* sexualiteit *f* **~y** • *adj* sexy

Seychelles • *n* Seychellen

shade /ʃeɪd/ • *n* schaduw *m*; jaloezie *f*; tint, schakering; spook *n*, geest *m*, schim *m* • *v* schaduwen; verdonkeren, donker maken

shadow /ˈʃædoʊ, ˈʃædəʊ/ • *n* schaduw *m*

shak|e /ʃeɪk/ • *v* (*sp* shook, *pp* shaken) schudden; schokken **~y** • *adj* bibberig, trillerig; onzeker, zwak, gammel

shaken (*pp*) ▷ SHAKE

shall /ʃæl, ʃəl/ • *v* (*sp* should, *pp* -) zullen

shallow /ˈʃæləʊ, ˈʃæl.oʊ/ • *adj* ondiep, laag; oppervlakkig • *n* ondiepte *f*

shame /ʃeɪm/ • *n* schaamte *f*; schande *f* **~less** • *adj* schaamteloos

shampoo /ʃæmˈpuː, ʃamˈpuː/ • *n* shampoo *m* • *v* shampooën, shamponeren

shape /ʃeɪp/ • *n* staat, status, toestand; vorm *m*, conditie, fysiek

share /ʃɛə, ʃɛəɪ/ • *n* deel *n*, aandeel *n* • *v* delen **~d** • *adj*

shark /ʃɑːk, ʃɑːk/ • *n* haai *m*

sharp /ʃɑːp, ʃɑːp/ • *adj* scherp; scherpzinnig; puntig, gepunt; -kruis; hoog; straf, sterk; stekend, acuut; bijtend; snerend • *n* kruis *n* **~en** • *v* scherpen, slijpen, aanscherpen **~ener** • *n* slijper *m*

shat *(sp)* ▷ SHIT

shatter /ʃæt.ə(ɹ)/ • *v* aan diggelen slaan, verbrijzelen

shave /ʃeɪv/ • *v* scheren; zich scheren **~r** • *n* scheerapparaat *n*

she /ʃiː, ʃi/ • *pron* zij

shear /ʃɪə(ɹ), ʃɪɹ/ • *n* afschuifkracht *m* • *v* (*sp* sheared, *pp* shorn) afsnijden, knippen; scheren; afschuiven

sheared *(sp/pp)* ▷ SHEAR

shed /ʃɛd/ • *n* loods, schuur • *v* (*sp* shed, *pp* shed) splijten; afwerpen; vergieten; storten; werpen

sheep /ʃiːp, ʃiːp/ • *n* (*pl* sheep) schaap *n*

sheer /ʃɪə, ʃɪɹ/ • *adj* flinterdun; recht; steil

sheet /ʃiːt, ʃit/ • *n* blad *n*; laag *f*; schoot • *(also)* ▷ BEDSHEET

shelf /ʃɛlf/ • *n* (*pl* shelves) schap *n*, rek *n*, plank *f*, legplank *f*

shell /ʃɛl/ • *n* schelp *f*; schaal *f*, eierschaal *f*; omhulsel *n*; obus *m*; lier *f*; gebruikersomgeving *f*, shell *m*; schulp *f* • *v* schillen; kraken, pellen, doppen; bombarderen

shelter /ʃɛltə, ʃɛltəɹ/ • *n* onderdak *n*, toevluchtsoord *n*, hokje *n*, schuilplaats; opvang

shelves *(pl)* ▷ SHELF

shift /ʃɪft/ • *n* ploegendienst *m*, ploegenstelsel *n*

shin|e /ʃaɪn/ • *n* glans *m*; uitmuntendheid *f*, bravoure *f*; schijn *f*, straling *f* • *v* (*sp* shone, *pp* shone) voor de hand liggen; schijnen, stralen; opblinken, poliëren; glanzen, blinken; uitblinken **~y** • *adj* glanzend, glimmend

ship /ʃɪp/ • *n* schip *n* • *v* verschepen, verzenden, opsturen, uitleveren; doorgeven **~ping** • *n* verzending

shirt /ʃɜt, ʃɜːt/ • *n* hemd *n*, overhemd *n*, shirt

shit /ʃɪt/ • *interj* kut! • *n* poep, stront, kak, schijt; gelul *n*; klootzak *m*, rotzak *m* • *v* (*sp* shit, *pp* shit) schijten

shitted *(sp/pp)* ▷ SHIT

shiver /ʃɪvə, ʃɪvə/ • *v* rillen, bibberen

shock /ʃɒk, ʃɑk/ • *n* schok *m*, shock *m*; pluk *m*

shod *(sp/pp)* ▷ SHOE

shoe /ʃuː, ʃu/ • *n* schoen *m* • *v* (*sp* shod, *pp* shod) beslaan **~lace** • *n* schoenveter *m*

shoed *(sp/pp)* ▷ SHOE

shone *(sp)* ▷ SHINE

shook *(sp)* ▷ SHAKE

shoot /ʃuːt/ • *interj* stik • *n* scheut *f*, spruit *f* • *v* (*sp* shot, *pp* shot) schieten **~ing** • *n* schietpartij *f*

shop /ʃɒp, ʃɑp/ • *n* winkel *m*; werkplaats, atelier *n* • *v* winkelen, inkopen doen, shoppen, boodschappen doen **~ping** • *n* winkelen, boodschappen doen

shore /ʃɔː, ʃɔɹ/ • *n* kust, oever *m*

shorn *(pp)* ▷ SHEAR

short /ʃɔːt, ʃɔɹt/ • *adj* kort; klein **~-term** • *adj* op kort termijn; kortdurend, kortlopend **~s** • *n* hotpants **in ~** • *phr* in het kort

shot /ʃɒt, ʃɑt/ • *adj* versleten; uitgeput • *n* schot *n*; kogel *m*; hagel *m* • *(also)* ▷ SHOOT

should /ʃʊd, ʃəd/ • *v* moeten, zou moeten; mochten • *(also)* ▷ SHALL

shoulder /ˈʃəʊldə, ˈʃoʊldɚ/ • *n* schouder *m*; berm *m*, vluchtstrook *m*

shout /ʃaʊt, ʃaʊt/ • *n* schreeuw *m* • *v* schreeuwen

shove /ʃʌv/ • *v* schuiven

show /ʃəʊ, ʃoʊ/ • *n* show, voorstelling; tentoonstelling, expositie • *v* (*sp* showed, *pp* shown) tonen, zien, vertonen, showen; aantonen, demonstreren, bewijzen **~ off** • *v* zich aanstellen, pronken met

showed *(sp/pp)* ▷ SHOW

shower /ˈʃaʊ.ə(ɹ), ˈʃaʊ.ɚ/ • *n* regenbui *f*, bui *f*, schoer *m*; douche *m*, stortbad *n*; vleesslul *m* • *v* besproeien; douchen, een douche nemen, een stortbad nemen

shown *(pp)* ▷ SHOW

shrank *(sp)* ▷ SHRINK

shred /ʃɹed/ • *v* (*sp* shred, *pp* shred) verscheuren, versnipperen

shredded *(sp/pp)* ▷ SHRED

shrewd /ʃɹuːd/ • *adj* schrander

shrill /ʃɹɪl/ • *adj* schel; scherp

shrimp /ʃɹɪmp/ • *n* (*pl* shrimp) garnaal

shrink /ʃɹɪŋk/ • *n* zielenknijper *m*, zielknijper *m* • *v* (*sp* shrank, *pp* shrunk) krimpen

shrug /ʃɹʌɡ/ • *n* schouderophalen *n*

shrunk *(sp/pp)* ▷ SHRINK

shut /ʃʌt/ • *v* (*sp* shut, *pp* shut) sluiten, dichtklappen

shuttle /ˈʃʌɾel/ • *n* schietspoel *f*

shy /ʃaɪ/ • *adj* schuchter, bedeesd, schroomvallig, timide, verlegen; gereserveerd; verstandig, voorzichtig; klein; beschroomd • *n* worp *f*, aangooi *f*; gooiplek *f*, gooiplaats *f* • *v* terugspringen; gooien, werpen, weggooien

sibling /ˈsɪblɪŋ/ • *n* brus, broer/broeder, zus/zuster

sick /sɪk/ • *n* zieke *f*, zieken

side /saɪd/ • *n* kant *m*, ploeg *f*; zijde *f*, vlak *n*; zij; bladzijde *f*, pagina *f* **~walk** • *n* stoep *m*, trottoir *n*, voetpad *n*

Sierra Leone • *n* Sierra Leone

sigh /saɪ/ • *interj* zucht • *n* zucht *m*; verzuchting *f*, klacht *m* • *v* zuchten

sight /saɪt/ • *n* aanblik; bezienswaardigheid; vizier

~seeing • *n* sightseeing *f*
sign /saɪn/ • *n* teken; bord, markering, bordje *n*; gebaar; gebarentaal; voorteken; speciaal teken • *v* ondertekenen
signal /ˈsɪgnəl/ • *n* signaal *n*, sein *n*
signature /ˈsɪgnətʃə, ˈsɪgnətʃɚ/ • *n* handtekening; katern
significan|t /sɪgˈnɪ.fɪ.kənt, sɪgˈnɪ.fɪ.gənt/ • *adj* voelbaar, waarneembaar, beduidend, significant, veelbetekenend, betekenisvol **~ce** • *n* betekenis, belang *f*, importantie *f* **~tly** • *adv* voelbaar, waarneembaar, beduidend, significant, veelbetekenend, betekenisvol
silen|t /ˈsaɪlənt/ • *adj* stil; zwijgend, zwijgzaam **~tly** • *adv* stilletjes **~ce** • *interj* stilte! • *n* stilte *f*; zwijgen *n*; stilzwijgen *n*
silk /sɪlk/ • *n* zijde, spinrag; zijdedoek *m*
silly /ˈsɪli/ • *adj* ondoordacht, dom; ondeugend, gek; stom
silver /ˈsɪl.və, ˈsɪl.vɚ/ • *adj* zilveren; zilverkleurig, zilverkleurige • *n* zilver *n*; bestek *n*; zilverwerk *n*; zilverkleur *f*
similar /ˈsɪmələ, ˈsɪmələ˞/ • *adj* gelijkend **~ity** • *n* gelijkenis *f*
simmer /ˈsɪmə˞, ˈsɪmə/ • *v* stoven, sudderen
simpl|e /ˈsɪmpəl/ • *adj* eenvoudig, simpel; achterlijk **~ify** • *v* vereenvoudigen,

versimpelen **~ification** • *n* vereenvoudiging *f*, versimpeling *f*
simultaneous /ˌsɪm.əlˈteɪm.i.əs, ˌsaɪm.əlˈteɪm.i.əs/ • *adj* gelijktijdig, simultaan **~ly** • *adv* tegelijkertijd, tegelijk, simultaan, gelijktijdig
sin /sɪn/ • *n* zonde • *v* zondigen **~ful** • *adj* zondig **~ner** • *n* zondaar *m*
since /sɪn(t)s/ • *adv* sindsdien • *conj* sinds, sedert; aangezien, omdat • *prep* sinds, sedert
sincer|e /sɪnˈsɪə(ɹ)/ • *adj* oprecht **~ity** • *n* oprechtheid *f*
sing /sɪŋ/ • *v* (*sp* sang, *pp* sung) zingen **~er** • *n* zanger *m*; zangeres *f* **~ing** • *n* zang *m*
Singapore • *n* Singapore *n*
single /ˈsɪŋgl/ • *adj* alleenstaand • *n* vrijgezel
sink /sɪŋk/ • *n* gootsteen *m*, afwasbak *m* • *v* (*sp* sank, *pp* sunk) zinken; onderdompelen
sir /ˈsɜː(ɹ), ˈsɝ/ • *n* heer *m*, meneer *m*; mijnheer *m*
sister /ˈsɪs.tə, ˈsɪs.tɚ/ • *n* zus *f*, zuster *f*; kloosterzuster, non; verpleegster **~-in-law** • *n* schoonzus *f*, schoonzuster *f* **~hood** • *n* zusterschap *f*
sit /sɪt/ • *v* (*sp* sat, *pp* sat) zitten
situation /ˌsɪtjuːˈeɪʃən/ • *n* situatie; plaats *f*, locatie *f*; positie *f*
six /sɪks/ • *num* zes **~teen** • *num* zestien *f* **~th** • *adj* zesde **~ty** • *num* zestig *f*
size /saɪz/ • *n* grootte *f*
sizzle /ˈsɪzəl/ • *v* sissen; zinderen

skateboard • *n* skateboard *n* • *v* skateboarden

skeleton /'skɛlətən/ • *n* skelet *n*, geraamte *n*; vel over vlees

skeptical /'skeptɪkəl/ • *adj* sceptisch

sketch /skɛtʃ/ • *n* schets

ski /skiː, ʃiː/ • *n* ski *m* • *v* skiën

skill /skɪl/ • *n* bekwaamheid *f*, vaardigheid *f* **~ful** • *adj* bedreven, vaardig

skin /skɪn/ • *n* huid *f*, vel *n*; bont *n*, pels *f*; skin *f*; blaadje *n*, vloeitje *n* • *v* schaven; villen, onthuiden, afstropen; een skin gebruiken **~ny** • *adj* mager

skip /skɪp/ • *v* huppelen, hinkelen, hoppen; overslaan

skirt /skɜːt, skɜt/ • *n* rok *m* • *v* begrenzen

skull /skʌl/ • *n* schedel *m*, doodshoofd *n*, doodskop *m*, cranium *n*

skunk /skʌŋk/ • *n* stinkdier

sky /skaɪ/ • *n* hemel *m*, lucht; firmament *n* **~light** • *n* zonnedak *n*, koepel *m* **~line** • *n* skyline *f* **~scraper** • *n* wolkenkrabber *m*

slain *(pp)* ▷ SLAY

slam /slæm/ • *v* toeslaan

slap • *n* mep *f*, klets *f* • *v* meppen, kletsen; neerkwakken

slash /slaʃ, slæʃ/ • *n* schuine streep *f* • *v* hakken, houwen, snijden, klieven

slave /sleɪv/ • *n* slaaf *m*, slavin *f* **~ry** • *n* slavernij *f*

slay /sleɪ/ • *v* (*sp* slew, *pp* slain) doden, vermoorden

sleep /sliːp, slɪp/ • *n* slaap *m* • *v* (*sp* slept, *pp* slept) slapen; te slapen leggen, onderbrengen **~ over** • *v* overnachten **~y** • *adj* slaperig **~ing bag** • *n* slaapzak *m*

sleeve /sliːv/ • *n* mouw *f*; platenhoes *f*, hoes *f*

slept *(sp/pp)* ▷ SLEEP

slew *(sp)* ▷ SLAY

slice /slaɪs/ • *n* plak *n*, schijf *n*

slid *(sp/pp)* ▷ SLIDE

slid|e /slaɪd/ • *n* schuif *f*; ventiel *n*; dia *m*, slide *m*; voorwerpglaasje *n*, objectglaasje *n*; glijbaan *f*, schuifaf *f*; lawine *f* • *v* (*sp* slid, *pp* slid) glijden; uitglijden; slepen, schuiven **~ing door** • *n* schuifdeur

slight /slaɪt/ • *adj* onbeduidend **~ly** • *adv* lichtelijk

slimy /'slaɪ.mi/ • *adj* slijmerig; achterbaks

sling /slɪŋ/ • *n* slinger; verband • *v* (*sp* slung, *pp* slung) slingeren, werpen, ophangen

slink /slɪŋk/ • *v* (*sp* slunk, *pp* slunk) sluipen

slip /slɪp/ • *n* stukje papier, reep *m*; slip *m*; onderjurk *f*; herval *n* • *v* slippen, uitglijden, falen **~pery** • *adj* glibberig, glad

slipper • *n* pantoffel *m*, slof *m*; slipper *m*, slipster *f*, schuiver *m*, schuifster *f*

slit /slɪt/ • *n* spleet *f*, gleuf *f*; slet *f* • *v* (*sp* slit, *pp* slit) opensnijden; splijten

slogan /ˈslougən, ˈsləʊg(ə)n/ • *n* slagzin *m*

slope /sloʊp, sləʊp/ • *n* helling *f*; steilte *f*, glooiing *f*; richtingscoëfficient; spleetoog • *v* glooien; sluipen

sloppy • *adj* slordig

sloth /sləʊθ, slɔθ/ • *n* luiheid *f*, traagheid *f*; luiaard *m* **~ful** • *adj* lui

Slovakia • *n* Slowakije, Slowakije

Slovenia • *n* Slovenië *n*

slovenly /ˈslʌv.ən.li, ˈsluv.ən.li/ • *adj* slordig, onverzorgd; vuil

slow /sləʊ, sloʊ/ • *adj* traag, langzaam, sloom; langzame, slome • *v* vertragen, ophouden **~ly** • *adv* traag, traagjes, langzaam, langzaamaan

slum /slʌm/ • *n* sloppenwijk *f*, krottenwijk *f*

slung *(sp/pp)* ▷ SLING

slunk *(sp/pp)* ▷ SLINK

small /smɔːl, smɔl/ • *adj* klein, nietig, minuscuul; jong

smart /smɑɹt, smɑːt/ • *adj* slim

smash /smæʃ/ • *n* klap, dreun; voltreffer; smash

smell /smɛl/ • *n* geur *m*, reuk *m*, stank *m*; reukzin *m* • *v* (*sp* smelt, *pp* smelt) ruiken; geuren, stinken

smelled *(sp/pp)* ▷ SMELL

smelt *(sp/pp)* ▷ SMELL

smile /smaɪl/ • *n* glimlach *m*, lach • *v* glimlachen, smuilen

smite /smaɪt/ • *v* (*sp* smote, *pp* smitten) doden

smitten *(pp)* ▷ SMITE

smok|e /sməʊk, smoʊk/ • *n* rook *m*, walm *m* • *v* roken; smoren **~ing** • *n* roken

smooth /smuːð/ • *adj* glad; vlot; zacht, fijn • *n* gladheid *f*, glads *n*; zwaai *m*, streling *f*; gladhuidige • *v* glad maken, gladstrijken

smote *(sp)* ▷ SMITE

snail /sneɪl/ • *n* slak *f*, huisjesslak *f*

snake /sneɪk/ • *n* slang *f*, serpent *n*

snap /snæp/ • *v* snauwen

sneak /sniːk/ • *n* gluiperd *m* • *v* sluipen, rondsluipen, wegsluipen **~y** • *adj* geniepig, gluiperig

sneaker /ˈsniːkəɹ/ • *n* sportschoenen *m*

snob /snɒb/ • *n* snob *f* **~by** • *adj* snobistisch

snow /snəʊ, snoʊ/ • *n* sneeuw *m*; sneeuwwit *n*; sneeuwval *m* • *v* sneeuwen **~man** • *n* sneeuwpop *f*, sneeuwman *m*

so /səʊ, soʊ/ • *adv* zo, zodanig • *conj* zodat, zodoende; dus

soak /səʊk, soʊk/ • *v* doorweken; weken; doordringen; opnemen

soap /soʊp, səʊp/ • *n* zeep *f* **~ opera** • *n* soap *f*, soapreeks, soapserie *f*

soar /sɔː, sɔɹ/ • *n* scheren • *v* zweven; opstijgen

soccer /ˈsɒk.ə, ˈsɑk.əɹ/ • *n* voetbal *n*

social /ˈsəʊʃəl, ˈsoʊ.ʃəl/ • *adj* sociaal, maatschappelijk **~ist** • *adj* socialistisch, socialistische • *n* socialist *m*, socialiste *f* ~**ism** • *n* socialisme *n*

society /səˈsaɪ.ə.ti/ • *n* maatschappij, samenleving; vereniging, gezelschap *n*, sociëteit *f*

sock /sak, sɒk/ • *n* sok *f*

sodium /ˈsəʊdɪəm, ˈsoʊdi.əm/ • *n* natrium *n*

sofa /ˈsoʊfə, ˈsəʊfə/ • *n* bank *f*, zetel *m*, sofa *m* ~**-bed** • *n* slaapbank *f*

soft /sɒft, sɑft/ • *adj* zacht; stil; week ~**en** • *v* verzachten ~**ly** • *adv* zachtaardig, zachtzinnig; zacht ~ **drink** • *n* frisdrank, prik, priklimonade

software /ˈsɒftˌweə, ˈsɔftˌweɪ/ • *n* software *m*, programmatuur *m*

soil /sɔɪl/ • *n* grond *m*, aarde *f* • *v* bevuilen

solar /ˈsoʊlə, ˈsəʊlə/ • *adj* zonne-

sold *(sp/pp)* ▷ SELL

soldier /ˈsəʊldʒə, ˈsoʊldʒɚ/ • *n* soldaat *m*, soldate *f*, militair *m*; heilsoldaat *m*, heilsoldate *f*

sole /səʊl, soʊl/ • *adj* enig; alleenstaand, ongetrouwd • *n* zool, voetzool; schoenzool *m*; tong *f*, zeetong *f* • *v* zolen

solicitor /səˈlɪsɪtə, səˈlɪsɪtɚ/ • *n* rechtskundig raadsman

solid /ˈsalɪd, ˈsɒlɪd/ • *adj* vast, solide; massief; zwaar; stevig; steekhoudend, gegrond; aaneengeschreven; effen, egaal • *n* vast

solo /ˈsoʊ.loʊ, ˈsəʊ.ləʊ/ • *adj* alleen; solo • *v* een solo spelen; solo

sol|ve /sɒlv, sɑlv/ • *v* oplossen ~**ution** • *n* oplossing *f*

Somali|a • *n* Somalië ~ • *adj* Somalisch • *n* Somalisch *n*; Somaliër *m*, Somalische *f*

some /sʌm, səm/ • *det* enige; wat; sommige • *pron* eenige, sommigen ~**body** • *pron* iemand ~**how** • *adv* op een of andere manier, eenderhoe ~**one** • *pron* iemand ~**thing** • *pron* iets ~**times** • *adv* soms ~**what** • *adv* ietwat, een beetje, enigszins ~**where** • *adv* ergens; ergens heen

son /sʌn/ • *n* zoon *m* ~**-in-law** • *n* schoonzoon *m*

song /sɒŋ, sɔŋ/ • *n* lied *n*, liedje *n*, nummer; zang *m*; prikkie, een appel en een ei

soon /suːn/ • *adv* zo, spoedig, binnenkort, dra, gauw, weldra

sophisticated • *adj* wereldwijs; geperfectioneerd

sore /sɔː, sɔɹ/ • *adj* pijnlijk; erbarmelijk, wanhopig • *n* wonde

sorry /ˈsɒɹi, ˈsʌɹi/ • *adj* spijten; armzalig, treurig • *interj* sorry, het spijt me, pardon, excuseer; pardon?, wat zegt u, wat zeg je

sort /sɔːt, sɔɹt/ • *n* soort *f*; sorteren *n* • *v* sorteren; rangschikken

sought *(sp/pp)* ▷ SEEK

soul /səʊl, soʊl/ • *n* ziel *f*; soul *f* ~**less** • *adj* zielloos

sound /saʊnd/ ● *adj* degelijk ● *n* geluid *n*, klank *m* ● *v* klinken, luiden, geluid maken, toon voortbrengen
soup /suːp, sup/ ● *n* soep *f*
sour /ˈsaʊ(ə)ɪ, ˈsaʊə/ ● *adj* zuur
source /sɔːɪs, sɔːs/ ● *n* bron *f*
south /saʊθ, sʌʊθ/ ● *adj* zuid, zuidelijk ● *n* zuiden *n* **~ern** ● *adj* zuid, zuidelijk; zuiders **~west** ● *adj* zuidwest, zuidwestelijk ● *n* zuidwesten *n* **~east** ● *n* zuidoosten *n*
South Africa ● *n* Zuid-Afrika
South Sudan ● *n* Zuid-Soedan *n*
souvenir /ˌsuːvəˈnɪə(ɪ)/ ● *n* aandenken *n*, souvenir *n*
sovereign /ˈsɒv.ɹɪn/ ● *adj* soeverein ● *n* vorst *m* **~ty** ● *n* soevereiniteit *f*
Soviet /ˈsəʊ.vi.ət, ˈsoʊ.vi.ət/ ● *adj* Sovjet-
sow /saʊ/ ● *n* zeug *f* ● *v* (*sp* sowed, *pp* sown) zaaien
sowed (*sp/pp*) ▷ SOW
sown (*pp*) ▷ SOW
space /speɪs/ ● *n* ruimte *f*; spatie *m*
spade /speɪd/ ● *n* schop *f*, spade *f*, schup *f*, schep *f*; schoppen, schuppen **call a ~ a ~** *v* zeggen zoals het is, de dingen bij hun naam noemen, man en paard noemen, een kat een kat noemen
spaghetti /spəˈɡɛti/ ● *n* spaghetti *m*
Spa|in ● *n* Spanje *n* **~nish** ● *adj* Spaans ● *n* Spaans *n*
spam /spæm/ ● *n* spam *m*, ongewenste elektronische post *f*, spamboodschap *f*, ongewenste mail *m*
span /spæn, spæːn/ ● *n* span *n*
spare /spɛə(ɪ), ˈspɛəɪ/ ● *v* sparen
spark /spɑːɪk, spɑːk/ ● *n* vonk *f*, sprank *f*, vuursprank *f*
sparrow /ˈspæɪəʊ, ˈspæɪoʊ/ ● *n* mus *f*, huismus *f*; gors *f*
spat (*sp/pp*) ▷ SPIT
speak /spiːk, spik/ ● *v* (*sp* spoke, *pp* spoken) spreken **~er** ● *n* spreker *m*, spreekster *f*; box, luidspreker
special /ˈspɛ.ʃəl/ ● *adj* speciaal ● *n* aanbieding *f* **~ty** ● *n* specialiteit *f*, terrein *n* **~ist** ● *n* specialist *m*
species /ˈspiːʃiːz/ ● *n* (*pl* species) soort *f*; species *f*
specif|y /ˈspɛsɪfaɪ/ ● *v* specificeren **~ically** ● *adv* specifiek **~ication** ● *n* specificatie *f*
specimen /ˈspɛsɪmɪn/ ● *n* voorbeeld *n*; specimen *n*
specta|cle /ˈspɛktəkl/ ● *n* spektakel *n* **~tor** ● *n* toeschouwer *m*, kijker *m* **~cles** ● *n* bril *m*
spectrum /ˈspɛktɹəm, ˈspɛkt(ʃ)ɹəm/ ● *n* spectrum *n*
speculat|or ● *n* speculant *m* **~ion** ● *n* giswerk *n*, speculatie *f*
sped (*sp/pp*) ▷ SPEED
speech /spiːtʃ/ ● *n* spraak *f*; toespraak *f*, speech *m*, rede *f* **~less** ● *adj* sprakeloos
speed /spiːd/ ● *n* snelheid *f*, vlugheid *f*; gezwindheid *f*,

vaart *f*; **speed ~y** • *adj* spoedig

speeded *(sp/pp)* ▷ SPEED

spell /spɛl/ • *n* toverspreuk *f*; betovering *f* • *v* (*sp* spelt, *pp* spelt) spellen; betekenen; invallen voor **~ing** • *n* spelling *f*

spelled *(sp/pp)* ▷ SPELL

spelt *(sp/pp)* ▷ SPELL

spend /spɛnd/ • *v* (*sp* spent, *pp* spent) besteden, doorbrengen

spent *(sp/pp)* ▷ SPEND

spher|e /sfɪə, sfɪɹ/ • *n* bol *m*, sfeer *f*, kogel *m*; omgeving *f*, bereik *n* **~ical** • *adj* bolvormig

spicy • *adj* gekruid, kruidig; pikant

spider /ˈspaɪdə, ˈspaɪdə/ • *n* spin *f*, kobbe *f*

spill /spɪl/ • *n* gemorste *n* • *v* (*sp* spilt, *pp* spilt) morsen

spilled *(sp/pp)* ▷ SPILL

spilt *(sp/pp)* ▷ SPILL

spin /spɪn/ • *v* draaien; spinnen; doen draaien

spinach /ˈspɪnɪtʃ/ • *n* spinazie *m*

spine /spaɪn/ • *n* ruggengraat; rug *m*; stekel *m*, doorn *m*

spirit /ˈspɪrɪt, ˈspɪrɪt/ • *n* geest *m*, ziel *f* **~ual** • *adj* geestelijk, spiritueel

spit /spɪt/ • *n* spit *n*; speeksel *n*, spuug *n*, spuwsel *n* • *v* (*sp* spat, *pp* spat) spuwen, spugen

spite /spaɪt/ • *n* boosaardigheid *m*, wrok *m*; ergernis, droefheid, ascese, irritatie • *v* mishandelen; haten

spleen /spliːn/ • *n* milt *m*

split /splɪt/ • *n* afsplitsing *f* • *v* (*sp* split, *pp* split) splitsen, opsplitsen; verdelen

spoil /spɔɪl/ • *n* buit *f* • *v* (*sp* spoilt, *pp* spoilt) verbrodden, verprutsen; verwennen; bederven **~er** • *n* spoiler

spoiled *(sp/pp)* ▷ SPOIL

spoilt *(sp/pp)* ▷ SPOIL

spoke *(sp)* ▷ SPEAK

spoken /ˈspoʊkən/ • *adj* gesproken • *(also)* ▷ SPEAK

spokes|man • *n* woordvoerder *m*, woordvoerster *f*, zegsman *m*, zegsvrouw *f* **~person** • *n* woordvoerder *m*, woordvoerster *f*, zegsman *m*, zegsvrouw *f* **~woman** • *n* woordvoerster *f*

sponge /spʌndʒ/ • *n* spons *f*

sponsor /ˈspɒn.sə, ˈspɑn.sɚ/ • *v* sponsoren

spontaneous /spɒnˈteɪ.ni.əs, spɑnˈteɪ.ni.əs/ • *adj* spontaan **~ly** • *adv* spontaan

spoon /spuːn, spun/ • *n* lepel *m* • *v* lepeltje-lepeltje liggen; laveren **~ful** • *n* lepel, lepelvol

sport /spɔːt, spɔːt/ • *n* sport *m* **~ing** • *adj* sportief

spot /spɒt, spɑt/ • *n* vlek *f*, plek *f*; puist *f*; beetje *n*, hap *m*; plaats *f*; spot *m*, straler *m*; reclamespot *m* • *v* opmerken, vinden, bemerken; lenen, matsen; bevlekken, vlek; ontvlekken; spotten **~light** • *n* spotlight *f*

spouse /spaʊs/ • *n* echtgenoot, eega, wederhelft, gade

sprang *(sp)* ▷ SPRING
spread /spɹɛd/ • *n* pasta • *v* (*sp* spread, *pp* spread) verspreiden, spreiden, uitbreiden, verbreiden, uitstrekken; uitspreiden, strekken, stretchen; uitstrooien; smeren, bestrijken, besmeren, uitsmeren; verbreden, vergroten, verwijden
spring /spɹɪŋ/ • *n* lente *m*, voorjaar *n*; bron *f*, wel *f*; veer *f*; spring *m*
sprinkle /'spɹɪŋkəl/ • *v* sprenkelen
sprung *(pp)* ▷ SPRING
spun *(sp/pp)* ▷ SPIN
spy /spaɪ/ • *n* spion *m*, spionne *f* • *v* spioneren, bespieden
square /skwɛə(ɹ), skwɛɚ/ • *adj* vierkant, vierkante; met rechte hoek • *n* veld; kwadraat *n*, tweede macht *f*; hekje *n*; vierkant *n*; winkelhaak *m*; plein *n*, markt *f*, plaats *f*, square *m* • *v* oplossen; kwadrateren, tot de tweede macht verheffen
squash /skwɒʃ, skwɔʃ/ • *n* squash *n* • *v* samenpersen
squeamish /'skwiːmɪʃ/ • *adj* teergevoelig, snel misselijk
squeeze /skwiːz/ • *v* drukken, klemmen, persen, knijpen
squid /skwɪd/ • *n* (*pl* squid) inktvis *m*
squirrel /'skwɪɫ, 'skwɝl/ • *n* eekhoorn *m*
Sri Lanka • *n* Sri Lanka *n*

stab /stæb/ • *n* steek; steekwond; poging; kritiek, aanval • *v* steken
stable /'steɪ.bəl/ • *adj* stabiel • *n* stal; paardenstal • *v* stallen
stack /stæk/ • *n* stapel *m* • *v* stapelen, opstapelen
stadium /'steɪ.di.əm/ • *n* stadion *n*
staff /stɑːf, 'stæf/ • *n* staf; balk *m*, notenbalk *m*; medewerkers, personeel *n*
stage /steɪdʒ/ • *n* stadium *n*, fase; toneel *n*, podium *n*; trap • *v* opvoeren; ensceneren
stain /steɪn/ • *n* vlek • *v* verkleuren; bevlekken, bezoedelen; beitsen **~less** • *adj* roestvrij
stair /stɛəɹ, stɛə/ • *n* trap **~case** • *n* trap *m*
stake /steɪk/ • *n* staak *m*, paal *m*; aandeel *n* **at ~** • *phr* op het spel
stale /steɪl/ • *adj* ...; ouderwets
stall /stɔːl, stɔl/ • *n* cabine *f* • *v* stallen; afslaan; overtrekken
stamp /stæmp/ • *v* stampen
stance /stɑːns, stæns/ • *n* houding *f*; standpunt *n*, opinie *f*
stand /stænd, æ/ • *n* standplaats; positie *f*; standpunt *n*; staander *m*, statief *n*, sokkel *m*; bosschage *f*; stand *m*, kraam *n* • *v* (*sp* stood, *pp* stood) staan; opstaan; doorstaan, weerstaan; verdragen, uitstaan; stellen, neerzetten,

overeind zetten **~ing** • *adj* stilstaand

standard /ˈstændəd, ˈstændəɹd/ • *adj* standaard; maatstaf

stank *(sp)* ▷ STINK

staple /ˈsteɪ.pəl/ • *n* basisbenodigdheid *f*; basisvoedsel *n*; niet *f*; haak *m* • *v* nieten **~r** • *n* nietmachine *f*, nietapparaat *n*, nieter *m*

star /stɑː(ɹ), stɑɹ/ • *n* ster *f*; vedette *f*; sterretje **~fish** • *n* zeester *f*

stare /stɛəɹ, stɛə(ɹ)/ • *v* staren

stark /stɑːk, stɑːk/ • *adj* sterk

start /stɑːt, stɑːt/ • *n* startlijn *m*; begin, start, aanvang • *v* beginnen, starten, aanvangen; opschrikken **~er** • *n* voorgerecht *n*, voorafje *n*

startle /ˈstɑːt.(ə)l, ˈstɑːt.(ə)l/ • *v* schrikken; laten schrikken

starv|e /stɑːv/ • *v* verhongeren, sterven van de honger; rammelen; uithongeren **~ation** • *n* uithongering

state /steɪt/ • *n* staat *f* • *v* verklaren; bekendmaken **~ment** • *n* verklaring *f*, bemerking *f*, opmerking *f*; stellingname *f*; uittreksel *n*; instructie

station /ˈsteɪʃən/ • *n* station *n*, halte *f* • *v* posteren **~ary** • *adj* stationair, stilstaand; onverzettelijk; onveranderlijk

statistics /stəˈtɪstɪks/ • *n* statistiek *f*

statue /ˈstæ.tʃuː/ • *n* standbeeld *n*

status /ˈsteɪt.əs, ˈstæt.əs/ • *n* status; aanzien

stay /steɪ/ • *n* verblijf *n*; uitstel *n* • *v* blijven, verblijven; uitstellen

steady /ˈstɛdi/ • *adj* gestaag • *v* stabiliseren

steak /steɪk/ • *n* biefstuk *m*, steak *m*

steal /stiːl/ • *n* koopje *n*; diefstal *m*, roof *m* • *v* (*sp* stole, *pp* stolen) stelen, ontvreemden, jatten

steam /stiːm/ • *n* stoom *m*, kwalm *m* • *v* stomen

steel /stiːl/ • *n* staal *n*

steep /stiːp/ • *adj* steil • *v* weken

steer /stɪə(ɹ)/ • *n* os *m* • *v* besturen; drijven; leiden, begeleiden **~ing wheel** • *n* stuurwiel *n*, stuur *n*

stem /stɛm/ • *n* stam *m*, stengel *m*, steel *m*; grondwoord *n*; voorsteven *m* • *v* stoppen, hinderen, stelpen

step /stɛp/ • *n* stap *m*; voetstap *m* • *v* stappen; gaan

stern /stɜn, stɜːn/ • *adj* streng • *n* achtersteven *m*, achterschip *n*

stick /stɪk/ • *n* stok *m*; tak *m*, takje *n* • *v* (*sp* stuck, *pp* stuck) blijven steken; volhouden; neergooien; stekken; kleven; plakken

stiff /stɪf/ • *adj* rigide, stug, stijf; inflexibel; stevig

still /stɪl/ • *adj* stil • *adv* nog, nog steeds; toch • *n* distilleerapparaat *n*; distilleerderij

stimulat|e /'stɪmjʊleɪt/ • *v* stimuleren, aansporen, prikkelen **~ion** • *n* stimulatie *f*

stingy /'stɪndʒi/ • *adj* gierig

stink /stɪŋk/ • *n* stank *m* • *v* (*sp* stank, *pp* stunk) stinken **~y** • *adj* stinkend

stitch /stɪtʃ/ • *n* steek

stock /stɒk, stak/ • *adj* voorradig, voorradige, op stock, in voorraad • *n* voorraad *m*, stock *m*; reserve; violier, violet; aandeel *n*; kolf *m* • *v* voorradig zijn, in stock hebben, op stock houden

Stockholm • *n* Stockholm

stole (*sp*) ▷ STEAL

stolen (*pp*) ▷ STEAL

stomach /'stʌmək/ • *n* maag *f*; buik *m* **~ache** • *n* buikpijn *f*

stone /stəʊn, stoʊn/ • *adj* stenen • *n* pit *m*; steen *m*; stuk *n*, pion *m*; steentje *n* • *v* stenigen

stood (*sp/pp*) ▷ STAND

stool /stuːl/ • *n* kruk *f*, barkruk *f*; stoelgang *m*

stop /stɒp, stap/ • *n* halte *f*; stop *m*, pauze *f*; stopper *m*; punt *m*, komma *f*, dubbele punt *m*, puntkomma *f* • *v* deppen, stoppen, stilstaan, halthouden; langsgaan; verblijven, blijven; ophouden; aanhouden; beëindigen, afbreken

stor|e /stɔː, stɔː/ • *n* magazijn *n*; voorraad *m* • *v* bewaren; opslaan; behouden **~age** • *n* opslag *m*

stork /stɔːk, stɔːk/ • *n* ooievaar *m*

storm /stɔːm, stɔːrm/ • *n* bui *f*, onweer *n*, onweersbui *f*; storm *m*; bestorming *f* • *v* stormen; bestormen

story /'stɔːri/ • *n* verhaal, vertelling *f*, vertelsel *n*, geschiedenis *f*

stove /stəʊv, stoʊv/ • *n* kachel, oven; fornuis

straight /streɪt/ • *adj* recht, rechte; zoals het hoort; puur, pure • *adv* rechtdoor • *n* straat *f* **~en** • *v* rechtmaken, rechttrekken, rechten; zich rechten, recht worden; overeind springen, opspringen

strain /streɪn/ • *v* overstrekken; forceren; scheiden, afscheiden, zeven

strand /strænd/ • *n* strand • *v* stranden

strange /streɪndʒ/ • *adj* vreemd, raar; onbekend; strange; buitenlands, uitheems **~r** • *n* vreemde *f*, vreemdeling *m*, vreemdelinge *f*; buitenlander *m*, buitenlandse *f*

strateg|y /'strætədʒi/ • *n* strategie **~ic** • *adj* strategisch

straw /strɔː, strɔ/ • *n* stro *n*

strawberry /'strɔːb(ə)ri, 'strɔˌbɛri/ • *adj* aardbeien- • *n* aardbei *f*; aardbeiplant *m*

streak /striːk/ • *n* streep

stream /striːm/ • *n* stroom *m* • *v* streamen

street /striːt, ʃtriːt/ • *n* straat *f* **on the ~** • *phr* op straat

strength /stɹɛŋ(k)θ, stɹɪŋ(k)θ/ • *n* kracht *f*; sterkte *f* **~en** • *v* versterken; bezielen; tot leven wekken; kracht geven

stress /stɹɛs/ • *n* spanning, zenuwen; stress *f*

stretch /stɹɛtʃ/ • *n* rek *m* • *v* aanspannen, rechttrekken, strekken; rekken; zich rekken; reiken

strict /stɹɪkt/ • *adj* strak; streng, strikt

stridden *(pp)* ▷ STRIDE

stride /stɹaɪd/ • *v* (*sp* strode, *pp* stridden) schrijden

strike /stɹaɪk/ • *n* slag *m*; strike *m*; staking; klap *m*, stoot *m* • *v* (*sp* struck, *pp* struck) schijnen; doorstrepen, uitwissen, wissen; de vlag strijken; slaan, treffen, raken; staken

striking /ˈstɹaɪkɪŋ/ • *adj* opvallend, treffend

string /stɹɪŋ/ • *n* draad *m*, koord *n*, streng *f*; karakterreeks; snaarinstrumenten • *v* (*sp* strung, *pp* strung) rijgen, aaneenrijgen

strip /stɹɪp/ • *n* koopgoot • *v* strippen; uitkleden **~ed** • *adj* gestreept

strive /stɹaɪv/ • *v* (*sp* strove, *pp* striven) streven

striven *(pp)* ▷ STRIVE

strode *(sp)* ▷ STRIDE

stroke /stɹəʊk, stɹoʊk/ • *n* aaien; klap *m*; slag *m*; haal *m*; streek *f*; klokslag *m*; beroerte *f* • *v* strelen, strijken, aaien

strong /stɹɒŋ, ʃtɹɒŋ/ • *adj* sterk, kras; stevig; standvastig; krachtig; geconcentreerd

strove *(sp)* ▷ STRIVE

struck *(sp/pp)* ▷ STRIKE

structur|e /ˈstɹʌktʃə(ɹ), ˈstɹʌktʃɚ/ • *n* structuur *f* • *v* structureren **~al** • *adj* structureel

struggle /ˈstɹʌɡl̩/ • *n* gevecht, strijd • *v* vechten, worstelen, moeite hebben met

strung *(sp/pp)* ▷ STRING

stuck *(sp/pp)* ▷ STICK

student /ˈstjuː.dənt, ˈstu.dn̩t/ • *n* student *m*, studente *f*

studio /ˈstjudioʊ/ • *n* atelier *n*; kunstschool *f*; studio *m*; filmmaatschappij *f*, platenmaatschappij *f*

study /ˈstʌdi/ • *n* studie; studeerkamer, studiezaal • *v* studeren, leren

stuff /stʌf/ • *n* spul, goedje *m*, waar *m*, stof *m* • *v* vreten **~ed** • *adj* opgezet, gevuld; vol, verzadigd

stumble /ˈstʌmbəl/ • *v* struikelen, strompelen

stunk *(sp/pp)* ▷ STINK

stupid /ˈstjuːpɪd, ˈst(j)upɪd/ • *adj* dom, domme, onverstandig, onverstandige, stom, stomme; idioot, idiote

sturdy /ˈstɜː.di/ • *adj* solide, stevig; stoer, potig

styl|e /staɪl/ • *n* stijl *m* **~ish** • *adj* stijlvol

subject /ˈsʌb.dʒɛkt, ˈsʌb.dʒɪkt/ • *n* onderwerp *n*; vak *n*, vakgebied *n*; onderdaan *m*, onderdane *f* • *v* onderwerpen **~ive** • *adj* subjectief

submi|t /səbˈmɪt/ • *v* onderwerpen, toegeven; voorleggen, verzenden, voordragen, indienen **~ssion** • *n* inzending *f*

subscri|be /səbˈskɹaɪb/ • *v* abonneren **~ption** • *n* abonnement *n*

subsequent /ˈsʌbsɪkwənt/ • *adj* volgend; subsequent *m* **~ly** • *adv* hierop, vervolgens

subsid|y /ˈsʌbsɪdi/ • *n* subsidie *f* **~iary** • *n* dochterbedrijf *n*, filiaal *f*

substance /ˈsʌbstəns/ • *n* substantie *f*

substitute /ˈsʌbstɪtut/ • *n* vervanger, plaatsvervanger *m*, vervanging *f* • *v* vervangen, substitueren

subtitle /ˈsʌbtaɪtəl/ • *n* ondertiteling

subtle /ˈsʌt(ə)l/ • *adj* subtiel

suburb /ˈsʌbɜː(ɹ)b/ • *n* voorstad *f*, buitenwijk; stadsdeel *n* **~an** • *adj* voorstedelijk

success /səkˈsɛs/ • *n* succes *n*, welgang *m*, goed gevolg *n* **~ful** • *adj* succesvol, geslaagd, gelukt **~fully** • *adv* met succes

success|ion /səkˈsɛʃ.ən/ • *n* opeenvolging; troonswisseling **~or** • *n* opvolger *m*

succinct /sə(k)ˈsɪŋkt, səkˈsɪŋ(k)t/ • *adj* bondig; compact

such /sʌtʃ/ • *det* zulk, zo'n; zo

suck /sʌk, sʊk/ • *v* zuigen; klote zijn

Sudan • *n* Sudan, Soedan **~ese** • *adj* Soedanees • *n* Soedanees *m*, Soedanese *f*

sudden /ˈsʌdn/ • *adj* plotseling, plotselinge **~ly** • *adv* plotseling, plots, plotsklaps, ineens, pardoes

sue /suː/ • *v* aanklagen

suffer /ˈsʌfə, ˈsʌfɚ/ • *v* lijden **~ing** • *n* lijden *n*

suffic|e /səˈfaɪs/ • *v* genoeg zijn, volstaan, voldoen, toereiken; voorzien **~ient** • *adj* voldoende • *det* genoeg

suffix /ˈsʌfɪks/ • *n* achtervoegsel *n*, suffix *m*, aanhangsel *n*

sugar /ˈʃʊɡə(ɹ), ˈʃʊɡɚ/ • *n* suiker *m*

suggest /səˈdʒɛst, səɡˈdʒɛst/ • *v* doen vermoeden, suggereren; voorstellen **~ion** • *n* voorstel *n*

suicide /ˈs(j)uːɪˌsaɪd, ˈs(j)uːɪˌsaɪd/ • *n* zelfmoord *m*, zelfdoding *f*; zelfmoordenaar *m*, zelfmoordenaares *f*, zelfmoordenaarster *f*

suit /s(j)uːt, s(j)ʊt/ • *n* kostuum *n*, pak *n*; kleur *m* • *v* passen bij

suitable /ˈsuːtəbl/ • *adj* geschikt, passend

suite /swiːt/ • *n* reeks; suite

sulky • *adj* nors, nukkig, pruilerig

sullen • *adj* gemelijk, nors; somber; traag

sum /sʌm/ • *n* som *f*; rekensom *f* • *v* optellen, bijeentellen

summar|y /ˈsʌmərɪ/ • *n* samenvatting *f*, overzicht *n*,

opsomming *f* **~ize** • *v* samenvatten, opsommen
summer /ˈsʌmə(ɹ), ˈsʌmɚ/ • *n* zomer *m*
summit /ˈsʌmɪt/ • *n* top *m*, bergtop *m*, piek *f*, spits *f*
summon /ˈsʌmən/ • *v* bijeen roepen; ontbieden, oproepen
sun /sʌn/ • *n* zon *f* • *n* Zon *f* **~ny** • *adj* zonnig **~bathe** • *v* zonnebaden, zonnen **~glasses** • *n* zonnebril **~light** • *n* zonlicht **~shine** • *n* zonneschijn *m*
Sunday • *n* zondag *m*
sung *(pp)* ▷ SING
sunk *(pp)* ▷ SINK
super /ˈs(j)uːpə(ɹ), ˈs(j)upɚ/ • *adj* super
superb /suˈpɜːb, sjuːˈpɜːb/ • *adj* eersteklas
supercilious /ˌsjuːːpə(ɹ)ˈsɪ.li.əs, ˌs(j)uːpɚˈsɪli.əs/ • *adj* hooghartig, denigrerend, hautain, verwaand, hoogmoedig, aanmatigend, hoogneuzig, arrogant
superficial • *adj* oppervlakkig **~ly** • *adv* oppervlakkig **~ity** • *n* oppervlakkigheid *f*
superior /suːˈpɪəɹi.ə(ɹ), suːˈpɪɹiɚ/ • *adj* superieur • *n* meerdere *f*
supermarket /ˌsuːpəˈmɑːkɪt/ • *n* supermarkt *f*; supermarktketen
supernatural /ˌsuːpəˈnatʃɹəl, ˌsuːpɚˈnætʃɚəl/ • *adj* bovennatuurlijk
supervis|e • *v* toezien, besturen, aansturen **~ion** • *n* supervisie *f*, toezicht *n* **~or** • *n* toezichthouder *m*, leidinggevende
suppl|ier /səˈplaɪə/ • *n* leverancier *m* **~ement** • *n* aanvulling *f*, supplement *n*; bijlage *f*, errata; voedingssupplement *f* • *v* aanvullen, suppleren
support /səˈpɔːt, səˈpɔɹt/ • *n* steun, ondersteuning; bijstand; hulp, advies • *v* steunen, ondersteunen **~er** • *n* schildhouder
suppose /səˈpəʊz, səˈpoʊz/ • *v* aannemen, veronderstellen, stellen; vermoeden **~d** • *adj* vermeend **~dly** • *adv* verondersteld, vermeend
suprem|e /ˌs(j)uːˈpriːm/ • *adj* opperst, opperste, oppermachtige **~acy** • *n* suprematie *f*
sure /ʃɔː, ʃʊəɹ/ • *adj* zeker **~ly** • *adv* zeker, vast, zeker weten **for ~** • *phr* zeker, zeker weten
surf /sɜːf, sɝf/ • *n* branding • *v* surfen
surface /ˈsɜːfɪs, ˈsɝːfɪs/ • *n* oppervlakte, oppervlak • *v* opduiken, boven water komen, aan de oppervlakte brengen
surge /sɜːdʒ, sɝːdʒ/ • *n* golf *f*, stortzee *f*
surge|ry /ˈsɜːdʒəɹi, ˈsɝːdʒəɹi/ • *n* operatie *f*; heelkunde *f*, chirurgie *f*; operatiekamer; spreekkamer **~on** • *n* chirurg
Suriname • *n* Suriname *n*
surly /ˈsɜːli/ • *adj* knorrig, bars,

onbeleefd; bedreigend, mistroostig; arrogant, bazig
surplus /ˈsɜːplʌs, ˈsɜːpləs/ • *n* overschot *n*
surpris|e /səˈpraɪz, sɚˈpraɪz/ • *n* verrassing *f*; verrassings-; verbazing *f*, verbijstering *n* • *v* verbazen, verrassen, verbijsteren **~ed** • *adj* verbaasd **~ing** *adj* verrassend **~ingly** • *adv* verrassend
surrender /səˈrɛndɚ/ • *n* overgave *f*
surround /səˈraʊnd/ • *v* omgeven, omringen, omcirkelen, omsingelen, insluiten; omsluiten **~ing** • *adj* omliggend
survey /ˈsɜːveɪ, ˈsɜveɪ/ • *n* enquête, inspectie, onderzoek, rapport • *v* onderzoeken, rapporteren
surviv|e /səˈvaɪv, sɚˈvaɪv/ • *v* overleven **~al** • *n* overleven *n*, overleving *f* **~or** • *n* overlevende; overlever; nabestaande
susp|ect /ˈsʌspɛkt, səsˈpɛkt/ • *n* verdachte *f* • *v* wantrouwen, twijfelen aan, betwijfelen; verdenken; iets verdacht vinden **~icious** • *adj* achterdochtig **~icion** • *n* verdenking *f*
suspen|d /səˈspɛnd/ • *v* schorsen; ophangen; suspenderen; afbreken, stopzetten, afgelasten, onderbreken **~sion** • *n* suspensie; voorhouding *f*

sustain /səˈsteɪn/ • *v* in stand houden; onderhouden **~able** • *adj* duurzaam, verantwoord **~ability** • *n* duurzaamheid
swallow /ˈswɒl.əʊ, ˈswɑ.loʊ/ • *n* slok; zwaluw *f*, boerenzwaluw *f* • *v* slikken, doorslikken
swam *(sp)* ▷ SWIM
swan /swɒn, swɑn/ • *n* zwaan *m*
swap • *n* ruil *m* • *v* ruilen
Swaziland • *n* Swaziland
swear /ˈswɛɚ, ˈswɛə/ • *v (sp* swore, *pp* sworn) zweren, een eed afleggen; vloeken, schelden
sweat /swɛt/ • *n* zweet *n*, transpiratievocht *n* • *v (sp* sweat, *pp* sweat) zweten, transpireren; zwoegen; zich zorgen maken
sweated *(sp/pp)* ▷ SWEAT
sweater /ˈswɛtə, ˈswɛtɚ/ • *n* trui *f*
Swed|en • *n* Zweden *n* **~ish** • *adj* Zweeds, Zweedse • *n* Zweeds *n*
sweep /swiːp/ • *v (sp* swept, *pp* swept) vegen; doorzoeken
sweet /swiːt, swit/ • *adj* zoet; lief, vriendelijk, schattig • *n* snoep *n*, snoepje *n* **~ corn** • *n* suikermais **~ potato** • *n* zoete aardappel *m*; bataat **~en** • *v* zoeten **~ener** • *n* zoetstof
swell /swɛl/ • *adj* geweldig, mieters • *n* deining *f* • *v (sp* swelled, *pp* swollen) zwellen, opzwellen, aanzwellen
swelled *(sp/pp)* ▷ SWELL
swept *(sp/pp)* ▷ SWEEP

swim /swɪm/ • *n* zwemmen *n* • *v* (*sp* swam, *pp* swum) zwemmen **~ming** • *n* zwemmen **~suit** • *n* badpak *n* **~ming pool** • *n* zwembassin *n*, zwemdok *n*; zwembad *n*
swing /swɪŋ/ • *n* schommel *m*; swing *m*; uithaal *m*, zwaai *m* • *v* (*sp* swung, *pp* swung) swingen; schommelen; aan partnerruil doen
switch /swɪtʃ/ • *n* schakelaar *m*; wissel; spitsroede, twijg *f* **~ sth off** • *v* uitzetten, uitschakelen **~ sth on** • *v* aanzetten, inschakelen
Swi|tzerland • *n* Zwitserland **~ss** • *adj* Zwitsers • *n* Zwitser *m*, Zwitserse *f*
swollen (*pp*) ▷ SWELL
sword /sɔːd, sɔːd/ • *n* zwaard *n*
swore (*sp*) ▷ SWEAR
sworn (*pp*) ▷ SWEAR
swum (*pp*) ▷ SWIM
swung (*sp/pp*) ▷ SWING
syllable /ˈsɪləbəl/ • *n* lettergreep *f*, syllabe *f*
symbol /ˈsɪmbəl/ • *n* symbool **~ic** • *adj* symbolisch **~ism** • *n* symbolisme *n*
symmetry /ˈsɪmɪtri/ • *n* symmetrie
sympathetic /ˌsɪmpəˈθetɪk/ • *adj* sympathiek
symptom /ˈsɪm(p)təm/ • *n* symptoom; verschijnsel *n* **~atic** • *adj* symptomatisch
synagogue /ˈsɪ.nə.ɡɑɡ/ • *n* synagoge *f*
syndrome /ˈsɪndrəʊm, ˈsɪndroʊm/ • *n* syndroom *n*

Syria • *n* Syrië
syrup /ˈsɪrəp/ • *n* siroop *m*
system /ˈsɪstəm/ • *n* systeem *n*, stelsel *n* **~atic** • *adj* stelselmatig, systematisch

T-shirt • *n* T-shirt *n*
table /ˈteɪbəl/ • *n* tafel *f*; tabel *m*; vermenigvuldigingstafel *f*, rekentafel *f* • *v* op tafel zetten, de tafel dekken; ter tafel brengen; tabelleren **~spoon** • *n* eetlepel *m*, soeplepel *m*
tablet /ˈtæblət/ • *n* kleitablet *f* **~ computer** • *n* tablet *m*
tabloid • *n* boulevardblad *n*, boulevardkrant, sensatieblad *n*
tackle /ˈtækəl/ • *n* tackle, sliding • *v* aanpakken
tact|ful • *adj* tactvol **~less** • *adj* tactloos
tactic /ˈtæktɪk/ • *n* tactiek *f*, gevechtsleer *f*, krijgskunde *f* **~al** • *adj* tactisch
tadpole /ˈtædpoʊl/ • *n* dikkopje *n*, dikkop *m*, kikkervisje *n*
tag /tæɡ, teɪɡ/ • *n* etiket *n*; tikkertje *n*
tail /teɪl/ • *n* staart *m*; achtereinde, achterste, achterwerk, zitvlak *n*; staartstuk *n*; achtervolger *m*;

munt • *v* schaduwen, beschatten
tailor /ˈteɪlə, ˈteɪlə/ • *n* kleermaker *m*, kleermaakster *f* • *v* kleermaken; aanpassen
Taiwan • *n* Taiwan *n* **~ese** • *n* Taiwanees
Tajikistan • *n* Tadzjikistan
take /teɪk/ • *v* (*sp* took, *pp* taken) nemen, pakken; aannemen; duren **~ sth back** • *v* terugbrengen **~ off** • *v* een vlucht nemen
taken (*pp*) ▷ TAKE
tale /teɪl/ • *n* vertelsel *n*, verhaaltje *n*
talent /ˈtælənt, ˈtalənt/ • *n* talent *n*, aanleg *m*, gave *f* **~ed** • *adj* getalenteerd
talk /tɔːk, tɔk/ • *n* gesprek *n*, conversatie *f* • *v* praten, spreken, overleggen **~ative** • *adj* spraakzaam, praatgraag, babbelziek
tall /tɔːl, tɔl/ • *adj* lang, groot; hoog; ongeloofwaardig
tank /tæŋk/ • *n* vat *n*, tank *m*
Tanzania • *n* Tanzania *f*
tap /tæp/ • *n* kraan *f* • *v* tappen, aftappen; afluisteren, meeluisteren; draadtappen; tikken
tape /teɪp/ • *n* band *n*
tarantula /təˈræntʃələ/ • *n* vogelspin *m*; tarantula *m*
target /ˈtɑːɡɪt, ˈtɑːɡɪt/ • *n* schietschijf *f*
tart /tɑːt, tɑːt/ • *adj* wrang, zuur • *n* taart *f*
task /tɑːsk, tæsk/ • *n* taak, opgave *f*; doel *n* • *v* opdragen, een taak toekennen
tast|e /teɪst/ • *n* smaak *m* • *v* proeven; smaken; ondergaan, gevoelen **~eful** • *adj* smaakvol **~eless** • *adj* smakeloos **~y** • *adj* smakelijk
taught (*sp/pp*) ▷ TEACH
tax /tæks/ • *n* belasting *f*, taks *f* **~payer** • *n* belastingbetaler *m* **~ collector** • *n* belastinginner *m*, tollenaar *m*
taxi /ˈtæk.si/ • *n* taxi *m* • *v* taxiën **~ driver** • *n* taxichauffeur *m*
tea /ti, tiː/ • *n* thee *m* **~pot** • *n* theepot *m* **~spoon** • *n* theelepeltje *n*, theelepel *m*, koffielepel
teach /tiːtʃ/ • *v* (*sp* taught, *pp* taught) aanleren, leren, onderwijzen, lesgeven **~er** • *n* leraar *m*, onderwijzer *m*, docent *m*, leerkracht *m*, schoolmeester *m*; lerares *f*, onderwijzeres *f*, docente *f* **~ing** • *n* onderwijzing *f*, leer *f*
team /tiːm/ • *n* span *n*; ploeg *f*, team *n* **~mate** • *n* ploeggenoot *m*, teammaat *m*
tear /tɛə, tɛə/ • *n* scheur *f*; traan *f* • *v* (*sp* tore, *pp* torn) scheuren
tease /tiːz/ • *v* plagen
technic|al /ˈtɛk.nɪk.əl/ • *adj* technisch **~ally** • *adv* technisch gesproken, strikt genomen; technisch **~ian** • *n* technicus *m*, technieker *m*
technique /tɛkˈniːk/ • *n* techniek *f*

technology /tɛkˈnɒlədʒi, tɛkˈnɑlədʒi/ • *n* technologie *f*, techniek *f*

teeth *(pl)* ▷ TOOTH

telephone /ˈtɛlɪfəʊn, ˈtɛləfoʊn/ • *n* telefoon *m* • *v* telefoneren

telescope /ˈtɛlɪskəʊp, ˈtɛləˌskoʊp/ • *n* telescoop *m*, kijker *m*

television /ˈtɛlɪˌvɪʒən/ • *n* televisie *f*, kijkbuis

tell /tɛl/ • *v* (*sp* told, *pp* told) vertellen, zeggen; instrueren

temperature /ˈtɛmp(ə)rətʃə(r)/ • *n* temperatuur *f*; verhoging *f*

template /ˈtɛmplɪt/ • *n* sjabloon *n*, malplaatje *n*; template

temple /ˈtɛmp(ə)l/ • *n* tempel *m*; slaap *m*; poot *m*

temporary /ˈtɛmpərəri, ˈtɛmpəˌrɛri/ • *adj* tijdelijk

tempt /tɛmpt/ • *v* verleiden; lokken, verlokken; uitlokken

ten /tɛn, tɪn/ • *n* tien, 2), tientje

tenant /ˈtɛ.nənt/ • *n* pachter *m*; bewoner *m*, huurder *m*

tendency /ˈtɛndənsi/ • *n* neiging *f*

tender /ˈtɛn.də(r), ˈtɛn.dər/ • *adj* zacht, mals; gevoelig; lief • *n* betaalmiddel *n*, betalingsmiddel *n*; tender; bod *n* • *v* aanbieden; bieden

tennis /ˈtɛ.nɪs/ • *n* tennis *n* ~ **player** • *n* tennisspeler *m*

tens|e /tɛns/ • *adj* gespannen, strak • *n* tijd *m*, tempus *n* • *v* spannen, opspannen ~**ion** • *n* spanning *f*; gespannen

tent /tɛnt, tɪnt/ • *n* tent *m*

tenure /ˈtɛn.jə, ˈtɛn.jə/ • *n* vastbenoemd zijn, een vaste benoeming hebben

term /tɜːm, tɜm/ • *n* term *m*; voet *m*; trimester *n* ~**inology** • *n* terminologie *f*

terminat|e /ˈtɜːmɪnɛrt/ • *v* beëindigen, termineren ~**ion** • *n* uitgang *m*

terrain • *n* terrein

terrible /ˈtɛ.ɹə.bl̩/ • *adv* afschuwelijk

terrific /təˈɹɪfɪk/ • *adj* geweldig; verschrikkelijk; vreselijk, angstaanjagend

territor|y /ˈtɛɹɪˌtɔɹi, ˈtɛɹət(ə)ɹi/ • *n* grondgebied *n*, territorium *n* ~**ial** • *adj* territoriaal

terror /ˈtɛɹə, ˈtɛɹə/ • *n* verschrikking *f* ~**ism** • *n* terrorisme *f* ~**ist** • *n* terrorist *m*, terreurpleger *m*, terroriste *f*, terreurpleegster *f*

test /tɛst, test/ • *n* test *m*, proef *m*; examen *n*

testify • *v* getuigen

testimony /ˈtɛstɪmoʊni, ˈtɛstɪməni/ • *n* getuigenis

text /tɛkst/ • *n* tekst *m*; sms *m* • *v* sms'en ~**book** • *n* studieboek *n*, handboek *n*

texture /ˈtɛkstʃə(r)/ • *n* textuur

Thai|land • *n* Thailand ~ • *adj* Thais, Thailands • *n* Thailander *m*, Thailandse *f*; Thai *n*

than /ðæn, ðən/ • *prep* dan

thank /θæŋk/ • *v* danken ~**ful** • *adj* dankbaar ~**s** • *interj* bedankt, dank je, dank u, thanks; dank *m*

that /ˈðæt, ˈðət/ • *adv* zo • *conj* dat; zodat • *det* dat n, die *f* • *pron* (*pl* those) dat; die *f*

the /ðiː, ði/ • *art* de

theat|er /ˈθi(ə)tɚ, ˈθi.eɪ.tɚ/ • *n* theater *n* **~rical** • *adj* theatraal, dramatisch

theatre *(British)* ▷ THEATER

theft /θɛft/ • *n* diefstal *f*, dieverij *f*

their /ðɛə(ɹ), ðɛɚ/ • *det* hun **~s** • *pron* het hunne, de hunne

them /ðɛm, ðəm/ • *pron* hen, hun, ze

then /ðɛn, ðən/ • *adj* toenmalig • *adv* toen; dan; trouwens

theolog|y /θiˈɒ.lə.dʒi/ • *n* theologie *f*, godgeleerdheid *f* **~ical** • *adj* theologisch

theor|y /ˈθɪəɹi, ˈθiː.əɹi/ • *n* theorie **~etical** • *adj* theoretisch

therap|y /ˈθɛɹ.ə.pi/ • *n* therapie **~ist** • *n* therapeut

there /ðɛə(ɹ), ðɛɚ/ • *adv* daar, ginder, ginds; daarheen, aldaar; er **~after** • *adv* daarna **~by** • *adv* daarbij **~fore** • *adv* daarom, daarvoor; bijgevolg, daardoor, waardoor

thesaurus /θɪˈsɔːɹəs/ • *n* thesaurus *m*, synoniemenboek *n*

these /ðiːz, ðiz/ • *det* die *f*, deze *f*

thesis /ˈθiːsɪs/ • *n* these; proefschrift *n*, scriptie *f*

they /ðeɪ/ • *pron* zij, ze

thick /θɪk, θək/ • *adj* dik, dikke; gezet, gezette; dicht, dichte, dichtopeengepakt, dichtopeengepakte; zwaar, zware; traag van begrip, sloom, slome • *adv* dik • *n* het vuur van de strijd

thief /θiːf/ • *n* dief *m*, dievegge *f*, gannef *m*

thigh /θaɪ/ • *n* dij *f*, bovenbeen *n*

thing /θɪŋ/ • *n* ding *n*; punt *n* **for one ~** • *phr* om te beginnen, op de eerste plaats

think /θɪŋk/ • *v* denken, nadenken, peinzen; achten, zien, beschouwen; vinden, van mening zijn; geloven, vermoeden; dunken

third /θɜːd, θɝd/ • *adj* derde; terts *f*

thirst /θɜːst, θɝst/ • *n* dorst **~y** • *adj* dorstig

thirteen /ˈθɜːtiːn, ˈθɝ(t)tin/ • *num* dertien *f*

thirty /ˈθɜːti, ˈθɝti/ • *num* dertig *f*

this /ðɪs/ • *adv* zo • *det* deze *f*, dit *n* • *pron* (*pl* these) deze

thorough /ˈθʌɹ.ə, ˈθʌ.ɹoʊ/ • *adj* grondig, diepgaand

those /ðəʊz, ðoʊz/ • *det* die

though /ðəʊ, ðoʊ/ • *adv* echter • *conj* hoewel

thought /θɔːt, θɑt/ • *n* gedachte *f*, idee *n* **~ful** • *adj* voorkomend

thousand /ˈθaʊz(ə)nd/ • *num* duizend *f*

thread /θɹɛd/ • *n* draad *m*, garen *n*; onderwerp *n*, rode draad *m*; thread; topic *f* • *v* bedraden; passeren voorbij gaan

threat /θɹɛt/ • *n* bedreiging **~en** • *v* bedreigen, dreigen

three /θɹiː, θɹi/ • *n* drie *f* • *num* drie; trits

threshold /ˈθreʃ(h)əʊld, ˈθrɛʃ(h)oʊld/ • *n* dorpel, drempel; drempelwaarde

threw *(sp)* ▷ THROW

thrill /θrɪl/ • *n* siddering *f*, trilling *f* • *v* opwinden; sidderen, trillen

throat /θrəʊt, ˈθroʊt/ • *n* keel; hals

through /θruː, θru/ • *n* doorheen • *prep* door **~out** • *adv* overal

throw /θrəʊ, θroʊ/ • *n* worp *m*, gooi *m*; verplaatsing *f*; foulard *m*, sprei *f* • *v* (*sp* threw, *pp* thrown) werpen, gooien, smijten; afwerpen; omgooien; kleien **~ sth away** • *v* weggooien

thrown *(pp)* ▷ THROW

thrust /θrʌst/ • *n* steek *m*; stoot *m* • *v* (*sp* thrust, *pp* thrust) vooruitstuwen

thumb /θʌm/ • *n* duim *m*

thunder /ˈθʌndə, ˈθʌndər/ • *n* donder *m*; gedonder *m*; gerommel *n* • *v* donderen; overdonderen

Thursday • *adv* op donderdag • *n* donderdag *m*

thus /ðʌs/ • *adv* zo, alzo, aldus, waardoor; bijgevolg

thyme /taɪm/ • *n* tijm

tick /tɪk/ • *n* teek *f*; getik *n*; tel *m*; vink *f*, vinkje *n* • *v* tikken; afvinken, aanvinken, aankruisen

ticket /ˈtɪkɪt/ • *n* kaartje, ticket; bekeuring

tide /taɪd, taːd/ • *n* getijde *n*, tij *n* • *v* met het getij/de vloed meevoeren

tidy /ˈtaɪdi/ • *adj* net, proper, rein

tie /taɪ/ • *n* gelijke stand *m*; boog • *v* knopen, vastknopen, binden, strikken • *(also)* ▷ NECKTIE

tiger /ˈtaɪgə, ˈtaɪgər/ • *n* tijger *m*

tight /taɪt/ • *adj* strak

tile /taɪl/ • *n* tegel *m*, vloertegel *f*, muurtegel *m*, pan *f*, dakpan *f* • *v* tegelen, betegelen

till /tɪl/ • *conj* totdat • *n* kassa *f*; kassalade *f* • *prep* tot • *v* ploegen, bewerken, bebouwen

timber /ˈtɪmbə, ˈtɪmbər/ • *interj* onderuit!, van onderen • *n* kaphout *n*, hout *n*; timmerhout *n*; dakbalk *m*, balk *m*

tim|e /taɪm, tɑem/ • *n* tijd *m*; duur *m*; tijdstip *n*; keer *m*, maal *m*; tijdperk • *v* klokken, timen, chronometreren **~ely** • *adj* tijdig **~ing** • *n* timing at a **~e** • *phr* tegelijk at the **~e** • *phr* toen in **~e** • *phr* mettertijd

timid /ˈtɪmɪd/ • *adj* schuchter, bedeesd, schroomvallig, timide

tin /tɪn/ • *adj* tinnen • *n* tin *n*; blik *n*, conservenblik *n*; bakvorm *m*, taartvorm *m* • *v* inblikken, conserveren; vertinnen

tiny /ˈtaɪni/ • *adj* klein, minuscuul, piepklein

tip /tɪp/ • *n* punt; stort *n*, stortplaats, vuilnisbelt *f*; fooi *f*, drinkgeld *n*, tip *m*; hint • *v* fooi; tippen

tire /taɪə(r), 'taɪɚ/ • *v* vermoeien ~**d** • *adj* moe, vermoeid

tissue /'tɪʃu, 'tɪsjuː/ • *n* weefsel *n*; zakdoek *m*, papieren zakdoekje *n*, tissue *m*

tit /tɪt/ • *n* tiet *f*; tet *f*

title /'taɪtl̩/ • *n* titel *m*; eigendomsrecht *n*; eigendomsbewijs *n*, eigendomscertificaat *n*

to /tuː, tu/ • *adv* toe, dicht • *part* te, -en • *prep* voor, om te; tegen, aan, met; tot; naar

toad /toʊd, təʊd/ • *n* pad *f*, krodde *f*

toast /təʊst, toʊst/ • *n* toost, geroosterd brood; heildronk • *v* roosteren; grillen, toasten; drinken op ~**er** • *n* broodrooster

tobacco /təˈbækoʊ/ • *n* tabaksplant; tabak *m*

today /təˈdeɪ/ • *adv* vandaag; tegenwoordig, vandaag de dag, heden ten dage • *n* vandaag

toddler • *n* peuter *f*

toe /təʊ, toʊ/ • *n* teen *m*; neus

together /tʊˈɡɛð.ə(ɪ), tʊˈɡɛðɚ/ • *adv* samen, tezamen; bijeen, bij elkaar

Togo • *n* Togo *n*

toilet /'tɔɪ.lət/ • *n* toilet; kleedkamer; wc; toiletpot *m*, wc-pot *m* ~ **paper** • *n* WC-papier *n*, toiletpapier *n*, WC-rol *m*

Tokyo • *n* Tokio *n*, Tokyo *n*

told *(sp/pp)* ▷ TELL

tolera|te /ˈtɑl.ə.ɹeɪt, ˈtɒl.ə.reɪt/ • *v* verdragen, tolereren, toelaten, dulden, gedogen ~**nce** • *n* verdraagzaamheid, tolerantie ~**nt** • *adj* verdraagzaam, tolerant

toll /təʊl, toʊl/ • *n* tol *f* • *v* luiden

tomato /təˈmæto:, təˈmɑːtəʊ/ • *n* tomaat, tomatenplant

tomorrow /təˈmɒɹəʊ, təˈmɒɹoʊ/ • *adv* morgen • *n* morgen *m*

ton /tʌn/ • *n* ton

tone /təʊn, toʊn/ • *n* toon *m*, noot *m*; hele toon; timbre

Tonga • *n* Tonga

tongue /tʌŋ, tʊŋ/ • *n* tong *f*

tonight /təˈnaɪt/ • *adv* vanavond; vannacht • *n* deze avond, deze nacht

too /tuː, tu/ • *adv* ook, eveneens; te

took *(sp)* ▷ TAKE

tool /tuːl/ • *n* gereedschap *n*, werktuig *n*, instrument *n*, hulpmiddel *n*; lul *n* • *v* bewerken; uitrusten ~**kit** • *n* gereedschapskist *m*

tooth /tuːθ, tʊθ/ • *n* (*pl* teeth) tand *m*; zaagtand *m* ~**brush** • *n* tandenborstel *m* ~**paste** • *n* tandpasta *m*

top /tɒp, tɑp/ • *adj* top- • *n* bovenkant *m*; deksel *n*; bovenkleding *f*, topje *n*; tol *m*, draaitol • *v* van kant maken; uitmunten

topic /ˈtɒpɪk, ˈtäpɪk/ • *n* onderwerp *n*, thema *n*

torch /tɔːtʃ, tɔɹtʃ/ • *n* toorts, fakkel

tore *(sp)* ▷ TEAR
torn *(pp)* ▷ TEAR
torture /ˈtɔːtʃɚ, ˈtɔːtʃə(ɹ)/ • *n* marteling *f*, foltering *f*, pijniging *f* • *v* martelen, folteren
toss /tɒs, tɔs/ • *n* opgooi • *v* opgooien, opwerpen
total /ˈtəʊ.təl, ˈtoʊ.təl/ • *adj* totaal, totale, geheel, gehele; compleet, complete, volledig, volledige, totaal- • *n* totaal *n*, som *f* • *v* uitkomen op, gelijk zijn aan; bijeentellen, optellen; in de prak rijden **~ly** • *adv* volledig, helemaal, totaal
touch /tʌtʃ/ • *n* touché *n*; detail *n*; tikje *n* • *v* aanraken, beroeren, raken; roeren, ontroeren
tough /tʌf/ • *adj* taai • *interj* jammer
tour /tɔː(ɹ)/ • *n* excursie, reis *f*, toer *m*; rondgang, rondleiding • *v* tournee *f*
touris|t /ˈtʊəɹɪst, ˈtʊɹ.ɪst/ • *n* toerist *m*, toeriste *f* **~m** • *n* toerisme *n*
tournament /ˈtʊənəmənt, ˈtʊɹnəmɪnt/ • *n* toernooi *n*, tornooi *n*
toward /təˈwɔːd, tʊˈwɔːɹd/ • *prep* naar
towel /taʊl/ • *n* handdoek *m*
tower /ˈtaʊ.ə(ɹ), ˈtaʊɚ/ • *n* toren *m*
town /taʊn/ • *n* gemeente *f*, stad *f*, nederzetting *f*, tuin *m*
toxic /ˈtɒk.sɪk, ˈtɑk.sɪk/ • *adj* giftig, toxisch

toy /tɔɪ/ • *n* speelgoed *n*
trace /tɹeɪs/ • *n* opsporen, nazoeken; sporen • *v* opsporen, spoorzoeken; overtrekken, calqueren
track /tɹæk/ • *n* spoor *n*; voetspoor *n*
trade /tɹeɪd/ • *n* handel *m*; gilde *m* • *v* ruilen **~mark** • *n* handelsmerk *n* **~r** • *n* handelaar *m*
tradition /tɹəˈdɪʃən/ • *n* traditie *f* **~al** • *adj* traditioneel **~ally** • *adv* traditioneel
traffic /ˈtɹæfɪk/ • *n* verkeer *n*; handel *m*; zwarte handel *m* **~ jam** • *n* opstopping *f*, file *f* **~ light** • *n* verkeerslicht *n*, stoplicht *n*
tragic /ˈtɹædʒɪk/ • *adj* tragisch
trail /tɹeɪl/ • *n* spoor; route, pad *n*
trailer /ˈtɹeɪlə(ɹ), ˈtɹeɪlɚ/ • *n* aanhangwagen *m*, aanhanger *m*
train /tɹeɪn/ • *n* trein *m*; karavaan *m*, rij *f*, stoet *m*; sleep *m* • *v* trainen, oefenen **~er** • *n* trainer *m*, trainster *f* **~ing** • *n* opleiding *f*
trait /tɹeɪ, tɹeɪt/ • *n* karaktereigenschap
tranquillity • *n* rust
transcription /tɹænˈskɹɪpʃən/ • *n* transcriptie *f*
transfer /tɹɑːnsˈfɜː, tɹænsˈfɜ/ • *v* overplaatsen, verplaatsen
transformation /ˌtɹæns.fɔɹˈmeɪ.ʃən, ˌtɹæns.fə(ɹ)ˈmeɪ.ʃən/ • *n* transformatie *f*

transit /ˈtræn.zɪt, ˈtræn.zət/ • *n* doortocht *m* **~ion** • *n* overgang *m*

translat|e /trɑːnzˈleɪt, ˈtrænzleɪt/ • *v* vertalen, overzetten **~ion** • *n* vertaling *f*; transmissie *f*, overzetting *f*; translatie *f* **~or** • *n* vertaler *m*, vertaalster *f*

translucent /trænzˈluːsənt/ • *adj* doorschijnend, verstrooiend

transmit /trænsˈmɪt/ • *v* doorgeven; uitzenden

transparent /træn(t)sˈpærənt, træn(t)sˈpɛərənt/ • *adj* doorzichtig, transparant

transport /trænzˈpɔːt, trænzˈpɔːrt/ • *n* strafgevangene; vervoering *f*; transport *n*, vrachtvoertuig; troepentransport; vervoer *n* • *v* deporteren, wegvoeren, meeslepen, in vervoering brengen, vervoeren; overbrengen, voeren, transporteren

trap /træp/ • *n* val *m*; waterslot *n*, zwanenhals *m*; klep *f* • *v* vangen

trash /træʃ/ • *n* vuilnis *m*, vuil *n*; vuilnisbak; prul *m* • *v* kapotmaken, stukslaan

trauma /ˈtrɔːmə, ˈtrɔːmə/ • *n* trauma *n* **~tic** • *adj* traumatisch

travel /ˈtrævəl/ • *n* reis • *v* reizen; verplaatsen; bereizen **~ agency** • *n* reisbureau *n* **~ler** • *n* reiziger *m*

tray /treɪ/ • *n* dienblad *n*

tread /trɛd/ • *v* (*sp* trod, *pp* trodden) betreden; stampen, vertrappen

treasure /ˈtrɛʒə, ˈtrɛʒə/ • *n* schat *f*

treat /triːt/ • *v* onderhandelen; behandelen, voorstellen; trakteren **~ment** • *n* behandeling *f*

treaty /ˈtriːti, ˈtriːdi/ • *n* verdrag, overeenkomst, traktaat

tree /triː, trɪ/ • *n* boom *m*

tremendous /trɪˈmɛndəs, trəˈmɛndəs/ • *adj* ontzagwekkend; geweldig

trend /trɛnd/ • *n* trend, rage

trial /ˈtraɪəl/ • *adj* trialis • *n* proef, test; rechtzaak, proces *n*; beproeving *f*, bezoeking *f* • *v* testen

triangle /ˈtraɪæŋɡəl, ˈtraɪˌæŋɡəl/ • *n* driehoek; triangel *m*

tribe /traɪb/ • *n* stam *m*

tribunal /traɪˈbjuːnəl, traɪˈbjuːnəl/ • *n* tribunaal *n*

tribute /ˈtrɪbjuːt/ • *n* afdracht *f*

tricky /ˈtrɪki/ • *adj* netelig, netelige; listig, listige

trigger /ˈtrɪɡə/ • *v* afvuren, vuren, initiëren, activeren, ontketenen

trillion /ˈtrɪljən/ • *num* biljoen *n*; triljoen *n*

trilogy • *n* trilogie *f*, drieluik *n*

trinity • *n* drie-eenheid *f*, drievuldigheid *f*

trio /ˈtriːəʊ, ˈtriːoʊ/ • *n* trio *n*

trip /trɪp/ • *n* tocht *m*, reis *f* • *v* struikelen

triple /ˈtrɪpəl/ • *adj* drievoudig, driedubbel • *v* verdrievoudigen

triumph /ˈtraɪ.ʌmf, ˈtraɪ.ʌmpf/ • *n* triomf • *v* triomferen

trod *(sp)* ▷ TREAD

trodden *(pp)* ▷ TREAD

trombone /ˌtrɒmˈbəʊn, ˌtrɑmˈboʊn/ • *n* trombone

trouble /ˈtrʌb(ə)l/ • *n* zorg, moeilijkheid, moeite, last

trousers ▷ PANTS

trout /traʊt, trʌʊt/ • *n* forel *m*

truck /trʌk/ • *n* vrachtauto *m*, vrachtwagen *m*, camion *m*

tru|e /truː, tru/ • *adj* echt, waar; trouw • *v* rechttrekken, rechtzetten **~ly** • *adv* waarlijk, oprecht

trumpet /ˈtrʌmpɪt/ • *n* trompet *f* • *v* trompet spelen

trunk /trʌŋk/ • *n* stam *m*; koffer *m*; slurf *m*; laadruimte *m*, kofferbak *m*

trust /trʌst/ • *n* vertrouwen • *v* vertrouwen **~ee** • *n* mandataris, beheerder **~worthy** • *adj* betrouwbaar

truth /truːθ/ • *n* oprechtheid *f*, eerlijkheid *f*; eed *m*; waarheid *f*, echtheid *f*; werkelijkheid *f*

try /traɪ/ • *v* proberen, trachten, pogen; uitproberen; toetsen; proeven; berechten **~ sth out** • *v* uitproberen

tsunami /suːˈnɑːmi, suˈnɑmi/ • *n* tsunami *m*, vloedgolf *m*

tube /tjuːb, tuːb/ • *n* buis *f*; koker *m*

Tuesday • *n* dinsdag *m*

tuition /tuˈɪʃən, tjuːˈɪʃən/ • *n* toelage *f*, studietoelage *f*; bijscholing *f*, bijles *f*

tumor /ˈtjuː.mə, tuː.məɹ/ • *n* tumor *m*, gezwel *n*

tuna /ˈtjuː.nə, ˈtuː.nə/ • *n* (*pl* tuna) tonijn *m*

tune /tjuːn, t(j)un/ • *v* afstemmen, stemmen

Tunisia • *n* Tunesië **~n** • *adj* Tunesisch • *n* Tunesiër *m*, Tunesische *f*

tunnel /ˈtʌn(ə)l/ • *n* tunnel *m*

turkey /ˈtɜːki, ˈtɜːki/ • *n* kalkoen *m*

Turk|ey /ˈtɜːki, ˈtɜːki/ • *n* Turkije **~ish** • *adj* Turks *n*

Turkmenistan • *n* Turkmenistan

turn /tɜːn, tɜn/ • *n* draai, bocht; omwenteling; winding; beurt • *v* draaien; verkleuren; afslaan; worden; zich keren tegen **~ sth off** • *v* uitzetten, uitschakelen, uitdoen; dichtdraaien **~ sth on** • *v* opendraaien; inschakelen, aangaan

turnout • *n* opkomst *f*

turnover • *n* omzet *m*, zakencijfer *n*; verloop *n*; omdraaiing *f*, omdraaien *n*

turtle /ˈtɜːtəl, ˈtɜtəl/ • *n* schildpad *f*

Tuvalu • *n* Tuvalu

TV • *n* tv *f*, teevee *f*; travo *m*

twelve /twɛlv/ • *num* twaalf

twent|y /ˈtwɛnti, ˈtwʌnti/ • *num* twintig *f* **~ieth** • *adj* twintigste

twice /twaɪs/ • *adv* twee keer, tweemaal

twin /twɪn/ • *adj* tweeling- • *n* tweeling *m*

twisted /ˈtwɪstɪd/ • *adj* verwrongen

two /tu:, tu/ • *n* twee *f*; biljet van twee dollar *n* • *num* twee

type /taɪp/ • *n* type *n* • *v* typen **~face** • *n* lettertype *n* **~writer** • *n* schrijfmachine *f*

typical /ˈtɪpɪkəl/ • *adj* typisch

typography /taɪˈpɒɡɹəfi, taɪˈpɑːɡɹəfi/ • *n* typografie

tyre /taɪə(ɹ)/ • *n* band *m*

UAE *(abbr)* ▷ UNITED ARAB EMIRATES

UFO • *n* (*abbr* Unidentified Flying Object) ufo *m*

Uganda • *n* Uganda, Oeganda

ugl|y /ˈʌɡli/ • *adj* lelijk **~iness** • *n* lelijkheid *f*

uh /ʌ:/ • *interj* euhm, euh

UK *(abbr)* ▷ UNITED KINGDOM

Ukrain|e • *n* Oekraïne **~ian** • *n* Oekraïens *n*

ultimate /ˈʌltɪmɪt, ˈʌltəmɪt/ • *adj* definitief

ultimatum /ˌʌl.tɪˈmeɪ.təm/ • *n* (*pl* ultimata) ultimatum *n*

umbrella /ʌmˈbɹɛlə/ • *n* paraplu, regenscherm, parasol *m*

unable /ʌnˈeɪbəl/ • *adj* niet in staat, onbekwaam

unacceptable /ˌʌn.æk.ˈsɛp.tə.bl̩/ • *adj* onaanvaardbaar

unassuming /ˌʌnəˈsju:mɪŋ/ • *adj* bescheiden, pretentieloos

unbelievable /ˌʌnbəˈli:vəbl̩/ • *adj* ongelofelijk; ongeloofwaardig

uncertainty /ʌnˈsɜːtənti, ʌnˈsɜːtənti/ • *n* onzekerheid *f*

uncle /ˈʌŋ.kəl/ • *n* oom *m*, nonkel *m*; oompje *m*, suikeroom *m*; pandjesbaas *m*

uncomfortable /ʌnˈkʌm.fɚ.tə.bəl, ʌnˈkʌmf.tə.bəl/ • *adj* ongemakkelijk

unconscious /ˌʌnˈkɒnʃəs/ • *adj* bewusteloos; onbewust • *n* onbewuste *n*

under /ˈʌndə(ɹ), ˈʌndɚ/ • *prep* onder; minder dan

undergo • *v* ondergaan

underground • *adj* ondergronds; underground *m*

underlying • *adj* onderliggend; achterliggend

undermine /ˌʌndəˈmaɪn/ • *v* ondermijnen, ontwrichten, ondergraven

understand /(ˌ)ʌndəˈstænd, ˌʌndɚˈstænd/ • *v* begrijpen, verstaan, snappen; geloven **~ing** • *adj* begripvol • *n* overeenkomst, verstandhouding

undertake /ˌʌndəˈteɪk/ • *v* ondernemen

underwear /ˈʌndɚwɛɹ, ˈʌndəwɛə/ • *n* ondergoed *n*

undoubtedly /ʌnˈdaʊtɪdli/ • *adv* ongetwijfeld, zonder twijfel

unemploy|ed • *adj* werkloos, arbeidsloos • *n* werklozen **~ment** • *n* werkloosheid *f*

unequal • *adj* ongelijk
uneven /ʌnˈivən/ • *adj* oneven
unexpected /ˌʌnɪkˈspɛktɪd/ • *adj* onverwacht **~ly** • *adv* onverwachts
unfold /ʌnˈfəʊld, ʌnˈfoʊld/ • *v* openvouwen, uitspreiden; ontvouwen, ontwikkelen; onthullen
unfortunate /ʌnˈfɔːtjʊnət, ʌnˈfɔːtʃənɪt/ • *adj* onfortuinlijk **~ly** • *adv* helaas, jammer genoeg
unfriendly /ʌnˈfrɛn(d)li/ • *adj* onvriendelijk
uniform /ˈjuːnɪfɔːm, ˈjunəfɔːrm/ • *adj* uniform, gelijk, onveranderlijk; consistent • *n* uniform *n*
unif|y /ˈjuːnɪfaɪ/ • *v* verenigen, eenmaken; zich verenigen **~ication** • *n* eenwording *f*
unintentional • *adj* onbedoeld, onbedoelde **~ly** • *adv* onbedoeld
union /ˈjuːnjən/ • *n* unie *f*, verbond *n*, vereniging *f*; bond *m*; gemeenschap
unique /juːˈniːk, juˈniːk/ • *adj* uniek
unit /ˈjuːnɪt/ • *n* eenheid *f*
unit|e /juˈnaɪt/ • *v* verenigen **~ed** • *adj* verenigd **~y** • *n* eenheid *f*
United Arab Emirates • *n* Verenigde Arabische Emiraten
United Kingdom • *n* Verenigd Koninkrijk *n*
United States • *n* VS, Verenigde Staten

univers|e /ˈjuːnɪˌvɜːs, ˈjuːnəˌvɜ˞s/ • *n* heelal *n*, universum *n* **~al** • *adj* algemeen; universeel, wereldwijd
university /ˌjuːnɪˈvɜːsətiː, juniˈvɜ˞sətiː/ • *n* universiteit *f*, universitair, unief *f*
unknown /ʌnˈnəʊn, ʌnˈnoʊn/ • *adj* onbekend, ongekend, ongeweten
unleaded /ˌʌnˈlɛd.əd/ • *adj* loodvrij, loodvrije
unless /ənˈlɛs/ • *conj* tenzij
unlike /ʌnˈlaɪk/ • *prep* in tegenstelling tot **~ly** • *adj* onwaarschijnlijk
unnecessary /ʌnˈnɛ.sə.s(ə)ɹɪ, ʌnˈnɛ.sə.sɛ.ɹiː/ • *adj* onnodig
unprecedented /ʌnˈpɹɛsɪdɛntɪd/ • *adj* zonder precedent
unpredictable • *adj* onvoorspelbaar
unreliable • *adj* onbetrouwbaar *m*
unstable /ʌnˈsteɪbəl/ • *adj* instabiel
until /ʌnˈtɪl/ • *conj* totdat • *prep* tot
unusual /ʌnˈjuːʒʊəl/ • *adj* ongebruikelijk, ongewoon
unveil /ʌnˈveɪl/ • *v* onthullen; blootstellen
up /ʌp, ap/ • *adj* aan, aan de beurt; op; beschikbaar; mee; stijf; in orde, functioneel; opgewekt; klaar, bereid; met ... omhoog • *adv* omhoog, opwaarts; ver- • *n* omhoog • *prep* langs; op, omhoog • *v* omhoogdraaien, verhogen, opschroeven; promoveren

update /'ʌp.deɪt, əp'deɪt/ • *n* bijwerking *f*, actualisatie *f* • *v* bijwerken, op punt stellen, actualiseren

upgrade /'ʌp.ɡɹeɪd, əp'ɡɹeɪd/ • *v* upgraden

uphold /ˌʌp'hoʊld/ • *v* hoog houden; schragen, steunen, ondersteunen; staande houden, verdedigen, bevestigen

upon /ə'pɒn, ə'pɑn/ • *prep* op; bij, op het moment van, (also op het moment dat, but this needs a verb etc.)

upset /ʌp'set, ʌp'sɛt/ • *adj* ontdaan, geschokt, van streek, overstuur • *n* verstoring, verwarring; verassende nederlaag • *v* van zijn stuk brengen, overstuur maken, verontrusten; verstoren, verwarren; omstoten, doen kapzeizen

upstairs /ˌʌp'stɛɹz, ˌʌp'stɛəz/ • *adv* boven

upwards /'ʌpwədz, 'ʌpwɚdz/ • *adv* opwaarts; hoger

Uranus • *n* Uranus *m*

urban /'ɜːbən, 'ɜbən/ • *adj* stedelijk, urbaan, stads-

urchin /'ɜːtʃɪn, 'ɜtʃɪn/ • *n* bengel *m*

urge /ɜːdʒ, ɜdʒ/ • *n* drang *m*, aandrang *m*, aandrift *f* • *v* aansporen

urgent /'ɜːdʒənt, 'ɚdʒənt/ • *adj* dringend

Uruguay • *n* Uruguay

us /ʌs, əs/ • *pron* ons

USA (*abbr*) ▷ UNITED STATES

us|e /juːs, juːz/ • *n* gebruik *n*; nut *n*; functie *f* • *v* gebruiken, aanwenden; verbruiken; plegen te **~eful** • *adj* nuttig, bruikbaar, dienstig **~eless** • *adj* nutteloos, onbruikbaar; waardeloos **~er** • *n* gebruiker *m*, gebruikster *f*; druggebruiker *m* **~ed to** • *adj* gewend **~age** • *n* gebruik *n*

usual /'juːʒʊəl/ • *adj* gewoon **~ly** • *adv* meestal, gewoonlijk

utility /juː'tɪl.ɪ.ti/ • *adj* bruikbaarheid *f*, handigheid *f*; hulpmiddel *n*, handigs; voorziening *f*; hulpprogramma *n*

utterly ▷ COMPLETELY

Uzbekistan • *n* Oezbekistan

vacation /vəˈkeɪʃ(ə)n, veɪˈkeɪʃən/ • *n* vakantie *f* • *v* op vakantie gaan

vaccin|e /væk'siːn/ • *n* vaccin *n* **~ate** • *v* inenten **~ation** • *n* vaccinatie *f*, inenting *f*

vacuum /'væ.kjuːm/ • *n* vacuüm *n* • *v* stofzuigen **~ cleaner** • *n* stofzuiger *m*

vague /veɪɡ, væɡ/ • *adj* vaag

valid • *adj* geldig **~ity** • *n* geldigheid *f*

valley /'væli/ • *n* vallei, dal *n*

valu|e /'vælju:, 'vælju/ • *n* waarde *f*; belang **~able** • *adj* waardevol

van /væn/ • *n* bestelwagen *m*, busje *n*; rijtuig *n*, wagon *m*

vanish /'vænɪʃ/ • *v* verdwijnen

Vanuatu • *n* Vanuatu

var|y /'veəɹi/ • *v* variëren **~iable** • *adj* veranderlijk, variabel, schommelend, wisselend, onbestendig; regelbaar • *n* variabel *f*, veranderlijke *f*; variabele *f*; veranderlijke *f*; variabele waarde *f* **~iation** • *n* afwisseling *f*, variatie *f*, verandering *f*; variant *f* **~iety** • *n* verscheidenheid *f*; variëteit *f* **~ious** • *adj* verscheiden, uiteenlopend, divers

vast /vɑːst, væst/ • *adj* enorm

Vatican City • *n* Vaticaanstad *f*, Vaticaan *n*

vegetable /'vɛdʒtəbəl, 'vɛdʒətəbəl/ • *adj* planten-, plantaardig; groente- • *n* gewas *n*, plant *f*; groente *f*

vehicle /'viː.ɪ.kəl, 'vi.ə.kəl/ • *n* voertuig *n*

vein /veɪn/ • *n* ader *m*; nerf

vendor • *n* leverancier *f*

Venezuela • *n* Venezuela **~n** • *n* Venezolaan *m*, Venezolaanse *f*

venture /'vɛn.tʃɚ, 'vɛn.tʃə/ • *n* risicovolle onderneming of reis • *v* riskeren, wagen

Venus • *n* Venus

verb /vɜːb, vɜːb/ • *n* werkwoord *n* **~al** • *adj* verbaal; letterlijk; werkwoordelijk; mondeling

verdict /'vɜːdɪkt/ • *n* uitspraak; oordeel

verification • *n* verificatie, bewijs

versatile /'vɜːsətl, 'vɜːsətaɪl/ • *adj* veelzijdig, pluriform; handig, multiverseel; grillig, veranderlijk, onstabiel, versatiel, wispelturig, capricieus; wendbaar

verse /vɜːs, vɜːs/ • *n* vers *n*; couplet *n*

versus /'vɜːsəs, 'vɜːsəs/ • *prep* tegen

vertical /'vɜːtɪkəl, 'vɜːtɪkəl/ • *adj* verticaal

very /'vɛɹi/ • *adj* zelfde, dezelfde, hetzelfde • *adv* zeer, heel, erg; echt, uiterst

vessel /'vɛs.əl/ • *n* vaartuig *n*; vat *n*, hulsel *n*

vet ▷ VETERINARIAN

veteran /'vɛ.tə.ɹən/ • *adj* ervaren; veteraan • *n* veteraan *m*; oud-strijder *m*

veterinarian /ˌvɛt(ə)ɹəˈnɛɹi.ən/ • *n* dierenarts *m*, veterinair *m*

via /'vaɪə/ • *prep* via, langs; per

viab|le /'vaɪəbəl/ • *adj* levensvatbaar; uitvoerbaar **~ility** • *n* levensvatbaarheid *f*

vibrant /'vaɪbɹənt/ • *adj* energiek; levendig, kwiek

vice /vaɪs/ • *n* ondeugd *f*, verdorvenheid *f*, zonde *f*

victim /'vɪktɪm, 'vɪktəm/ • *n* slachtoffer *n*; gedupeerde

victory /'vɪkt(ə)ɹi/ • *n* overwinning *f*, zege *f*

video /'vɪdɪˌoʊ/ • *n* televisie *f*, televisieshow *m*, film *m*; video;

videocassette *f*
Vienna ● *n* Wenen
Vietnam ● *n* Vietnam ~**ese** ● *adj* Vietnamees ● *n* Vietnamees *m*, Vietnamese *f*
view /vju:/ ● *n* zicht *n*, beeld *n*; uitzicht *n*; afbeelding; overzicht *n*, visie *f*; opvatting; mening *f*; bedoeling *f*, vooruitzicht *n*; view ● *v* bekijken, kijken naar ~**er** ● *n* kijker *m*
vigorous /ˈvɪɡərəs/ ● *adj* krachtig, sterk
village /ˈvɪlɪdʒ/ ● *n* dorp *n* ~**r** ● *n* dorpsbewoner *m*, dorpsbewoonster *f*, dorpeling *m*, dorpelinge *f*, dorper *m*
vinegar /ˈvɪnɪɡɚ/ ● *n* azijn *m*
vineyard /ˈvɪn.jɚd/ ● *n* wijngaard *m*
viola /viˈəʊ.lə, viˈoʊ.lə/ ● *n* altviool
violat|e /ˈvaɪəˌleɪt/ ● *v* schenden ~**ion** ● *n* overtreding *f*, schending *f*
violen|t /ˈvaɪ(ə)lənt/ ● *adj* gewelddadig, geweldig, hevig ~**tly** ● *adv* gewelddadig ~**ce** ● *n* geweld
violin /ˌvaɪəˈlɪn, ˌvɑːɛˈlən/ ● *n* viool, vedel *f*
VIP ● *n* (*abbr* Very Important Person) vip *m*
virtual /ˈvɜːtʃuəl, ˈvɜtʃuəl/ ● *adj* virtueel ~**ly** ● *adv* praktisch; letterlijk ~ **reality** ● *n* virtual reality
virtu|e /ˈvɜː.tjuː/ ● *n* deugdzaamheid *f*; deugd *f*; kuisheid *f* ~**ous** ● *adj* deugdzaam
virus /ˈvaɪ(ə)rɪs/ ● *n* virus *n*; computervirus *n*
visa /ˈviːzə/ ● *n* visum *n*
visib|le /ˈvɪzəb(ə)l/ ● *adj* zichtbaar, zichtbare ~**ility** ● *n* zichtbaarheid
visit /ˈvɪzɪt/ ● *n* bezoek *n* ● *v* bezoeken, opzoeken ~**or** ● *n* bezoeker *m*
vis|ual /ˈvɪʒʊəl, ˈvɪʒuəl/ ● *adj* visueel ~**ion** ● *n* zicht *n*, gezichtsvermogen *n*; droombeeld *n*, visioen *n*, geestesverschijning *f*; visie *f*, kijk *m*
vital /ˈvaɪtəl, ˈvaɪtl̩/ ● *adj* essentieel; doorslaggevend
vitamin /ˈvɪt.ə.mɪn, ˈvaɪ.tə.mɪn/ ● *n* vitamine
vivacious /vaɪˈveɪʃəs/ ● *adj* levendig
vivid /ˈvɪvɪd/ ● *adj* helder, gedetailleerd, krachtig; intens, kleurrijklevendig
vocabulary /vəʊˈkæbjʊləri, voʊˈkæbjəleri/ ● *n* woordenlijst *m*, woordenschat *m*; terminologie *f*, vakterminologie *f*
vocal /ˈvəʊ.kəl, ˈvoʊ.kəl/ ● *adj* vocal *m*; stem *f*
voice /vɔɪs/ ● *n* stem *f*
volcan|o /vɒlˈkeɪnəʊ, vɑlˈkeɪnoʊ/ ● *n* vulkaan *m*, vuurberg *m* ~**ic** ● *adj* vulkanisch
volleyball /ˈvɒlibɔː(ː)l/ ● *n* volleybal *n*
volum|e /ˈvɒl.juːm, ˈvɑl.jum/ ● *n* volume *n*, inhoud *m*; jaargang

m; boekdeel *n* **~inous** • *adj* omvangrijk *m*; volumineus
volunt|ary /'vɒ.lən.tɹi, 'vɑ.lən.tɛ.ri/ • *adj* vrijwillig **~arily** • *adv* vrijwillig **~eer** • *n* vrijwilliger *m*, vrijwilligster *f*
vote /vəʊt, voʊt/ • *n* stem *f*, stembusgang *m* • *v* stemmen **~r** • *n* stemmer *m*, stemster *f*
vow /vaʊ/ • *n* gelofte *f*; eed *m* • *v* gelofte afleggen
vulnerab|le /'vʌln(ə)ɹəbl, 'vʌnəɹəbl/ • *adj* kwetsbaar **~ility** • *n* kwetsbaarheid *f*, zwakke plek *f*
vulture /'vʌltʃə, 'vʌltʃɚ/ • *n* gier *m*

wage /weɪdʒ/ • *n* loon *n*, salaris *n*, arbeidsloon *n* • *v* voeren, leiden
wagon /'wæg(ə)n, 'wægən/ • *n* wagen; bolderkar
waist /weɪst/ • *n* middel *n* **~coat** • *n* vest *n*
wait /weɪt/ • *v* wachten, afwachten; bedienen **~ing** • *n* wachten, afwachten; bedienen **~ing room** • *n* wachtkamer *f*
wait|er /'weɪtə, 'weɪtɚ/ • *n* ober *m*, kelner *m* **~ress** • *n* serveerster
wake /weɪk/ • *n* wake, dodenwake; kielzog *n* • *v* (*sp* woke, *pp* woken) ontwaken, wakker worden; wekken, wakker maken **~ up** • *v* wakker worden, ontwaken, wakker maken, wekken
waked (*sp/pp*) ▷ **WAKE**
walk /wɔːk, wɔk/ • *n* pad *n*; wandeling *f*; loopje *n* • *v* lopen, wandelen, stappen; vrijuit gaan; uitlaten **~er** • *n* wandelaar
wall /wɔːl, wɔl/ • *n* muur; wand *m*
walnut /'wɑlnət, 'wɔːlnʌt/ • *n* walnotenboom *m*; walnoot *m*; walnotenhout *n*
wander /'wɑndɚ, 'wɒndə/ • *v* zwerven, rondtrekken; vreemdgaan; dolen; afdwalen **~er** • *n* wandelaar *m*, dwaler, zwermer *m*
want /wɒnt, wɑnt/ • *n* tekort *n* • *v* willen
war /wɔː, wɔɹ/ • *n* oorlog *m*, krijg *m* **~fare** • *n* krijgsvoering *f*, oorlogvoering *f*, strijd *m* **~rior** • *n* krijger *m*
ward /wɔːd, wɔɹd/ • *n* inkeping in sleutelbaard; curandus *m*; pareren; binnenplein; blok van een gevangenis; district; gebied, wijk; paviljoen; pupil; bewaking
wardrobe /'wɔːdɹəʊb, 'wɔːɹdɹoʊb/ • *n* kledingkast
warehouse • *n* pakhuis *n*, opslagplaats *f* • *v* opslaan
warm /wɔːm, wɔɹm/ • *adj* warm • *v* opwarmen, verwarmen, warm houden; warmlopen

warn /wɔːn, wɔːɹn/ • *v* waarschuwen, verwittigen, waarnen **~ing** • *interj* opgelet!, waarschuwing • *n* waarschuwing *f*, waarning *f*, verwittiging *f*

warrant /ˈwɒɹənt, ˈwɔːɹənt/ • *v* garanderen **~y** • *n* garantie

Warsaw • *n* Warschau

wary /ˈwɛəɹi/ • *adj* behoedzaam

was *(sp)* ▷ BE

wash /wɒʃ, wɔʃ/ • *n* was • *v* wassen, spoelen, afspoelen; wegspoelen **~ing machine** • *n* wasmachine *f* **~basin** • *n* wastafel *f*, wasbak *m*, waskom

wasp /wɒsp, wɑsp/ • *n* wesp *f*

waste /weɪst/ • *adj* woest, braakliggend; overtollig • *n* wegkwijning, verval; afval, rommel, vuil; woestenij; verkwisting, verspilling • *v* verwoesten, verspillen, verkwisten, vermorsen, verdoen, verklungelen; koud maken; wegkwijnen, verzwakken **~ful** • *adj* verspillend, verkwistend

watch /wɒtʃ, wɔtʃ/ • *n* horloge *n*; wacht • *v* kijken; opletten, uitkijken

water /ˈwɔːtə, ˈwɒtə/ • *n* water *n*; bronwater *n*, spawater *n*; wateren; watertje • *v* water geven, sproeien, begieten; wateren, plassen **~melon** • *n* watermeloen *f* **~y** • *adj* waterig

wave /weɪv/ • *n* golf *m*, baar *f*; wave *m* • *v* zwaaien, zwenken, wapperen; wuiven

wax /wæks/ • *adj* wassen • *n* was *m*; wassen, aanwassen • *v* was aanbrengen, met was insmeren; worden; groeien, toenemen

way /weɪ/ • *n* weg; manier **by the ~** • *phr* trouwens, overigens, nu dat ik eraan denk, tussen haakjes **on one's ~** • *phr* op zijn weg; weg zijn **on the ~** • *adv* onderweg **under ~** • *phr* op weg

WC • *n* (*abbr* Water Closet) wc *m*

we /wiː, wi/ • *pron* wij, we

weak /wiːk/ • *adj* zwak, slap; flauw **~en** • *v* verzwakken **~ness** • *n* zwakte; zwak *n*

wealth /wɛlθ/ • *n* rijkdom *m*; weelde *f*; vermogen *n*

weapon /ˈwɛpən/ • *n* wapen *n*

wear /wɛə, wɛə(ɹ)/ • *n* kledij *f*, kleding *f*; sleet *m*, slijtage *f* • *v* (*sp* wore, *pp* worn) dragen, aanhebben; vermoeien, uitputten

weary /ˈwɪəɹi, ˈwiːɹi/ • *adj* uitgeput, vermoeid • *v* uitputten, vermoeien

weasel /ˈwiːz(ə)l, ˈwiːzəl/ • *n* wezel *m*

weather /ˈwɛðə, ˈwɛðɚ/ • *n* weer *n*

weave /wiːv/ • *n* weefsel *n* • *v* (*sp* wove, *pp* woven) weven

web /wɛb/ • *n* net *n*, web *n* **~site** • *n* website *m*, webstek *m*

wedding /ˈwɛdɪŋ/ • *n* bruiloft *f*, trouw *m*, huwelijk *n*, hoogtijd *m*

Wednesday • *n* woensdag *m*
weed /wiːd/ • *n* onkruid; wiet *n*; zwakkeling *m*; lijngewaad
week /wik, wiːk/ • *n* week *f* **~end** • *n* weekend *n*, weekeinde *n* **~ly** • *adj* wekelijks, wekelijkse • *adv* wekelijks, eenmaal per week; elke week • *n* weekblad *n*
weep /wiːp/ • *v* (*sp* wept, *pp* wept) huilen, wenen, schreien
weigh /weɪ/ • *v* wegen **~t** • *n* gewicht • *v* wegen
weird /wɪəd, 'wɪɚd/ • *adj* bovennatuurlijk; vreemd, raar, bizar, eigenaardig; ongewoon, merkwaardig
welcome /'wɛlkəm/ • *adj* welkom, welkome, graag gezien • *interj* welkom! • *n* verwelkoming *f*, begroeting *f*, ontvangst *f*; welkom *n* • *v* verwelkomen, welkom heten; graag ontvangen
well /wɛl/ • *adj* gezond • *interj* nou, nou ja • *n* bron *f*, put *m*; wel *f* • *v* vloeien, opwellen
went (*sp*) ▷ GO
wept (*sp/pp*) ▷ WEEP
were (*sp*) ▷ BE
west /wɛst/ • *adj* west, westelijk, westelijke • *adv* westwaarts • *n* westen *n* **~ern** • *adj* westelijk, westers
wet /wɛt/ • *adj* nat; vochtig • *v* (*sp* wet, *pp* wet) natmaken; plassen
wetted (*sp/pp*) ▷ WET
whale /weɪl, ʍeɪl/ • *n* walvis *m*
what /wɔt, ʍɒt/ • *adv* wat, welk • *det* wat voor • *interj* wat! • *pron* wat; hetgeen; dat
whatever /wɒt'ɛvə, ʍɒt'ɛvɚ/ • *det* welke ... ook, hoegenaamd; maakt niet uit, het zal wel
wheat /wiːt, ʍiːt/ • *n* weit *f*, tarwe *m*
wheel /wiːl/ • *n* wiel *n*, rad *n*; stuurwiel *n* **~barrow** • *n* kruiwagen *f* **~chair** • *n* rolstoel *m*
when /wɛn, ʍɪn/ • *adv* wanneer • *conj* wanneer; als; zodra; toen • *pron* wanneer
where /wɛə(ɹ), ʍɛɚ/ • *adv* waar; waarheen, waarnaartoe; waarvan, waarvandaan • *conj* waar; waartoe, waarheen • *n* waar *n*, waarheen *n*, waarvan *n*, waarvandaan *n* • *pron* waar, waarheen, waarvan, waarvandaan **~as** • *conj* hoewel, terwijl, ofschoon; aangezien, waarbij, vermits **~by** • *adv* waarbij **~ver** • *adv* waar toch • *conj* waar, waar ook
whether /'wɛðə(ɹ), 'ʍɛðə(ɹ)/ • *conj* of
which /wɪtʃ, ʍɪtʃ/ • *det* welk; dewelke, hetwelk • *pron* welk; die, dat
while /ʍaɪl/ • *conj* terwijl; hoewel; zolang • *n* tijdje *n*, momentje *n*, een hele tijd *m*, poosje *n* **~st** • *conj* terwijl
whine /waɪn, ʍaɪn/ • *n* zeuren, huilen, jammeren
whip /wɪp, ʍɪp/ • *n* zweep • *v* geselen
whisk /(h)wɪsk/ • *n* garde *m*

whiskey /'wɪski, 'ʍɪski/ • *n* whiskey *m*

whisper /'(h)wɪspə, '(h)wɪspɚ/ • *n* gefluister *n* • *v* fluisteren, fezelen, wisperen, vezelen, ruinen

whistle /wɪsl/ • *n* fluitje *n*; fluittoon *m* • *v* fluiten

white /waɪt, ʍaɪt/ • *adj* wit; blank • *n* wit *n*; blanke *f*

who /hu:/ • *pron* wie; die, dat, wat **~ever** • *pron* wie ook **~m** • *pron* die **~se** • *det* van wie, wiens *n*, wier; waarvan

whole /həʊl, hoʊl/ • *adj* heel **on the ~** • *phr* in het algemeen, grotendeels

why /ʍaɪ/ • *adv* waarom • *interj* wel, nou • *n* waarom *n*

wicked /'wɪkɪd/ • *adj* kwaadaardig, slecht

wid|e /waɪd, wɑed/ • *adj* wijd, breed **~espread** • *adj* wijdverspreid **~th** • *n* breedte *f*

widow /'wɪ.dəʊ, 'wɪ.doʊ/ • *n* weduwe *f* **~er** • *n* weduwnaar *m*

wife /waɪf/ • *n* (*pl* wives) vrouw *f*, echtgenote *f*

wig /wɪg/ • *n* pruik *m*

wild /waɪld/ • *adj* wild **~ boar** • *n* everzwijn *n*, wild zwijn *n*, ever *m* **~life** • *n* wildleven *n*, wildlife, wilde planten en dieren, levende natuur; wilde dieren **~erness** • *n* wildernis *f*

will /wɪl/ • *n* wil *m*, wens *m*; testament *n*, laatste wilsbeschikking *f* • *v* zullen **~ing** • *adj* bereid

win /wɪn/ • *n* overwinning *f* • *v* (*sp* won, *pp* won) winnen, overwinnen **~ner** • *n* winnaar *m*, winnares *f*

wind /wɪnd, waɪnd/ • *n* wind *m* • *v* (*sp* wound, *pp* wound) blazen; winden, wikkelen; opwinden **~mill** • *n* windmolen *m*; windmolentje *n* • *v* molenwieken

window /'wɪndəʊ, 'wɪndoʊ/ • *n* raam *n*, venster *n*, ruit *f*; interval *n*

wine /waɪn/ • *n* wijn *m*; bordeauxrood *n* • *v* wijn serveren; wijn drinken

wing /wɪŋ/ • *n* vleugel *m*, vlerk *f*, vleder *m*, wiek *f*

winter /'wɪntə, 'wɪntɚ/ • *n* winter *m* • *v* winteren

wipe /waɪp/ • *v* vegen; wissen

wire /waɪə(ɹ), 'waɪɚ/ • *n* draad *m*; elektriciteitsdraad, snoer, ader • *v* vastbinden; electrificeren; aansluiten **~less** • *adj* draadloos

wis|e /waɪz/ • *adj* wijs **~dom** • *n* wijsheid *f*

wish /wɪʃ/ • *n* wens • *v* wensen, willen

wit /wɪt/ • *v* weten **~ty** • *adj* wijs; geestig

with /wɪð, wɪθ/ • *prep* met, tegen; bij; voor; door **~in** • *prep* binnenin **~out** • *prep* zonder

withdraw /wɪð'dɹɔ:/ • *v* terugtrekken; terugnemen; intrekken; afhalen, pinnen, opnemen

withstand /wɪðˈstænd/ • *v* weerstaan

witness /ˈwɪtnəs/ • *n* getuigenis; getuige *m*

wives *(pl)* ▷ WIFE

woke *(sp)* ▷ WAKE

woken *(pp)* ▷ WAKE

wolf /wʊlf, wʌlf/ • *n* (*pl* wolves) wolf *m*

woman /ˈwʊmən/ • *n* (*pl* women) vrouw *f*

womb /wuːm/ • *n* baarmoeder

women *(pl)* ▷ WOMAN

won *(sp/pp)* ▷ WIN

wonder /ˈwʌndə, ˈwʌndər/ • *n* wonder *n* • *v* verwonderen; zich afvragen **~ful** • *adj* fantastisch, heerlijk

wood /wʊd/ • *n* hout *n*; houtsoort; woud, woudland *n*; brandhout • *v* bebossen **~en** • *adj* houten; houterig **~pecker** • *n* specht *m*, groene specht *m*

wool /wʊl/ • *n* wol *m*

word /wɜːd, wɜ˞d/ • *n* woord *n*; erewoord *n*; woordenwisseling *f* • *v* verwoorden, onder woorden brengen, formuleren • **processor** • *n* tekstverwerker *m*

wore *(sp)* ▷ WEAR

work /wɜːk, wɜ˞k/ • *n* werk *n*, job *f*, arbeid *m*; arbeidsplaats *f*; werkstuk *n* • *v* werken; bewerken; bespelen; bewerkstelligen **~ out** • *v* uitrekenen **~er** • *n* arbeider *m*, arbeidskracht **~shop** • *n* atelier *n*; workshop **at ~** • *phr* aan het werk, aan de slag

works /wɜːks, wɜ˞ks/ • *n* werken; daden

world /wɜːld, wɜ˞ld/ • *n* wereld *m*; aarde **m ~wide** • *adj* wereldwijd, wereldwijde • *adv* over de hele wereld

worm /wɜːm, wɜ˞m/ • *n* worm *m*, pier *m*, wurm *m*; mormel *n*; draad *m*, schroef *f* • *v* zich wurmen

worn *(pp)* ▷ WEAR

worr|y /ˈwʌɹi, ˈwʊɹi/ • *n* zorg *f* • *v* bezorgd zijn, zich zorgen maken **~ying** • *adj* verontrustend **~isome** • *adj* verontrustend, verontrustende; ongerust, ongeruste **~ied** • *adj* ongerust, bezorgd

wors|e /wɜːs, wɜ˞s/ • *adj* slechter, erger **~t** • *adj* slechtst, ergst • *(also)* ▷ GOOD

worship /ˈwɜːʃɪp, ˈwɜ˞ʃɪp/ • *n* verering *f*, aanbidding *f* • *v* vereren, aanbidden

worth /wɜːθ, wɜ˞θ/ • *adj* gelijkwaardig aan, waard; gewaardeerd; vermogen • *n* waarde *f* **~less** • *adj* waardeloos **~while** • *adj* de moeite lonend, de moeite waard, waardevol **~y** • *adj* waardig

would /wʊd, wəd/ • *v* zou/zouden; gelieve

wound /wuːnd, wʊnd/ • *n* wonde *f*, verwonding *f*, kwetsuur *f* • *v* verwonden, kwetsen • *(also)* ▷ WIND

wove *(sp)* ▷ WEAVE
woven *(pp)* ▷ WEAVE
wow /waʊ/ • *interj* wauw
wrap /ræp/ • *n* omslag • *v* inpakken, omhullen
wreck /'rɛk/ • *n* wrak; botsing *f* • *v* beschadigen; ruïneren, verwoesten; ontmantelen
wren /rɛn/ • *n* winterkoninkje *n*
wrestl|e • *v* worstelen **~ing** • *n* worstelen *n*
wring /rɪŋ/ • *v* (*sp* wrung, *pp* wrung) uitwringen; afpersen; wringen
wrinkle • *n* rimpel *m* • *v* kreuken
wrist /rɪst/ • *n* pols *m*
writ|e /raɪt/ • *v* (*sp* wrote, *pp* written) schrijven **~er** • *n* schrijver *m*, schrijfster *f*, auteur *f* **~ing** • *n* schrift *n*, schrijfsel *n*, geschrift *n*; geschrijf *n*, schrijven *n*; werk *n*, oeuvre *n*; schrijf-
wrong /rɒŋ, rɔŋ/ • *adj* fout, verkeerd, onjuist, mis; slecht • *adv* fout, foutief, verkeerd, onjuist • *n* misstand *m*, wantoestand *m*, onrechtmatige daad *f*; verkeerde *n*, kwaad *n*, onrecht *n* • *v* benadelen, onrecht doen, aandoen; onbillijk beoordelen
wrote *(sp)* ▷ WRITE
wrung *(sp/pp)* ▷ WRING

X-ray • *n* röntgenstraal *f*; röntgenfoto *f*; röntgenapparaat *n* • *v* doorlichten, bestralen, röntgenen, met röntgenstralen onderzoeken
xenophobia /zɛnəˈfəʊbɪə/ • *n* xenofobie, vreemdelingenhaat
xerox /ˈzɛ.rɒks, ˈziː(ə).rɑks/ • *v* fotokopiëren, kopiëren
xylophone /ˈzaɪ.lə.fəʊn, ˈzaɪləˌfoʊn/ • *n* xylofoon *m*

yacht /jɒt, jɑt/ • *n* jacht *f*
yard /jɑːd, jɑɪd/ • *n* erf; ra *f*
yeah /jɛə/ • *interj* yes, jippie • *part* ja, jawel
year /jɪə, jɪɪ/ • *n* jaar *n* **~ly** • *adj* jaarlijks, jaarlijkse • *n* jaaruitgave *f*, jaarlijkse uitgave *f*
yearn /jɜːn, jɜn/ • *v* smachten, zuchten, verlangen; terugverlangen
yeast /jiːst, iːst/ • *n* gist *m*; schuim *n*
yell /jɛl/ • *v* schreeuwen

yellow /ˈjɛl.əʊ, ˈjɛl.oʊ/ • *adj* geel; laf • *n* geel • *v* vergelen
Yemen • *n* Jemen **~i** • *adj* Jemenitisch • *n* Jemeniet *m*, Jemenitische *f*
yes /jɛs/ • *interj* ja; jawel, toch, wel
yesterday /ˈjɛstədeɪ, ˈjɛstərdeɪ/ • *adv* gisteren
yet /jɛt/ • *adv* nog, al; nog steeds • *conj* maar toch
yield /jiːld/ • *n* opbrengst • *v* belonen, verlenen, afstaan; zwichten, capituleren, overgeven; voortbrengen
yoga /ˈjəʊɡə/ • *n* yoga
yogurt /ˈjɒɡət, ˈjoʊɡərt/ • *n* yoghurt *m*
yolk /jəʊk, joʊk/ • *n* dooier *m*, eidooier *m*, eigeel *n*, eierdooier *m*
you /juː, ju/ • *det* jij, gij, jullie, gulder • *pron* gijlieden, u, gijlie, gijle; jij, je, ge; men; jou • *v* vousvoyeren
young /jʌŋ/ • *adj* jong, jeugdig; onervaren • *n* jeugd *m*, jongeren; jongen **~ster** • *n* jongere *f*
your /jɔː, jɔːr/ • *det* je, jouw, uw; jullie, ulle **~s** • *pron* het jouwe, de jouwe, van jou; het uwe, de uwe, van jullie **~self** • *pron* jijzelf, uzelf
youth /juːθ, juθ/ • *n* jeugd; jongeman *m*
Yugoslavia • *n* Joegoslavië *n* **~n** • *adj* Joegoslavisch

Zambia • *n* Zambia
zeal /ziːl/ • *n* ijver *m*, geestdrift *m* **~ous** • *adj* ijverig, vlijtig
zebra /ˈzɛbɹə, ˈziːbɹə/ • *n* zebra *m*
zero /ˈzɪəɹəʊ, ˈzɪɹ(ˌ)oʊ/ • *n* nul • *num* nul • *v* op nul zetten
Zimbabwe • *n* Zimbabwe
zinc /zɪŋk/ • *n* zink *n*
zombie /ˈzɒmbi, ˈzɑmbi/ • *n* zombie
zone /zoʊn, zəʊn/ • *n* zone *f*, gebied *n*
zoo /zuː/ • *n* dierentuin, zoo
zoom /zuːm/ • *v* zoeven
Zurich • *n* Zurich *n*

Dutch-English

aaien • *v* pet, stroke
aal • *n* eel
aan • *prep* at, on, to • *adj* up • *adv* on
aanbetaling • *n* deposit
aanbevelen • *v* advocate, endorse, recommend
aanbeveling • *n* recommendation
aanbidden • *v* admire, adore, moon, worship
aanbidding • *n* worship
aanbieden • *v* offer, tender
aanbieding • *n* offer, special
aanblik • *n* appearance, aspect, hue, sight
aanbod • *n* line, offer
aanbranden • *v* burn
aanbrengen • *n* application • *v* apply, brush
aandacht • *n* attention
aandachtig • *adj* attentive
aandeel • *n* equity, share, stake, stock
aandenken • *n* souvenir
aandikken • *v* flesh, heighten
aandoen • *v* put on, wrong
aandoening • *n* illness
aandrang • *n* urge
aandrift • *n* urge
aandrijven • *v* drive
aandrijving • *n* drive, engine
aandringen • *v* insist
aanduiden • *v* indicate, mark, note, point out
aanduiding • *n* mark
aaneenbreien • *v* knit
aaneengeschreven • *adj* solid
aaneengroeien • *v* knit
aaneenknopen • *v* knot
aaneenrijgen • *v* string
aaneenrijging • *n* chain

aaneenschakeling • *n* chain
aanfluiting • *n* joke
aangaan • *v* turn on
aangaande • *prep* about, concerning
aangeboren • *adj* indigenous, native
aangekleed • *v* dressed
aangenaam • *adj* friendly, nice, pleasant
aangepast • *adj* custom, fit
aangeslagen • *adj* excited
aangeven • *v* declare, indicate, point out
aangewend • *adj* applied
aangewezen • *adj* appropriate
aangezicht • *n* face
aangezien • *conj* as, because, since, whereas
aangooi • *n* shy
aangrenzend • *adj* adjacent
aangrijpen • *v* move, seize
aanhalen • *v* quote
aanhaling • *n* quote
aanhalingsteken • *n* quote
aanhangen • *v* adhere
aanhanger • *n* trailer
aanhangsel • *n* accessory, suffix
aanhangwagen • *n* trailer
aanhebben • *v* wear
aanhouden • *v* arrest, flag, stop
aanhoudend • *adj* continuous
aanhouding • *n* arrest
aanklagen • *v* accuse, charge, denounce, indict, sue
aanklager • *n* plaintiff, prosecutor
aankleden • *v* costume, dress
aankloppen • *n* knock
aankomen • *v* arrive, gain, get
aankomst • *n* arrival

aankondigen • *v* announce
aankondiging • *n* advertisement, advice
aankoop • *n* purchase
aankoopster • *n* buyer
aankopen • *v* purchase
aankoper • *n* buyer
aankruisen • *v* check, tick
aanleg • *n* bent, facility, talent
aanleggen • *v* apply
aanlegplaats • *n* landing
aanleiding • *n* cause, occasion
aanleren • *v* teach
aanleunen • *v* lean
aanliggend • *adj* adjacent
aanlokkelijk • *adj* alluring
aanmatigend • *adj* condescending, supercilious
aanmatiging • *n* arrogance
aanmelden • *v* log in
aanmerkelijk • *adj* considerable
aanmoedigen • *v* encourage, foster, prompt
aanmoediging • *n* encouragement
aanmunten • *v* coin
aanname • *n* assumption
aannemen • *v* accept, adopt, assume, consider, suppose, take
aannemer • *n* contractor
aanpak • *n* approach
aanpakken • *v* handle, tackle
aanpalend • *adj* adjacent, neighboring
aanpassen • *v* accommodate, adapt, adjust, amend, appropriate, change, fit, format, set, tailor
aanpassing • *n* adjustment, change, edit

aanraden • *v* recommend
aanrader • *n* recommendation
aanraken • *v* contact, handle, touch
aanranden • *v* assault
aanranding • *n* assault
aanrecht • *n* counter
aanroepen • *v* call, invoke
aanschaf • *n* purchase
aanschaffen • *v* buy, purchase
aanscherpen • *v* sharpen
aanschouwen • *v* see
aanschrijven • *n* application
aanslag • *n* attempt • *adj* hit
aanslepen • *v* linger
aansluiten • *v* connect, install, wire
aansluiting • *n* interface, junction, line
aansnijden • *v* open
aanspannen • *v* stretch
aansporen • *v* move, prompt, stimulate, urge
aansporing • *n* incentive
aanspraak • *n* claim
aansprakelijk • *adj* accountable, liable, responsible
aansprakelijkheid • *n* liability
aanspreken • *v* appeal
aanstaand • *adj* next
aanstekelijk • *adj* infectious
aansteken • *v* light
aanstellen • *v* hire, name
aanstelling • *n* appointment
aansturen • *v* supervise
aantal • *n* number
aantasten • *v* affect, erode
aantekenen • *v* note
aantekening • *n* note
aantocht • *n* approach

aantonen • *v* prove, show
aantoonbaar • *adv* arguably
aantreffen • *v* find
aantrekkelijk • *adj* nice
aantrekkelijkheid • *n* allure
aantrekken • *v* appeal, attract, draw, put on
aantrekkingskracht • *n* attraction
aanvaardbaar • *adj* acceptable, cool
aanvaarden • *v* accept
aanval • *n* access, attack, offensive, stab
aanvallen • *v* attack
aanvallend • *adj* offensive
aanvaller • *n* attacker
aanvalszijde • *n* attack
aanvang • *n* beginning, start
aanvangen • *v* begin, commence, initiate, start
aanvankelijk • *adj* initial • *adv* initially
aanvinken • *v* check, tick
aanvliegen • *n* approach
aanvoer • *n* feed
aanvoerder • *n* captain, commander, leader
aanvoeren • *v* head, lead
aanvoerster • *n* leader
aanvraag • *n* application
aanvragen • *v* apply
aanvrager • *n* applicant
aanvreten • *v* erode
aanvullen • *v* complement, complete, fill, supplement
aanvullend • *adv* additionally
aanvulling • *n* supplement
aanvuren • *v* root
aanwassen • *n* wax
aanwenden • *v* use

aanwerven • *v* hire
aanwerving • *n* employment
aanwezig • *adj* present
aanwezigheid • *n* presence
aanwijsbaar • *adj* sensible
aanwijzen • *v* finger, indicate, point out
aanwijzing • *n* clue, hint, instruction, lead
aanwinst • *n* access, purchase
aanzet • *n* draft
aanzetten • *v* activate, cycle, flag, launch, move, prompt, switch on
aanzien • *n* prestige, status
aanzienlijk • *adj* considerable, sensible • *adv* considerably
aanzoek • *n* offer
aanzwellen • *v* swell
aap • *n* monkey
aar • *n* ear
aard • *n* kind
aardappel • *n* potato
aardappelpuree • *n* mashed potatoes
aardbei • *n* strawberry
aardbeiplant • *n* strawberry
aardbeving • *n* earthquake
aarde • *n* earth, ground, soil, world
aarden • *v* earth, ground
aardewerk • *n* pottery
aardig • *adj* kind • *adv* pretty, quite
aardigheid • *n* kindness
aarding • *n* ground
aardnoot • *n* peanut
aardolie • *n* oil
aardrijkskunde • *n* geography
aardschok • *n* earthquake
aarzelen • *v* hesitate

aarzelend • *adj* hesitant, reluctant
aarzeling • *n* hesitation
abandonnement • *n* abandonment
abituriënt • *n* graduate
abnormaal • *adj* abnormal
abolitie • *n* abolition
abominabel • *adj* ghastly
abondant • *adj* abundant
abonnement • *n* subscription
abonneren • *v* subscribe
aborteren • *v* abort
abortie • *n* abortion
abortus • *n* abortion
abrikoos • *n* apricot
absent • *adj* absent
absolute • *n* absolute
absoluut • *adj* absolute • *adv* absolutely
absorbens • *n* absorbent
absorberen • *v* absorb
absorberend • *adj* absorbent
absorptie • *n* absorption
abstract • *adj* abstract
abstractie • *n* abstract, abstraction
abstraheren • *v* abstract
absurd • *adj* absurd
academicus • *n* academic
academie • *n* academy
academisch • *adj* academic
acceleratie • *n* acceleration
accent • *n* accent
accentteken • *n* accent
accentueren • *v* accent
acceptabel • *adj* acceptable, cool
acceptatie • *n* acceptance
accepteren • *v* accept
accessoire • *n* accessory

accijns • *n* custom
accommodatie • *n* accommodation
accommoderen • *v* accommodate
accordeon • *n* accordion
account • *n* account
accountant • *n* accountant
accumulatie • *n* accumulation
accumuleren • *v* accumulate
accuraat • *adj* accurate
accusatief • *adj* accusative
acht • *n* eight
achtbaan • *n* rollercoaster
achteloos • *adj* careless, casual
achten • *v* deem, find, judge, think
achter • *adv* after • *prep* behind • *adj* back, rear
achteraan • *prep* behind
achteraf • *adv* afterwards • *adj* back
achterbaks • *adj* slimy
achterblijven • *v* remain
achterdeur • *n* loophole
achterdochtig • *adj* suspicious
achtereenvolgend • *adj* consecutive, respective
achtereind • *n* behind, rear
achtereinde • *n* tail
achtergrond • *n* backdrop, background, ground
achterhaald • *adj* redundant
achterhand • *n* behind
achterhoede • *n* rear
achterhoedespeler • *n* back
achterkant • *n* back, behind, rear
achterklap • *n* gossip
achterlaten • *v* abandon, leave
achterlating • *n* abandonment

achterliggend • *adj* underlying
achterlijk • *adj* simple
achternajagen • *v* chase
achternazitten • *v* chase, course
achterschip • *n* stern
achterste • *n* behind, butt, rear, tail
achterstellen • *v* postpone
achtersteven • *n* stern
achteruit • *n* reverse
achteruitgaan • *v* decline
achteruitgang • *n* decline
achteruitrijden • *v* back up
achtervoegsel • *n* extension, suffix
achtervolgen • *v* chase, course, haunt, pursue
achtervolger • *n* tail
achtervolging • *n* chase
achterwaarts • *adv* backwards
achterwerk • *n* behind, butt, rear, tail
achterzijde • *n* behind
achting • *n* regard, respect
achtste • *adj* eighth
achttien • *num* eighteen
acribisch • *adj* meticulous
acrobaat • *n* acrobat
acteren • *v* act
acteur • *n* actor
actie • *interj* action
actief • *adj* active, on • *n* activity
activa • *n* asset
activeren • *v* activate, enable, trigger
activist • *n* activist
activiteit • *n* activity
activum • *n* asset
actrice • *n* actor, actress
actualisatie • *n* update

actualiseren • *v* update
actueel • *adj* actual, current
acuut • *adj* acute, sharp
adel • *n* nobility
adelaar • *n* eagle
adellijk • *adj* noble
adellijke • *n* noble
adem • *n* breath, inspiration
adembenemend • *adj* breathtaking
ademen • *v* breathe
ademhalen • *v* breathe
ademhaling • *n* breath, breathing, inspiration
adempauze • *n* breath
adequaat • *adj* adequate
ader • *n* bed, vein, wire
adhesie • *n* adherence
adjectief • *n* adjective
adjudant • *n* deputy
adjudante • *n* deputy
administratie • *n* administration, management
administratief • *adj* administrative
administrator • *n* root
adopteren • *v* adopt
adoreren • *v* adore
adres • *n* address
advertentie • *n* advertisement
advies • *n* advice, support
adviesprijs • *n* retail
adviseren • *v* advise, recommend
adviseur • *n* advisor
advocaat • *n* advocate, attorney
advocate • *n* advocate, lawyer
advocatuur • *n* bar
aerobics • *n* aerobics
aeroob • *adj* aerobic

af • *adv* down
afbakenen • *v* define
afbeelden • *v* depict, map
afbeelding • *n* depiction, figure, picture, view
afborstelen • *v* brush
afbraak • *n* breakdown, demolition
afbranden • *n* burn
afbreken • *v* abort, escape, stop, suspend
afbuigen • *v* bend, curve
afdalen • *v* descend
afdaling • *n* descent
afdanken • *v* discard
afdeling • *n* department, division, section
afdoend • *adj* decisive
afdracht • *n* tribute
afdrijving • *n* abortion
afdruk • *n* print
afdrukken • *v* print
afdwalen • *v* wander
afdwingen • *v* compel, force
affaire • *n* affair
affect • *n* affect
affiche • *n* poster
afgaan • *v* bomb, fire
afgebroken • *adj* broken
afgelasten • *v* suspend
afgelasting • *n* cancellation
afgelegen • *adj* extreme, remote
afgeleide • *n* derivative
afgelopen • *adj* last, past
afgemat • *adj* beat
afgeprijsd • *adj* cheap
afgerond • *adj* round
afgesleten • *adj* bald
afgesloten • *adj* closed
afgestudeerde • *n* graduate

afgevaardigde • *n* delegate
afgeven • *v* emit
afgezonderd • *adj* abstract, reclusive, separate
afgezonderde • *adj* separate
Afghanistan • *n* Afghanistan
afgietsel • *n* cast
afgod • *n* god
afgrijselijk • *adj* atrocious, awful, ghastly, grisly, gruesome
afgrond • *n* drop
afgunst • *n* envy, jealousy
afhalen • *v* withdraw
afhangen • *v* depend
afhankelijk • *adj* dependent
afhankelijkheid • *n* dependence
afketsen • *n* bounce
afkeuren • *v* criticize, denounce
afkoelen • *v* calm, cool
afkomen • *v* report
afkomst • *n* birth, descent, origin, race
afkomstig • *adj* original
afkopen • *v* purchase
aflaat • *n* indulgence
afladen • *v* download
afleggen • *v* bear, discard
afleiden • *v* abstract, derive, differentiate, judge
afleiding • *n* derivative, distraction
afleidingsmanoeuver • *n* diversion
afleveren • *v* deliver
aflevering • *n* episode
afloop • *n* bleed, proceedings
aflopen • *v* expire
afluisteren • *v* tap
afmaken • *v* destroy

afmelden • *v* log out
afmeren • *v* dock
afmeten • *v* measure
afmeting • *n* dimension
afmixen • *v* mix
afname • *n* decline
afnemen • *v* decline, decrease, diminish
afpersen • *v* wring
afpersing • *n* blackmail
afraffelen • *v* rush
afranselen • *v* boot
afrekenen • *v* check out
afremmen • *v* brake
Afrika • *n* Africa
Afrikaan • *n* African
Afrikaans • *adj* African
Afrikaanse • *n* African
afronding • *n* completion, flow
afruimen • *v* bus
afschaffen • *v* abolish
afschaffing • *n* abolition
afscheiden • *v* isolate, strain
afschrift • *n* copy
afschuifkracht • *n* shear
afschuiven • *v* shear
afschuwelijk • *adj* atrocious, frightening, ghastly, gruesome • *adv* terrible
afslaan • *v* cut out, refuse, stall, turn
afslachten • *v* butcher
afslijten • *v* erode
afsluiten • *v* island, lock
afsluiting • *n* closure
afsluitpremie • *n* commission
afsluitprovisie • *n* commission
afsnijden • *v* shear
afspelen • *v* play
afspeuren • *v* scan
afsplitsen • *v* fork

afsplitsing • *n* fork, split
afspoelen • *v* wash
afspraak • *n* agreement, appointment, arrangement, date
afspraakje • *n* date
afspreken • *v* meet
afstaan • *v* yield
afstammeling • *n* descendant, offspring
afstammelingen • *n* offspring
afstammen • *v* descend
afstamming • *n* ancestry
afstand • *n* abandonment, distance, measure, range
afstandelijk • *adj* cold, distant
afstandsbediening • *n* remote control
afstemmen • *v* tune
afstoffen • *v* dust
afstraffen • *v* punish
afstraffing • *n* punishment
afstropen • *v* skin
afstuderen • *v* graduate
aftakken • *v* branch
aftappen • *v* tap
aftasten • *v* explore
aftelling • *n* count
aftocht • *n* retreat
aftreding • *n* resignation
aftreksel • *n* essence
afval • *n* debris, garbage, litter, refuse, waste
afvalbak • *n* bin
afvallen • *v* lose
afvallige • *n* deviant
afvinken • *v* check, tick
afvoer • *n* drain
afvoeren • *v* can
afvuren • *v* fire, trigger

afwachten • *v* await, wait • *n* waiting
afwachting • *n* expectation
afwasbak • *n* sink
afwasmachine • *n* dishwasher
afwasser • *n* dishwasher
afwatering • *n* drainage
afweging • *n* assessment
afweren • *v* cast
afwerken • *v* finish
afwerking • *n* completion
afwerpen • *v* cast, shed, throw
afwezig • *adj* absent, abstract
afwezigheid • *n* absence
afwijkeling • *n* deviant
afwijken • *v* depart, differ
afwijkend • *adj* abnormal, deviant
afwijking • *n* departure, error
afwijzen • *v* abandon, decline, reject
afwisselend • *adv* about
afwisseling • *n* variation
afzekeren • *v* assure
afzetgebied • *n* market
afzetmarkt • *n* market
afzetten • *v* deposit
afzetting • *n* deposit
afzien • *v* abandon, give up
afzijdig • *adj* neuter
afzoeken • *v* search
afzonderen • *v* abstract, island, separate
afzondering • *n* privacy
afzonderlijk • *adj* separate
afzwakken • *v* decline
afzweren • *v* defy
agenda • *n* agenda, calendar, card
agendapunt • *n* item
agent • *n* agent

agentschap • *n* bureau
agressie • *n* aggression
agressief • *adj* aggressive
agressor • *n* aggressor
ah • *interj* ah
aide • *n* aid
aids • *n* AIDS
air • *n* air
airco • *n* air conditioning
airconditioning • *n* air conditioning
aju • *interj* bye
ajuin • *n* onion
ajuus • *interj* bye
akelig • *adj* morbid
akker • *n* field
akkoord • *n* accord, arrangement, chord
akoestiek • *n* acoustics
akoestisch • *adj* acoustic
akoestische • *adj* acoustic
akte • *n* act, deed
aktueel • *adj* current
aktuele • *adj* current
al • *det* all • *adv* already, yet
alarm • *n* alarm
alarmeren • *v* alarm
alarmklok • *n* alarm
alarmkreet • *n* alarm
alarmsignaal • *n* alarm
alarmstemming • *n* alarm
Albanees • *adj* Albanian • *n* Albanian
Albanese • *adj* Albanian
Albanië • *n* Albania
albatros • *n* albatross
album • *n* album, book
alcohol • *n* alcohol
alcoholicus • *n* alcoholic
alcoholisch • *adj* alcoholic
alcoholisme • *n* alcoholism
alcoholist • *n* alcoholic
alcoholiste • *n* alcoholic
alcoholvrij • *adj* alcohol-free
aldaar • *adv* there
aldra • *adv* presently
aldus • *adv* thus
alert • *adj* conscious
alfabetisering • *n* literacy
alfabetisme • *n* literacy
algeheel • *adj* complete
algemeen • *adj* abstract, general, universal
Algerije • *n* Algeria
alhoewel • *conj* albeit, although • *adv* nevertheless
alias • *adv* AKA
alibi • *n* alibi
alinea • *n* paragraph
alle • *det* all
allebei • *det* both
allebeide • *det* both
alledaags • *adj* everyday, pedestrian
alleen • *adv* alone, merely • *adj* lonely, solo
alleenbezit • *n* monopoly
alleenig • *adj* lonely
alleenrecht • *n* monopoly
alleenstaand • *adj* single, sole
allemaal • *pron* everyone
allen • *pron* everybody, everyone
allengs • *adv* gradually
allenig • *adj* lonely
alles • *adv* all • *pron* anything, everything
allesomvattend • *adj* complete
alletwee • *det* both
alliantie • *n* alliance
allocatie • *n* allocation

allochtoon • *n* alien • *adj* foreign
alomvattend • *adj* comprehensive
alover • *prep* abroad
alreeds • *adv* already
als • *prep* as, like • *conj* if, when • *adv* like
alsjeblieft • *adv* please
alstublieft • *adv* please
alternatief • *adj* alternate, alternative
althans • *phr* at least
altijd • *adv* always, ever, forever
altoos • *adv* always
altviool • *n* viola
aluminium • *n* aluminium
alvorens • *conj* before
alweer • *adv* again
alzo • *adv* thus
amai • *interj* boy
amalgamatie • *n* merger
amandel • *n* almond
amandelboom • *n* almond
amandelkleurig • *adj* almond
amateur • *n* amateur
ambassade • *n* embassy
ambassadeur • *n* ambassador
ambiëren • *v* aspire
ambigu • *adj* ambiguous
ambiguïteit • *n* ambiguity
ambitieus • *adj* ambitious
ambtelijk • *adj* official
ambtenaar • *n* official
ambulance • *n* ambulance
amenderen • *v* amend
Amerikaan • *n* American
Amerikaans • *adj* American
Amerikaanse • *n* American
amigo • *n* pokey
amper • *adv* barely, scarcely

Amsterdam • *n* Amsterdam
amusement • *n* amusement, entertainment
amuseren • *v* amuse, entertain
analfabeet • *n* illiterate
analist • *n* analyst
analiste • *n* analyst
analogie • *n* analogy
analyse • *n* analysis
analyseren • *v* analyze
ananas • *n* pineapple
ander • *adj* new, other
andere • *det* other
anderen • *det* other
anders • *adj* different • *adv* else, otherwise
anderszins • *adv* otherwise
Andorra • *n* Andorra
Angola • *n* Angola
angst • *n* anxiety, apprehension, fear
angstaanjagend • *adj* awesome, eerie, frightening, gruesome, terrific
angsthaas • *n* chicken
angstvallig • *adj* meticulous
anjer • *n* pink
anker • *n* anchor
ankeren • *v* anchor
annuleren • *v* abort, cancel
anoniem • *adj* anonymous
anonimiteit • *n* anonymity
Antarctica • *n* Antarctica
antenne • *n* aerial
antiek • *adj* ancient
antilope • *n* antelope
antithese • *n* antithesis
antraciet • *adj* charcoal
antwoord • *n* answer, reply, response

antwoorden • *v* answer, reply • *n* response
apart • *adj* curious
apenjong • *n* monkey
apennoot • *n* peanut
apin • *n* monkey
apotheek • *n* pharmacy
apotheker • *n* pharmacist
app • *n* app
apparaat • *n* apparatus, device, machine
appartement • *n* apartment
appel • *n* apple
appelbomenhout • *n* apple
appelboom • *n* apple
appelcider • *n* cider
appeleren • *v* appeal
appelsien • *n* orange
appelsienenboom • *n* orange
appelwijn • *n* cider
appetijt • *n* appetite
applaudisseren • *v* applaud
applaus • *n* applause
applicatie • *n* app, application
apporteren • *v* retrieve
april • *n* April
aquaduct • *n* aqueduct
Arabier • *n* Arab
Arabisch • *adj* Arab
arachidenoot • *n* peanut
arbeid • *n* labour, work
arbeider • *n* worker
arbeidskracht • *n* worker
arbeidsloon • *n* wage
arbeidsloos • *adj* unemployed
arbeidsplaats • *n* work
arbiter • *n* referee
arbitrair • *adj* arbitrary
archief • *n* archive, library
architect • *n* architect
architectuur • *n* architecture

archiveren • *v* archive, file
arend • *n* eagle
Argentinië • *n* Argentina
argument • *n* argument
argumentatie • *n* argument
argwanend • *adj* leery
aristocraat • *n* noble
aritmetica • *n* arithmetic
arm • *n* arm • *adj* poor
armadillo • *n* armadillo
armband • *n* bracelet
arme • *adj* poor
Armeens • *adj* Armenian
Armeense • *n* Armenian
armen • *n* poor
Armenië • *n* Armenia
Armeniër • *n* Armenian
armoede • *n* poverty
armoedig • *adj* poor
armoedzaaier • *n* beggar
armzalig • *adj* sorry
arrangeren • *v* prefix
array • *n* array
arrest • *n* arrest
arrestatie • *n* apprehension, arrest, bust
arresteren • *v* arrest
arriveren • *v* arrive
arrogant • *adj* arrogant, supercilious, surly
arrogantie • *n* arrogance
artefact • *n* artifact
articuleren • *v* articulate
artiest • *n* artist
artificieel • *adj* artificial
artikel • *n* article, entry, item, paper
artisjok • *n* artichoke
artistiek • *adv* artistic
arts • *n* physician
artsenij • *n* medicine

as • *n* ash, axis
ascese • *n* spite
asem • *n* breath
asemen • *v* breathe
asemhalen • *v* breathe
asexueel • *adj* neuter
asfalt • *n* asphalt
asfalteren • *v* asphalt
asiel • *n* asylum
aspect • *n* aspect
asperge • *n* asparagus
assassijn • *n* assassin
Assassijn • *n* assassin
asse • *n* ash
assertief • *adj* assertive
assimilatie • *n* digestion
assistent • *n* aid, assistant
assistentie • *n* assistance
assisteren • *v* assist
associatie • *n* association, connotation
associëren • *v* associate
assurantie • *n* insurance
astronomie • *n* astronomy
astronoom • *n* astronomer
asymmetrisch • *adj* asymmetrical
atelier • *n* shop, studio, workshop
Athene • *n* Athens
atlas • *n* atlas
atleet • *n* athlete
atletiek • *n* athletics
atmosfeer • *n* atmosphere
atoomkern • *n* nucleus
attachment • *n* attachment
atten • *v* down
attenties • *n* attention
attest • *n* certificate
attestering • *n* certification
attitude • *n* attitude
attractie • *n* attraction
attribuut • *n* attribute
aubergine • *n* eggplant
audientie • *n* audience
augurk • *n* gherkin
augustus • *n* August
Australië • *n* Australia
Australiër • *n* Australian
Australisch • *adj* Australian
Australische • *adj* Australian
auteur • *n* author, composer, writer
auteursrecht • *n* copyright
authentiek • *adj* genuine
auto • *n* automobile, car
autobiografie • *n* autobiography
autobus • *n* bus
autochtoon • *adj* indigenous, native
automaat • *n* automatic
automatisch • *adj* automatic • *adv* automatically
automatiseren • *v* automate
automatisering • *n* automation
automatisme • *n* habit
automobiel • *n* automobile, car, machine
automobilist • *n* motorist
autonomie • *n* autonomy
autonoom • *adj* autonomous
autorisatie • *n* authorization
autoritair • *adj* absolute
autoriteit • *n* authority
autoriteiten • *n* authority
autosnelweg • *n* highway
autostrade • *n* highway
avance • *n* advance
avocado • *n* avocado
avocadoboom • *n* avocado
avond • *n* evening

avondeten • *n* dinner
avondje • *n* night
avondmaal • *n* dinner
avondmaaltijd • *n* dinner
avondstond • *n* even
avontuur • *n* adventure
avontuurlijk • *adj* adventurous
avontuurtje • *n* fling
Azerbeidzjan • *n* Azerbaijan
Aziaat • *n* Asian
Aziatisch • *adj* Asian
Azië • *n* Asia
azijn • *n* vinegar
Azische • *n* Asian

B

baai • *n* bay
baaierd • *n* chaos
baan • *n* course, court, down, job, orbit, road
baanbrekend • *adj* revolutionary
baar • *n* bar, wave
baard • *n* beard
baarmoeder • *n* womb
baars • *n* bass, perch
baas • *n* boss, head
babbel • *n* chat
babbelen • *v* chat, gossip
babbelziek • *adj* talkative
baby • *adj* baby
backpacken • *v* backpack
backup • *n* backup
bacon • *n* bacon
bacteriën • *n* bacteria

bad • *n* bath
badge • *n* button
badkamer • *n* bath, bathroom
badkuip • *n* bath
badmeester • *n* lifeguard
badpak • *n* swimsuit
baffen • *v* rim
bagage • *n* luggage
bahasa • *n* Indonesian
Bahrein • *n* Bahrain
bak • *n* box, container, joint, jug, ride
bakboord • *n* port
bakken • *v* bake, cook, do, fire, fry
bakker • *n* baker
bakkerij • *n* bakery
bakkes • *n* face
bakpoeder • *n* baking powder
baksteen • *n* brick
bakstenen • *adj* brick
bakvorm • *n* tin
bal • *n* ball, nut
balans • *n* balance
balein • *n* bone
balie • *n* bar, counter
balk • *n* beam, staff, timber
balken • *v* bell
balkon • *n* balcony
ballen • *n* ball
ballet • *n* ballet
ballingschap • *n* exile
ballon • *n* balloon
baluster • *n* banister
ban • *n* bar, charm
banaan • *n* banana
bananengeel • *n* banana
bananenplant • *n* banana
band • *n* band, bond, cushion, tape, tyre
bandage • *n* bandage

bandeloosheid • *n* license
bang • *adj* afraid, scared
bangelijk • *adj* frightened
Bangladesh • *n* Bangladesh
banier • *n* banner
bank • *n* bank, bed, bench, sofa
bankier • *n* banker
bankroet • *adj* bankrupt • *n* bankruptcy
banneling • *n* exile
bar • *n* bar
barbaar • *n* barbarian
barbaars • *adj* barbarian
Barbados • *n* Barbados
barbecue • *n* barbecue, grill
barbecueën • *v* barbecue
barbier • *n* barber
baren • *v* birth, deliver
bariton • *n* baritone
barkruk • *n* stool
barmhartig • *adj* merciful
barmhartigheid • *n* mercy
barreren • *v* bar
barrevoets • *adj* barefoot
barrière • *n* barrier
bars • *adj* surly
barst • *n* crack, rent
barsten • *v* burst, bust
bas • *n* bass
base • *n* base
baseren • *v* base
basgitaar • *n* bass
basilicum • *n* basil
basilicumblaadjes • *n* basil
basiliekruid • *n* basil
basis • *n* base, basic, basis
basisbehoefte • *n* basic
basisbenodigdheid • *n* staple
basisch • *adj* basic
basisonderdeel • *n* basic
basisvoedsel • *n* staple

basketbal • *n* basketball
bataat • *n* sweet potato
batterij • *n* battery, cell
bazielkruid • *n* basil
bazig • *adj* surly
bazin • *n* boss, head
beademen • *v* inspire
beambte • *n* official
beamen • *v* confirm
beangstigen • *v* alarm, frighten, scare
beangstigend • *adj* awesome, frightening
beantwoorden • *v* answer, reply
bear • *n* bear
beat • *n* beat
beauty • *n* beauty
beboeten • *v* fine
bebossen • *v* forest, wood
beboteren • *v* butter
bebouwen • *v* till
becommentariëren • *v* comment
bed • *n* bed
bedaard • *adj* cool
bedankt • *interj* thanks
bedaren • *v* calm down, compose
bedarer • *n* composer
bedding • *n* bed, channel
bede • *n* aid, prayer
bedeesd • *adj* shy, timid
bedekken • *v* blanket, cake, carpet, cover, line
bedelaar • *n* beggar
bedelaarster • *n* beggar
bedelares • *n* beggar
bedelen • *v* beg
bedeltje • *n* charm

bedenken • *v* coin, consider, invent, plot
bedenking • *n* idea
bederven • *v* spoil
bediende • *n* clerk, employee, servant
bedienen • *v* await, handle, serve, wait • *n* waiting
bediener • *n* operator
bediening • *n* service
bediscussiëren • *v* discuss
bedoelen • *v* mean
bedoeling • *n* aim, goal, idea, intent, intention, purpose, view
bedotten • *v* mislead
bedraden • *v* thread
bedrag • *n* amount
bedragen • *v* amount
bedreigd • *adj* endangered
bedreigen • *v* threaten
bedreigend • *adj* surly
bedreiging • *n* danger, threat
bedreven • *adj* able, accomplished, happy, skillful
bedriegen • *v* betray, cheat, deceive, fool, mislead
bedrieger • *n* cheat, fraud
bedrieglijk • *adj* deceptive
bedrijf • *n* business, company
bedrijfstak • *n* branch
bedrog • *n* deception, fraud, scam
beduidend • *adj* considerable, significant • *adv* significantly
beduvelen • *v* devil
bedwingen • *v* compel
beëindigen • *v* close, end, finish, leave, stop, terminate
beëindiging • *n* closure, ending
beek • *n* burn

beeld • *n* image, sculpture, view
beeldhouwen • *n* sculpture
beeldhouwer • *n* sculptor
beeldhouwwerk • *n* sculpture
beeldig • *adj* adorable
beeldkopie • *n* image
beeldkwaliteit • *n* resolution
beeldscherm • *n* display, monitor, screen
beeldscherpte • *n* resolution
beeldspraak • *n* metaphor
beeltenis • *n* image
been • *n* bone, leg
beenhouwer • *n* butcher
beer • *n* bear, bull
beest • *n* animal, beast
beesten • *n* cattle
beestje • *n* bug
beet • *n* bite
beetje • *adv* bit • *n* handful, spot
begaafdheid • *n* ability
begeerte • *n* desire, lust
begeleiden • *v* accompany, hand, lead, steer
begeleiding • *n* accompaniment, lead
begeren • *v* desire, lust
begerig • *adj* eager, hungry
begeven • *v* abandon
begieten • *v* water
begin • *n* beginning, offset, start
beginletter • *n* initial
beginneling • *n* novice
beginnelinge • *n* novice
beginnen • *v* begin, embark, initiate, start
beginner • *n* initiate, novice
beginsel • *n* principle
begraafplaats • *n* graveyard

begrafenis • *n* burial, funeral
begraven • *v* bury, earth
begrensd • *adj* limited
begrenzen • *v* border, bound, confine, restrain, skirt
begrenzing • *n* constraint, limitation
begrijpen • *v* apprehend, catch, comprehend, conceive, get, grasp, see, understand • *n* apprehension, comprehension
begrip • *n* apprehension, concept, grasp, grip
begripvol • *adj* understanding
begroeten • *v* greet, hail
begroeting • *n* greeting, welcome
begroten • *v* budget
begroting • *n* budget
begunstigde • *n* beneficiary
begunstigen • *v* advantage
beha • *n* bra
behaaglijk • *adj* pleasant
behaard • *adj* hairy
behagen • *v* delight, please
behalen • *v* harvest
behalve • *prep* absent, besides, except • *conj* but • *adv* otherwise
behandelen • *v* cover, deal, handle, treat
behandeling • *n* treatment
behang • *n* hanging
behangen • *v* hang, paper
behartigen • *v* look after
beheer • *n* management
beheerder • *n* administrator, root, trustee
beheersen • *v* govern, master

beheersing • *n* control, discipline, restraint
beheerst • *adj* cool
beheksen • *v* charm
behendig • *adj* agile
beheren • *v* manage
behoedzaam • *adj* careful, circumspect, wary
behoefte • *n* need, occasion
behoeven • *v* need
behoren • *v* belong, ought
behouden • *v* assert, keep, retain, store
behulpzaam • *adj* helpful
beide • *det* both, either
beieren • *v* ring
beïnvloeden • *v* affect, impact, influence, manipulate
beïnvloeding • *n* influence
beitel • *n* chisel
beitsen • *v* stain
bejaard • *adj* elderly
bek • *n* bill, jaw, mouth
bekabelen • *v* cable
bekaf • *adj* beat
bekampen • *v* fight
bekend • *adj* familiar
bekende • *n* acquaintance
bekendheid • *n* acquaintance, custom, fame
bekendmaken • *v* denounce, disclose, report, state
bekendmaking • *n* announcement
bekennen • *v* acknowledge, admit, confess
bekentenis • *n* acknowledgment, confession
beker • *n* cup
bekeren • *v* convert
bekering • *n* conversion

bekertoernooi • *n* cup
bekeuren • *v* fine
bekeuring • *n* fine, ticket
bekijken • *v* eye, investigate, oversee, see, view
bekken • *n* pool
beklaagdenbank • *n* dock
beklag • *n* complaint
beklagen • *v* pity
beklagenswaardig • *adj* poor
bekleden • *v* coat, line
beklemmen • *v* haunt
beklemtonen • *v* accent, emphasize
beklemtoning • *n* emphasis
beklimmen • *v* climb, mount, ride
beklimmer • *n* climber
bekoelen • *v* cool
bekomen • *v* gain, purchase
bekritiseren • *v* challenge, criticize
bekrompen • *adj* narrow-minded
bekronen • *v* crown
bekvechten • *v* quarrel
bekwaam • *adj* able, capable, competent, proficient
bekwaamheid • *n* ability, competence, skill
bel • *n* bell, bubble
belachelijk • *adj* ridiculous • *adv* ridiculously
belanden • *v* end up
belang • *n* import, importance, interest, significance, value
belanghebbend • *adj* interested
belangrijk • *adj* essential, important, main
belangrijkheid • *n* importance

belangstelling • *n* concern, interest
belangwekkend • *adj* interesting
Belaroes • *n* Belarus
belasten • *v* assess, charge
belasting • *n* load, tax
belastingbetaler • *n* taxpayer
belastinginner • *n* tax collector
beledigen • *v* burn, insult
beledigend • *adj* offensive
belediging • *n* insult, outrage
beleefd • *adj* polite
beleefdheid • *n* politeness
beleid • *n* policy
belemmering • *n* drag, obstacle
belendend • *adj* adjacent
beleven • *v* experience
belevenis • *n* experience
beleving • *n* experience
Belg • *n* Belgian
België • *n* Belgium
Belgisch • *adj* Belgian
Belgische • *adj* Belgian
belichamen • *v* embody
belichaming • *n* embodiment
belichting • *n* exposure
belijden • *v* confess
Belize • *n* Belize
bellen • *v* ring
belletje • *n* bell
belligerent • *adj* belligerent
belofte • *n* promise
belonen • *v* reward, yield
beloning • *n* prize, reward
beloven • *v* promise
bemannen • *v* crew, man
bemanning • *n* crew
bemanningslid • *n* crew
bemerken • *v* notice, spot

bemerkenswaardig • *adj* notable
bemerking • *n* statement
bemiddelen • *v* judge, moderate
bemind • *adj* beloved, dear
beminde • *n* beloved
beminnelijk • *adj* dear, lovely, lovable • *adv* kindly
beminnen • *v* love
bemoederen • *v* care, mother
bemoedigen • *v* encourage
bemoediging • *n* encouragement
bemoeien • *n* interference • *v* meddle
bemoeizuchtig • *adj* meddlesome
bemol • *n* flat
benadelen • *v* wrong
benaderbaar • *adj* approachable
benaderen • *v* advance, approach • *n* approximation
benaderend • *adj* approximate
benadering • *n* access, approach, approximation
benadrukken • *v* articulate, emphasize, feature, highlight, reinforce
benadrukking • *n* emphasis
benaming • *n* designation
benauwd • *adj* gloomy
benauwen • *v* distress
bende • *n* army, band, gang
beneden • *adv* below, beneath, down, downstairs
benedenwaarts • *adv* downwards
benefiet • *n* benefit
benefietconcert • *n* benefit

bengel • *n* urchin
benijden • *v* envy
Benin • *n* Benin
benjamin • *n* baby
benodigen • *v* need
benoemen • *v* designate, entitle, name
benoeming • *n* assignment
benutting • *n* employment
benzine • *n* gas, gasoline
benzinepomp • *n* gas station
benzinestation • *n* gas station
beoefen • *v* practise
beoefenaar • *n* practitioner
beoefenen • *v* pursue
beoordelaar • *n* judge
beoordelen • *v* assess, criticize, judge, rate
beoordeling • *n* assessment, evaluation
bepalen • *v* appoint, define, designate, determine, govern, set
bepaling • *n* provision
beperken • *v* confine, limit, restrain, restrict
beperkend • *adj* restrictive
beperking • *n* constraint, limitation, restraint, restriction
beperkt • *adj* limited
bepleiten • *v* advocate, plead
bepoederen • *v* powder
bepraten • *v* discuss
beproeving • *n* punishment, trial
beraad • *n* consideration, meeting
beraadslagen • *v* deliberate
beramen • *v* plot
berechten • *v* try

berechtigen • *v* entitle
berechting • *n* justice
beredeneerd • *adj* prudent
bereid • *adj* bound, up, willing
bereiden • *v* set up
bereik • *n* compass, extent, range, scope, sphere
bereiken • *v* access, achieve, arrive, attain, compass, reach
bereizen • *v* travel
berekenaar • *n* calculator
berekenen • *v* calculate, compute, figure
berekening • *n* account
berg • *n* host, mountain
bergachtig • *adj* mountainous
bergen • *v* retrieve
bergkam • *n* ridge
bergketen • *n* range
bergrug • *n* ridge
bergtop • *n* summit
bergvrede • *n* keep
bericht • *n* message
berichten • *v* report
berijden • *v* ride
berin • *n* bear
Berlijn • *n* Berlin
berm • *n* shoulder
Bern • *n* Bern
beroemd • *adj* famous, renowned
beroemdheid • *n* celebrity, fame
beroep • *n* appeal, job, profession
beroeps • *n* professional
beroeren • *v* touch
beroerte • *n* stroke
berooid • *adj* poor
berouw • *n* regret
berouwen • *v* regret

beroven • *v* bereave, rob
berucht • *adj* infamous, notorious
beruchte • *adj* notorious
bes • *n* berry
beschaafd • *adj* civil, demure
beschaamd • *adj* ashamed
beschadigen • *v* damage, harm, wreck
beschatten • *v* tail
beschaving • *n* civilization
bescheid • *n* notice
bescheiden • *adj* demure, humble, modest, unassuming
bescheidenheid • *n* modesty
beschermen • *v* preserve, protect, reserve
beschermengel • *n* brick
beschermhuls • *n* boot
bescherming • *n* protection
beschikbaar • *adj* available, up
beschikbaarheid • *n* availability
beschikken • *v* appoint
beschikking • *n* fate
beschimpen • *v* abuse
beschimpingen • *n* abuse
beschonken • *adj* drunk
beschouwen • *v* consider, contemplate, deem, regard, think
beschouwing • *n* contemplation
beschrijven • *v* define, depict, describe
beschrijving • *n* description
beschroomd • *adj* shy
beschuldigde • *n* defendant
beschuldigen • *v* accuse, blame, denounce, fault, indict
beschuldigend • *adj* accusative

beschuldiging • *n* accusation, indictment
besef • *n* awareness, notion, realization
beseffen • *v* appreciate, realize
besje • *n* prune
beslaan • *v* compass, shoe
beslag • *n* batter
beslaglegging • *n* attachment
beslijken • *v* mud
beslissen • *v* decide, resolve
beslissend • *adj* decisive
beslissing • *n* decision
beslist • *interj* absolutely • *adv* certainly • *adj* decisive
besloten • *adj* private
besluit • *n* conclusion, decision, resolution
besluiten • *v* conclude, decide, resolve
besluitvaardig • *adj* decisive
besmeren • *v* spread
besmetten • *v* infect
besmeuren • *v* mud
bespelen • *v* play, work
bespeler • *n* player
bespieden • *v* spy
bespiegeling • *n* contemplation
bespoedigen • *v* accelerate
bespottelijk • *adv* ridiculously
bespotten • *v* ridicule
bespreken • *v* debate, discourse, discuss
bespreking • *n* debate, discussion
bespringen • *v* cover
besproeien • *v* shower
best • *adj* best • *adv* quite
bestaan • *v* be, consist, exist • *n* being, existence
bestaande • *adj* existing

bestand • *n* file
bestanddeel • *n* constituent, ingredient
bestandsformaat • *n* format
bestandstype • *n* format
beste • *adj* dear, prime
besteden • *v* spend
besteedbaar • *adj* disposable
bestek • *n* cutlery, quote, silver
bestel • *n* establishment
bestelen • *v* rob
bestellen • *v* order
bestelling • *n* order
bestelwagen • *n* van
bestemd • *adj* bound
bestemmen • *v* dedicate
bestemming • *n* destination
bestempelen • *v* dub, label
bestendig • *adj* permanent
bestijgen • *v* cover, mount
bestormen • *v* storm
bestorming • *n* storm
bestraffen • *v* punish
bestraffing • *n* punishment
bestralen • *v* X-ray
bestrijden • *v* battle
bestrijder • *n* fighter
bestrijken • *v* spread
bestseller • *n* bestseller
bestuderen • *v* explore, investigate
besturen • *v* control, drive, fly, steer, supervise
besturingssysteem • *n* operating system
bestuur • *n* administration, management, reign
bestuurder • *n* driver
bestuurlijk • *adj* administrative
bestuursvoorzitter • *n* CEO
betaalbaar • *adj* cheap

betaaldatum • *n* maturity
betaalmiddel • *n* tender
betalen • *v* foot, pay
betalend • *adj* financial
betalende • *adj* financial
betaling • *n* payment
betalingsherinnering • *n* reminder
betalingsmiddel • *n* tender
betalingsuitstel • *n* credit
betasten • *v* handle
betegelen • *v* flag, tile
betekenen • *v* equal, mean, spell
betekenis • *n* meaning, sense, significance
betekenisloos • *adj* meaningless
betekenisvol • *adj* pregnant, significant • *adv* significantly
beter • *adj* better, ranking
beteren • *v* improve
beteugelen • *v* restrain
betitelen • *v* dub, entitle
betogen • *v* argue
betoger • *n* demonstrator
betoging • *n* demonstration
beton • *n* concrete
betonnen • *adj* concrete
betonneren • *v* concrete
betoog • *n* argument, demonstration, discourse
betoveren • *v* charm, enchant
betoverend • *adj* enchanting, magic, magical
betovering • *n* charm, spell
betrappen • *v* bust
betreden • *v* tread
betreffende • *prep* about, concerning
betreft • *prep* re

betrekkelijk • *adj* relative
betreuren • *v* regret
betrokkenheid • *n* involvement
betrouwbaar • *adj* reliable, responsible, trustworthy
betrouwbaarheid • *n* reliability
betwijfelen • *v* doubt, query, suspect
betwistbaar • *adj* arguable
betwisten • *v* challenge
betwisting • *n* quarrel
beuken • *v* pound
beurs • *n* exchange, fair, market
beurscrash • *n* crash
beurt • *n* turn
beurtelings • *adv* about
bevallen • *v* delight, please
bevallig • *adj* fair
bevalling • *n* birth, delivery
bevatten • *v* comprehend, comprise, contain, encompass, feature, hold
bevechten • *v* battle, fight
beveiligen • *v* assure, protect
beveiliging • *n* security
bevel • *n* command, order
bevelen • *v* command, order
bever • *n* beaver
bevestigen • *v* assert, bend, confirm, dog, endorse, establish, mount, uphold
bevestiging • *n* acknowledgment, assertion, confirmation
bevlekken • *v* mark, spot, stain
bevlieging • *n* crush
bevoegd • *adj* able, competent
bevoegdheid • *n* authority, competence
bevolken • *v* people, populate

bevolking • *n* population
bevoogden • *v* condescend
bevoordelen • *v* advantage
bevorderen • *v* encourage, promote
bevordering • *n* promotion
bevragen • *v* query
bevredigen • *v* satisfy
bevrediging • *n* satisfaction
bevreesd • *adj* afraid
bevriend • *adj* friendly
bevriende • *n* friendly
bevriezen • *v* freeze
bevriezing • *n* freeze, freezing
bevrijden • *v* deliver, free, liberate, rescue
bevrijding • *n* deliverance, liberation
bevroren • *adj* frozen
bevruchting • *n* conception
bevuilen • *v* dirty, soil
bewaarder • *n* keeper
bewaken • *v* guard
bewaker • *n* guard, guardian, keeper
bewaking • *n* ward
bewapenen • *v* arm
bewaren • *n* conservation • *v* preserve, reserve, save, store
beweeglijk • *adj* agile, mobile
beweegreden • *n* motive
bewegen • *v* move
bewegend • *adj* motive, moving
bewegende • *adj* moving
beweging • *n* action, activity, motion, movement • *adj* motive
bewegingsloos • *adj* motionless
beweren • *v* claim, purport

bewering • *n* allegation, claim, contention
bewerken • *v* adapt, cultivate, edit, till, tool, work
bewerker • *n* agent
bewerking • *n* edit
bewerkstelligen • *v* effect, execute, realize, work
bewijs • *n* evidence, proof, verification
bewijsmateriaal • *n* evidence
bewijzen • *v* prove, show
bewolkt • *adj* cloudy
bewonderaar • *n* fan
bewonderaarster • *n* fan
bewonderen • *v* admire
bewonderenswaardig • *adj* admirable
bewondering • *n* admiration
bewonen • *v* people
bewoner • *n* inhabitant, occupant, tenant
bewust • *adj* conscious, sensible • *adv* deliberately
bewusteloos • *adj* numb, unconscious
bewustzijn • *n* awareness, consciousness
bezet • *adj* engaged, occupied
bezetenheid • *n* obsession, possession
bezetten • *v* occupy
bezetter • *n* occupier
bezetting • *n* cast, occupation
bezielen • *v* strengthen
bezien • *v* see
bezienswaardigheid • *n* sight
bezig • *adj* busy, occupied
bezigheid • *n* occupation
bezighouden • *v* absorb, consume

bezit • *n* estate, possession, property
bezitster • *n* owner
bezittelijk • *adj* possessive
bezitten • *v* own, possess
bezitter • *n* owner
bezitterig • *adj* possessive
bezitting • *n* possession, property
bezittingen • *n* possession
bezoedelen • *v* stain
bezoedeling • *n* pollution
bezoek • *n* call, company, visit
bezoeken • *v* call, do, visit
bezoeker • *n* visitor
bezoekers • *n* company
bezoeking • *n* trial
bezoekrecht • *n* access
bezopen • *adj* drunk
bezorgd • *adj* anxious, apprehensive, concerned, worried
bezorgdheid • *n* anxiety
bezwaar • *n* objection
bezwaren • *v* burden
bezweren • *v* beseech, charm
bezwering • *n* charm
bezwijmen • *v* faint
Bhutan • *n* Bhutan
bibberen • *v* shiver
bibberig • *adj* shaky
bibliothecaresse • *n* librarian
bibliothecaris • *n* librarian
bibliotheek • *n* library
bibliotheekcatalogus • *n* catalogue
bidden • *v* beseech, bid, pray • *n* prayer
biecht • *n* confession
biechten • *v* confess
bieden • *v* bid, tender

bief • *n* beef
biefstuk • *n* beef, steak
biels • *n* beam
bier • *n* beer
biertje • *n* beer
bies • *n* rush
bij • *prep* about, at, by, near, on, upon, with • *n* bee, honey bee • *adv* near, next
bijbel • *n* Bible
bijbetekenis • *n* connotation
bijdrage • *n* contribution
bijdragen • *v* confer, contribute • *n* contribution
bijeen • *adv* together
bijeendrijven • *v* compel
bijeenkomen • *v* gather
bijeenkomst • *n* congregation, convention, meeting
bijeentellen • *v* sum, total
bijenhuif • *n* beehive
bijenkorf • *n* beehive
bijennest • *n* beehive
bijgevolg • *adv* consequently, hence, therefore, thus
bijhouden • *v* hold
bijklank • *n* connotation
bijknippen • *v* crop
bijkomend • *adj* additional
bijlage • *n* attachment, supplement
bijles • *n* tuition
bijlichten • *v* light
bijna • *adv* about, almost, nearly
bijpraten • *v* catch up
bijscholing • *n* tuition
bijsnijden • *v* crop
bijstaan • *v* aid, assist
bijstand • *n* aid, support
bijstelling • *n* adjustment

bijtellen • *v* add
bijten • *n* bite
bijtend • *adj* caustic, sharp
bijvak • *n* minor
bijvallen • *v* second
bijvoegen • *v* enclose
bijvoorbeeld • *phr* for example
bijwerken • *v* update
bijwerking • *n* update
bijwonen • *v* attend
bijwoord • *n* adverb
bijzin • *n* clause
bijzonder • *adj* outstanding
bikini • *n* bikini
bil • *n* bottom, cheek
biljoen • *n* billion • *num* trillion
billijk • *adj* just
binden • *v* bind, tie
binding • *n* bond
binnen • *adv* in, inside • *adj* inside
binnendoen • *v* do
binnengaan • *v* enter
binnenhalen • *v* download, harvest
binnenin • *prep* within
binnenkant • *n* inside
binnenkort • *adv* soon
binnenladen • *v* download
binnenlands • *adj* internal
binnenlaten • *v* admit
binnenplein • *n* ward
binnenruimte • *n* court
binnenstad • *n* downtown
binnenste • *n* core
binnenvallen • *v* crash, invade
biodiversiteit • *n* biodiversity
biografie • *n* biography
biografisch • *adj* biographical
biologe • *n* biologist
biologie • *n* biology

biologisch • *n* biological • *adj* organic
biologische • *n* biological
bioloog • *n* biologist
bios • *n* picture
bioscoop • *n* cinema
biscuit • *n* biscuit
bisdom • *n* see
bisschop • *n* bishop
bit • *n* bit
bitter • *adj* bitter
bitterzoet • *adj* bittersweet
bizar • *adj* bizarre, funny, weird
blaadje • *n* leaflet, skin
blaam • *n* mark
blaas • *n* bladder
blad • *n* blade, leaf, page, sheet
bladerdeeg • *n* puff pastry
bladluis • *n* aphid
bladmuziek • *n* music
bladwijzer • *n* bookmark
bladzijde • *n* page, side
blanco • *adj* clean
blank • *adj* fair, white
blanke • *n* white
blauw • *adj* blue, drunk
blauwkeelsaffierkolibrie • *n* sapphire
blauwtje • *n* blue
blazen • *v* blow, hiss, wind
blazer • *n* blazer
bleek • *adj* fair, pale
blenden • *v* blind
blesseren • *v* put out
blij • *adj* glad, happy • *n* lead
blijdschap • *n* happiness
blijheid • *n* happiness
blijkbaar • *adv* apparently
blijken • *v* appear, prove • *adj* emerging
blijmoedig • *adj* cheerful

blijspel • *n* comedy
blijven • *v* remain, stay, stop
blik • *n* can, cast, look, tin
blikje • *n* can
bliksem • *n* lightning
bliksemflits • *n* lightning
bliksemschicht • *n* lightning
blind • *adj* blind
blinddoek • *n* blindfold
blindheid • *n* blindness
blinken • *v* shine
blits • *adj* cool
bloed • *n* blood
bloedbad • *n* massacre
bloeden • *v* bleed, blood
bloederig • *adj* bloody, gory
bloederige • *adj* bloody
bloedig • *adj* gory, rare
bloeding • *n* bleed
bloedneus • *n* nosebleed
bloedverwant • *n* relation, relative
bloeien • *v* boom, flourish, flower
bloeimaand • *n* May
bloem • *n* flour, flower
bloembed • *n* bed
bloemenverkoper • *n* florist
bloemist • *n* florist
bloemkool • *n* cauliflower
bloemlezing • *n* anthology
bloes • *n* blouse
blog • *n* blog
blok • *n* bar, block, cake
blokfluit • *n* recorder
blokken • *v* drill
blokkeren • *v* bar, block, lock
blond • *adj* blond
blondine • *n* blond
bloot • *adj* bare, naked

blootleggen • *v* discover, expose
blootstellen • *v* expose, unveil
blootstelling • *n* exposure
blootsvoets • *adj* barefoot
blouse • *n* blouse
blozen • *v* blush, color
blunder • *n* mistake
blussen • *v* put out
blut • *adj* broke, broken
bluts • *n* knot
BMX • *n* mountain bike
bocht • *n* bend, curve, turn
bod • *n* bid, offer, tender
bodem • *n* bed, bottom, ground
bodempje • *n* finger
bodybuilder • *n* bodybuilder
bodyguard • *n* bodyguard
boeg • *n* bow
boek • *n* book
boekanier • *n* pirate
boekdeel • *n* volume
boeken • *n* book, booking
boekenkast • *n* bookcase, library
boekerij • *n* library
boekhouder • *n* accountant
boekhouding • *n* accounting
boeking • *n* booking
boekrol • *n* roll
boekstaaf • *n* letter
boel • *n* fight
boem • *interj* boom • *n* report
boer • *n* farmer, peasant
boerderij • *n* farm
boerenpummel • *n* peasant
boerenzwaluw • *n* swallow
boerin • *n* farmer
boete • *n* fine, punishment
boetedoening • *n* punishment

boetseren • *v* hew
boezem • *n* bust
boffend • *adj* lucky
bok • *n* box, buck, goat, horse
bokken • *v* buck
boksen • *v* box
bol • *n* ball, bulb, crown, sphere
bolderkar • *n* wagon
Bolivia • *n* Bolivia
Bolivië • *n* Bolivia
bolleke • *n* ball
bolletje • *n* ball, drop
bolrond • *adj* global
bolvormig • *adj* global, spherical
bom • *n* bomb
bombarderen • *v* bomb, shell
bommenwerper • *n* bomber
bompa • *n* grandfather
bonbon • *n* chocolate
bond • *n* union
bondgenoot • *n* ally, friendly
bondgenote • *n* ally
bondig • *adj* brief, succinct
bonnetje • *n* receipt
bons • *n* bounce
bont • *adj* bright, rainbow • *n* fur, skin
bonus • *n* bonus, incentive, premium
boodschap • *n* message
boodschappen • *n* groceries
boog • *n* arch, bow, tie
boogschieten • *n* archery
boogschutter • *n* archer
boom • *n* pole, tree
boomstam • *n* log
boomstronk • *n* log
boomvalk • *n* hobby
boon • *n* bean
boor • *n* drill

boord • *n* collar
boormachine • *n* drill
boortje • *n* bit
boos • *adj* angry, mad
boosaardig • *adj* evil, mean
boosaardigheid • *n* spite
boosheid • *n* anger
boot • *n* boat
bootleg • *n* boot
bord • *n* blackboard, board, dish, plate, sign
bordeauxrood • *n* wine
border • *n* border
bordje • *n* sign
bordspel • *n* board game
boreling • *n* baby, newborn
boren • *v* drill
borg • *n* caution
borgsom • *n* caution
borgtocht • *n* bail
borst • *n* breast, chest
borstbeeld • *n* bust
borstel • *n* brush
borstelen • *v* brush
borststuk • *n* breast
borstvoeden • *v* nurse
borstvoeding • *n* breastfeeding
bos • *n* bunch, forest
bosje • *n* bush
Bosnië • *n* Bosnia
Bosniër • *n* Bosnian
Bosnisch • *adj* Bosnian
Bosnische • *n* Bosnian
bosschage • *n* stand
bot • *adj* blunt, dull • *n* bone, boot
boter • *n* butter
boterham • *n* sandwich
botervlieg • *n* butterfly
botsen • *v* collide, knock

botsing • *n* bump, collision, crash, encounter, impact, wreck
Botswana • *n* Botswana
bottelen • *v* bottle
bottom • *n* bottom
bouillon • *n* broth
bouillonsoep • *n* broth
boulevardblad • *n* tabloid
boulevardkrant • *n* tabloid
bout • *n* bolt
bouw • *n* build, building
bouwen • *v* build • *n* building
bouwer • *n* builder
bouwmeester • *n* architect
bouwster • *n* builder
bouwstijl • *n* architecture
bouwval • *n* ruin
boven • *adv* above, upstairs • *prep* over
bovenal • *phr* above all
bovenbeen • *n* thigh
bovendien • *prep* above • *adv* besides, furthermore, moreover
bovengemiddeld • *phr* above average
bovenkant • *n* top
bovenkleding • *n* top
bovennatuurlijk • *adj* supernatural, weird
bovenop • *prep* above, atop
bovenstaand • *adj* above
bovenvermeld • *adj* above
bowlen • *v* bowl
box • *n* speaker
boy • *n* boy
boys • *n* boy
braadstuk • *n* roast
braaien • *v* barbecue
braakliggend • *adj* waste

braam • *n* blackberry
braambes • *n* blackberry
braamstruik • *n* blackberry
braden • *v* fry
braderie • *n* fair
braken • *v* boot, brake
branch • *n* branch
branche • *n* discipline
brand • *n* fire
branden • *n* burn • *v* force, roast
branderigheid • *n* burn
brandewijn • *n* brandy
brandgeel • *adj* orange
brandhout • *n* wood
branding • *n* breach, surf
brandmerk • *n* brand
brandmerken • *v* brand
brandpunt • *n* focus
brandstof • *n* fuel
brandweerkazerne • *n* fire station
brandweerman • *n* firefighter
brandweervrouw • *n* firefighter
brandwond • *n* burn
bravoure • *n* shine
Brazilië • *n* Brazil
breed • *adj* broad, wide
breedband • *n* broadband
breedsprakig • *adj* narrative
breedte • *n* beam, width
breedtegraad • *n* parallel
breekpunt • *n* crisis
breien • *v* knit
brein • *n* brain
breken • *n* breach • *v* break, bust
brengen • *v* bring, put
bres • *n* breach

breuk • *n* breach, crack, fault, fraction
bridge • *n* bridge
brief • *n* letter, line
briefje • *n* note
briefomslag • *n* envelope
bries • *n* breeze
brievenbesteller • *n* mailman
bril • *n* spectacles
briljant • *adj* brilliant
brilstand • *n* pair
Brit • *n* British
Brits • *adj* British
Britse • *n* British
broccoli • *n* broccoli
broeden • *v* breed
broeder • *n* brother
broederschap • *n* brotherhood
broeds • *n* heat
broedsel • *n* breed
broeikaseffect • *n* greenhouse effect
broek • *n* pants
broeksband • *n* belt
broer • *n* brother
brok • *n* chunk
brol • *adj* pants
brommer • *n* bike
bron • *n* parent, resource, source, spring, well
brons • *n* brass, bronze
bronskleur • *n* bronze
bronskleurig • *adj* bronze
bronstig • *phr* on heat
bronwater • *n* water
bronzen • *adj* brass, bronze
brood • *n* bread, loaf
broodje • *n* roll
broodrooster • *n* toaster
broodtrommel • *n* lunchbox
broos • *adj* fragile

broosheid • *n* fragility
bros • *n* crop
brosknippen • *v* crop
brug • *n* bridge
bruid • *n* bride
bruidegom • *n* bridegroom
bruikbaar • *adj* useful
bruikbaarheid • *adj* utility
bruiloft • *n* marriage, wedding
bruin • *adj* brown
bruinbakken • *v* brown
brullen • *v* belt
Brunei • *n* Brunei
brus • *n* sibling
Brussel • *n* Brussels
brutaal • *adj* cheeky, naughty, saucy
bruto • *adj* gross
bruut • *adj* brutal
budget • *n* budget
budgettair • *adj* budget
budgetteren • *v* budget
buffer • *n* buffer
buffermengsel • *n* buffer
bug • *n* bug
bui • *n* mood, shower, storm
buigen • *v* bend, bow, curve
buiging • *n* bow, inclination
buigzaam • *adj* flexible
buik • *n* belly, gut, stomach
buikpijn • *n* stomachache
buil • *n* bump, knot
buis • *n* box, pipe, tube
buit • *n* prize, spoil
buiten • *adv* out, outside • *prep* outside
buitenaards • *n* alien
buitenaf • *n* outside
buitengebied • *n* countryside
buitengewoon • *adj* exceptional, extraordinary

buitengooien • *v* boot
buitenkant • *n* outside
buitenland • *adv* abroad
buitenlander • *n* alien, foreigner, stranger
buitenlands • *adj* foreign, strange
buitenlandse • *n* foreigner, stranger
buitenshuis • *adv* abroad
buitensluiten • *v* exclude
buitensporig • *phr* out of line
buitenvrouw • *n* mistress
buitenwijk • *n* suburb
buitenzetten • *v* put out
buizen • *v* fail
buks • *n* box
buksboom • *n* box
bul • *n* bull
Bulgaar • *n* Bulgarian
Bulgaars • *adj* Bulgarian
Bulgaarse • *n* Bulgarian
Bulgarije • *n* Bulgaria
bult • *n* bump
bundel • *n* beam
bundelen • *v* bunch
bunder • *n* hectare
burcht • *n* castle
bureau • *n* agency, bureau, desk, office
bureaublad • *n* desktop
bureaucratie • *n* bureaucracy
bureel • *n* bureau
buren • *n* neighbour
burgemeester • *n* mayor
burger • *n* citizen, civilian
burgerlijk • *adj* civil
burgerschap • *n* citizenship
Burundi • *n* Burundi
bus • *n* bus
busbestuurder • *n* bus driver
buschauffeur • *n* bus driver
bush • *n* bush
businessclass • *n* business
busje • *n* van
buskruit • *n* gunpowder
busstation • *n* bus station
buste • *n* bust
bustehouder • *n* bra
buur • *n* neighbour
buurman • *n* neighbour
buurt • *n* neighborhood
buurtcafé • *n* dive
buurvrouw • *n* neighbour
buxus • *n* box

cabine • *n* stall
cabinet • *n* booth
cableren • *v* cable
cacao • *n* cocoa
cactus • *n* cactus
cadeau • *n* gift
café • *n* bar, café
cahier • *n* notebook
Caïro • *n* Cairo
cake • *n* cake
calculator • *n* calculator
calqueren • *v* trace
Cambodja • *n* Cambodia
camera • *n* camera
camion • *n* truck
campagne • *n* campaign
campus • *n* campus
Canada • *n* Canada
Canadees • *adj* Canadian • *n* Canadian

Canadese • *n* Canadian
cannelure • *n* flute
canon • *n* round
canvas • *n* canvas
capabel • *adj* competent
capaciteit • *n* capacity
capaciteiten • *n* capacity
capituleren • *v* yield
capotje • *n* condom
capricieus • *adj* versatile
carrière • *n* career
carrosserie • *n* body
carrousel • *n* roundabout
cash • *n* cash
casino • *n* casino
cast • *n* cast
casten • *n* cast
casting • *n* cast
castreren • *v* neuter
catalogiseren • *v* catalogue
catalogus • *n* catalogue
cataloog • *n* catalogue
catastrofaal • *adj* disastrous
categorie • *n* category, kind
categoriseren • *v* label
cavia • *n* guinea pig
cd • *n* CD
ceintuur • *n* belt
cel • *n* cell, pen
celdeling • *n* cleavage
celkern • *n* nucleus
cello • *n* cello
censor • *n* censor
censureren • *v* censor
censuur • *n* censorship
cent • *n* cent
centen • *n* scratch
centraal • *adj* center, central
centreren • *v* center
centrum • *n* center, downtown, middle
centurie • *n* century
ceremonie • *n* ceremony
ceremonieel • *adj* ceremonial
certificaat • *n* certificate
cessie • *n* assignment
chanteren • *v* blackmail
chaos • *n* chaos
chaotisch • *adj* chaotic, confusing, messy
charge • *n* charge
charlatan • *n* fraud
charmant • *adj* charming
charme • *n* charm
chat • *n* chat
chatten • *v* chat
chauffeur • *n* driver
checken • *v* check
chef • *n* boss, head
cheffin • *n* head
chemicalie • *n* chemical
chemicus • *n* chemist
chemie • *n* chemistry
chemisch • *adj* chemical
Chileen • *n* Chilean
Chileens • *adj* Chilean
Chileense • *adj* Chilean
chili • *n* chili
Chili • *n* Chile
chilipeper • *n* chili, pepper
chillen • *v* chill
chimpansee • *n* chimpanzee
China • *n* China
Chinees • *adj* Chinese
Chinese • *adj* Chinese
Chinezen • *n* Chinese
chips • *n* chip
chirurg • *n* surgeon
chirurgie • *n* surgery
chocolaatje • *n* chocolate
chocolade • *n* chocolate

chocoladebonbon • *n* chocolate
chocoladekleur • *n* chocolate
chocoladekleurig • *adj* chocolate
cholesterol • *n* cholesterol
christelijk • *adj* Christian
christen • *n* Christian
christendom • *n* Christianity
Christiaan • *n* Christian
chronisch • *adj* chronic
chronologie • *n* chronology
chronometreren • *v* time
cider • *n* cider
cijfer • *n* digit, figure, number, numeral
cilinder • *n* cylinder
cinema • *n* cinema, picture
circus • *n* circus
cirkel • *n* circle
cirkelen • *v* circle
citaat • *n* quote, quotation
citeren • *v* quote
citroen • *n* lemon
citroenboom • *n* lemon
citroengeel • *n* lemon
citroengele • *adj* lemon
citroensmaak • *n* lemon
civiel • *adj* civil
civilisatie • *n* civilization
claimen • *v* claim
clan • *n* clan
classificatie • *n* classification
classificeren • *v* classify
clausule • *n* clause
claxon • *n* horn
client • *n* client
cliënt • *n* client
clignoteur • *n* indicator
club • *n* club
coach • *n* coach
coachen • *v* coach
coalitie • *n* coalition
coaten • *v* coat
cocaïne • *n* cocaine
cocktail • *n* cocktail
code • *n* code, language
coderen • *v* code
cognitief • *adj* cognitive
coherent • *adj* coherent
coiffeur • *n* barber
coïncideren • *v* coincide
coke • *n* cocaine
collaboratie • *n* collaboration
collaboreren • *v* collaborate
collage • *n* collage, mosaic
collectie • *n* collection
collectief • *adj* collective
collega • *n* colleague, coworker
college • *n* academy
Colombia • *n* Colombia
Colombië • *n* Colombia
colonne • *n* column
coma • *n* coma
comateus • *adj* comatose
combinatie • *n* combination, composition
combineren • *v* combine
combo • *n* combination
comfort • *n* comfort
comfortabel • *adj* comfortable
comité • *n* committee
commandant • *n* commander
commanderen • *v* command
commentaar • *n* comment
commentator • *n* commentator
commercie • *n* commerce
commercieel • *adj* commercial
commissaris • *n* commissioner
commissie • *n* commission
commune • *n* community

communicatie • *n* communication, discourse
communiceren • *v* communicate
communisme • *n* communism
communist • *n* communist
communiste • *n* communist
communistisch • *adj* communist
commuun • *adj* common
Comoren • *n* Comoros
compact • *adj* succinct
compagnie • *n* company
compendium • *n* digest
compensatie • *n* compensation, offset
Compensatie • *n* compensation
compenseren • *v* compensate
competent • *adj* able, competent, proficient
competentie • *n* competence, proficiency
competitie • *n* competition
compileren • *v* compile
compleet • *adj* complete, proper, total • *adv* completely
complement • *n* counterpart
complete • *adj* total
complex • *adj* complex • *n* compound
complexiteit • *n* complexity
compliceren • *v* complicate
complot • *n* conspiracy, plot
component • *n* component
componeren • *v* compose
componist • *n* composer
componiste • *n* composer
composeren • *v* compose
compositie • *n* composition
compromis • *n* compromise
compromitteren • *v* compromise

computer • *n* computer
computercrash • *n* crash
computermuis • *n* mouse
computerprogramma • *n* application
computervirus • *n* virus
concentratie • *n* concentration
concentreren • *v* center, concentrate
concept • *n* conception, concept
conceptueel • *adj* conceptual, ideal
concert • *n* concert, gig
concessie • *n* franchise
concluderen • *v* collect, conclude, infer
conclusie • *n* conclusion, inference, opinion
concreet • *adj* concrete
concretiseren • *v* concrete
concurent • *n* competitor, rival
concurrent • *n* competitor
concurrentie • *n* competition
conditie • *n* condition, shape
condoom • *n* condom, rubber
confederatie • *n* confederation
conferentie • *n* conference
confirmatie • *n* confirmation
confituur • *n* jam
conflict • *n* conflict
conflicteren • *v* conflict
confligeren • *v* conflict
confrontatie • *n* confrontation, encounter
confronteren • *v* confront, encounter
congregatie • *n* congregation
connectie • *n* connection
connotatie • *n* connotation

consciëntieus • *adj* conscientious
consensus • *n* consensus
consequent • *adj* consistent
consequentie • *n* consequence
conservator • *n* keeper
conservatorium • *n* conservatory
conserveermiddel • *n* preservative
conservenblik • *n* can, tin
conserveren • *v* can, cure, tin • *n* conservation
considerans • *n* consideration
consistent • *adj* consistent, uniform
consistentie • *n* consistency
consommé • *n* broth
constant • *adj* constant, level
constateren • *v* ascertain, note
constitutioneel • *adj* constitutional
construeren • *v* rear
consultatie • *n* consultation
consulteren • *v* confer
consument • *n* consumer
consumeren • *v* absorb, consume, eat
consumptie • *n* consumption
contact • *n* contact, exposure
contacteren • *v* contact
container • *n* container
contanten • *n* cash
contempleren • *v* contemplate
contemporain • *adj* contemporary
content • *adj* content
context • *n* context, setting
continent • *n* continent
continu • *adj* continuous
contour • *n* line

contra • *adj* double
contract • *n* agreement, contract
contradictie • *n* contradiction
contradictoir • *adj* contradictory
controle • *n* check, control
controlebord • *n* board
controleren • *v* card, check, master, monitor
controverse • *n* controversy
conventie • *n* convention
conversatie • *n* discourse, talk
converseren • *v* converse, discourse
cool • *adj* cool
coöperatie • *n* cooperation
coördinaat • *n* coordinate
coördinatienet • *n* grid
coördinatiestelsel • *n* grid
coördineren • *v* coordinate
corpulent • *adj* fat
corpus • *n* body, corpus
correct • *adj* correct, fair, just, right • *adv* correctly
correctie • *n* correction
correlatie • *n* correlation
correleren • *v* correlate
correspondent • *n* correspondent
correspondentie • *n* correspondence
corresponderen • *v* correspond
corresponderend • *adj* corresponding
corridor • *n* corridor
corrigeren • *v* amend, bend, correct
corroderen • *v* erode
corrosief • *adj* caustic
corrupt • *adj* corrupt, crooked

coryfee • *n* lion
coulissen • *n* scenery
country • *n* country
coup • *n* coup
couperen • *v* dock
couplet • *n* verse
courgette • *n* courgette
couvert • *n* cutlery
cover • *n* cover
coveren • *v* cover
CPU • *n* processor
crack • *n* crack
cranium • *n* skull
crash • *n* crash
creatie • *n* creation
creatief • *adj* creative
creativiteit • *n* creativity
creatuur • *n* creature
creditcard • *n* credit card
crediteren • *v* credit
creëren • *v* create
crème • *adj* cream
crèmekleurig • *adj* cream
crèmewit • *adj* cream
cricket • *n* cricket
cricketen • *v* cricket
crimineel • *adj* criminal
crisis • *n* crisis
criterium • *n* criterion
criticus • *n* critic
cross • *n* cross
cruise • *n* cruise
cruisen • *v* cruise
Cuba • *n* Cuba
Cubaan • *n* Cuban
Cubaans • *adj* Cuban
Cubaanse • *n* Cuban
cultiveren • *v* cultivate
cultureel • *adj* cultural
cultus • *n* cult
cultuur • *n* culture

curandus • *n* ward
curieus • *adj* nosy
curiositeit • *n* curiosity
curriculum • *n* curriculum
cursus • *n* course
curve • *n* curve
CVE • *n* processor
cyclus • *n* cycle
cynisch • *adj* cynical
Cyprioot • *n* Cypriot
Cypriotisch • *adj* Cypriot
Cyprus • *n* Cyprus

daad • *n* act, deed
daadwerkelijk • *adj* actual • *adv* indeed
daar • *adv* because, there
daarbij • *adv* besides, thereby
daarbuiten • *adv* besides
daardoor • *adv* therefore
daarenboven • *prep* above • *adv* besides, furthermore
daarentegen • *adv* however
daarheen • *adv* there
daarna • *adv* thereafter
daarnaast • *adv* besides, moreover
daarom • *adv* therefore
daarvoor • *adv* therefore
dadel • *n* date
dadelijk • *adv* directly
daden • *n* works
dag • *interj* bye, goodbye, hello • *n* day

dagblad • *n* daily, newspaper
dagboek • *n* diary
dagboekschrijver • *n* journalist
dagelijks • *adj* daily
dagen • *v* dawn
dageraad • *n* dawn
dagvaarding • *n* citation
dagzoom • *n* outbreak
dak • *n* roof
dakbalk • *n* timber
dakgoot • *n* gutter
dakloos • *adj* homeless
dakpan • *n* tile
dal • *n* valley
dalen • *v* drop
dam • *n* dam
dame • *n* lady, queen
damestoilet • *n* lady
damp • *n* mist
dampkring • *n* atmosphere
dan • *prep* than • *adv* then
dank • *n* thanks
dankbaar • *adj* grateful, thankful
danken • *v* thank
dankzegging • *n* glory
dans • *n* dance
dansen • *v* dance • *n* dancing
danser • *n* dancer
danseres • *n* dancer
dapperheid • *n* courage
darm • *n* intestine
das • *n* necktie, scarf
dat • *conj* that • *pron* that, what, which, who
data • *n* data
databank • *n* database
database • *n* database
daten • *v* date
dateren • *v* date
datum • *n* date

de • *adj* one • *art* the
deadline • *n* deadline
dealen • *v* deal
dealer • *n* dealer
debat • *n* debate
debatteren • *v* debate, discuss
debiel • *n* moron
debiet • *n* flow
debuteren • *v* debut
debuut • *n* debut
decaan • *n* dean
decade • *n* decade
december • *n* December
decennium • *n* decade
deceptie • *n* scam
declaratie • *n* declaration
declareren • *v* announce
decolleté • *n* cleavage
decor • *n* backdrop, scenery
decoratie • *n* decoration
decoratief • *adj* decorative
decoreren • *v* decorate
dedicatie • *n* dedication
deduceren • *v* derive
deeg • *n* dough, paste
deegwaren • *n* pasta
deel • *n* body, division, part, piece, portion, share
deelbaarheid • *n* division
deelname • *n* participation
deelnemen • *v* participate
deelnemer • *n* contestant, participant
deelneming • *n* participation
deelrepubliek • *n* republic
deels • *adv* partially, partly
deeltal • *n* dividend
deeltijds • *adj* part-time
deeltje • *n* body, particle
deemoedig • *adj* humble
deemoedigen • *v* humble

Deens • *adj* Danish
deernis • *n* compassion, pity
defect • *n* breakdown • *adj* broken
defectief • *adj* defective
defensie • *n* army
defilé • *n* parade
definiëren • *v* define
definiëring • *n* definition
definitie • *n* definition
definitief • *adj* definitive, final, ultimate
degelijk • *adj* proper, responsible, robust, sound
deining • *n* swell
dek • *n* deck
deken • *n* blanket, dean
dekken • *v* cover, line, set
dekking • *n* cover, coverage
deknaam • *n* pseudonym
deksel • *n* cover, lid, top
deksels • *adj* devilish
dekzwabber • *n* mop
delegatie • *n* delegation
delen • *v* deal, divide, share • *n* division
delfstof • *n* mineral
delicaat • *adj* dainty
deling • *n* cleavage, division
delven • *v* dig
demarcatie • *n* borderline
demarcatielijn • *n* borderline
democratie • *n* democracy
democratisch • *adj* democratic
demografisch • *adj* demographic
demon • *n* demon
demonstratie • *n* demonstration
demonstreren • *v* demonstrate, show

demoon • *n* demon
den • *n* pine
Denemarken • *n* Denmark
denigrerend • *adj* supercilious
denkbaar • *adj* possible
denkbeeld • *n* idea
denkbeeldig • *adj* fanciful, imaginary
denken • *v* believe, make, think
denkvermogen • *n* mind
dennenappel • *n* cone
departement • *n* ministry
deponeren • *v* leave
deporteren • *v* transport
deposito • *n* deposit
deppen • *v* stop
depressie • *n* depression, low
depressief • *adj* blue, down
depri • *adj* down
deprimeren • *v* depress
deprimerend • *adj* depressing
derde • *adj* third
derhalve • *adv* hence
derivaat • *n* derivative
dertien • *num* thirteen
dertig • *num* thirty
derven • *v* lack
desalniettemin • *adv* nevertheless
deserteren • *v* defect, desert
design • *n* design
designer • *n* designer
desktop • *n* desktop
deskundig • *adj* professional
deskundige • *n* expert, professional
desondanks • *adv* anyway, nevertheless
desperaat • *adj* desperate
dessert • *n* dessert
dessin • *n* design

destructief • *adj* destructive
destructieve • *adj* destructive
detachement • *n* detail
detail • *n* detail, touch
detailhandel • *n* retail
detecteren • *v* detect
detective • *n* detective
determineren • *v* define, identify
detineren • *v* detain
deugd • *n* virtue
deugdelijk • *adj* adequate, healthy, proper
deugdelijkheid • *n* adequacy
deugdzaam • *adj* virtuous
deugdzaamheid • *n* virtue
deugniet • *n* devil
deuk • *n* impression
deur • *n* door
deurbel • *n* doorbell
deurgat • *n* doorway
deurknop • *n* door handle
deurkruk • *n* door handle
deuropening • *n* doorway
dewelke • *det* which
dewijl • *adv* because
deze • *adj* former • *det* these, this
dezelfde • *adj* one, same, very
dia • *n* slide
diabetes • *n* diabetes
diabolisch • *adj* devilish
diagnose • *n* diagnosis
diagnosticeren • *v* diagnose, explore
diagram • *n* diagram, plot
dialogeren • *v* dialogue
dialoog • *n* dialogue
dialoogvenster • *n* dialogue
diamant • *n* brilliant, diamond
dicht • *adj* closed, thick • *adv* to

dichtbij • *adv* about, closely, nearby • *adj* close, near
dichtdoen • *v* close
dichtdraaien • *v* turn off
dichte • *adj* thick
dichten • *v* close
dichter • *n* poet
dichterbijkomen • *v* near
dichterlijk • *adj* poetic
dichtgaan • *v* pop
dichtheid • *n* density
dichtklappen • *v* shut
dichtknopen • *v* button, knot
dichtkunst • *n* poetry
dichtopeengepakt • *adj* thick
dichtopeengepakte • *adj* thick
dichtsbijzijnde • *adj* latter
dichtst • *adj* next
dichtwerk • *n* poetry
dictator • *n* dictator
dictatuur • *n* dictatorship
dictee • *n* dictation
die • *det* that, these, those • *pron* which, who, whom
dieet • *n* diet, fare
dief • *n* thief
diefstal • *n* steal, theft
dienaar • *n* minister, servant
dienblad • *n* plate, tray
diender • *n* cop
dienen • *v* await, crew, function, page, serve
dienst • *n* favor, office, service
dienstig • *adj* useful
diep • *adj* deep, low, profound
diepgaand • *adj* comprehensive, deep, elaborate, profound, thorough
diepgang • *n* draft
dieplood • *n* lead

diepte • *n* depth
dieptezicht • *n* perspective
diepvries • *n* freezer
diepvriezer • *n* freezer
dier • *n* animal, beast
dierbaar • *adj* dear • *adv* near
dierenarts • *n* veterinarian
dierenrijk • *n* kingdom
dierentuin • *n* zoo
dierlijk • *adj* animal
dierlijke • *adj* animal
dievegge • *n* thief
dieverij • *n* theft
differentiëren • *v* difference, differentiate
digitaal • *adj* digital
dij • *n* thigh
dik • *adj* deep, fat, round, thick
dikke • *adj* thick
dikkerworden • *v* fill out
dikkop • *n* tadpole
dikkopje • *n* tadpole
diklijvig • *adj* obese
dikwijls • *adv* often
dilemma • *n* dilemma
dille • *n* dill
dimensie • *n* dimension
dinee • *n* dinner
dineren • *v* dine, lunch
ding • *n* thing
dinosaurus • *n* dinosaur
dinsdag • *n* Tuesday
diploma • *n* diploma
diplomaat • *n* diplomat
diplomatie • *n* diplomacy
diplomatiek • *adj* diplomatic
direct • *adv* directly, immediately, readily • *adj* immediate
directeur • *n* director, manager
directie • *n* management

dirigeren • *v* conduct
discipel • *n* follower
discipline • *n* discipline
disciplineren • *v* discipline
discours • *n* discourse
discreet • *adj* digital
discretie • *n* discretion
discrimineren • *v* differentiate
discus • *n* disk
discussie • *n* debate, discourse, discussion
discussiëren • *v* dialogue, discuss
display • *n* display
dispuut • *n* quarrel
dissel • *n* beam
distilleerapparaat • *n* still
distilleerderij • *n* still
distributie • *n* distribution
district • *n* district, ward
dit • *det* this
divers • *adj* diverse, various
dividend • *n* dividend
divisie • *n* division
DNA • *n* DNA
DNZ • *n* DNA
do • *n* do
dobbelsteen • *n* die
docent • *n* teacher
docente • *n* teacher
dochter • *n* daughter
dochterbedrijf • *n* subsidiary
doctor • *n* doctor
doctorsgraad • *n* doctorate
docu • *n* documentary
document • *n* document, paper
documentair • *adj* documentary
documentaire • *n* documentary
documentatie • *n* documentation

documenteren • *v* document
dode • *adj* dead
dodelijk • *adj* deadly, lethal, mortal
doden • *v* burn, kill, slay, smite • *n* dead
dodenwake • *n* wake
doder • *n* killer
doei • *interj* bye, goodbye
doek • *n* canvas, cloth, curtain, linen
doel • *n* aim, cause, goal, objective, point, purport, purpose, task
doelloos • *adj* aimless • *adv* aimlessly
doelman • *n* keeper
doelmatig • *adj* expedient, functional
doelpaal • *n* post
doelpunt • *n* goal, point
doelstelling • *n* objective, point
doelvrouw • *n* keeper
doen • *v* do, get, make, put
doenbaar • *adj* fair, possible
doenlijk • *adj* possible
doffer • *n* cock, pigeon
dok • *n* dock
dokter • *n* physician
dokteren • *v* doctor
dolen • *v* wander
dolfijn • *n* dolphin
dollar • *n* dollar
dom • *adj* dull, dumb, foolish, silly, stupid
domein • *n* domain, realm, scope
domesticeren • *v* domesticate
dominant • *adj* dominant
dominantie • *n* dominance
dominee • *n* minister
domineren • *v* prevail
domme • *adj* stupid
donateur • *n* contributor
donder • *n* thunder
donderdag • *n* Thursday
donderen • *v* boom, thunder
donjon • *n* keep
donker • *adj* black, dark, deep, gloomy
donkerheid • *n* darkness
donkerrode • *adj* plum
donkerrood • *adj* plum
dons • *n* down
dood • *adj* capital, dead, extinct • *n* death, passing
doodgaan • *v* die, pass
doodsangst • *n* dread
doodshoofd • *n* skull
doodskop • *n* skull
doodslag • *n* murder
doodstraf • *n* death penalty, execution
doof • *adj* deaf
dooier • *n* yolk
door • *prep* after, by, through, with • *adv* along
doorbladeren • *v* browse, page
doorboren • *v* hole, launch
doorbraak • *n* breakthrough
doorbrengen • *v* spend
doordacht • *adj* deliberate, intelligent, prudent
doordachte • *adj* deliberate
doordenken • *v* deliberate
doordringen • *v* soak
dooreenhalen • *v* confuse
doorgaan • *v* continue, get along, pass, proceed
doorgang • *n* aisle, alley
doorgeven • *v* ship, transmit
doorhalen • *v* cancel

doorhebben • *v* figure out
doorheen • *n* through
doorjagen • *v* blow
doorkruisen • *v* compass, cross
doorlichten • *v* X-ray
doorn • *n* spine
doorschijnend • *adj* clear, translucent
doorslag • *n* carbon
doorslaggevend • *adj* decisive, vital
doorslikken • *v* swallow
doorsnee • *adj* moderate
doorstaan • *v* stand
doorstrepen • *v* strike
doorsturen • *v* forward
doortastend • *adj* careful
doortocht • *n* transit
doorverwijzen • *v* refer
doorweken • *v* soak
doorzettingsvermogen • *n* persistence, pluck
doorzeven • *v* hole
doorzichtig • *adj* clear, transparent
doorzichtkunde • *n* perspective
doorzoeken • *v* search, sweep
doos • *n* box, dose
dop • *n* cap
doppen • *v* shell
dorp • *n* village
dorpel • *n* threshold
dorpeling • *n* villager
dorpelinge • *n* villager
dorper • *n* villager
dorpsbewoner • *n* villager
dorpsbewoonster • *n* villager
dorst • *n* thirst
dorstig • *adj* thirsty
dossier • *n* file
douche • *n* shower

douchen • *v* shower
dove • *adj* deaf
doven • *n* deaf • *v* put out
down • *adj* down
download • *n* download
downloaden • *v* download
dozijn • *n* dozen
dra • *adv* soon
draad • *n* fibre, string, thread, wire, worm
draadloos • *adj* wireless
draadtappen • *v* tap
draagbaar • *n* litter
draagbed • *n* litter
draagstoel • *n* litter
draai • *n* turn
draaien • *v* bend, spin, turn
draaier • *n* axis
draaierig • *adj* dizzy
draaiing • *n* rotation
draaimolen • *n* roundabout
draaitol • *n* top
draak • *n* dragon
Draak • *n* dragon
drachtig • *adj* pregnant
dragen • *v* bear, carry, wear
drager • *n* carrier, host
dragonder • *n* dragon
drainage • *n* drainage
drama • *n* drama
dramatisch • *adj* dramatic, theatrical
drang • *n* urge
dranghek • *n* crush
drank • *n* drink
drastisch • *adj* extreme
drastische • *adj* extreme
dreigen • *n* loom • *v* threaten
dreigend • *adj* imminent
drempel • *n* threshold
drempelwaarde • *n* threshold

- **dreun** • *n* belt, roll, smash
- **dreunen** • *v* boom
- **drie** • *n* three
- **driedubbel** • *adj* triple
- **driehoek** • *n* triangle
- **drieluik** • *n* trilogy
- **driest** • *adj* boisterous
- **drievoudig** • *adj* triple
- **drievuldigheid** • *n* trinity
- **driftig** • *adj* cranky
- **drijfveer** • *n* drive, incentive
- **drijven** • *v* drive, float, move, steer
- **dril** • *n* drill
- **drillen** • *v* discipline, drill
- **dringend** • *adj* acute, instant, urgent
- **drinken** • *v* down, drink
- **drinkgeld** • *n* tip
- **droefenis** • *n* sadness
- **droefheid** • *n* spite
- **drogen** • *v* dry
- **droger** • *n* dryer
- **drogeren** • *v* drug
- **dromen** • *v* dream
- **dromerig** • *adj* absent
- **dronkaard** • *n* drunk
- **dronken** • *adj* drunk
- **droog** • *adj* dry
- **droogte** • *n* drought
- **droom** • *n* dream
- **droombeeld** • *n* vision
- **droppen** • *v* down
- **drug** • *n* drug
- **druggebruiker** • *n* user
- **druif** • *n* grape
- **druivelaar** • *n* grape
- **druivenkleurig** • *adj* grape
- **druk** • *adj* busy • *n* distress, edition, pressure
- **drukken** • *v* press, print, squeeze
- **drukkend** • *adj* close
- **drukker** • *n* printer
- **drukkerij** • *n* printing house
- **drum** • *n* drum
- **drummer** • *n* drummer
- **drumspeler** • *n* drummer
- **druppel** • *n* drop
- **druppelen** • *v* filter
- **dualis** • *adj* dual
- **dubbel** • *adj* double, dual
- **dubbelganger** • *n* double
- **dubbelgangster** • *n* double
- **dubbelpunt** • *n* colon
- **dubbelzinnig** • *adj* ambiguous
- **dubbelzinnigheid** • *n* ambiguity
- **dubieus** • *adj* borderline
- **Dublin** • *n* Dublin
- **duchtig** • *adj* healthy
- **duidelijk** • *adj* apparent, articulate, clear • *adv* apparently, clearly, evidently
- **duiden** • *v* render
- **duif** • *n* dove, pigeon
- **duifje** • *n* pigeon
- **duik** • *n* dive
- **duiken** • *v* dive
- **duiker** • *n* diver
- **duikster** • *n* diver
- **duim** • *n* inch, thumb
- **duister** • *adj* dark, gloomy, obscure
- **duisternis** • *n* darkness
- **Duits** • *adj* German
- **Duitse** • *adj* German
- **Duitser** • *n* German
- **Duitsland** • *n* Germany
- **duivel** • *n* devil
- **duivels** • *adj* devilish
- **duivin** • *n* pigeon

duizelig • *adj* dizzy
duizeligheid • *n* dizziness
duizelingwekkend • *adj* dizzy
duizend • *num* thousand
dulden • *v* tolerate
dumpen • *v* bin, dump
dundoek • *n* banner
dunken • *v* think
duo • *n* couple, duo, pair
duplikaat • *n* counterpart
duren • *v* last, take
durf • *n* nerve
durven • *v* dare
dus • *adv* hence • *conj* so
dutje • *n* nap
duur • *adj* costly, dear, expensive • *n* duration, time
duurzaam • *adj* sustainable
duurzaamheid • *n* sustainability
duvel • *n* devil
duw • *n* push
duwen • *v* push
duwtje • *n* boost
dvd • *n* DVD
dwaas • *n* fool
dwaler • *n* wanderer
dwangmatig • *adj* obsessive
dwangvoorstelling • *n* obsession
dwars • *adj* contradictory
dwazin • *n* fool
dwingen • *v* compel
dynamica • *n* dynamics
dynamiek • *n* dynamic
dynamisch • *adj* dynamic
dynamische • *adj* dynamic

echo • *n* echo
echoën • *v* echo
echt • *interj* absolutely • *adj* actual, essential, genuine, proper, real, true • *n* marriage • *adv* really, very
echte • *adj* real
echter • *conj* but • *adv* however, though
echtgenoot • *n* husband, spouse
echtgenote • *n* wife
echtheid • *n* truth
echtscheiding • *n* divorce
ecologie • *n* ecology
ecologisch • *adj* ecological
economie • *n* economy, economics
economisch • *adj* economic, prudent
econoom • *n* economist
ecosysteem • *n* ecosystem
Ecuador • *n* Ecuador
edel • *adj* noble
edelboortig • *adj* generous
edele • *n* noble, peer
edelman • *n* peer
Edinburgh • *n* Edinburgh
editie • *n* edition
editor • *n* editor
eed • *n* truth, vow
eega • *n* spouse
eekhoorn • *n* squirrel
eelt • *n* corn
een • *num* an, one
één • *adj* one • *num* one

eend • *n* duck
eenderhoe • *adv* somehow
eendollarbiljet • *n* one
eendollarsbiljet • *n* one
eendracht • *n* harmony
eenduidig • *adj* definite
eeneiig • *adj* identical
eenheid • *n* division, one, outfit, point, unit, unity
eenige • *pron* some
eenmaal • *adv* once
eenmaken • *v* unify
eens • *adv* even, once • *adj* one
eensgezindheid • *n* consensus
eenvoudig • *adj* expedient, plain, simple
eenwording • *n* unification
eenzaam • *adj* lonely
eenzaamheid • *n* loneliness
eer • *n* glory, honor
eerbaar • *adj* modest, reputable
eerbied • *n* respect
eerder • *adv* before
eergevoel • *n* pride
eerlijk • *phr* above board • *adj* candid, fair, frank, honest, just • *adv* directly
eerlijkheid • *n* honesty, truth
eerst • *adj* first
eerste • *n* first • *adj* prime
eersteklas • *adj* superb
eerstgenoemde • *adj* former
eertijds • *adj* ancient
eervol • *adj* honorable, noble
eerzucht • *n* ambition
eerzuchtig • *adj* ambitious
eetlepel • *n* tablespoon
eetlust • *n* appetite
eeuw • *n* century
eeuwen • *adv* forever

eeuwenoud • *adj* ancient
eeuwig • *adj* eternal, permanent • *adv* forever
eeuwigheid • *n* eternity
effect • *n* effect
effectief • *adj* actual
effectiviteit • *n* effectiveness
effen • *adj* solid
effenen • *v* fair
efficiënt • *adj* articulate, effective, efficient
efficiëntie • *n* efficiency
egaal • *adj* solid
egaliseren • *v* level
egel • *n* hedgehog
egoïsme • *n* egoism
Egypte • *n* Egypt
Egyptenaar • *n* Egyptian
Egyptisch • *adj* Egyptian
ei • *n* egg
eidooier • *n* yolk
eierdooier • *n* yolk
eierplant • *n* eggplant
eierschaal • *n* shell
eiervrucht • *n* eggplant
eigeel • *n* yolk
eigen • *adj* own, proper
eigenaar • *n* owner
eigenaardig • *adj* funny, weird
eigenares • *n* owner
eigendom • *n* estate, property
eigendomsbewijs • *n* title
eigendomscertificaat • *n* title
eigendomsrecht • *n* property, title
eigendunk • *n* pride
eigenhandig • *adv* personally
eigenlijk • *adj* actual, proper • *adv* actually
eigenschap • *n* attribute, feature, property, quality

eigentijds • *adj* contemporary, modern
eigenwaan • *n* pride
eik • *n* oak
eiken • *adj* oak
eikenboom • *n* oak
eikenhout • *n* oak
eiland • *n* island
eind • *n* distance
eindbaas • *n* boss
einde • *n* conclusion, date, end
eindelijk • *phr* at last
eindeloos • *adj* endless, eternal • *adv* forever
einden • *v* end
einder • *n* horizon
eindexamen • *n* final
eindigen • *v* end, finish
eindronde • *n* final
eindstreep • *n* finish
eindwerk • *n* paper
eis • *n* demand
eisen • *v* demand
eiser • *n* plaintiff
eitje • *n* breeze
eiwit • *n* protein
eksteroog • *n* corn
el • *n* rod
elaboreren • *v* expand
eland • *n* moose
elasticiteit • *n* elasticity
elastieken • *adj* elastic
electrificeren • *v* wire
elegant • *adj* elegant, graceful
elegantie • *n* grace
elektricien • *n* electrician
elektriciteit • *n* electricity, power
elektriciteitsdraad • *n* wire
elektriciteitsnet • *n* grid

elektrisch • *adj* electric, electrical
elektronica • *n* electronics
elektronisch • *adj* electronic
element • *n* element, entry
elementair • *adj* basic
elf • *num* eleven
elitair • *adj* elite
elitaire • *adj* elite
elite • *n* elite
elk • *adv* all • *pron* any • *det* each, every
elkeen • *pron* everyone
elleboog • *n* elbow
ellelang • *phr* at length
ellende • *n* misery, plague
elp • *n* elephant
elpendier • *n* elephant
email • *n* email
emergentie • *n* emergence
eminent • *adj* distinguished, eminent, passing
emissie • *n* emission
emitter • *n* emitter
emmer • *n* bucket
emotie • *n* emotion, feeling
emotieloos • *adj* deadpan
emotioneel • *adj* emotional, sentimental
emotioneren • *v* affect
emplooi • *n* employment
en • *conj* and • *prep* plus
enclave • *n* island
encyclopedie • *n* encyclopedia
endosmose • *n* absorption
ene • *adj* one
energie • *n* energy
energiek • *adj* vibrant
enerzijds • *phr* on the one hand
eng • *adj* pokey, scary
engagement • *n* commitment

engel • *n* angel
engelachtig • *adj* angelic
Engels • *adj* English
Engelse • *n* English
Engelsen • *n* English
Engelsman • *n* English
engerd • *n* creep
enig • *adv* any • *adj* only, sole
enige • *adj* one • *det* some
enigszins • *adv* somewhat
enkel • *n* ankle • *adv* any, just
enkeling • *n* individual
enorm • *adj* enormous, huge, vast • *adv* passing
enquête • *n* survey
ensceneren • *v* stage
enteren • *v* board
enthousiasme • *n* enthusiasm
enthousiast • *adj* enthusiastic
entree • *n* cover, entry
envelop • *n* envelope
epidemie • *n* epidemic
epidemisch • *adj* epidemic
episch • *adj* epic
episode • *n* episode, incident
epoch • *n* age
epos • *n* epic
equivalent • *n* counterpart
er • *pron* it • *adv* there
era • *n* age, era
erbarmelijk • *adj* sore
erbarmen • *n* mercy
erectie • *n* erection
erectiestoornis • *n* erectile dysfunction
eredienst • *n* service
eren • *v* honor, praise
erepenning • *n* medal
erewoord • *n* word
erf • *n* yard
erfdeel • *n* inheritance

erfelijk • *adj* genetic
erfelijkheid • *n* inheritance
erfenis • *n* heritage, inheritance, legacy
erfgenaam • *n* heir
erfgoed • *n* heritage, legacy
erg • *adv* very
ergens • *adv* somewhere
erger • *adj* worse
ergeren • *v* annoy, offend
ergerlijk • *v* annoying
ergernis • *n* annoyance, spite
ergst • *adj* worst
Eritrea • *n* Eritrea
erkennen • *v* acknowledge, recognize
erkenning • *n* acknowledgment, recognition
erkentelijkheid • *n* acknowledgment
ernst • *n* seriousness
ernstig • *adj* serious
eroderen • *v* erode
eromheen • *prep* about
errata • *n* supplement
eruitgooien • *v* boot
eruittrappen • *v* boot
ervaren • *v* experience, learn • *adj* experienced, veteran
ervaring • *n* experience, science
erven • *v* inherit
erwt • *n* pea
escalatie • *n* escalation
escaleren • *v* escalate
escapetoets • *n* escape
essai • *n* essay
essay • *n* essay
essence • *n* essence
essenhout • *n* ash
essentie • *n* abstract, essence

essentieel • *adj* essential, vital • *adv* essentially
Est • *n* Estonian
establishment • *n* establishment
esthetica • *n* aesthetics
esthetisch • *adj* aesthetic
esthetische • *n* aesthetic
Estisch • *adj* Estonian
Estland • *n* Estonia
Estlander • *n* Estonian
Estlandse • *n* Estonian
Ests • *adj* Estonian
etage • *n* level
eten • *n* dinner, food • *v* eat
eter • *n* eater
etherpiraterij • *n* piracy
ethiek • *n* ethics
Ethiopië • *n* Ethiopia
ethisch • *adj* ethical
etiket • *n* label, tag
etiketteren • *v* label
etmaal • *n* day
etnisch • *adj* ethnic
etterbuil • *n* boil
etui • *n* pencil case
euh • *interj* uh
euhm • *interj* uh
euro • *n* euro
Europa • *n* Europe
Europeaan • *n* European
Europeaanse • *n* European
Europees • *adj* European
euvel • *adj* evil
evacuatie • *n* evacuation
evacueren • *v* evacuate
evaluatie • *n* evaluation
evalueren • *v* assess
even • *adv* equally • *adj* even
evenaar • *n* line
evenaren • *v* match

eveneens • *adv* also, likewise, too
evenen • *v* even
evenknie • *n* counterpart, like, match
evenmin • *adv* neither
evenredig • *adj* proportional
evenwicht • *n* balance
evenwichtig • *adj* balanced
evenwijdig • *adj* parallel
evenwijdige • *n* parallel
evenzo • *adv* likewise
ever • *n* wild boar
everzwijn • *n* wild boar
evident • *adj* apparent
evolutie • *n* evolution
evolutionair • *adj* evolutionary
exact • *adj* accurate, exact • *adv* exactly
examen • *n* examination, test
examineren • *v* examine
excellent • *adj* capital, excellent
exceptioneel • *adj* exceptional
exciteren • *v* excite
exclusief • *adj* exclusive • *adv* exclusively
excursie • *n* excursion, tour
excuseer • *interj* sorry
excuseren • *v* excuse
excuus • *n* excuse
executeren • *v* execute
executie • *n* execution
exemplaar • *n* copy, item
exoot • *n* exotic
exotisch • *adj* ethnic, exotic
expansie • *n* expansion
expeditie • *n* expedition
experiment • *n* experiment
experimenteren • *v* experiment
expert • *n* expert, professional, proficient

expliciet • *adj* explicit
exploderen • *v* explode
exploit • *n* exploit
exploitatie • *n* exploitation
exploiteren • *v* exploit
exploratie • *n* exploration
exploreren • *v* explore
explosie • *n* bang, explosion, outbreak
explosief • *n* explosive
exporteren • *v* export
exporteur • *n* exporter
expositie • *n* exhibit, show
expres • *adv* deliberately • *phr* on purpose
expressief • *adj* expressive
extensie • *n* extension
extra • *adj* extra
extraatje • *n* bonus
extravagant • *adj* flamboyant
extreem • *adj* extreme • *adv* extremely, passing
extreme • *adj* extreme
extremistisch • *adj* extremist
exuberant • *adj* exuberant
ezel • *n* ass, donkey

F

faam • *n* note, reputation
fabel • *n* fable
fabriceren • *v* manufacture
fabriek • *n* factory, mill
fabrikant • *n* manufacturer
façade • *n* facade, front
faciliteit • *n* facility, resource

factoriseren • *v* expand
factureren • *v* bill, invoice
factuur • *n* invoice
faculteit • *n* college, factorial, faculty
fagot • *n* bassoon
failliet • *adj* bankrupt • *n* bankruptcy
faillissement • *n* bankruptcy
fakkel • *n* link, torch
fakking • *adj* fucking
falen • *v* break down, fail, slip
faling • *n* bankruptcy, failure
familiair • *adj* familiar
familie • *n* family, people
familielid • *n* relation, relative
familielui • *n* relation
familieverwant • *n* relation
fan • *n* fan
fantaseren • *v* imagine
fantasie • *n* fantasy, imagination
fantasierijk • *adj* fantastic
fantasievol • *adj* fanciful
fantastisch • *adj* fanciful, fantastic, wonderful • *interj* great
fantasy • *n* fantasy
fantoom • *n* ghost
farmaceutisch • *adj* pharmaceutical
fase • *n* phase, stage
fataal • *adj* fatal
fatale • *adj* fatal
fatsoen • *n* decency
fatsoenlijk • *adj* modest, noble, reputable
fauteuil • *n* armchair
favoriet • *adj* favourite • *n* like
fazant • *n* pheasant
februari • *n* February

federaal • *adj* federal
feeëriek • *adj* magic
feest • *n* celebration, do, festival, party
feestdag • *n* holiday
feestelijk • *adj* gay
feesten • *v* party
feilloos • *adj* flawless
feit • *n* fact
feitelijk • *adj* actual, factual • *adv* actually • *phr* in fact
feitelijkheid • *n* reality
fel • *adj* bright, loud
feliciteren • *v* congratulate
feminisme • *n* feminism
feminist • *n* feminist
feministe • *n* feminist
feministisch • *adj* feminist
fenomeen • *n* phenomenon
fervent • *adj* fervent
festijn • *n* feed
festival • *n* festival
festiviteit • *n* celebration, festivity
feut • *n* freshman
fezelen • *v* whisper
fiasco • *n* bust
fiche • *n* chip
fictie • *n* fiction
fictief • *adj* fictional
fier • *adj* proud
fierheid • *n* pride
fiets • *n* bike
fietsen • *v* bicycle, bike, cycle
figuur • *n* curve, figure, picture
Fiji • *n* Fiji
fijn • *adj* fine, nice, pleasant, smooth • *interj* great
fijnmalen • *v* powder
file • *n* file, line, traffic jam
filiaal • *n* branch, subsidiary

Filipijnen • *n* Philippines
film • *n* film, movie, picture, video
filmindustrie • *n* cinema
filmmaatschappij • *n* studio
filmmaker • *n* filmmaker
filmmateriaal • *n* footage
filosofe • *n* philosopher
filosofie • *n* philosophy
filosofisch • *adj* philosophical
filosoof • *n* philosopher
filter • *n* filter
filteren • *v* filter
finaal • *adj* final, net
finale • *n* final
financieel • *adj* financial
financiële • *adj* financial
financiën • *n* finance
financieren • *v* finance, fund
financiering • *n* funding
finish • *n* finish
Finland • *n* Finland
Fins • *adj* Finnish
firma • *n* company
firmament • *n* heaven, sky
fiscaal • *adj* fiscal
fit • *adj* fit
fixatie • *n* obsession
flambouw • *n* link
flamboyant • *adj* flamboyant
flamingo • *n* flamingo
flappen • *n* lettuce
flat • *n* apartment
flauw • *adj* lame, weak
flauwekul • *n* nonsense
flauwvallen • *v* faint
fles • *n* bottle
flessenhals • *n* neck
flessentrekkerij • *n* fraud
flexibel • *adj* flexible
flik • *n* bull, cop, pig

flinterdun • *adj* sheer
flirten • *v* flirt
flits • *n* flash
flitsen • *v* blink
flitskaart • *n* flashcard
flop • *n* bomb, bust
floreren • *v* boom, flourish
fluïdum • *n* fluid
fluisteren • *v* whisper
fluit • *n* flute, pipe
fluiten • *v* whistle
fluitje • *n* whistle
fluittoon • *n* whistle
focking • *adj* fucking
focus • *n* focus
focussen • *v* focus
fokken • *v* breed
folder • *n* directory, leaflet
folie • *n* blade
folteren • *v* torture
foltering • *n* torture
fonds • *n* fund
fonetiek • *n* phonetics
fonetisch • *adj* phonetic
fooi • *n* tip
fopduik • *n* dive
fopduiken • *v* dive
forceren • *v* force, induce, strain
forel • *n* trout
fork • *n* fork
forken • *v* fork
formaat • *n* format
format • *n* format
formatie • *n* formation
formatteren • *v* format
formeel • *adj* adjective, formal • *adv* formally
formule • *n* formula
formuleren • *v* formulate, word
formulier • *n* form
fornuis • *n* fire, range, stove

fort • *n* castle, fort
fortuin • *n* fortune, happiness, mint
forum • *n* panel
forwarden • *v* forward
fossiel • *n* fossil
foto • *n* photograph, picture
fotoapparaat • *n* camera
fotograaf • *n* photographer
fotograferen • *v* photograph
fotografie • *n* photography
fotokopiëren • *v* xerox
fototoestel • *n* camera
foulard • *n* throw
fout • *n* error, failure, fault, mistake • *adj* false, wrong
foutief • *adv* wrong
foutloos • *adj* flawless, holy
fractie • *n* element, faction
fragiel • *adj* fragile
fragment • *n* fragment
fragmentatie • *n* fragmentation
fragmenteren • *v* fragment
frame • *n* frame
framework • *n* framework
franchise • *n* franchise
frankeren • *v* frank
Frankrijk • *n* France
Frans • *adj* French
Fransen • *n* French
fransozen • *n* French
frase • *n* phrase
fraude • *n* fraud
fraudeur • *n* fraud
frequent • *adj* frequent
frequentie • *n* frequency
frietjes • *n* chip
frigo • *n* refrigerator
fris • *adj* chilly, cold, cool, fresh
frisdrank • *n* soft drink
froefroe • *n* bang

frons • *n* frown
fronsen • *v* frown, knot
front • *n* front
fruit • *n* fruit
frustratie • *n* frustration
frustreren • *v* frustrate
frustrerende • *adj* frustrating
fucking • *adj* fucking
fuif • *n* celebration, do
functie • *n* function, use
functionaal • *n* functional
functionaris • *n* official
functioneel • *adj* functional, sensible, up
functioneren • *v* function
functionerend • *adj* functional
fundament • *n* foundation
fundamenteel • *adj* fundamental
fundering • *n* drag, foundation
fungeren • *v* function
furie • *n* rage
furry • *n* furry
fuseren • *v* merge
fusie • *n* fusion, merger
fusioneren • *v* merge
futloosheid • *n* lethargy
fysica • *n* physics
fysicus • *n* physicist
fysiek • *adj* bodily, physical • *n* shape
fysisch • *adj* physical
fysische • *adj* physical

G

gaai • *n* jay
gaan • *v* bend, do, go, step
gaandeweg • *adv* gradually
gaard • *n* garden
gaatje • *n* hole
gabardine • *n* gabardine
gabber • *n* mate
Gabon • *n* Gabon
gade • *n* spouse
gadeslaan • *v* eye
gaffel • *n* fork
galanterie • *n* chivalry
galerij • *n* gallery
Gambia • *n* Gambia
gamma • *n* line, rainbow
gammel • *adj* shaky
gang • *n* corridor, course, gang, hall, lane
gangpad • *n* aisle
gangster • *n* gangster
gannef • *n* thief
gans • *n* goose
garage • *n* garage
garanderen • *v* guarantee, warrant
garantie • *n* caution, guarantee, warranty
garde • *n* whisk
gareel • *n* collar
garen • *n* thread
garnaal • *n* prawn, shrimp
gas • *n* gas
gaspedaal • *n* accelerator
gassen • *v* gas
gast • *n* guest, guy, mate
gasten • *n* guy
gastenverblijf • *n* guesthouse
gastgever • *n* host
gastheer • *n* host
gasthuis • *n* hospital
gastvrij • *adj* hospitable

gastvrijheid • *n* hospitality
gastvrouw • *n* host
gat • *n* breach, hole
gate • *n* gate
gauw • *adv* quickly, soon
gave • *n* gift, talent
gazelle • *n* gazelle
gazon • *n* lawn
ge • *pron* you
geacht • *adj* bound
geachte • *adj* dear
geallieerd • *adj* allied
geärticuleerd • *adj* articulate
gebaar • *n* gesture, sign
gebabbel • *n* chat
gebak • *n* cake
gebalanceerd • *adj* balanced
gebaren • *v* gesture
gebarentaal • *n* sign
gebed • *n* prayer
gebeuren • *n* episode, incident • *v* happen, occur, pass
gebeurtenis • *n* event, incident, occasion
gebied • *n* area, district, field, region, ward, zone
gebieden • *v* bid
geblesseerd • *adj* hurt
gebogen • *adj* bent
geboorte • *n* birth, delivery
geboortedag • *n* birthday
geboortedatum • *n* birthday
geboorteland • *n* motherland
geboortsverwant • *n* relation
geboren • *adj* born
geborene • *n* baby
gebouw • *n* building
gebraad • *n* roast
gebrek • *n* lack
gebrekkig • *adj* defective, deficient, faulty

gebroed • *n* breed
gebroken • *adj* broken
gebruik • *n* custom, employment, manipulation, use, usage
gebruiken • *n* custom • *v* handle, use
gebruiker • *n* user
gebruikersomgeving • *n* shell
gebruikster • *n* user
gebrul • *n* howl
geciviliseerd • *adj* civil
gecompliceerd • *adj* complicated
gecompliceerdheid • *n* complexity
geconcentreerd • *adj* strong
gedachte • *n* idea, opinion, thought
gedachtenis • *n* celebration
gedachtenloos • *adj* automatic
gedachtenwisseling • *n* discourse
gedeeld • *adj* shared
gedeelte • *n* division
gedeeltelijk • *adj* partial • *adv* partially, partly
gedelegeerde • *n* delegate
gedempt • *adj* mute
gedenken • *v* remember
gedenkwaardig • *adj* memorable
gedetailleerd • *adj* detailed, elaborate, express, vivid
gedetineerde • *n* inmate
gedicht • *n* poem
gedijen • *v* flourish, love
gedoe • *n* do
gedogen • *v* tolerate
gedonder • *n* thunder
gedrag • *n* behavior, manner

gedragen • *v* act
gedragingen • *n* behavior
gedreun • *n* roll
gedrocht • *n* monster
gedroogd • *adj* dried
geduld • *n* nerve, patience
geduldig • *adj* patient
gedupeerde • *n* victim
gedurende • *prep* during
gedurfd • *adj* naughty
geel • *adj* yellow
geelkoper • *n* brass
geelkoperen • *n* brass
geelrood • *adj* orange
geen • *det* no • *pron* none • *conj* not
geëqualiseerd • *adj* level
geërgerd • *adj* cross
geërgerde • *adj* cross
geest • *n* ghost, mind, shade, spirit
geestdrift • *n* enthusiasm, zeal
geestelijk • *adj* mental, spiritual
geestesverschijning • *n* vision
geestig • *adj* cute, witty
gefeliciteerd • *interj* congratulations
gefluister • *n* whisper
gegeven • *n* element
gegevens • *n* data
gegrond • *adj* solid
gehakt • *n* mince
gehaktbal • *n* meatball
gehandicapt • *adj* disabled
gehandicapten • *n* disabled
gehechtheid • *n* attachment
geheel • *adv* altogether, entirely • *adj* integral, total
geheim • *adj* dark, secret
geheimenis • *n* secret
geheimhouding • *n* secrecy
geheimzinnig • *adj* mysterious
gehele • *adj* total
geheugen • *n* memory, mind
geheugensteun • *n* remembrance
geheugensteuntje • *n* reminder
gehijg • *n* pant
gehoorzaam • *adj* obedient
gehoorzaamheid • *n* obedience
gehoorzamen • *v* listen, obey
gehouden • *adj* bound
gehuil • *n* howl
geil • *adj* hot
geïndustrialiseerd • *adj* industrial
geïnformeerd • *adj* knowledgeable
geinig • *adj* funny
geïnteresseerd • *adj* interested
geïnteresseerde • *adj* interested
geïnterviewde • *n* interviewee
geintje • *n* joke
geïsoleerd • *adj* isolated
geit • *n* goat
geitje • *n* kid
gejammer • *n* howl
gek • *adj* crazy, mad, silly • *n* nut
gekkin • *n* nut
geklets • *n* chat
geknakt • *adj* broken
gekoesterd • *adj* dear
gekraak • *n* crack
gekraakt • *adj* broken
gekruid • *adj* spicy
gekwetst • *adj* hurt
gelaat • *n* face
gelaatstrek • *n* feature
gelaatsuitdrukking • *n* expression, face

- **gelach** • *n* laughter
- **gelasten** • *v* bid
- **gelatenheid** • *n* resignation
- **geld** • *n* money
- **gelden** • *v* apply
- **geldig** • *adj* valid
- **geldigheid** • *n* validity
- **geldstuk** • *n* coin
- **gelede** • *adj* articulate
- **geleden** • *adv* ago
- **geleed** • *adj* articulate
- **geleerde** • *n* learning, scholar
- **geleerdheid** • *n* learning
- **gelegen** • *v* bear • *adj* convenient
- **gelegenheid** • *n* chance, function, occasion, opportunity
- **gelei** • *n* jelly
- **geleidedier** • *n* familiar
- **geleidegeest** • *n* familiar
- **geleidelijk** • *adj* gentle, gradual • *adv* gradually
- **geleiden** • *v* conduct, hand
- **gelid** • *n* rank
- **geliefd** • *adj* beloved, dear, popular
- **geliefde** • *n* beloved
- **geliefkoost** • *adj* favourite
- **gelieve** • *adv* please • *v* would
- **gelijk** • *adj* alike, equal, even, like, uniform • *adv* equally • *prep* like
- **gelijkaardigheden** • *n* like
- **gelijkberechtiging** • *n* equality
- **gelijke** • *n* counterpart, equal, match, peer • *adj* even
- **gelijkelijk** • *adv* equally
- **gelijken** • *v* resemble
- **gelijkend** • *adj* similar
- **gelijkenis** • *n* comparison, similarity
- **gelijkheid** • *n* equality
- **gelijkmaken** • *v* even
- **gelijkmatig** • *adv* equally • *adj* even
- **gelijkmatige** • *adj* even
- **gelijkspel** • *n* draw
- **gelijkspelen** • *v* draw
- **gelijktijdig** • *adj* contemporary, simultaneous • *adv* simultaneously
- **gelijkwaardig** • *adj* equivalent
- **gelijkwaardigheid** • *n* equivalence
- **gelofte** • *n* vow
- **geloof** • *n* belief, faith
- **geloofsovertuiging** • *n* religion
- **geloofwaardig** • *adj* credible
- **geloofwaardigheid** • *n* credibility
- **geloven** • *v* believe, credit, think, understand
- **gelovige** • *n* believer
- **geluid** • *n* noise, sound
- **geluidloos** • *adj* quiet
- **geluk** • *n* fortune, happiness, luck
- **gelukkig** • *adv* fortunately, luckily • *adj* happy, lucky
- **gelukkigerwijs** • *adv* fortunately
- **gelukt** • *adj* successful
- **gelukwensen** • *v* congratulate
- **gelukzaligheid** • *n* bliss
- **gelul** • *n* shit
- **gemak** • *n* comfort, facility
- **gemakkelijk** • *adj* comfortable, convenient, easy
- **gemakkelijkheid** • *n* easiness
- **gematigd** • *adj* moderate

gematigde • *n* moderate
gember • *n* ginger
gemeen • *adj* common, cruel, mean, rotten • *phr* in common
gemeengoed • *n* common
gemeenschap • *n* community, union
gemeente • *n* congregation, municipality, town
gemeentelijk • *adj* municipal
gemeenzaam • *adj* colloquial
gemelijk • *adj* sullen
gemene • *adj* common, cruel
gemengd • *adj* mixed
gemengdbloedig • *adj* mixed
gemiddeld • *phr* on average • *adj* mean
gemiddelde • *adj* average, mean
gemis • *n* absence
gemoedstoestand • *n* mood
gemompel • *n* mutter
gemorste • *n* spill
gen • *n* gene
genade • *n* grace, mercy
genadeloos • *adj* merciless
genadig • *adj* forgiving, merciful
genant • *adj* awkward
gênant • *adj* embarrassing
gender • *n* gender
geneesheer • *n* physician
geneeskunde • *n* medicine
geneesmiddel • *n* medicine
generaal • *n* general
generalisatie • *n* generalization
generatie • *n* age, generation
generationeel • *adj* generational
genereus • *adj* generous

generiek • *adj* generic
genetisch • *adj* genetic
genezen • *v* cure, heal, recover
genezing • *n* recovery
geniaal • *adj* brilliant
genialiteit • *n* genius
genie • *n* genius
geniepig • *adj* sneaky
genieten • *v* enjoy
genocide • *n* genocide
genoeg • *adv* enough • *det* sufficient • *pron* enough
genoegen • *v* do • *n* pleasure
genre • *n* genre, kind
genus • *n* gender
geobsedeerde • *n* obsessive
geoefend • *adj* proficient
geografie • *n* geography
geografisch • *adj* geographic
geometrie • *n* geometry
Georgia • *n* Georgia
Georgië • *n* Georgia
gepast • *adj* appropriate, proper
gepensioneerde • *n* pensioner
geperfectioneerd • *adj* sophisticated
gepeupel • *n* crowd
gepiep • *n* peep
gepirateerd • *adj* pirate
geplaatst • *adj* ranking
gepluimd • *adj* broken
gepluk • *n* pluck
gepunt • *adj* sharp
geraamte • *n* frame, framework, skeleton
gerbil • *n* gerbil
gerecht • *n* course, court, dish, justice
gerechtelijk • *adj* judicial
gerechtig • *adj* just

gerechtigd • *adj* able, entitled
gerechtigheid • *n* justice
gereed • *adj* ready
gereedschap • *n* implement, tool
gereedschapskist • *n* toolkit
gerelateerd • *adj* related
gerenommeerd • *adj* renowned
gereserveerd • *adj* shy
gereserveerdheid • *n* modesty
gerichtheid • *n* orientation
Germaan • *n* German
Germaanse • *n* German
geroddel • *n* gossip, scandal
geroezemoes • *n* mutter
geroffel • *n* roll
gerommel • *n* roll, thunder
geroosterd • *adj* roast
gerucht • *n* rumor
geruchten • *n* rumor
geruim • *adj* considerable
geruisloos • *adj* quiet
geruststellen • *v* assure
gescheiden • *adj* abstract, divorced, separate
geschenk • *n* gift
geschiedenis • *n* history, story
geschiedkundig • *adj* historical
geschiedkundige • *n* historian
geschift • *adj* crazy
geschikt • *adj* appropriate, convenient, proper, suitable • *n* convenience
geschiktheid • *n* ability
geschil • *n* conflict
geschilder • *n* painting
geschilpunt • *n* quarrel
geschokt • *adj* upset
geschreven • *adj* manuscript
geschrift • *n* script, writing
geschrijf • *n* writing

geselen • *v* whip
gesis • *n* hiss
geslaagd • *adj* successful
geslacht • *n* gender, sex
geslachtsgemeenschap • *n* sex
geslachtsrijpheid • *n* maturity
geslepen • *adj* cut
geslinger • *n* roll
gesloten • *adj* closed
gespannen • *adj* nervous, tense • *n* tension
gespens • *n* ghost
gespierd • *adj* muscular
gesprek • *n* chat, conversation, dialogue, discourse, talk
gesproken • *adj* spoken
gestaag • *adj* gradual, steady
gesteente • *n* rock
gestoord • *adj* crazy, disturbed, insane
gestorven • *adj* dead
gestorvenen • *n* dead
gestreept • *adj* striped
getal • *n* number
getalenteerd • *adj* talented
getapt • *adj* draft
getijde • *n* tide
getik • *n* tick
getikt • *adj* crazy
getiteld • *adj* entitled
getrouw • *adj* faithful
getrouwd • *adj* married
getrouwe • *n* reliable
getto • *n* ghetto
getuige • *n* witness
getuigen • *v* testify
getuigenis • *n* testimony, witness
geur • *n* scent, smell
geuren • *v* smell
geut • *n* pour

gevaar • *n* danger, hazard
gevaarlijk • *adj* dangerous
gevaarlijke • *adj* dangerous
geval • *n* case
gevangene • *n* inmate, prisoner
gevangenis • *n* prison
gevangenschap • *n* imprisonment
gevecht • *n* battle, combat, fight, struggle
gevechtsleer • *n* tactic
gevechtsvliegtuig • *n* fighter
gevel • *n* facade
geven • *v* cast, give
gever • *n* dealer
gevoel • *n* feeling, sense
gevoelen • *v* taste
gevoelens • *n* feeling
gevoelig • *adj* acute, feeling, sensible, sensitive, tender
gevoeligheid • *n* sensitivity
gevoelloosheid • *n* numbness
gevoelsmatig • *adj* emotional
gevoelswaarde • *n* connotation
gevolg • *n* audience, consequent, consequence
gevolgsman • *n* follower
gevolmachtigde • *n* commissioner
gevorderd • *adj* advanced
gevraagde • *n* requirement
gevreesde • *n* dread
gevuld • *adj* stuffed
gewaad • *n* dress
gewaagd • *adj* adventurous, naughty, risky
gewaardeerd • *adj* worth
gewaarworden • *v* sense
gewaarwording • *n* perception, sense
gewapend • *adj* armed

gewas • *n* crop, plant, vegetable
geweer • *n* gun, rifle
geweld • *n* force, violence
gewelddadig • *adj* violent • *adv* violently
geweldig • *adj* swell, terrific, tremendous, violent
gewend • *adj* used to
gewest • *n* region
gewestelijk • *adj* regional
geweten • *n* conscience
gewetensbezwaarde • *n* conscientious objector
gewetensvol • *adj* conscientious
gewezen • *adj* former
gewicht • *n* import, load, purport, weight
gewiekstheid • *n* craft
gewijd • *adj* holy
gewild • *adj* popular
gewillig • *adv* readily
gewin • *n* harvest, purchase
gewond • *adj* hurt
gewone • *adj* common, normal
gewoon • *adj* common, normal, ordinary, pedestrian, regular, usual • *adv* just, normally, ordinarily
gewoonlijk • *adv* usually
gewoonte • *n* custom, habit
gewoontjes • *adj* pedestrian
gewricht • *n* joint
gezag • *n* authority
gezagvoerder • *n* captain, commander
gezamenlijk • *adj* joint, shared • *adv* jointly
gezamenlijke • *adj* joint
gezant • *n* ambassador

gezegde • *n* saw
gezegend • *adj* sacred
gezel • *n* mate
gezellig • *adj* gregarious
gezelschap • *n* company, crew, society
gezet • *adj* fat, thick
gezette • *adj* thick
gezicht • *n* face
gezichtsorgaan • *n* eye
gezichtspunt • *n* apprehension, line
gezichtsvermogen • *n* eyesight, vision
gezin • *n* family
gezinslid • *n* relation
gezond • *adj* healthy, well
gezondheid • *n* health
gezondheidszorg • *n* health care
gezouten • *adj* salt
gezwaai • *n* flourish
gezwel • *n* tumor
gezwind • *adj* fast • *adv* quickly
gezwindheid • *n* speed
gezworenen • *n* jury
Ghana • *n* Ghana
ghetto • *n* ghetto
gids • *n* directory, guide
giek • *n* boom
gier • *n* vulture
gierig • *adj* stingy
gieten • *v* cast, pour
gieter • *n* can
gif • *n* poison
gift • *n* gift
giftig • *adj* poisonous, toxic
gigantisch • *adj* enormous, gigantic, huge
gij • *det* you
gijle • *pron* you

gijlie • *pron* you
gijlieden • *pron* you
gijzelaar • *n* hostage
gilde • *n* trade
gillen • *v* cry
ginder • *adv* there
ginds • *adv* there
gips • *n* cast
giraf • *n* giraffe
gis • *n* guess
gissen • *v* guess
gissing • *n* guess
gist • *n* yeast
gisteren • *adv* yesterday
giswerk • *n* speculation
gitaar • *n* guitar
gitarist • *n* guitarist
gitzwart • *adj* jet
glaceren • *v* ice
glad • *adj* slippery, smooth
gladheid • *n* smooth
gladhuidige • *n* smooth
glads • *n* smooth
gladstrijken • *v* smooth
glans • *n* brightness, polish, shine
glanzen • *v* shine
glanzend • *adj* shiny
glas • *n* glass
gletjserpuin • *n* debris
gleuf • *n* slit
glibberig • *adj* slippery
glijbaan • *n* slide
glijden • *v* plane, slide
glimlach • *n* smile
glimlachen • *v* smile
glimmend • *adj* shiny
glimp • *n* glimpse
globaal • *adj* overall
gloeien • *v* burn
gloeilamp • *n* light bulb

glooien • *v* slope
glooiing • *n* inclination, slope
glooiingshoek • *n* inclination
glorie • *n* glory
glossarium • *n* glossary
gluiperd • *n* sneak
gluiperig • *adj* sneaky
go • *n* go
goal • *n* goal
god • *n* God, god
God • *n* God
goddelijk • *adj* divine
godenbeeld • *n* god
godgeleerdheid • *n* theology
godheid • *n* god
godsdienst • *n* religion
godsdienstig • *adj* religious
goed • *adv* correctly, OK • *adj* fine, good, proper • *n* property
goedaardig • *adj* benign
goede • *n* good
goededag • *interj* hello
goedemorgen • *interj* good morning
goedenamiddag • *phr* good afternoon
goedenavond • *n* good evening
goedendag • *phr* good afternoon • *interj* hello
goederen • *n* goods
goedgelovig • *adj* gullible
goedgemanierd • *adj* correct
goedgezind • *adj* gay
goedhartig • *adj* amicable
goedheid • *n* goodness
goedje • *n* stuff
goedkeuren • *v* approve, endorse
goedkeuring • *n* agreement, approval, OK, passing

goedkoop • *adj* budget, cheap, inexpensive
goedkope • *adj* inexpensive
goedmaken • *v* compensate
goedpraten • *v* excuse
goeiedag • *interj* hello
goeiemiddag • *phr* good afternoon
goeiemorgen • *interj* good morning
goeiendag • *interj* hello
gok • *n* gamble, guess
gokken • *v* bet, gamble
gokker • *n* player
golf • *n* golf, surge, wave
golfen • *v* golf
gom • *n* eraser
goochelkunst • *n* magic
gooi • *n* throw
gooien • *v* cast, launch, pitch, shy, throw
gooiplaats • *n* shy
gooiplek • *n* shy
gootsteen • *n* sink
gordel • *n* belt, collar
gordeldier • *n* armadillo
gordijn • *n* curtain
gorilla • *n* gorilla
gors • *n* sparrow
goud • *adj* or
gouden • *adj* gold, golden
goudkleurig • *adj* gold, golden
goudvis • *n* goldfish
gouvernement • *n* ministry
gouverneur • *n* governor
gozer • *n* guy
graad • *n* degree
graaf • *n* count
graafschap • *n* county
graag • *adv* gladly • *v* like
graan • *n* corn, grain

graankorrel • *n* grain
graat • *n* bone
grabbelen • *v* pluck
gracht • *n* canal
gracieus • *adj* elegant, graceful
gradueren • *v* graduate
graf • *n* grave
grafiek • *n* plot
grafisch • *adj* graphic
gram • *n* gram
grandieus • *adj* grand
grandioos • *adj* fantastic
grap • *n* funny, joke
grapefruit • *n* grapefruit
grappen • *v* joke
grappenmaken • *v* joke
grappig • *adj* comic, facetious, funny
gras • *n* grass
grasmaand • *n* April
grasperk • *n* lawn
gratie • *n* grace
gratis • *adv* free • *phr* for free
grauw • *adj* gray
graven • *v* dig, drill, root
graveren • *v* engrave, mill
gravure • *n* engraving
greep • *n* carry, grip, hand
gregarieus • *adj* gregarious
grein • *n* grain
Grenada • *n* Grenada
grendel • *n* bolt
grens • *n* border, borderline, bound, boundary, edge, frontier, limit, limitation, line, pale
grenslijn • *n* borderline
grensmark • *n* march
grenzeloos • *adj* boundless, endless
gretig • *adv* eagerly

Griek • *n* Greek
Griekenland • *n* Greece
Grieks • *adj* Greek
Griekse • *adj* Greek
griep • *n* flu
griet • *n* bird, girl
grietje • *n* girl
grieven • *n* complaint
griezel • *n* creep
griezelig • *adj* creepy, grisly
grijns • *n* grin
grijnzen • *v* grin
grijpen • *n* apprehension • *v* arrest, catch, collar, grab, grasp, grip, pluck, seize
grijs • *adj* gray
grijzen • *v* gray
gril • *n* maggot
grill • *n* barbecue, grill
grillen • *v* barbecue, roast, toast
grillig • *adj* versatile
grimmig • *adj* grim
grip • *n* grasp, grip
groei • *n* growth
groeien • *v* grow, increase, wax
groeiend • *adj* growing
groen • *adj* green
groene • *adj* green
groente • *n* vegetable
groep • *n* circle, group
groeperen • *v* group
groet • *n* greeting
groeten • *v* greet
groeve • *n* mine
groezelig • *adj* grubby
grof • *adj* churlish, crude, dirty, fresh, harsh, rude
grofweg • *adv* roughly
grol • *n* funny, joke
grommend • *adj* churlish

grond • *n* earth, ground, land, reason, soil
grondgebied • *n* territory
grondig • *adj* careful, proper, thorough
grondlegger • *n* founder
grondnoot • *n* peanut
grondstof • *n* material
grondwet • *n* constitution
grondwettelijk • *adj* constitutional
grondwoord • *n* stem
groot • *adj* big, grand, great, large, tall
grootbrengen • *v* rear
grootmacht • *n* power
grootmoeder • *n* grandmother
grootmoedig • *adj* generous
grootouder • *n* grandparent
groots • *adj* grand
grootte • *n* magnitude, size
grootvader • *n* grandfather
gros • *n* gross
grot • *n* cave
grotendeels • *phr* on the whole
grotesk • *adj* grotesque
gruwel • *n* horror
gruweldaad • *n* atrocity
gruwelijk • *adj* gruesome, morbid
gruwzaam • *adj* gruesome
gruwzaamheid • *n* cruelty
Guatemala • *n* Guatemala
Guinee • *n* Guinea
guitig • *adj* cute
gul • *adj* generous
gulden • *det* you
gulp • *n* fly
gulzigheid • *n* greed
gum • *n* eraser
gunst • *n* favor
gunstig • *adj* beneficial, kind
gutsen • *v* pour
Guyana • *n* Guyana
gymles • *n* physical education
gymnast • *n* gymnast
gymnaste • *n* gymnast
gymnastiek • *n* gymnastics
gymnastiekzaal • *n* gymnasium
gynaecologie • *n* gynecology

ha • *interj* ha
haai • *interj* hello • *n* shark
haak • *n* catch, hook, staple
haakje • *n* bracket, parenthesis
haakjes • *n* parenthesis
haal • *n* stroke
haalbaar • *adj* possible
haan • *n* cock, lock, rooster
haar • *n* hair • *det* her, its
haarbreed • *n* inch
haarkapper • *n* barber
haarknippen • *v* barber
haas • *n* hare, rabbit
haasten • *v* accelerate
haastig • *adj* quick
haat • *n* hatred
habijt • *n* habit
habitat • *n* habitat, home
hagedis • *n* lizard
hagel • *n* hail, shot
hagelen • *v* hail
Haïti • *n* Haiti
hak • *n* heel
haken • *v* hook

hakken • *v* mince, slash
hal • *n* corridor, hall
halen • *v* catch, fetch, get
half • *adj* half
halfweg • *adv* halfway
hallo • *interj* hello, hi
hallucinatie • *n* hallucination
hals • *n* neck, throat
halsband • *n* collar
halsboord • *n* collar
halsketen • *n* collar
halsketting • *n* collar
halte • *n* halt, station, stop
halthouden • *v* stop
halverwege • *adv* halfway
ham • *n* ham
hamer • *n* hammer
hameren • *v* hammer
hamster • *n* hamster
hand • *n* hand
handbak • *n* manual
handbal • *n* handball
handbewerken • *v* craft
handboeien • *n* handcuffs
handboek • *n* manual, textbook
handbreed • *n* handful
handbreedte • *n* handful
handdoek • *n* towel
handel • *n* commerce, trade, traffic
handelaar • *n* trader
handelen • *v* act, deal, exchange
handeling • *n* act, action
handelsmerk • *n* trademark
handenbinder • *n* handful
handgeklap • *n* applause
handgemaakt • *adj* handmade
handgeschreven • *adj* handwritten, manuscript

handgreep • *n* hand, handle
handhaven • *v* enforce, maintain, persevere
handhaving • *n* enforcement, maintenance
handig • *adj* able, handy, happy, versatile • *n* convenience
handigheid • *n* hand • *adj* utility
handigs • *adj* utility
handlanger • *n* accessory
handlangster • *n* accessory
handleiding • *n* manual
handmatig • *adj* manual • *adv* manually
handpalm • *n* palm
hands • *n* handball
handsbal • *n* handball
handschift • *n* hand
handschoen • *n* glove
handschrift • *n* handwriting, manuscript, script
handtas • *n* handbag, purse
handtekening • *n* hand, signature
handvat • *n* grip, handle
handvest • *n* charter
handvol • *n* hand, handful
hanengekraai • *n* crow
hangar • *n* hangar
hangen • *v* depend, hang
hangend • *adj* hanging
hangende • *adj* hanging
hansworst • *n* meat
hanteren • *v* handle
hap • *n* bite, spot
hapje • *n* bit
hard • *n* devil • *adj* hard, loud
harde • *adj* loud
harden • *v* set, set up

hardnekkig • *adj* persistent
hardware • *n* hardware
harig • *adj* hairy
haring • *n* herring
harmonica • *n* accordion
harmonieus • *adj* harmonious
harnas • *n* armour
harp • *n* harp
hars • *n* pitch
harses • *n* bean
hart • *n* breast, heart
harteleed • *n* grief
hartelijk • *adj* cuddly, friendly, hearty
harten • *n* heart
hartig • *adj* healthy
hartstocht • *n* passion
hatelijk • *adj* hateful
haten • *v* hate, spite
hater • *n* hater
hausse • *n* boom
hautain • *adj* supercilious
haveloze • *n* beggar
haven • *n* harbor, port
haver • *n* oat
havik • *n* hawk
Hawaï • *n* Hawaii
Hawaii • *n* Hawaii
hé • *interj* hello, hey
hè • *interj* hey, huh
hebben • *v* have, own
hebgier • *n* greed
hebgierigheid • *n* greed
hebzucht • *n* greed
hebzuchtig • *adj* greedy
hechtmap • *n* folder
hectare • *n* hectare
heden • *n* here, now, present • *adv* nowadays
hedendaags • *adj* contemporary, modern

heek • *n* hake
heel • *adv* very • *adj* whole
heelal • *n* universe
heelkunde • *n* surgery
heem • *n* home
heemziek • *adj* homesick
heen • *adv* hence
heengaan • *v* depart, pass away • *n* passing
heer • *n* gentleman, king, lord, man, sir
heerlijk • *adj* delicious, great, lovely, wonderful
heerschaar • *n* host
heerschappij • *n* reign
heerser • *n* ruler
heerseres • *n* ruler
heester • *n* bush
heet • *adj* hot
heffen • *n* heave
heffing • *n* custom
heft • *n* handle
heftig • *adj* ferocious
heilbot • *n* halibut
heildronk • *n* toast
heilig • *adj* holy, sacred
heilige • *n* saint
heiligverklaren • *v* saint
heilsoldaat • *n* soldier
heilsoldate • *n* soldier
hek • *n* fence
hekelen • *v* criticize
hekje • *n* square
hel • *n* hell
hela • *interj* hey
helaas • *adv* unfortunately
held • *n* hero
heldendaad • *n* exploit
heldendaden • *n* epic
heldendicht • *n* epic

helder • *adj* bright, clear, light, vivid
helderheid • *n* brightness, clarity
heldhaftig • *adj* epic
heldin • *n* hero, heroine
helemaal • *adv* all, clear, completely, entirely, totally
helen • *v* cure, heal
heler • *n* fence
helft • *n* half
helikopter • *n* helicopter
hellebaard • *n* bill
hellen • *v* heel
helling • *n* bank, decline, descent, inclination, slope
helm • *n* helmet
helpen • *v* aid, hand, help
helper • *n* aid, helper
helpster • *n* helper
hels • *adj* hellish
Helsinki • *n* Helsinki
hem • *pron* him
hemd • *n* shirt
hemel • *n* heaven, sky
hemels • *adj* heavenly
hemelvaart • *n* assumption
hen • *n* chicken, hen • *pron* them
hendel • *n* prize
hengelen • *v* angle, fish
hengelroede • *n* rod
hengelsport • *n* fishing
hengsel • *n* handle
hennep • *n* cannabis
herbeginnen • *v* continue
herbergen • *v* accommodate
herbergier • *n* landlord
herbruiken • *v* recycle
herdenking • *n* celebration
herdenkingsplaats • *n* memorial
herdoen • *v* repeat
heren • *n* gentleman
herenhuis • *n* hall
herfst • *n* autumn
hergebruiken • *v* recycle
herhaaldelijk • *adj* repeated • *adv* repeatedly
herhalen • *v* echo, rehearse, repeat
herhaling • *n* loop, redundancy, repetition
herinnerd • *n* remembrance
herinnerde • *n* remembrance
herinneren • *v* recall, remind • *n* remembrance
herinnering • *n* memory
herkansing • *n* second
herkennen • *v* recognize
herkenning • *n* recognition
herkomst • *n* descent, origin
herkrijgen • *v* regain
herleven • *v* revive
hernieuwen • *v* renew
heroïne • *n* heroin
heropbouwen • *v* rebuild
herrie • *n* noise
hersenbreker • *n* puzzle
hersenen • *n* brain
hersens • *n* brain
herstel • *n* recovery, restoration
herstellen • *v* rally, recover, repair, restore, retrieve
hert • *n* deer
herval • *n* slip
hervatten • *v* resume
herzeggen • *v* repeat
herzien • *v* adjust, review, revise
herziening • *n* revision

hesp • *n* ham
het • *pron* it • *adj* one
hetgeen • *pron* what
hetwelk • *det* which
hetzelfde • *adj* alike, same, very
hetzij • *conj* either
heup • *n* hip
heuvel • *n* down, hill
heuvelkam • *n* ridge
heuvelrug • *n* ridge
hevig • *adj* violent
hey • *n* hey
hiel • *n* heel
hier • *adv* here
hiërarchie • *n* hierarchy
hierboven • *adv* above
hierheen • *adv* here
hierop • *adv* subsequently
hiervandaan • *adv* hence
high • *adj* high
hij • *det* he • *pron* it
hijgen • *v* gasp
hijzelf • *pron* himself
hilarisch • *adj* hilarious
hinderen • *v* disrupt, stem
hindernis • *n* difficulty
hinderpaal • *n* drag
hinkelen • *v* skip
hint • *n* tip
hippie • *n* hippie
historicus • *n* historian
historie • *n* history
historisch • *adj* historic, historical
hit • *adj* hit
hitsig • *phr* on heat
hitte • *n* heat
hittegolf • *n* heat
ho • *interj* hey
hobby • *n* hobby, pastime
hobo • *n* oboe

hockey • *n* hockey
hoe • *adv* how
hoed • *n* hat
hoedanigheid • *n* capacity, quality
hoef • *n* hoof
hoegenaamd • *det* whatever
hoek • *n* angle, corner
hoeksteen • *n* cornerstone
hoen • *n* chicken
hoer • *n* pig
hoes • *n* sleeve
hoest • *n* cough
hoesten • *v* cough
hoeve • *n* farm
hoeveelheid • *n* amount, mass, measure, number, quantity
hoewel • *conj* albeit, although, though, whereas, while
hof • *n* court
hoffelijk • *adj* courteous
hoffelijkheid • *adj* courtesy
hofhouding • *n* court
hofmeier • *n* mayor
hoger • *adv* upwards
hoi • *interj* hello, hey, hi
hokje • *n* shelter
hol • *n* cave • *adj* hollow
hola • *interj* hey
hole • *n* hole
Hollands • *adj* Netherlands
holletje • *n* hole
holte • *n* hole
hommel • *n* bumblebee
hommer • *n* lobster
homo • *n* gay
homofiel • *adj* gay
homoseksueel • *adj* gay
hond • *n* dog
honderd • *num* hundred
Honduras • *n* Honduras

Hongaar • *n* Hungarian
Hongaars • *adj* Hungarian
Hongaarse • *adj* Hungarian
Hongarije • *n* Hungary
honger • *n* appetite, hunger
hongeren • *v* hunger
hongerend • *adj* hungry
hongerig • *adj* hungry
hongersnood • *n* famine
honing • *n* honey
honingbij • *n* bee, honey bee
honk • *n* base
honkbal • *n* baseball
honorarium • *n* fee
hoofd • *adj* capital • *n* head
hoofdartikel • *n* feature
hoofdband • *n* crown
hoofdbreker • *n* headache
hoofddeel • *n* body
hoofdkussen • *n* pillow
hoofdkwartier • *n* base, headquarters
hoofdmeester • *n* head
hoofdpijn • *n* headache
hoofdrolspeelster • *n* protagonist
hoofdrolspeler • *n* hero, protagonist
hoofdsom • *n* principal
hoofdstuk • *n* chapter
hoofdtelefoon • *n* headphones
hoofdvak • *n* major
hoofsheid • *n* chivalry
hoog • *adj* high, sharp, tall
hoogconjunctuur • *n* boom
hooggeachte • *adj* dear
hooggeboren • *adj* generous
hooghartig • *adj* supercilious
hoogleraar • *n* professor
hoogmoed • *n* pride
hoogmoedig • *adj* supercilious

hoogneuzig • *adj* supercilious
hoogstens • *phr* at most
hoogte • *n* height, level
hoogtijd • *n* wedding
hooi • *n* hay
hooien • *v* hay
hooivork • *n* fork
hoop • *n* crowd, dream, hope, load
hoopgevend • *adj* promising
hoopvol • *adv* hopefully
hoorn • *n* horn, receiver
hopelijk • *adv* hopefully
hopeloos • *adj* desperate, hopeless
hopen • *v* hope
hoppen • *v* skip
horde • *n* army
horeca • *n* hospitality
horen • *v* belong, hear, listen, read • *n* horn
horizon • *n* horizon
horizont • *n* horizon
horizontaal • *adv* across • *adj* horizontal
horloge • *n* watch
hormonaal • *adj* hormonal
hormoon • *n* hormone
horrorfilm • *n* horror movie
hospita • *n* landlady
hospitaal • *n* hospital
host • *n* host
hosten • *v* host
hostie • *n* host
hostiliteit • *n* hostility
hotel • *n* hotel
hotelovernachting • *n* night
hotpants • *n* shorts
houden • *v* hold, keep, perform
houder • *n* holder, keeper
houding • *n* attitude, stance

houdoe • *interj* goodbye
hout • *n* timber, wood
houtblok • *n* log
houten • *adj* wooden
houterig • *adj* wooden
houthakken • *v* log
houtskool • *n* charcoal
houtsoort • *n* wood
houwen • *v* hew, slash
hovenier • *n* gardener
huh • *interj* hey
huid • *n* hide, skin
huidig • *adj* actual, current, present • *adv* currently
huidige • *adj* current
huiduitslag • *n* eruption
huif • *n* beehive
huilen • *v* cry, howl, weep • *n* whine
huis • *n* home, house, place
huisbaas • *n* landlord
huisboy • *n* boy
huisdier • *n* pet
huisgemaakt • *adj* homemade
huisgenoot • *n* flatmate, roommate
huishouden • *n* housework
huishoudhulp • *n* servant
huishoudstoestel • *n* appliance
huisjesslak • *n* snail
huismus • *n* sparrow
huisschilder • *n* painter
huistaak • *n* homework
huisvuil • *n* garbage
huiswerk • *n* assignment, homework
huldigen • *v* honor
hulp • *n* aid, assistance, help, servant, support
hulpbron • *n* resource
hulpeloos • *adj* helpless

hulpje • *n* aid, servant
hulpmiddel • *n* aid, implement, resource, tool • *adj* utility
hulpprogramma • *adj* utility
huls • *n* boot
hulsel • *n* case, vessel
humaan • *adj* humane
humaniteit • *n* humanity
humeur • *n* attitude, humour, mood
humiliëren • *v* humble
humor • *n* humour
humorist • *n* comic
hun • *det* their • *pron* them
huppelen • *v* skip
huppen • *v* leap
huren • *v* hire, rent
hut • *n* hut
huur • *n* rent
huurder • *n* tenant
huurmoordenaar • *n* assassin
huwelijk • *n* marriage, wedding
huwelijksreis • *n* honeymoon
huwen • *v* marry
hyena • *n* hyena
hyperbool • *n* hyperbole
hypotheek • *n* mortgage
hypothekeren • *v* mortgage
hypothese • *n* hypothesis

icoon • *n* icon
ICT • *n* IT
ideaal • *adj* ideal
idealist • *n* idealist

idee • *n* idea, thought
ideëel • *adj* ideal
identiek • *adj* equal, identical
identieke • *adj* equal, identical
identificatie • *n* identification
identificeren • *v* identify • *n* identification
identiteit • *n* identity
identiteiten • *n* identity
identiteitsbewijs • *n* identification
ideologie • *n* ideology
ideologisch • *adj* ideological
idiomatisch • *adj* colloquial
idioot • *n* idiot • *adj* idiotic, stupid
idiosyncratisch • *adj* characteristic
idiote • *adj* stupid
idoliseren • *v* god
idool • *n* god, icon
ie • *det* he
ieder • *det* each, every
iedereen • *pron* everybody, everyone
iegelijk • *pron* everyone
iemand • *pron* somebody, someone
Ierland • *n* Ireland
Iers • *adj* Irish
iets • *pron* anything, something
ietwat • *adv* somewhat
ignorant • *adj* ignorant
ignorantie • *n* ignorance
iguana • *n* iguana
ijdel • *adj* puny
ijkpunt • *n* benchmark
ijs • *n* ice, ice cream
ijsje • *n* ice, ice cream
ijskast • *n* refrigerator
ijskoud • *adj* freezing, icy

IJsland • *n* Iceland
ijver • *n* jealousy, zeal
ijveren • *n* endeavor
ijverig • *adj* diligent, industrious, zealous
ijverzucht • *n* jealousy
ijzer • *n* iron
ijzerachtig • *adj* irony
ijzeren • *adj* iron
ijzerhoudend • *adj* irony
ijzig • *adj* freezing
ik • *pron* I, me
illegaal • *adj* illegal, illegitimate, lawless
illusie • *n* illusion
illusionisme • *n* magic
illustratie • *n* illustration, picture
illustrator • *n* illustrator
imaginair • *adj* imaginary
imago • *n* image
imbeciel • *n* fool
imbeciele • *n* fool
imitator • *n* follower
imiteren • *v* channel
imme • *n* bee, honey bee
immenhuif • *n* beehive
immenkorf • *n* beehive
immens • *adj* immense
immer • *adv* always
immigrant • *n* immigrant
immigratie • *n* immigration
imminent • *adj* imminent
immobiliën • *n* real estate
immuunsysteem • *n* immune system
impact • *n* influence
imperium • *n* empire
implementatie • *n* implementation
implementeren • *v* implement

implicatie • *n* implication
impliceren • *v* imply
import • *n* import
importantie • *n* significance
importeren • *v* import
imposant • *adj* impressive
impressie • *n* idea, impression
impuls • *n* momentum
impulsief • *adj* impulsive
in • *adj* cool, in • *prep* during • *adv* in
inactiviteit • *n* inactivity
inademen • *v* breathe • *n* inspiration
inademing • *n* inspiration
inadequaat • *adj* inadequate
inbedden • *v* embed
inbegrip • *n* inclusion
inbijten • *v* erode
inblikken • *v* can, tin
inboteren • *v* butter
inbouwen • *v* incorporate
inbreken • *v* break in
inbreuk • *n* breach
inburgering • *n* integration
incasseerbaar • *adj* fluid
incasseerbare • *adj* fluid
incentief • *n* incentive
inchecken • *v* check in
incident • *n* scandal
inclinatie • *n* inclination
inclusief • *prep* including
incompetent • *n* bungling • *adj* incompetent
inconsistentie • *n* inconsistency
incorporatie • *n* absorption
incorrect • *adj* incorrect
indelen • *v* distribute • *n* layout
indeling • *n* layout
inderdaad • *adv* indeed
indertijd • *adv* originally

index • *n* index
indexeren • *v* index
India • *n* India
indiaan • *n* Indian
Indiaan • *n* Indian
Indiaans • *adj* Indian
Indiaanse • *n* Indian
Indiaas • *adj* Indian
indicatief • *adj* indicative
indicator • *n* indicator
indicenteel • *adj* occasional
indien • *conj* if
indienen • *v* hand in, offer, submit
Indiër • *n* Asian, Indian
Indisch • *adj* Indian
Indische • *n* Asian, Indian
indiscreet • *adj* indiscreet
individu • *n* individual
individualisme • *n* individualism
individueel • *adj* individual
Indonesië • *n* Indonesia
Indonesiër • *n* Indonesian
Indonesisch • *adj* Indonesian
Indonesische • *adj* Indonesian
indrijven • *v* drive
indringen • *v* penetrate
indringer • *n* invader
indringster • *n* invader
indruk • *n* idea, impression
indrukwekkend • *adj* awesome, impressive
inductie • *n* induction, influence
industrie • *n* industry
industrieel • *adj* industrial
ineens • *adv* suddenly
ineenstorting • *n* breakdown, collapse
inenten • *v* vaccinate
inenting • *n* vaccination
infanterie • *n* infantry

infanterieregiment • *n* infantry
infantiel • *adj* childish
infecteren • *v* infect
infectering • *n* infection
infectie • *n* infection
inferioriteit • *n* inferiority
inflatie • *n* inflation
inflexibel • *adj* stiff
informatie • *n* data, information
informeel • *adj* colloquial • *adv* informally
informeren • *v* advise, clue, inform, query
ingang • *n* entrance, entry
ingebed • *adj* embedded
ingeboren • *adj* indigenous, native
ingenieur • *n* engineer
ingenieurswetenschap • *n* engineering
ingesteld • *adj* set
ingestelde • *adj* set
ingetogen • *adj* modest
ingeven • *v* input
ingeving • *n* idea, inspiration
ingewande • *n* bowel
ingewanden • *n* gut, intestine, pluck
ingeweid • *phr* in the know
ingewekene • *n* immigrant
ingewijde • *n* initiate
ingewikkeld • *adj* complex, complicated
ingewikkeldheid • *n* complexity
ingrediënt • *n* ingredient
ingrijpen • *v* intervene
inhameren • *v* hammer
inheems • *adj* indigenous, native

inherent • *adj* incident, inherent
inhoud • *n* content, index, volume
inhouden • *v* contain, imply
inhouding • *n* restraint
inhuldigen • *v* dedicate
initiaal • *n* initial
initiatief • *n* initiative
initiëren • *v* initiate, trigger
injecteren • *v* inject
injectie • *n* injection
inkaderen • *v* frame
inkleuren • *v* color
inkloppen • *v* nail
inkom • *n* cover
inkomen • *n* income, revenue
inkomsten • *n* receipt, revenue
inkoopster • *n* buyer
inkoper • *n* buyer
inkorten • *v* prune
inkt • *n* ink
inkten • *v* ink
inktvis • *n* octopus, squid
inkwartieren • *v* quarter
inladen • *v* load
inleiding • *n* introduction
inleveren • *v* hand in
inlezen • *v* load
inlichten • *v* advise, clue, inform
inlichting • *n* intelligence
inlichtingendienst • *n* intelligence
inlijven • *v* incorporate
inloggen • *v* log in
inlopen • *v* break in
inmaken • *v* pot
innemen • *v* assume
innen • *v* cash
innesten • *v* nest
innig • *adj* dear, intimate

innovatie • *n* innovation
innovatief • *adj* innovative
inoefenen • *v* rehearse
inpakken • *v* bag, box, wrap • *n* package
inperken • *v* buffer, confine
inperking • *n* constraint, limitation
inpikken • *v* hog
inrichting • *n* facility
inrit • *n* driveway
inroepen • *v* invoke
inschakelen • *v* activate, cycle, enable, switch on, turn on
inschatting • *n* assessment
inschrijven • *v* register
insect • *n* bug, insect
insecticide • *n* insecticide
insgelijks • *adv* likewise
inslaand • *adj* incident
inslag • *n* impact
insluiten • *v* enclose, surround
insluiting • *n* inclusion
insnoeren • *v* belt
inspannen • *v* exert
inspanning • *n* effort, endeavor, exertion
inspecteren • *v* check, inspect
inspectie • *n* inspection, survey
inspiratie • *n* inspiration
inspireren • *v* inspire
inspuiten • *v* inject
inspuiting • *n* injection
instabiel • *adj* unstable
instabiliteit • *n* instability
installeren • *v* install
instappen • *v* board
instellen • *v* set
instelling • *n* institution
instemmen • *v* agree, consent
instemming • *n* access, approval, consent
instinct • *n* instinct
instinctief • *adj* instinctive
instinctmatig • *adj* instinctive
instituut • *n* institute
instorten • *n* collapse • *v* fall apart
instorting • *n* breakdown
instructeur • *n* instructor
instructie • *n* instruction, statement
instructrice • *n* instructor
instrueren • *v* instruct, tell
instrument • *n* instrument, tool
instrumentaal • *adj* instrumental
intact • *adj* intact
integendeel • *phr* on the contrary
integer • *adj* decent
integraal • *adj* integral
integraalrekening • *n* integration
integratie • *n* integration
intellect • *n* brain
intelligent • *adj* bright, intelligent
intelligentie • *n* intelligence
intens • *adj* extreme, intense, vivid
intense • *adj* extreme
intensief • *adv* extensively
intensiveren • *v* intensify
intentie • *n* idea, purport, purpose
interactie • *n* interaction
interageren • *v* interact
interessant • *adj* interesting
interesse • *n* interest
interesseren • *v* interest

interest • *n* interest
interface • *n* interface
interieur • *n* interior
interlinie • *n* lead
interliniëren • *v* lead
intern • *adj* internal
internationaal • *adj* international
Internet • *n* Internet
interpreteren • *v* interpret, make
interpunctie • *n* punctuation
interrogatief • *n* interrogative
interrogeren • *v* interrogate
interval • *n* interval, window
interveniëren • *v* intervene
interview • *n* interview
interviewen • *v* interview
interviewer • *n* interviewer
interviewster • *n* interviewer
intimiteit • *n* intimacy
intonatie • *n* intonation
intoneren • *v* pitch
intrekken • *v* absorb, overturn, withdraw • *n* cancellation
intrige • *n* intrigue, plot
intrigeren • *v* intrigue
intrigerend • *adj* elaborate, intriguing
introduceren • *v* introduce, set
introductie • *n* introduction
intuïtie • *n* intuition
intussen • *adv* meanwhile
inval • *n* offensive
invalide • *adj* disabled
invaliden • *n* disabled
invallen • *v* occur
invalshoek • *n* angle
inventaris • *n* catalogue
inventariseren • *n* inventory
investeerder • *n* investor

investering • *n* investment
invetten • *v* grease, oil
inviteren • *v* invite
invloed • *n* influence
invloedrijk • *adj* influential
invoegen • *v* insert
invoer • *n* entry, import, input
invoeren • *v* enter, feed, import, input
invoervergunning • *n* import
invriezen • *v* freeze
invullen • *v* fill, fill out • *n* placeholder
inwendig • *adj* internal
inwerken • *v* impact
inwijden • *v* dedicate
inwijkeling • *n* immigrant
inwijking • *n* immigration
inwoner • *n* citizen, inhabitant, native
inwonertal • *n* population
inzakking • *n* breakdown
inzameling • *n* collection
inzending • *n* submission
inzicht • *n* insight
inzien • *v* realize
inzittende • *n* occupant
Iraaks • *adj* Iraqi
Iraans • *adj* Iranian
Iraanse • *n* Iranian
Irak • *n* Iraq
Irakees • *n* Iraqi
Irakese • *n* Iraqi
Iraki • *n* Iraqi
Iran • *n* Iran
Iraniër • *n* Iranian
ironie • *n* irony
ironisch • *adj* ironic • *adv* ironically
irrelevant • *adj* irrelevant
irritatie • *n* spite

irriteren • *v* grate, irritate, offend
islam • *n* Islam
islamitisch • *adj* Islamic
isoleren • *v* island, isolate
Israël • *n* Israel
Israëli • *n* Israeli
Israëlisch • *adj* Israeli
Istanboel • *n* Istanbul
Italiaan • *n* Italian
Italiaans • *adj* Italian
Italiaanse • *adj* Italian
Italië • *n* Italy

ja • *part* yeah, yes
jaar • *n* year
jaargang • *n* volume
jaargetijde • *n* season
jaarlijks • *adj* annual, yearly • *adv* annually
jaarlijkse • *adj* annual, yearly
jaarmarkt • *n* fair
jaartien • *n* decade
jaaruitgave • *n* yearly
jacht • *n* chase, hunt, yacht
jachtdomein • *n* chase
jachtgebied • *n* chase
jachthond • *n* hunter
jagen • *v* dog, hunt
jager • *n* hunter
jaloers • *adj* envious, jealous
jaloersheid • *n* jealousy
jaloezie • *n* jealousy, shade
jam • *n* jam

Jamaica • *n* Jamaica
jammer • *n* pity • *interj* tough
jammeren • *v* howl • *n* whine
janken • *v* cry
januari • *n* January
Japan • *n* Japan
Japanner • *n* Japanese
Japans • *adj* Japanese
Japanse • *adj* Japanese
japon • *n* gown
jargon • *n* language
jas • *n* coat, jacket
jat • *n* cup
jatten • *v* boost, steal
jawel • *part* yeah, yes
jazz • *n* jazz
je • *pron* one, you • *det* your
jeans • *n* jeans
jeansbroek • *n* jeans
jee • *n* jay
jegenode • *n* region
Jemen • *n* Yemen
Jemeniet • *n* Yemeni
Jemenitisch • *adj* Yemeni
Jemenitische • *n* Yemeni
jeugd • *n* young, youth
jeugdig • *adj* young
jeugdkrant • *n* comic
jeukend • *adj* itchy
jij • *det* you
jijzelf • *pron* yourself
jippie • *interj* yeah
job • *n* job, work
jodenbuurt • *n* ghetto
jodin • *n* Jew
Jodin • *n* Jew
jodium • *n* iodine
jodiumtinctuur • *n* iodine
joe • *interj* bye
Joegoslavië • *n* Yugoslavia
Joegoslavisch • *adj* Yugoslavian

joint • *n* joint
jong • *n* baby, calf • *adj* new, small, young
jongeman • *n* youth
jongen • *n* boy, lad, male, young
jongens • *interj* boy • *n* guy
jongere • *adj* little • *n* youngster
jongeren • *n* young
jongstleden • *adj* latter
jood • *n* iodine, Jew
Jood • *n* Jew
Joods • *n* Jewish
joodse • *adj* Jewish
Jordaan • *n* Jordan
Jordanië • *n* Jordan
jou • *pron* you
journaal • *n* news
journalist • *n* journalist
journalistiek • *n* journalism
jouw • *det* your
jubileum • *n* anniversary
judo • *n* judo
juffrouw • *n* miss
juichen • *v* root
juist • *adj* correct, just, proper, right • *adv* correctly
juli • *n* July
jullie • *det* you, your
jungle • *n* jungle
juni • *n* June
Jupiter • *n* Jupiter
juridisch • *adj* legal
jurisprudentie • *n* precedent
jurist • *n* lawyer
jurk • *n* dress
jury • *n* jury
justitie • *n* justice
juut • *n* pig
juweel • *n* jewel

juweeltje • *n* beauty
juwelier • *n* jeweler

kaak • *n* cheek, jaw
kaal • *adj* bald, bare, plain
kaalplukken • *v* pluck
Kaapverdië • *n* Cape Verde
kaarden • *v* card
kaardplank • *n* card
kaardrol • *n* card
kaars • *n* candle
kaart • *n* card, map
kaartje • *n* ticket
kaartlegenda • *n* legend
kaartspel • *n* card game
kaas • *n* cheese
kabaal • *n* row
kabel • *n* cable, cord
kabelen • *v* cable
kabeljauw • *n* cod
kabellengte • *n* cable
kabelnetwerk • *n* cable
kabeltelegram • *n* cable
kabinet • *n* cabinet, ministry
kaboem • *interj* boom
kachel • *n* stove
kader • *n* box, framework
kaduuk • *adj* broken
kaft • *n* cover
kajuit • *n* cabin
kak • *n* shit
kakkerlak • *n* cockroach
kalender • *n* calendar
kalf • *n* calf

kalk • *n* lime
kalkoen • *n* turkey
kalkrijk • *adj* hard
kalm • *adj* calm, cool, lithe, quiet, relaxed
kalmeren • *v* calm, quiet
kalmte • *n* rest
kam • *n* bridge, comb
kameel • *n* camel
kameleon • *n* chameleon
kamer • *n* chamber, house, room
kameraad • *n* comrade, mate
kamergenoot • *n* roommate
Kameroen • *n* Cameroon
kammen • *v* comb
kamp • *n* battle, camp, combat
kampen • *v* fight
kamper • *n* fighter
kamperen • *v* camp
kampioen • *n* champion
kampioenschap • *n* championship
kampvechter • *n* fighter
kan • *n* can, jug
kanaal • *n* canal, channel
kanaliseren • *v* channel
kanarie • *n* canary
kanariegeel • *n* canary
kanarievogel • *n* canary
kandidaat • *n* candidate
kandidate • *n* candidate
kandidatuur • *n* candidacy
kandideren • *v* run
kandij • *n* rock
kaneel • *n* cinnamon
kaneelachtig • *adj* cinnamon
kaneelboom • *n* cinnamon
kaneelkleur • *n* cinnamon
kaneelkleurig • *adj* cinnamon
kangoeroe • *n* kangaroo

kanjer • *n* brick
kanker • *n* cancer • *adj* fucking
kankerlijer • *n* pig
kano • *n* canoe
kanon • *n* gun
kans • *n* chance, fortune, opportunity
kanselier • *n* chancellor
kansloos • *adj* hopeless
kant • *n* edge, hand, line, side
kantlijn • *n* margin
kantoor • *n* bureau, office
kap • *n* cover
kaper • *n* pirate
kaphout • *n* timber
kaping • *n* piracy
kapitaal • *adj* capital
kapitalisme • *n* capitalism
kapitalist • *n* capitalist
kapitaliste • *n* capitalist
kapitalistisch • *adj* capitalist
kapiteel • *n* capital
kapitein • *n* captain
kapittel • *n* chapter
kapot • *adj* broken, faulty
kapotgaan • *v* break, break down
kapotmaken • *v* break, trash
kappen • *v* cut
kapper • *n* barber, hairdresser
kappertje • *n* caper
kapriool • *n* caper
kapseizen • *v* overturn
kapsones • *n* pride
kapster • *n* hairdresser
kar • *n* cart, ride
karabijn • *n* rifle
karakter • *n* character, letter
karakterdanser • *n* dancer
karaktereigenschap • *n* trait
karakteriseren • *v* define

karakteristiek • *adj* characteristic, peculiar • *n* property
karakterreeks • *n* string
karavaan • *n* train
karbonade • *n* chop
karper • *n* carp
karteldarm • *n* colon
karwei • *n* grind
kas • *n* greenhouse
kassa • *n* till
kassalade • *n* till
kassier • *n* cashier
kast • *n* bureau, case, closet, cupboard
kastanje • *n* chestnut
kastanjebruin • *adj* chestnut
kastanjebruine • *adj* chestnut
kasteel • *n* castle
kastelein • *n* landlord
kastwoord • *n* preposition
katalysator • *n* accelerator
kater • *n* hangover
katern • *n* gathering, signature
kathedraal • *n* cathedral
katholiek • *adj* Catholic
katoen • *n* cotton
katoenen • *adj* cotton
katoenplant • *n* cotton
kattin • *n* queen
kauw • *n* jackdaw
kauwen • *v* chew
kauwgom • *n* chewing gum
Kazachstan • *n* Kazakhstan
kazerne • *n* base
keel • *n* throat
keelzak • *n* crop
keeper • *n* keeper
keer • *n* time
keerpunt • *n* crisis, crossroads
keerzijde • *n* reverse

kegel • *n* cone
kegelvrucht • *n* cone
keizer • *n* emperor
keizerin • *n* empress
keizerrijk • *n* empire
keker • *n* chickpea
kekererwt • *n* chickpea
kelder • *n* basement, cellar
kelderen • *v* founder
kelderrestaurant • *n* dive
kelner • *n* waiter
Kenia • *n* Kenya
kenmerk • *n* line, property
kenmerkend • *adj* characteristic
kennelijk • *adv* apparently
kennen • *v* know, recognize
kenner • *n* judge
kennis • *n* acquaintance, experience, knowledge, learning, science
kennisgeving • *n* notice
kenschetsen • *v* define
kentekenplaat • *n* plate
Kenya • *n* Kenya
keramiek • *n* ceramic, pottery
kerel • *n* boy, buddy, dude, guy
kerels • *n* boy
kerfdier • *n* insect
kerk • *n* church
kerkbouwrichting • *n* orientation
kerkdienst • *n* church
kerker • *n* prison
kerkhof • *n* graveyard
kermis • *n* fair
kern • *n* core, nucleus
kers • *adj* cherry
kerselaar • *n* cherry
kersenhout • *n* cherry
kerst • *n* Christmas
Kerstmis • *n* Christmas

ketel • *n* copper
keten • *n* chain
ketoembar • *n* coriander
ketsen • *v* bounce
ketting • *n* chain
keu • *n* cue
keuken • *n* kitchen
keukenkast • *n* cupboard
keukenzout • *n* salt
keurig • *adj* demure, proper
keuring • *n* inspection
keuze • *n* choice
keuzemogelijkheid • *n* choice
kever • *n* beetle
keyboard • *n* keyboard
kick • *n* kick
kidnappen • *v* kidnap
kielzog • *n* wake
kiem • *n* nucleus
kiesdistrict • *n* constituency
kieskeurig • *adj* fastidious, quaint
kiesprogramma • *n* platform
kiezen • *v* choose, name, pick
kijk • *n* vision
kijkbuis • *n* television
kijken • *v* look, watch
kijker • *n* eye, spectator, telescope, viewer
kikker • *n* frog
kikkererwt • *n* chickpea
kikkervisje • *n* tadpole
kikvors • *n* frog
kil • *adj* chilly, cool
kilometer • *n* kilometre
kilometerteller • *n* clock
kim • *n* horizon
kin • *n* chin
kind • *n* child, offspring
kinderachtig • *adj* childish
kinderen • *n* offspring

kinderjaren • *n* childhood
kinderkrant • *n* comic
kinders • *n* offspring
kinderspel • *n* breeze
kindertijd • *n* childhood
kindervoeding • *n* formula
kindje • *n* baby
kip • *n* chicken, hen
kippenvlees • *n* chicken
Kirgizië • *n* Kyrgyzstan
Kirgizstan • *n* Kyrgyzstan
Kiribati • *n* Kiribati
kist • *n* case, chest
kit • *n* pig
kiwi • *n* kiwi
klaar • *adj* apparent, articulate, clear, ready, set, up
klaarblijkelijk • *adj* apparent • *adv* evidently
klaarheid • *n* clarity
klaarkomen • *v* come
klaarliggen • *v* await
klaarmaken • *v* prepare
klaarzetten • *adj* set up
klacht • *n* complaint, sigh
kladje • *n* draft
kladversie • *n* draft
klagen • *v* complain, moan
klam • *adj* damp
klampen • *v* cling
klandizie • *n* business, custom
klank • *n* sound
klankbekken • *n* cymbal
klankleer • *n* phonetics
klant • *n* buyer, client, customer
klap • *n* bang, belt, knock, smash, strike, stroke
klappen • *v* applaud
klaproos • *n* poppy
klare • *adj* set
klaren • *v* rack

klarinet • *n* clarinet
klas • *n* class
klasgenoot • *n* classmate
klaslokaal • *n* classroom
klasse • *n* class, quality
klassement • *n* ranking
klassiek • *adj* classical
klauw • *n* claw
klauwen • *v* claw
klavecimbel • *n* harpsichord
klaveren • *n* club
klavier • *n* keyboard
kleden • *v* clothe, dress
klederdracht • *n* costume
kledij • *n* clothing, dress, habit, wear
kleding • *n* clothing, dress, habit, wear
kledingkast • *n* bureau, wardrobe
kleed • *n* cloth, dress, gown, robe
kleedhokje • *n* changing room
kleedkamer • *n* changing room, toilet
kleermaakster • *n* tailor
kleermaken • *v* tailor
kleermaker • *n* tailor
klei • *n* clay
kleien • *v* throw
klein • *adj* little, puny, short, shy, small, tiny
kleindochter • *n* granddaughter
kleiner • *adj* less
kleinigheid • *n* detail
kleinkind • *n* grandchild
kleintje • *n* baby
kleinzoon • *n* grandson
kleitablet • *n* tablet
klembord • *n* clipboard
klemmen • *v* squeeze
klemtoon • *n* accent, emphasis
klep • *n* trap
kleren • *n* clothes
klerk • *n* clerk
klets • *n* slap
kletsen • *v* chat, gossip, slap
kletspraat • *n* chat
kletspraatje • *n* gossip
kleur • *n* color, suit
kleuren • *v* color, salt
kleurpotlood • *n* crayon
kleurrijk • *adj* colorful, gay
kleurrijklevendig • *adj* vivid
kleurschakering • *n* hue
kleuter • *n* baby
kleuterschool • *n* nursery
kleven • *v* adhere, stick
klieven • *v* cleave, slash
klif • *n* cliff, rock
klikken • *n* click
klimaat • *n* climate
klimaatregelaar • *n* air conditioning
klimaatregeling • *n* air conditioning
klimaatsverandering • *n* climate change
klimmen • *v* climb
klimmer • *n* climber
klimplant • *n* climber
kling • *n* edge
kliniek • *n* clinic
klinisch • *adj* clinical
klink • *n* door handle, handle, latch
klinken • *v* ring, sound
klip • *n* cliff
klit • *n* dock
kloek • *adj* clever
klok • *n* bell, clock

klokhuis • *n* core
klokken • *v* clock, time
klokslag • *n* stroke
klomp • *n* chunk
klonteren • *v* curdle
kloof • *n* rent
kloosterzuster • *n* sister
kloot • *n* ball
klootzak • *n* shit
kloppen • *v* beat, knock
kloten • *n* ball
kluis • *n* safe
kluizenaar • *n* recluse
klus • *n* gig
kluwen • *n* ball, knot
knaap • *n* boy
knagen • *v* gnaw
knal • *n* bang, crash, report
knap • *adj* cute, handsome, nice
knarsen • *v* grit
knecht • *n* servant
knechten • *v* enslave
knekel • *n* bone
knekelveld • *n* graveyard
knie • *n* knee
knieboog • *n* ham
knielen • *v* kneel
knijpen • *v* pinch, squeeze
knik • *n* inclination, nod
knikkebollen • *v* nod
knikken • *v* nod
knikker • *n* bean, marble
knippen • *v* cut, neuter, shear
knipperen • *v* blink
knoei • *n* knot
knoest • *n* knot
knoflook • *n* garlic
knokkel • *n* knuckle
knoop • *n* button, knot
knooppunt • *n* junction
knop • *n* button

knopen • *v* bend, knot, tie
knorrig • *adj* grouchy, surly
knot • *n* knot
knuffel • *n* cuddle, embrace, hug
knuffelen • *v* cuddle, embrace, hug
knul • *n* dude
knuppel • *n* bat, club
kobbe • *n* spider
koddig • *adj* cute
koe • *n* cow
koek • *n* cake
koekenpan • *n* frying pan
koekje • *n* biscuit, cookie
koekoek • *n* cuckoo
koel • *adj* chilly, cold, cool
koelbloedig • *adj* cool
koelen • *v* cool
koelkast • *n* refrigerator
koepel • *n* skylight
koer • *n* court
koers • *n* course
koesteren • *v* indulge, mother
koets • *n* carriage, coach
koevoet • *n* crow
Koeweit • *n* Kuwait
koffer • *n* trunk
kofferbak • *n* trunk
koffie • *n* coffee
koffieboon • *n* coffee
koffiebruin • *adj* coffee
koffiehuis • *n* café
koffielepel • *n* teaspoon
koffieplant • *n* coffee
koffiezetapparaat • *n* coffeemaker
koffiezetmachine • *n* coffeemaker
kogel • *n* ball, bullet, shot, sphere

kogelvrij • *adj* bulletproof
kok • *n* cook
koken • *v* boil, cook, do
kokend • *adj* boiling
koker • *n* tube
kokhalzen • *v* heave
kokkin • *n* cook
kokos • *n* coconut
kokosnoot • *n* coconut
kolf • *n* stock
kolom • *n* column
kolonie • *n* colony
kolonne • *n* file
kolos • *n* bull
kolossaal • *adj* colossal
kom • *n* bowl
komediant • *n* comedian
komedie • *n* comedy
komen • *v* come
komiek • *n* comedian, comic • *adj* funny
komijn • *n* cumin
komijnzaad • *n* cumin
komisch • *adj* comic
komkommer • *n* cucumber
komma • *n* comma, point, stop
kompas • *n* compass
komst • *n* approach, arrival, coming
Kongo • *n* Congo
konijn • *n* rabbit
koning • *n* king
koningin • *n* princess, queen
koningskruid • *n* basil
koninklijk • *adj* royal
koninkrijk • *n* kingdom, realm
kont • *n* ass, butt
kooi • *n* cage
kooien • *v* cage
kook • *n* boil
kookaburra • *n* kookaburra

kookpunt • *n* boil
kool • *n* cabbage, carbon, coal
koolhydraat • *n* carbohydrate
koolstof • *n* carbon
koolstofdioxide • *n* carbon
koolzwart • *n* jet
koon • *n* cheek
koop • *n* purchase
koopgoot • *n* strip
koopje • *n* bargain, steal • *phr* on sale
koopman • *n* merchant
koopster • *n* buyer
koopvrouw • *n* merchant
koor • *n* choir
koord • *n* cord, string
koorde • *n* chord
koorts • *n* fever
kop • *n* bean, block, cup, head, headline, nut
kopen • *v* buy, purchase
koper • *n* buyer, copper
koperblazers • *n* brass
koperbruin • *n* copper
koperen • *adj* copper
koperkleur • *n* copper
koperkleurig • *adj* copper
kopermunt • *n* copper
koperrood • *n* copper
kopie • *n* copy
kopiëren • *v* copy, xerox
kopij • *n* copy, manuscript
kopje • *n* cup
koppel • *n* couple, duo, pair
koppelen • *v* bind, couple, mate, pair
koppeling • *n* interface, link
koppeltje • *n* item
koppijn • *n* headache
koptelefoon • *n* headphones
kopzorg • *n* headache

Korea • *n* Korea
Koreaans • *adj* Korean
Koreaanse • *adj* Korean
koren • *n* corn, grain
korf • *n* basket, beehive
koriander • *n* coriander
korrel • *n* grain
korst • *n* heel
korstdeeg • *n* puff pastry
kort • *n* abstract • *adj* acute, brief, short
kortdurend • *adj* short-term
korting • *n* discount, premium
kortlopend • *adj* short-term
kortom • *adv* altogether
kortsluiten • *v* dialogue
kortstondig • *adj* brief, instant
korzelig • *adj* grumpy
Kosovo • *n* Kosovo
kost • *n* cost
kostbaar • *adj* costly, dear, precious
kosten • *v* cost
kostuum • *n* costume, suit
kotsen • *v* boot
kou • *n* cold
koud • *adj* cold
koude • *n* cold
koudmaken • *v* ice
kozijn • *n* cousin
kraag • *n* collar
kraai • *n* crow
kraaien • *v* crow
kraak • *n* octopus
kraal • *n* pen
kraam • *n* stand
kraan • *n* tap
krab • *n* crab
krabbelen • *v* scratch
krabben • *v* pick, scratch

kracht • *n* agency, force, might, power, strength
krachtig • *adj* strong, vigorous, vivid
krachtmoment • *n* moment
krachtverlies • *n* loss
kraken • *v* crack, shell
kramer • *n* drummer
krankjorum • *adj* crazy
krankzinnigheid • *n* insanity
krans • *n* crown
krant • *n* newspaper
krantenpapier • *n* newspaper
krantenredacteur • *n* editor
kras • *adj* strong
krassen • *v* scratch
krediet • *n* credit
kredietkaart • *n* credit card
kredietwaardigheid • *n* credit
kreeft • *n* lobster
krekel • *n* cricket
kreuken • *v* wrinkle
kreukerwt • *n* chickpea
kreun • *n* moan
kreunen • *v* moan
kreupel • *adj* lame
kribbig • *adj* grumpy
kriek • *n* cherry
kriekenboom • *n* cherry
krijg • *n* war
krijgen • *v* catch, conceive, get, have, receive
krijger • *n* fighter, warrior
krijgskunde • *n* tactic
krijgsvoering • *n* warfare
krijsen • *v* cry
krijt • *n* chalk
krijtgesteente • *n* chalk
krijtje • *n* chalk
krimpen • *v* shrink
kring • *n* circle

kristal • *n* crystal
kristallen • *n* crystal
kristallens • *n* lens
kritiek • *adj* critical • *adv* critically • *n* notice, stab
kritisch • *adj* critical
kritiseren • *v* criticize
Kroaat • *n* Croatian
Kroaten • *n* Croatian
Kroatië • *n* Croatia
Kroatisch • *adj* Croatian
Kroatische • *n* Croatian
krodde • *n* toad
kroeg • *n* bar, pub
kroegbaas • *n* landlord
krokodil • *n* crocodile
krols • *n* heat
kromme • *n* curve
krommen • *v* curve
kromming • *n* curve
kronen • *v* crown
kroon • *n* crown
krop • *n* crop, head
krottenwijk • *n* slum
kruid • *n* herb
kruiden • *v* season
kruidenier • *n* grocery
kruidig • *adj* spicy
kruier • *n* porter
kruik • *n* jug
kruin • *n* crown, scalp
kruip • *n* creep
kruipen • *v* crawl, creep
kruis • *n* cross, sharp
kruisboog • *n* latch
kruisen • *v* cross
kruising • *n* crossing, crossroads, merge
kruisje • *n* check
kruispunt • *n* crossroads
kruisteken • *n* cross
kruiswoordpuzzel • *n* crossword
kruiswoordraadsel • *n* crossword
kruiwagen • *n* wheelbarrow
kruk • *n* stool
krullenbol • *n* curly
krullerig • *adj* curly
krullig • *adj* curly
kubus • *n* cube
kuch • *n* cough
kuchen • *v* cough
kudde • *n* congregation, mob
kuil • *n* pit
kuim • *adv* barely
kuis • *adj* modest
kuisen • *v* clean
kuisheid • *n* virtue
kuit • *n* calf
kuitspier • *n* calf
kummel • *n* cumin
kundig • *adj* able, happy
kunnen • *v* can
kunst • *n* art
kunstenaar • *n* artist
kunstenares • *n* artist
kunstmaan • *n* satellite
kunstmatig • *adj* artificial
kunstmest • *n* fertilizer
kunstschilder • *n* painter
kunstschool • *n* studio
kunststof • *n* plastic
kunstwerk • *n* art
kunstzinnig • *adv* artistic • *adj* creative
kurk • *n* cork
kus • *n* kiss
kussen • *n* cushion, pillow • *v* kiss
kust • *n* coast, shore
kustlijn • *n* coast

kut • *adj* fucking
kuur • *n* maggot
kwaad • *adj* angry, bad, evil, grouchy, mad • *n* wrong
kwaadaardig • *adj* evil, wicked
kwaadsprekerij • *n* scandal
kwade • *n* evil
kwadraat • *n* square
kwadrateren • *v* square
kwakkel • *n* quail
kwal • *n* jellyfish
kwaliteit • *n* quality
kwalm • *n* steam
kwantiteit • *n* quantity
kwart • *n* down, quarter
kwartaal • *n* quarter
kwartel • *n* quail
kwartier • *n* neighborhood, quarter
kwartieren • *v* quarter
kwartje • *n* quarter
kwee • *n* quince
kweepeer • *n* quince
kweken • *v* foster, grow, rear
kwekerij • *n* nursery
kwellen • *v* harass, hurt, offend, plague
kwelling • *n* plague
kwestie • *n* question
kwetsbaar • *adj* vulnerable
kwetsbaarheid • *n* vulnerability
kwetsen • *v* burn, hurt, injure, offend, pain, put out, wound
kwetsuur • *n* wound
kwiek • *adj* fast, quick, vibrant
kwijlen • *v* drool
kwijt • *adj* lost • *v* rid
kwikhoudend • *adj* mercurial
kwint • *n* fifth
kwis • *n* quiz

kwitantie • *n* acknowledgment, receipt

la • *n* drawer
laadruimte • *n* trunk
laag • *n* bed, class, coat, layer, sheet • *adj* down, low, shallow
laagje • *n* film
laagst • *adj* last
laagte • *n* hollow
laagwaardig • *adj* cheap
laai • *n* flame
laaien • *v* flame
laan • *n* approach, lane
laars • *n* boot
laat • *adj* late
laatst • *adj* last • *adv* recently
laatste • *adj* final, latter
laatstgenoemd • *adj* latter
laattijdig • *adj* belated
lab • *n* laboratory
label • *n* label
labo • *n* laboratory
laboratorium • *n* laboratory
lach • *n* laugh, smile
lachen • *v* laugh • *n* laughter
ladder • *n* ladder, run
laden • *v* invite, load
lading • *n* charge, fill, load
laf • *adj* cowardly, yellow
lafaard • *n* chicken, coward
lafbek • *n* chicken
lafhartig • *adj* frightened

lage • *adj* low
lagedrukgebied • *n* low
laken • *n* bedsheet
lam • *n* lamb • *adj* lame
lama • *n* llama
lammeren • *v* lamb
lammetje • *n* lamb
lamp • *n* lamp
lampenkap • *n* chimney
lamsvlees • *n* lamb
lanceren • *v* launch
lancering • *n* launch
land • *n* country, earth, land
landarbeider • *n* peasant
landbouw • *n* agriculture
landbouwer • *n* farmer, peasant
landelijk • *adj* national, rural
landen • *v* land
landgoed • *n* estate, ranch
landgrens • *n* frontier
landheer • *n* lord
landhuis • *n* mansion
landing • *n* landing
landkaart • *n* map
landmacht • *n* army
landman • *n* peasant
landschap • *n* landscape, scenery
landstreek • *n* region
landsverdediging • *n* army
lang • *prep* for • *phr* at length • *adj* long, tall
langdurig • *adj* long-term
langer • *adv* any more
langlopend • *adj* long-term
langs • *prep* along, around, up, via • *adv* by
langsgaan • *v* stop
langzaam • *adj* slow • *adv* slowly

langzaamaan • *adv* slowly
langzame • *adj* slow
langzamerhand • *adv* gradually
Laos • *n* Laos
lap • *n* patch
laptop • *n* laptop
larderen • *v* lard
lariekoek • *interj* nonsense
larve • *n* larva
larvestadium • *n* larva
las • *n* junction
laser • *n* laser
last • *n* burden, charge, last, load, trouble
laster • *n* scandal
lastig • *adj* difficult
lastpost • *n* handful
lat • *n* measure
late • *adj* late
laten • *v* get, leave, let
later • *adv* later • *phr* see you
Latijn • *n* Latin
Latijns • *adj* Latin
lauw • *adj* cool
laveren • *v* spoon
lawaai • *n* noise, row
lawaaierig • *adj* noisy
lawine • *n* slide
ledemaat • *n* limb, member
leder • *n* leather
leefgebied • *n* habitat
leeftijd • *n* age
leeg • *adj* clean, empty, hollow
leeglopen • *v* drain
leegmaken • *v* empty
leegte • *n* air, emptiness
leemte • *n* air, hole
leer • *n* hide, leather, teaching
leerkracht • *n* teacher
leerling • *n* pupil, schoolboy
leermeester • *n* instructor

leermeesteres • *n* instructor
leerstoel • *n* chair
leest • *n* last
leesteken • *n* punctuation mark
leeuw • *n* lion
leeuwin • *n* lioness
lef • *n* brass, nerve, sand
legaal • *adj* legal
legbatterij • *n* battery
legen • *v* empty
legendarisch • *adj* legendary
legende • *n* legend
leger • *n* army, host, military
leggen • *v* lay, put
legger • *n* layer
leghen • *n* hen
legitiem • *adj* legal
legkip • *n* hen
legplank • *n* shelf
legster • *n* layer
leguaan • *n* iguana
leiden • *v* channel, conduct, govern, hand, head, lead, manage, route, set up, steer, wage
leider • *n* head, leader
leiderschap • *n* leadership
leiding • *n* lead
leidinggevende • *n* supervisor
leidraad • *n* lead
leidsman • *n* mentor
leidster • *n* head, leader
lek • *adj* flat • *n* leak
lekken • *v* leak
lekker • *adj* delicious, hot, nice
lekkernij • *n* delicacy
lelijk • *adj* ugly
lelijkheid • *n* ugliness
lemmet • *n* knife
lenen • *v* borrow, lend, loan, spot

lengte • *n* height, lead, length
lenig • *adj* agile
lening • *n* loan
lens • *n* lens
lente • *n* spring
lepel • *n* spoon, spoonful
lepelvol • *n* spoonful
leraar • *n* teacher
lerares • *n* teacher
leren • *v* learn, study, teach • *n* learning • *adj* leather
les • *n* lesson
lesbi • *n* lesbian
lesbienne • *n* lesbian
lesbisch • *adj* lesbian
lesbo • *n* lesbian
lesgeven • *v* teach
Lesotho • *n* Lesotho
lethargie • *n* lethargy
Letland • *n* Latvia
Lets • *adj* Latvian
Letse • *n* Latvian
letsel • *n* injury
letter • *n* letter • *adj* literal
lettergreep • *n* syllable
letterlijk • *adj* literal, verbal • *adv* literally, virtually
letterteken • *n* letter
lettertype • *n* typeface
leugen • *n* lie
leugenaar • *n* liar
leugenaarster • *n* liar
leuk • *adj* cute, fun, kind, nice
leunen • *v* lean
leuning • *n* banister
leven • *n* life • *v* live
levend • *adj* alive, live
levendig • *adj* alive, bright, lively, sassy, vibrant, vivacious
levensduur • *n* date, life
levenslang • *n* life

levensmiddelen • *n* fare
levensstijl • *n* lifestyle
levensvatbaar • *adj* viable
levensvatbaarheid • *n* viability
levensverzekering • *n* life insurance
lever • *n* liver
leverancier • *n* supplier, vendor
leveren • *v* distribute
levering • *n* delivery
levertjes • *n* liver
lezen • *v* read • *n* reading
lezer • *n* reader
lezers • *n* audience
lezerspubliek • *n* audience
lezing • *n* reading
Libanees • *n* Lebanese
Libanese • *n* Lebanese
Libanesisch • *adj* Lebanese
Libanon • *n* Lebanon
libel • *n* dragonfly
liberalisme • *n* liberalism
Liberia • *n* Liberia
Libië • *n* Libya
licentie • *n* license
licentiëren • *v* license
lichaam • *n* body, field
lichaamsbeweging • *n* exercise
lichaamsholte • *n* hole
lichamelijk • *adj* bodily, physical • *adv* physically
licht • *adj* light
lichtelijk • *adv* slightly
lichten • *v* light
lichtend • *adj* light
lichtgelovig • *adj* gullible
lichtgevend • *adj* light
lichting • *n* draft
lid • *n* limb, member, penis
lidmaat • *n* limb
lidmaatschap • *n* membership

lidwoord • *n* article
Liechtenstein • *n* Liechtenstein
lied • *n* song
liedje • *n* song
liedtekst • *n* lyrics
lief • *adj* beloved, cute, dear, kind, sweet, tender • *n* boyfriend
liefdadigheid • *n* charity
liefdadigheidsinstelling • *n* charity
liefde • *n* love
liefdevol • *adj* dear • *adv* lovingly
liefelijk • *adj* lovely
liefhebben • *v* love
liefhebber • *n* buff, fan
liefje • *n* baby, lovely
lieflijk • *adj* gentle, lovely
liefs • *n* love, lovely
liegen • *n* cheat • *v* lie
lier • *n* shell
lieve • *adj* dear
lieveheersbeestje • *n* ladybird
liever • *adv* rather
lieverd • *n* baby, dear, lovely
lift • *n* lift
liftkooi • *n* cage
liggen • *v* be, lie
liggend • *n* landscape
ligging • *n* exposure, lay, lie
lijdelijk • *adj* passive
lijden • *v* suffer • *n* suffering
lijdend • *adj* passive
lijf • *n* body
lijfgarde • *n* bodyguard
lijfrente • *n* pension
lijfwacht • *n* bodyguard, guard
lijk • *n* body
lijken • *v* appear, look, resemble, seem

lijm • *n* glue, lime
lijmen • *v* glue
lijn • *n* edge, file, lead, line
lijngewaad • *n* weed
lijnstuk • *n* line
lijst • *n* directory, list, roll
like • *n* like
liken • *v* like
limiet • *n* bound, confine, limit, pale
limoen • *n* lime
limoenenboom • *n* lime
limoengeel • *n* lime
limoengroen • *n* lime
lineaal • *n* measure
lineair • *adj* linear
lingerie • *n* lingerie
liniaal • *n* ruler
link • *n* link
linken • *v* link
linker • *adj* left
linkerkant • *n* left
links • *adj* left • *n* left
linkshandig • *n* left-handed
linnen • *n* canvas, linen
lint • *n* ribbon
lintworm • *n* dragon
linze • *n* lens, lentil
linzenplant • *n* lentil
lip • *n* lip
lippenrood • *n* lipstick
lippenstift • *n* lipstick
lipstick • *n* lipstick
Lissabon • *n* Lisbon
listig • *adj* tricky
listige • *adj* tricky
liter • *n* litre
literaal • *n* literal
literair • *adj* literary
literatuur • *n* literature
Litouwen • *n* Lithuania

Litouwer • *n* Lithuanian
Litouws • *adj* Lithuanian
Litouwse • *n* Lithuanian
litteken • *n* scar
live • *adj* live
locatie • *n* location, point, situation
loeien • *v* bell
loep • *n* magnifying glass
lof • *n* credit, glory, praise
lofbetuiging • *n* credit
log • *n* journal
logboek • *n* journal
logement • *n* board
logen • *v* lime
logeren • *v* board
logica • *n* logic
logies • *n* accommodation
logisch • *adj* logical
logistiek • *n* logistics
logo • *n* logo
lok • *n* lock
lokaal • *adj* local
lokaaltrein • *n* local
lokalisatie • *n* localization
lokken • *v* tempt
lol • *n* fun, joke
lollig • *adj* fun
Londen • *n* London
Londens • *n* London
lonen • *v* pay
long • *n* lung
lood • *n* lead, lot
loodgieter • *n* plumber
loodrecht • *adj* plumb
loods • *n* pilot, shed
loodvrij • *adj* unleaded
loodvrije • *adj* unleaded
look • *n* look
loon • *n* reward, salary, wage
loonlijst • *n* payroll

loonstop • *n* freeze
loop • *n* run
loopbaan • *n* career
loopband • *n* conveyor belt
loopgraaf • *n* line
loopje • *n* walk
loopjongen • *n* page
loops • *n* heat
lopen • *v* run, walk • *n* running
lopend • *adj* ongoing
loper • *n* bishop
los • *adj* free, loose
loslaten • *v* free, loose, release
loslopend • *adj* free
losmaken • *v* loose, relax
lossen • *v* loose
loswrikken • *v* rescue
lot • *n* destiny, fate, fortune
loterij • *n* lottery
loting • *n* lottery
lottrekking • *n* lottery
louter • *adv* merely
loven • *v* praise
loyaal • *phr* above board • *adj* loyal
lsd • *n* acid
lucht • *n* air, heaven, sky
luchtballon • *n* balloon
luchtbuks • *n* air gun
luchten • *v* air
luchtgeweer • *n* air gun
luchthaven • *n* airport
luchtvaartmaatschappij • *n* airline
luchtvaartuig • *n* aircraft
luchtweerstand • *n* drag
luchtweg • *n* corridor
lucifer • *n* match
lui • *adj* lazy, slothful • *n* people
luiaard • *n* sloth
luid • *adj* loud

luide • *adj* loud
luiden • *v* ring, say, sound, toll
luidruchtig • *adj* loud
luidruchtige • *adj* loud
luidspreker • *n* speaker
luiheid • *n* sloth
luim • *n* maggot
luimig • *adj* petulant
luipaard • *n* leopard
luis • *n* louse
luister • *n* glory
luisteraar • *n* listener
luisteren • *v* listen
lukken • *v* manage
lukraak • *adj* random
lul • *n* penis, prick, tool
lulvent • *n* meat
lunch • *n* dinner, lunch
lunchen • *v* lunch
lus • *n* loop
lust • *n* lust
lusteloosheid • *n* lethargy
lusten • *v* like, lust
lustend • *adj* hungry
luttel • *adj* mere
luxe • *n* luxury
Luxemburg • *n* Luxembourg
luxueus • *adj* luxurious
lynx • *n* lynx

maag • *n* stomach
maaien • *v* mow
maal • *n* time
maaltijd • *n* meal

maan • *n* moon
maand • *n* month, moon
maandag • *adv* Monday
maandelijks • *adv* monthly
maanlicht • *n* moonlight
maanverlicht • *adj* moonlit
maar • *conj* although, but • *adv* just, only
maart • *n* March
maas • *n* loophole
maat • *n* buddy, comrade, dude, mate, measure
maatje • *n* buddy, friend
maatregel • *n* measure, move
maatschap • *n* partnership
maatschappelijk • *adj* social
maatschappij • *n* line, society
maatstaf • *n* benchmark, measure, standard
macaber • *adj* morbid
Macedonië • *n* Macedonia
Macedoniër • *n* Macedonian
Macedonisch • *adj* Macedonian
machine • *n* machine
machinepark • *n* machinery
machinerie • *n* machinery
machinery • *n* machinery
machinist • *n* engineer
macht • *n* agency, force, might, power
machteloos • *adj* powerless
machten • *n* power
machtig • *adj* hearty, mighty, powerful
machtigen • *v* authorize
machtiging • *n* authorization
machtswortel • *n* root
Madagaskar • *n* Madagascar
made • *n* maggot
Madrid • *n* Madrid
magazijn • *n* magazine, store
magazine • *n* magazine
mager • *adj* lean, scrawny, skinny
magie • *n* magic
magisch • *adj* magic, magical
magneet • *n* magnet
magnetisch • *adj* magnetic
magnetron • *n* microwave oven
magnetronoven • *n* microwave oven
mail • *n* email
mailen • *v* email
majoor • *n* major
makelaar • *n* broker
maken • *v* create, drive, fashion, get, make, produce
maker • *n* composer, creator, maker
makkelijk • *adv* easily • *adj* easy
makker • *n* comrade, mate
makkie • *n* breeze
mal • *n* cast, die
Maladiven • *n* Maldives
Malawi • *n* Malawi
Maleisië • *n* Malaysia
Maleisiër • *n* Malaysian
Maleisische • *n* Malaysian
malen • *v* grate, grind, mill, powder
Mali • *n* Mali
malplaatje • *n* template
mals • *adj* tender
Malta • *n* Malta
Maltees • *adj* Maltese
Maltese • *n* Maltese
Maltezen • *n* Maltese
mama • *n* mum
mammoet • *n* mammoth
man • *n* husband, male, man
management • *n* management
managen • *v* manage

manager • *n* manager
manchet • *n* cuff
mand • *n* basket, kit
mandaat • *n* mandate
mandataris • *n* trustee
mandje • *n* basket
manen • *v* caution
mangoeste • *n* mongoose
manier • *n* manner, way
manieren • *n* custom
manifest • *n* manifest
manifestatie • *n* manifestation, protest
manifesteren • *v* manifest
manipulatie • *n* manipulation
manipuleren • *v* manipulate
mank • *adj* lame
mankement • *n* breakdown
mankend • *adj* lame
mankeren • *v* fail
mannelijk • *adj* male, manly
mannen • *n* boy
mannequin • *n* model
mannetje • *n* cock, male
mannetjesdier • *n* male
mannetjesduif • *n* pigeon
mannetjesplant • *n* male
mantel • *n* cloak, coat
manuaal • *n* manual
manueel • *adj* manual • *adv* manually
manuscript • *n* manuscript
map • *n* directory, folder
marathon • *n* marathon
marcheren • *v* march
marge • *n* margin
Mariahemelvaart • *n* assumption
marien • *adj* marine
marinade • *n* marinade
marinier • *n* marine

maritiem • *adj* marine
mark • *n* march, mark
markant • *adj* remarkable
markeren • *v* flag, mark
markering • *n* mark, sign
markt • *n* market, square
marktplein • *n* market
marmer • *n* marble
marmot • *n* marmot
Marokkaan • *n* Moroccan
Marokkaans • *adj* Moroccan
Marokkaanse • *n* Moroccan
Marokko • *n* Morocco
mars • *n* march
Mars • *n* Mars
martelen • *v* torture
marteling • *n* torture
masculien • *adj* male
masker • *n* mask
maskeren • *v* disguise, mask
massa • *n* body, crowd, mass, mob, people
massief • *adj* massive, solid
mat • *interj* checkmate • *adj* dull
match • *n* match
mate • *n* degree, extent
materiaal • *n* material
materie • *n* matter
materieel • *adj* material
materiële • *adj* material
mathematica • *n* mathematics
mathematiek • *n* mathematics
mathesis • *n* mathematics
matig • *adj* moderate
matigen • *v* moderate
matras • *n* mattress
matrijs • *n* die
matrix • *n* matrix
matroos • *n* hand, sailor, seaman

matsen • *v* spot
maturiteit • *n* maturity
Mauretanië • *n* Mauritania
Mauritius • *n* Mauritius
maximaal • *phr* at most
mayonaise • *n* mayonnaise
mazzel • *phr* see you
me • *pron* me, myself
mecanicien • *n* mechanic
mecenas • *n* patron
mechaniek • *n* machinery
mechanisch • *adj* automatic, mechanical
mechanisme • *n* action, mechanism
medaille • *n* decoration, medal
mededelen • *v* communicate, notify
mededinger • *n* contender
medelijden • *n* compassion, pity
medeplichtig • *adj* accessory
medeplichtige • *n* accessory
medespeler • *n* partner
medewerker • *n* coworker, employee
medewerkers • *n* personnel, staff
medewerkster • *n* coworker
medeweten • *n* knowledge
medicatie • *n* medication
medicijn • *n* medicine
mediëvaal • *adj* medieval
medisch • *adj* medical
meditatie • *n* meditation
mediteren • *v* meditate
medium • *n* medium
mee • *adv* along • *adj* up
meedelen • *v* communicate
meedoen • *v* participate • *n* participation
meedogenloos • *adj* ruthless
meedrijven • *v* float
meegaan • *v* call
meegeleverd • *adj* accessory
meel • *n* flour, meal
meeluisteren • *v* tap
meemaken • *v* experience
meent • *n* common
meer • *adv* any more • *n* lake
meerdere • *adj* multiple • *n* superior
meerderheid • *n* majority, mass
meerderjarig • *phr* of age • *adj* major
meerderjarige • *n* major
meerderjarigheid • *n* age
meerduidig • *adj* ambiguous
meerkleurig • *adj* rainbow
meermaals • *adv* repeatedly
meerwaarde • *n* plus
meeslepen • *v* transport
meespelen • *v* play
meestal • *adv* mostly, usually
meeste • *det* most
meester • *n* master
meesteres • *n* mistress
meesterlijk • *adj* brilliant, champion
meesterwerk • *n* masterpiece
meet • *n* finish
meetinstrument • *n* instrument
meetkunde • *n* geometry
meetlat • *n* line, measure, ruler
meetstok • *n* rod
meeuw • *n* seagull
meevoeren • *v* lead
mei • *n* May
meid • *n* girl, servant
meidje • *n* girl
meisje • *n* girl, girlfriend
melancholisch • *adj* gloomy

Melbourne • *n* Melbourne
melden • *v* flag, report
melk • *n* milk
melken • *v* milk
Melkweg • *n* Milky Way
melodie • *n* melody
melodisch • *adj* melodic
meloen • *n* melon
memorabel • *adj* memorable
memoriseren • *v* memorize
men • *pron* one, you
meneer • *n* gentleman, sir
menen • *v* figure, mean
mengar • *n* mixer
mengen • *v* mix
menig • *det* many
menigmaal • *adv* often
menigte • *n* army, body, congregation, crowd, mob • *pron* many
mening • *n* opinion, view
meningsverschil • *n* debate, difference, disagreement
mens • *adj* human • *n* human being, man
mensdom • *n* humanity, humankind
menselijk • *adj* human
menselijkheid • *n* humanity
mensen • *n* people
mensengeslacht • *n* humanity
mensenkleur • *n* flesh
mensenwerk • *n* artifact
mensheid • *n* humanity, humankind, mankind
menslievendheid • *n* humanity
mentaal • *adj* mental
mentaliteit • *n* mentality
menu • *n* menu
menukaart • *n* menu
mep • *n* slap

meppen • *v* slap
Mercurius • *n* Mercury
merel • *n* blackbird
merendeel • *n* majority
meridiaan • *n* line
merk • *n* brand, make
merkbaar • *adj* sensible
merken • *v* notice
merker • *n* marker
merkwaardig • *adj* funny, odd, peculiar, quaint, weird
merrie • *n* mare
mes • *n* knife
messing • *n* brass
mest • *n* fertilizer
mestvork • *n* fork
met • *prep* by, to, with • *v* feature
metaal • *n* metal
metafoor • *n* metaphor
metaforisch • *adj* metaphorical
metal • *n* metal
meteen • *adv* directly, immediately
meten • *n* measure
meteoriet • *n* meteorite
meteoroloog • *n* meteorologist
meter • *n* instrument, meter
metgezel • *n* companion
methode • *n* line, method
meticuleus • *adj* meticulous
meting • *n* measure, measurement
metselaar • *n* bricklayer
mettertijd • *phr* in time
meubel • *n* furniture
meubelstuk • *n* furniture
meug • *n* flavor
meute • *n* pack
mevrouw • *n* mistress
Mexicaan • *n* Mexican

Mexicaans • *adj* Mexican
Mexicaanse • *n* Mexican
Mexico • *n* Mexico
mezelf • *pron* myself
microgolf • *n* microwave, microwave oven
microgolfoven • *n* microwave oven
Micronesia • *n* Micronesia
middageten • *n* dinner, lunch
middagmaal • *n* dinner, lunch
middagmaaltijd • *n* dinner
middel • *n* mean, means, resource, waist
middeleeuwen • *n* Middle Ages
middeleeuwer • *n* medieval
middeleeuws • *adj* medieval
middelen • *n* means, resource
middelmatig • *adj* moderate
middelpunt • *n* center
middelvinger • *n* middle finger
midden • *n* center, crown, middle
middenklasse • *n* middle class
middenstander • *n* retailer
middernacht • *n* midnight
mier • *n* ant
miereneter • *n* anteater
mieters • *adj* beat, swell
mij • *pron* me
mijl • *n* mile
mijn • *pron* me • *n* mine • *det* my
mijnenlegger • *n* miner
mijnheer • *n* sir
mijnwerker • *n* miner
mijzelf • *pron* myself
mikken • *v* home
mild • *adj* kind, mild
milderen • *v* alleviate, moderate

milieu • *n* environment
milieuverontreiniging • *n* pollution
milieuvervuiling • *n* pollution
milieuvriendelijk • *adj* environmentally friendly
militair • *adj* military • *n* soldier
militie • *n* militia
miljard • *n* billion
miljoen • *num* million
miljoenpoot • *n* millipede
milliliter • *n* millilitre
millimeter • *n* millimeter
milt • *n* spleen
min • *adj* negative • *n* nurse
minachting • *n* contempt
minder • *det* fewer • *adj* less
minderheid • *n* ethnic, minority
minderjarige • *n* minor
mindervalide • *adj* disabled
minderwaardig • *adj* mean
minderwaardigheid • *n* inferiority
mineraal • *n* mineral
mineraalwater • *n* mineral
mineur • *n* miner
miniatuur • *n* miniature
minimaal • *adj* minimal
minimalistisch • *adj* minimal, minimalist
minimalistische • *adj* minimal
minirok • *n* miniskirt
minirokje • *n* miniskirt
minister • *n* minister
ministerie • *n* ministry
minnaar • *n* lover
minnares • *n* lover, mistress
minst • *det* least
minstens • *phr* at least
mint • *adj* mint
mintgroen • *adj* mint

- **minuscule** • *adj* minute
- **minuscuul** • *adj* minute, small, tiny
- **minuut** • *n* minute
- **minuutje** • *n* minute
- **minzaam** • *adj* cuddly
- **miraculeus** • *adj* miraculous
- **mirakel** • *n* miracle
- **mis** • *n* mass • *adj* wrong
- **misbaksel** • *n* abortion
- **misbruik** • *n* abuse, manipulation
- **misbruiken** • *v* abuse
- **misdaad** • *n* crime
- **misdadig** • *adj* criminal
- **misdadiger** • *n* criminal
- **misdoen** • *v* offend
- **mishandelen** • *v* abuse, spite
- **mishandeling** • *n* abuse
- **miskleun** • *n* abortion
- **miskraam** • *n* abortion
- **misleiden** • *v* deceive, mislead
- **misleidend** • *adj* deceptive, misleading
- **misleiding** • *n* deception, diversion, scam
- **mislukkeling** • *n* failure
- **mislukken** • *v* fail
- **mislukking** • *n* failure, miss
- **mismoedig** • *adj* morose
- **misnoegen** • *n* resentment
- **misschien** • *adv* maybe, perhaps
- **misselijk** • *adj* ill
- **missen** • *v* lack, miss
- **misser** • *n* miss
- **missie** • *n* mission
- **misstand** • *n* wrong
- **mist** • *n* fog, mist
- **mistig** • *adj* misty
- **mistroostig** • *adj* surly
- **misverstaan** • *v* mistake
- **misverstand** • *n* mistake
- **misvieren** • *v* mass
- **mixen** • *v* mix
- **mobiel** • *adj* mobile
- **mobieltje** • *n* cell
- **mochten** • *v* should
- **modder** • *n* mud
- **mode** • *n* fashion, mode
- **model** • *n* model
- **modelleren** • *v* hew, model
- **moderator** • *n* host
- **modereren** • *v* host, moderate
- **modern** • *adj* modern
- **moderniseren** • *v* modernize
- **modest** • *adj* humble
- **modieus** • *adj* fashionable
- **modificatie** • *n* modification
- **modificeren** • *v* modify
- **modus** • *n* mode
- **moe** • *adj* tired
- **moed** • *n* courage, nerve, pluck
- **moeder** • *n* mother
- **moederkloek** • *n* hen
- **moederland** • *n* home, motherland
- **moederlijk** • *adj* maternal
- **moedertaal** • *n* mother tongue
- **moedervlek** • *n* mole
- **moedig** • *adj* bold, brave
- **moeilijk** • *adj* difficult, hard
- **moeilijkheid** • *n* difficulty, trouble
- **moeite** • *n* bother, endeavor, trouble
- **moeiteloos** • *adj* effortless
- **moeizaam** • *adj* painful
- **moer** • *n* nut
- **moerstaal** • *n* mother tongue
- **moeten** • *v* have to, must, need, ought, should

mogelijk • *adv* maybe, possibly • *adj* possible
mogelijke • *n* possible
mogelijkerwijs • *adv* maybe
mogelijkheid • *n* chance, possible, possibility
mogen • *v* can, may
mogendheid • *n* power
mogool • *n* moron
mok • *n* cup
mokka • *adj* coffee
mol • *n* flat, mole
Moldavië • *n* Moldova
molecuul • *n* molecule
molen • *n* mill
molenwieken • *v* windmill
mollig • *adj* round
mom • *n* disguise
moment • *n* instant, minute, moment, second
momenteel • *adv* currently, nowadays • *phr* at the moment
momentje • *n* while
mompelen • *v* mutter
Monaco • *n* Monaco
mond • *n* mouth
mondelijk • *adj* oral
mondeling • *adj* verbal
mondharmonica • *n* harmonica
mondig • *adj* assertive
monding • *n* mouth
mondjevol • *n* mouthful
mongol • *n* moron
Mongolië • *n* Mongolia
Mongool • *n* Mongolian
Mongools • *adj* Mongolian
monitor • *n* monitor
monnik • *n* monk
monopolie • *n* monopoly
monopolist • *n* monopoly

monster • *n* monster, sample
monsterachtig • *adj* monster
monsterlijk • *adj* atrocious
monstertje • *n* monster
monstrueus • *adj* monster
monter • *adj* bright, gay
monteren • *v* mount
monument • *n* monument
mooi • *adj* beautiful, fair, kind, nice, pretty • *adv* beautifully • *interj* nice
mooie • *adj* clean
moonen • *v* moon
moord • *n* assassination, kill, murder
moorden • *n* kill • *v* murder
moordenaar • *n* assassin, killer, murderer
mop • *n* funny, joke, mop
moraal • *n* fibre
morbide • *adj* morbid
morbiditeit • *n* morbidity
morgen • *n* morning, tomorrow
mormel • *n* worm
morsen • *v* spill
mortaliteit • *n* mortality
moskee • *n* mosque
Moskou • *n* Moscow
moslim • *n* Muslim
moslima • *n* Muslim
moslims • *adj* Muslim
mossel • *n* clam, mussel
mosterd • *n* mustard
mosterdplant • *n* mustard
mot • *n* moth, page
motel • *n* motel
motie • *n* motion, question
motief • *n* motive
motioneel • *adj* motive
motivatie • *n* drive, motivation, motive

motiveren • *v* drive, motivate, motive
motor • *n* engine, motor
motorfiets • *n* bike, motorcycle
motorrijder • *n* rider
motorrijtuig • *n* motor
mouw • *n* sleeve
mozaïek • *n* mosaic
mozaïekvirus • *n* mosaic
Mozambique • *n* Mozambique
muffin • *n* muffin
mug • *n* midge
muide • *n* mouth
muil • *n* mouth
muildier • *n* mule
muis • *n* mouse
muisje • *n* mouse
muizen • *v* mouse
mul • *adj* loose
multiverseel • *adj* versatile
munt • *n* coin, mint, tail
munteenheid • *n* currency
munten • *v* coin, mint
muntstuk • *n* coin
mus • *n* sparrow
musculair • *adj* muscular
museum • *n* museum
musical • *n* musical
musicus • *n* musician
muskaat • *n* nutmeg
muskaatboom • *n* nutmeg
muskaatnoot • *n* nutmeg
muteren • *v* break
muur • *n* wall
muurschildering • *n* mural
muurtegel • *n* tile
muziek • *n* music
muziekinstrument • *n* instrument
muzikaal • *adj* musical
muzikant • *n* musician
muzikante • *n* musician
Myanmar • *n* Myanmar
mysterie • *n* mystery, puzzle
mysterieus • *adj* mysterious
mythe • *n* myth
mythologie • *n* mythology

na • *adv* after • *prep* behind
naad • *n* junction
naaibeer • *n* fuck
naaien • *v* fuck, needle, sew
naaigoed • *n* material
naakt • *adj* crude, naked
naaktheid • *n* nakedness
naald • *n* needle
naaldoog • *n* eye
naam • *n* name, reputation
naamlijst • *n* roll
naamloos • *adj* anonymous
naamval • *n* case
naamwoord • *n* noun
naäpen • *v* copy
naar • *prep* after, for, to, toward • *adj* bad
naarmate • *conj* as
naast • *prep* beside, besides, next, next to
naastenliefde • *n* charity
nabestaande • *n* survivor
nabij • *adv* about, near, nearby, next • *prep* near
nabije • *adj* close
nabijheid • *n* neighborhood
nabootsing • *n* copy

naburig • *adj* neighboring
nabuurschap • *n* neighborhood
nacht • *interj* night
nachtegaal • *n* nightingale
nachtje • *n* night
nachtkastje • *n* nightstand
nachtmerrie • *n* nightmare
nachtrust • *n* night, rest
nachtval • *n* dark
nachtvlinder • *n* moth
nadat • *conj* after
nadeel • *n* disadvantage
nadenken • *v* think
naderen • *v* approach, near
nadien • *adv* afterwards
nadoen • *v* channel, copy, echo
nadruk • *n* emphasis
nagedachtenis • *n* remembrance
nagel • *n* fingernail, nail
nagelen • *v* nail
nagemaakt • *adj* artificial, phony
nagenoeg • *adv* almost
nagerecht • *n* dessert
nageslacht • *n* offspring
nageslachten • *n* offspring
naïef • *adj* gullible, naive
naijver • *n* jealousy
najaar • *n* autumn
najagen • *v* pursue
nakijken • *v* eye
nakomeling • *n* descendant, offspring
nakomelingen • *n* offspring
nakomelingschap • *n* offspring
nalaten • *v* forget, leave, neglect
nalatenschap • *n* inheritance
nalatig • *adj* careless
nalatigheid • *n* neglect

nalever • *n* observer
namaak • *n* copy
namelijk • *adv* namely
Namibië • *n* Namibia
namiddag • *n* afternoon
naoorlogs • *adj* post-war
napluizen • *v* explore
napraten • *v* echo, parrot
naprater • *n* parrot
narratief • *adj* narrative
nasleep • *n* aftermath
nasmaak • *n* aftertaste
nasporing • *n* investigation
nastreven • *v* aspire, endeavor, purchase, seek
nat • *adj* wet
natie • *n* nation
nationaal • *adj* national
natmaken • *v* wet
natrium • *n* sodium
natura • *n* kind
natuur • *n* kind, nature
natuurbescherming • *n* conservation
natuurkunde • *n* physics
natuurkundige • *n* physicist
natuurlijk • *adj* natural • *adv* naturally
natuurreservaat • *n* conserve
natuurschoon • *n* scenery
natuurtalent • *n* natural
Nauru • *n* Nauru
nauw • *adj* narrow
nauwelijks • *adv* barely, hardly, scarcely
nauwkeurig • *adj* accurate, precise
nauwkeurigheid • *n* accuracy
navel • *n* navel
naverwant • *adv* near
navigatie • *n* navigation

navigeren • *v* navigate
NAVO • *n* NATO
navolger • *n* follower
navorsen • *v* explore
navorsing • *n* scrutiny
navraag • *n* demand
nazaat • *n* descendant, offspring
nazeggen • *v* parrot
nazoeken • *n* trace
nectarine • *n* nectarine
nederlaag • *n* defeat, loss
Nederland • *n* Netherlands
Nederlander • *n* Dutch
Nederlanders • *n* Dutch
Nederlands • *adj* Dutch, Netherlands
Nederlandse • *n* Dutch
nederzetting • *n* settlement, town
nee • *n* no
neen • *n* no
neer • *adv* down
neerbuigend • *adj* condescending
neerdalen • *v* descend
neergooien • *v* cast, stick
neerknuppelen • *v* club
neerkwakken • *v* slap
neerlaten • *v* let down
neerpennen • *v* mark
neerschieten • *v* gun
neerstorten • *v* crash
neervallen • *v* fall down
neerzetten • *v* deposit, set, stand
neerzetting • *n* deposit
neestem • *n* no
negatie • *adj* negative
negatief • *adj* negative
negen • *n* nine

negende • *adj* ninth
negentien • *num* nineteen
negentig • *num* ninety
neger • *adj* black
negeren • *v* fail, ignore, neglect
negerin • *adj* black
neiging • *n* bias, inclination, tendency
nek • *n* neck
nekken • *v* neck
nekriem • *n* collar
nemen • *v* consider, get, pick, take
neonaat • *n* newborn
neonatus • *n* newborn
nep • *adj* fake
Nepal • *n* Nepal
Nepalees • *adj* Nepali • *n* Nepali
Nepalese • *n* Nepali
Neptunus • *n* Neptune
nerf • *n* grain, nerve, vein
nergens • *adv* nowhere
nerts • *n* mink
nerveus • *adj* nervous
nest • *n* nest, sack
nestelen • *v* nest
nesten • *v* nest
net • *n* grid, net, web • *adv* just, only • *adj* neat, proper, tidy
netelig • *adj* tricky
netelige • *adj* tricky
netjes • *adj* demure, neat • *interj* nice
netto • *adj* net
netwerk • *n* grid, net, network
neuken • *v* cock, fuck, root, screw
neukmaatje • *n* fuck
neukpartij • *n* fuck, root
neuron • *n* nerve

neuronenbundel • *n* nerve
neus • *n* nose, toe
neusgat • *n* nostril
neushoorn • *n* rhinoceros
neuslengte • *n* nose
neuter • *n* ground
neutraal • *adj* candid, neutral
neutraliteit • *n* neutrality
nevel • *n* fog, mist
nevenschikking • *n* clause
NGO • *n* NGO
Nicaragua • *n* Nicaragua
niche • *n* niche
niemand • *pron* no one, none • *n* nobody
niemendal • *n* nothing
nier • *n* kidney
niet • *adv* not • *n* staple
nietapparaat • *n* stapler
nieten • *v* staple
nieter • *n* stapler
nietig • *adj* minute, puny, small
nietige • *adj* minute, puny
nietmachine • *n* stapler
niets • *pron* none, nothing
nietsnut • *n* insect, punk
niettegenstaande • *adv* nevertheless
niettemin • *adv* nevertheless, nonetheless
nieuw • *adj* fresh, new, novel
nieuwerwets • *adj* modern
nieuwgeborene • *n* baby, newborn
nieuws • *n* news
nieuwsblad • *n* newspaper
nieuwsbrief • *n* newsletter
nieuwsgierig • *adj* curious, nosy
nieuwsgierigheid • *n* curiosity
Niger • *n* Niger
Nigeria • *n* Nigeria

Nigeriaan • *n* Nigerian
Nigeriaans • *adj* Nigerian
Nigeriaanse • *adj* Nigerian
nijd • *n* envy, jealousy
nijdig • *adj* envious
nijverheid • *n* industry
nikker • *n* boy
niks • *pron* none, nothing
nimmer • *adv* never
nis • *n* niche
niveau • *n* level
nobel • *adj* generous, noble
noch • *conj* nor
nodeloos • *adj* needless
nodig • *adj* essential, mandatory, necessary • *adv* necessarily
nodigen • *v* invite
noedel • *n* noodle
noemen • *v* call, designate, name
nog • *adv* even, still, yet
nogal • *adv* pretty, rather
nogmaals • *adv* again
nok • *n* ridge
nominatie • *n* nomination
non • *n* sister
nonchalence • *n* abandonment
nonkel • *n* uncle
nonsens • *n* bull, nonsense
nood • *n* dependence, emergency, need
noodgeval • *n* emergency
noodlot • *n* fortune
noodzaak • *n* occasion
noodzakelijk • *adj* essential, necessary • *adv* necessarily
noodzakelijkerwijs • *adv* necessarily
nooit • *adv* never
Noor • *n* Norwegian

noordelijk • *adj* north, northern
noorden • *n* north
noordoostelijk • *adj* northeast
noordoosten • *n* northeast
noordwaarts • *adj* north
noordwest • *adj* northwest
noordwestelijk • *adj* northwest
noordwesten • *n* northwest
Noors • *adj* Norwegian
Noorse • *n* Norwegian
Noorwegen • *n* Norway
noot • *n* note, nut, tone
nootmuskaat • *n* nutmeg
nor • *n* joint, pokey
normaal • *adj* natural, normal • *adv* normally
normale • *adj* normal
normalerwijze • *adv* normally
normaliteit • *n* normality
normaliter • *adv* normally
nors • *adj* morose, sulky, sullen
notabele • *n* notable
notebook • *n* laptop
notenbalk • *n* staff
noteren • *v* book, mark, note
notie • *n* notion
notificeren • *v* notify
notitie • *n* entry, note
notitieboek • *n* notebook
notoir • *adj* notorious
notulen • *n* minute
notuleren • *v* minute
nou • *interj* huh, well, why • *adv* now
november • *n* November
nu • *adv* now, nowadays • *n* now
nuchter • *adj* objective
nuchtere • *adj* objective
nucleus • *n* nucleus
nukkig • *adj* sulky

nul • *n* love, nobody, zero
nulpunt • *n* root
numereus • *adj* numerous
numeriek • *adj* numerical
nummer • *n* issue, number, song
nummeren • *v* number, page
nut • *n* benefit, employment, purpose, use
nutteloos • *adj* useless
nuttig • *adj* useful

o • *interj* oh
obees • *adj* obese
ober • *n* waiter
obesitas • *n* obesity
object • *n* item, object, objective
objectglaasje • *n* slide
objectief • *adj* candid, objective • *n* goal, point • *adv* objectively
objectieve • *adj* objective
objectiviteit • *n* objectivity
obsceen • *adj* dirty
obscuur • *adj* hidden
obsederend • *adj* obsessive
observator • *n* observer
observatorium • *n* observatory
observeren • *v* consider, eye, observe
obsessie • *n* obsession
obsessief • *adj* obsessive
obstakel • *n* obstacle

obus • *n* shell
occasioneel • *adj* occasional
oceaan • *n* ocean
Oceanië • *n* Oceania
ochtend • *n* morning
ochtendschemering • *n* dawn
octaaf • *n* octave
octopus • *n* octopus
octrooi • *n* patent
oculus • *n* eye
oefenen • *v* practise, train
oefening • *n* exercise, practice, problem
oefenterrein • *n* range
Oeganda • *n* Uganda
Oekraïens • *n* Ukrainian
Oekraïne • *n* Ukraine
oen • *n* prick
oeroud • *adj* ancient
oerwoud • *n* jungle
oester • *n* oyster
oeuvre • *n* writing
oever • *n* bank, shore
Oezbekistan • *n* Uzbekistan
of • *conj* either, if, or, whether
offensief • *adj* offensive
offer • *n* sacrifice
offeren • *v* offer, sacrifice
offerte • *n* quote, quotation
officieel • *adj* official • *adv* officially
officier • *n* officer
offline • *adj* offline
offset • *n* offset
ofschoon • *conj* albeit, although, whereas
oftewel • *adv* AKA
ofwel • *conj* either
ogenblik • *n* instant, moment
ogenblikkelijk • *adj* instant

ogenschijnlijk • *adj* apparent • *adv* apparently
oké • *adj* OK
okee • *adj* cool
oksel • *n* armpit
oktober • *n* October
olie • *n* grease, oil
olielamp • *n* lamp
oliën • *v* oil
olienoot • *n* peanut
olifant • *n* elephant
olijf • *n* olive
olijfboom • *n* olive tree
olijfgroen • *adj* olive
olijfgroene • *adj* olive
olijfhout • *n* olive
olijfolie • *n* olive oil
olijk • *adj* cute
olijvenhout • *n* olive
olympiade • *n* Olympics
olympisch • *adj* Olympic
Olympisch • *adj* Olympic
olympische • *adj* Olympic
om • *prep* about, around, at • *adv* over
oma • *n* grandmother
Oman • *n* Oman
omarmen • *v* embrace
omarming • *n* embrace
omcirkelen • *v* circle, orbit, surround
omdat • *conj* as, because, for, since
omdraaien • *n* turnover
omdraaiing • *n* turnover
omelet • *n* omelette
omgaan • *v* associate
omgeven • *v* belt, mob, surround
omgeving • *n* environment, sphere

omgooien • *v* throw
omgorden • *v* belt
omheen • *prep* about, around
omheinen • *v* enclose
omheining • *n* fence
omhelzen • *v* embrace
omhelzing • *n* embrace
omhoog • *adv* up • *prep* up
omhoogdraaien • *v* up
omhullen • *v* wrap
omhulsel • *n* case, shell
omkopen • *v* grease
omleiden • *v* channel
omleiding • *n* diversion, roundabout
omliggend • *adj* surrounding
omloop • *n* circulation
omlopen • *v* orbit
omringen • *v* belt, bound, ring, surround
omroepen • *v* broadcast
omruilen • *v* exchange
omschrijven • *v* define, describe
omschrijving • *n* definition
omsingelen • *v* surround
omslaan • *v* overturn
omslag • *n* cover, envelope, wrap
omsluiten • *v* surround
omstandigheid • *n* circumstance
omstoten • *v* upset
omstreden • *adj* controversial
omstreeks • *prep* about
omtrek • *n* outline
omtrent • *prep* about, concerning
omvang • *n* compass
omvangrijk • *adj* big, voluminous • *adv* extensively

omvatten • *v* compass, compose, comprise, encompass
omvattend • *adj* comprehensive
omver • *adv* over
omverwerpen • *v* overturn
omweg • *n* roundabout
omwenteling • *n* turn
omzet • *n* revenue, turnover
omzetten • *v* cast
omzetting • *n* conversion
omzichtig • *adj* careful, circumspect, prudent
omzichtigheid • *n* caution
omzomen • *v* belt
omzwerven • *v* compass
onaangenaam • *adj* bad, obnoxious
onaanvaardbaar • *adj* unacceptable
onachtzaam • *adj* careless
onafgewerkt • *adj* crude
onafhankelijk • *adv* absolutely, independently • *adj* independent
onafhankelijkheid • *n* independence
onafwendbaar • *adj* inevitable
onbarmhartig • *adj* ruthless
onbedachtzaam • *adj* careless
onbedoeld • *adj* unintentional • *adv* unintentionally
onbedoelde • *adj* unintentional
onbeduidend • *adj* minute, slight
onbeduidende • *adj* minute
onbegrensd • *adj* boundless
onbeholpenheid • *n* awkwardness
onbehoorlijk • *adj* fresh

onbekend • *adj* strange, unknown
onbekwaam • *n* bungling • *adj* unable
onbelangrijk • *adj* light, minor
onbeleefd • *adj* fresh, surly
onbenoemd • *adj* anonymous
onbeschaamd • *adj* sassy
onbescheiden • *adj* immodest
onbeschoft • *adj* fresh, rude
onbestendig • *adj* variable
onbetrouwbaar • *adj* unreliable
onbetwistbaar • *adj* absolute
onbevreesd • *adj* fearless
onbewerkt • *adj* crude
onbewolkt • *adj* clear
onbewust • *adj* unconscious
onbewuste • *n* unconscious
onbruikbaar • *adj* useless
ondanks • *prep* after • *n* despite
onder • *prep* among, below, beneath, between, under
onderbouwbaar • *adv* arguably
onderbreken • *v* disrupt, escape, interrupt, suspend
onderbreking • *n* disruption, interruption
onderbrengen • *v* accommodate, harbor, host, house, quarter, sleep
onderbroek • *n* pants
onderdaan • *n* subject
onderdak • *n* accommodation, shelter
onderdane • *n* subject
onderdeel • *n* component, piece, point
onderdompelen • *v* sink
onderdrukken • *v* restrain

ondergaan • *v* absorb, accept, bear, experience, put up with, set, taste, undergo
ondergang • *n* fall
ondergoed • *n* underwear
ondergraven • *v* undermine
ondergrond • *n* ground
ondergronds • *adj* underground
onderhandelen • *v* bargain, negotiate, treat
onderhandeling • *n* negotiation
onderhoud • *n* audience, maintenance
onderhouden • *v* sustain
onderjurk • *n* slip
onderkant • *n* bottom
onderkennen • *v* recognize
onderkomen • *n* accommodation, house
onderlaag • *n* bed
onderliggend • *adj* underlying
ondermijnen • *v* cave, undermine
ondernemen • *v* undertake
ondernemend • *adj* adventurous
ondernemer • *n* entrepreneur
onderneming • *n* business, concern, enterprise
onderpand • *n* security
onderscheid • *n* difference
onderscheiden • *v* difference, differentiate, distinguish
ondersteunen • *v* endorse, second, support, uphold
ondersteuner • *n* second
ondersteuning • *n* support
ondertekenen • *v* sign
ondertiteling • *n* subtitle

- **ondertussen** • *n* meantime • *adv* meanwhile
- **ondervinden** • *v* experience
- **ondervinding** • *n* experience
- **ondervragen** • *v* interrogate, question
- **ondervraging** • *n* interrogation
- **onderwaterzwemmen** • *v* dive
- **onderweg** • *adv* on the way
- **onderwerp** • *n* motive, subject, thread, topic
- **onderwerpen** • *v* bend, subject, submit
- **onderwijs** • *n* education, instruction
- **onderwijskundig** • *adj* educational
- **onderwijzen** • *v* educate, teach
- **onderwijzer** • *n* teacher
- **onderwijzeres** • *n* teacher
- **onderwijzing** • *n* teaching
- **onderzoek** • *n* inspection, investigation, research, survey
- **onderzoeken** • *v* check out, examine, explore, find out, inspect, investigate, survey
- **onderzoeker** • *n* investigator, researcher
- **ondeugd** • *n* vice
- **ondeugend** • *adj* naughty, silly
- **ondicht** • *n* prose
- **ondiep** • *adj* shallow
- **ondiepte** • *n* shallow
- **ondoordacht** • *adj* silly
- **onduidelijk** • *adj* ambiguous
- **onduur** • *adj* cheap
- **onecht** • *adj* false, phony
- **oneer** • *n* scandal
- **oneerlijk** • *adj* dirty
- **oneindig** • *adj* endless
- **onenigheid** • *n* quarrel
- **onentoesiast** • *adj* cool
- **onervaren** • *adj* green, young
- **oneven** • *adj* odd, uneven
- **onfortuinlijk** • *adj* unfortunate
- **ongeacht** • *adj* regardless • *prep* regardless
- **ongebruikelijk** • *adj* peculiar, unusual
- **ongeduld** • *n* impatience
- **ongeduldig** • *adj* impatient • *adv* impatiently
- **ongedwongen** • *adj* free
- **ongedwongenheid** • *n* abandon, abandonment
- **ongehoord** • *adj* outrageous
- **ongekend** • *adj* unknown
- **ongekleed** • *adj* naked
- **ongeletterd** • *adj* illiterate
- **ongeletterde** • *n* illiterate
- **ongelijk** • *adj* different, unequal
- **ongelijkheid** • *n* inequality
- **ongelofelijk** • *adj* incredible, unbelievable
- **ongeloofwaardig** • *adj* tall, unbelievable
- **ongeluk** • *n* accident
- **ongemakkelijk** • *adj* awkward, uncomfortable
- **ongemanierd** • *adj* bad
- **ongepast** • *adj* bad, inappropriate, quaint • *phr* out of line, out of order
- **ongeraffineerd** • *adj* crude
- **ongerust** • *adj* worrisome, worried
- **ongeruste** • *adj* worrisome
- **ongerustheid** • *n* anxiety
- **ongeschikt** • *adj* inadequate
- **ongeschonden** • *adj* mint
- **ongeslachtelijk** • *adj* neuter

ongetrouwd • *adj* sole
ongetwijfeld • *phr* without a doubt • *adv* undoubtedly
ongevaarlijk • *adj* harmless, safe
ongeval • *n* accident
ongeveer • *adv* about, approximately • *adj* approximate, odd
ongeweten • *adj* unknown
ongewisse • *n* dark
ongewoon • *adj* peculiar, unusual, weird
ongezond • *adj* morbid
onhandig • *adj* awkward, clumsy, impractical
onhandigheid • *n* awkwardness
onheilspellend • *adj* disastrous
onjuist • *adj* false, wrong
onjuistheid • *n* error, mistake
onklaar • *adj* disabled
onkruid • *n* weed
onkunde • *n* ignorance
onlangs • *adv* just, recently
onlogisch • *adj* illogical, quaint
onmeunig • *adv* awful
onmiddelijk • *adj* instant
onmiddellijk • *adj* immediate • *adv* immediately
onmogelijk • *adj* impossible
onmogelijkheid • *n* impossibility
onnatuurlijk • *adj* artificial
onnodig • *adj* unnecessary
onnozelaar • *n* prick
onomwonden • *adv* directly
ononderbroken • *adj* continuous
onontbeerlijk • *adj* essential
onopgelost • *adj* outstanding
onopgesmukt • *adj* naked

onophoudelijk • *adj* continuous
onoprecht • *adj* deceptive
onordelijk • *adj* chaotic
onpaar • *adj* odd
onpartijdig • *adj* impartial, neuter
onpartijdigheid • *n* impartiality
onpersoonlijk • *adj* impersonal
onpraktisch • *adj* impractical
onrecht • *n* injustice, wrong
onrechtmatig • *adj* illegitimate
onrechtstreeks • *adv* indirectly
onregelmatig • *adj* odd
ons • *n* ounce • *det* our • *pron* us
onsamenhangend • *adj* quaint
onschuld • *n* innocence
onschuldig • *adj* innocent
onstabiel • *adj* versatile
ontberen • *v* lack
ontberingen • *n* deprivation
ontbieden • *v* summon
ontbijt • *n* breakfast
ontbijten • *v* breakfast
ontbinden • *v* break down, dissolve
ontbossing • *n* deforestation
ontbreken • *n* absence
ontbrekend • *adj* absent
ontcijferen • *v* figure out
ontdaan • *adj* upset
ontdekken • *v* discover, find, find out
ontdekker • *n* explorer
ontdekking • *n* discovery
ontdekkingsreis • *n* exploration
ontdekkingsreiziger • *n* explorer
ontdekkingstocht • *n* exploration

ontegenzeggelijk • *adv* arguably
ontegenzeglijk • *interj* absolutely
ontelbaar • *adj* countless, numerous
onteren • *v* abuse
ontfutselen • *v* rescue
ontgaan • *v* escape
ontginnen • *v* mine
onthaalbediende • *n* receptionist
onthemen • *v* displace
ontheven • *v* clear
onthouden • *v* carry, remember
onthuiden • *v* skin
onthullen • *v* betray, disclose, discover, reveal, unfold, unveil
onthulling • *n* revelation
ontkennen • *v* deny
ontkenning • *adj* negative
ontketenen • *v* trigger
ontkomen • *v* flee
ontkoppeld • *adj* offline
ontladen • *v* discharge
ontleding • *n* analysis
ontlenen • *v* borrow
ontlopen • *v* flee
ontmantelen • *v* wreck
ontmijner • *n* miner
ontmoedigen • *v* deter, discourage
ontmoeten • *v* encounter, meet
ontmoeting • *n* meeting
ontmoetingsplaats • *n* meeting
ontnemen • *v* bereave, deprive
ontoereikend • *adj* inadequate
ontploffen • *v* blow, explode
ontploffing • *n* blast, explosion
ontraden • *v* discourage

ontregeling • *n* disruption
ontroeren • *v* affect, move, touch
ontroerend • *adj* moving
ontroerende • *adj* moving
ontruimen • *v* clear
ontslaan • *v* cashier, fire
ontslag • *n* dismissal
ontslapen • *v* pass away
ontsluieren • *v* disclose
ontsnappen • *n* escape • *v* flee
ontspannen • *n* diversion • *adj* loose • *v* relax
ontspanning • *n* pastime
ontstaan • *v* arise, derive
ontstellend • *adj* frightening
onttrekken • *v* abstract
onttrokken • *adj* abstract
ontvangen • *v* accept, copy, entertain, greet, host, read, receive • *n* receipt
ontvangenis • *n* conception
ontvanger • *n* recipient
ontvangsbewijs • *n* receipt
ontvangst • *n* receipt, reception, welcome
ontvangstbevestiging • *n* acknowledgment
ontvangsten • *n* receipt
ontvangster • *n* recipient
ontvankelijk • *adj* receptive
ontvankelijkheid • *n* sensitivity
ontvlekken • *v* spot
ontvluchten • *v* flee
ontvoeren • *v* kidnap
ontvouwen • *v* unfold
ontvreemden • *v* abstract, boost, steal
ontvreemding • *n* abstraction
ontwaakt • *adj* awake

ontwaken • *v* awake, wake, wake up
ontwateren • *v* drain
ontwerp • *n* design, plan
ontwerpen • *v* create, design, format, plan
ontwerper • *n* designer, developer
ontwijken • *v* miss
ontwikkelaar • *n* developer
ontwikkelen • *v* develop, evolve, unfold
ontwikkeling • *n* development
ontwrichten • *v* undermine
ontzagwekkend • *adj* tremendous
ontzeggen • *v* forbid
ontzet • *adj* put out
ontzetten • *v* move, rescue
ontzettend • *adv* awful
ontzetting • *n* rescue
onuitstaanbaar • *adj* obnoxious
onveranderlijk • *adj* stationary, uniform
onverenigbaar • *adj* contradictory
onverenigbaarheid • *n* conflict
onvermengd • *adj* absolute
onvermijdelijk • *adj* inevitable
onvermoeibaar • *adj* indefatigable
onvermoeid • *adj* indefatigable
onvermogen • *n* inability
onverontreinigd • *adj* pure
onverschilligheid • *n* lethargy
onversneden • *adj* absolute
onverstandig • *adj* foolish, stupid
onverstandige • *adj* stupid
onverwacht • *adj* unexpected
onverwachts • *adv* unexpectedly
onverzettelijk • *adj* stationary
onverzorgd • *adj* slovenly
onvoldoende • *adj* inadequate
onvolkomen • *adj* defective
onvolmaakt • *adj* defective
onvoorbereid • *adj* cold
onvoorspelbaar • *adj* unpredictable
onvoorzichtig • *adj* careless
onvriendelijk • *adj* churlish, unfriendly
onwaar • *adj* false
onwaarschijnlijk • *adj* unlikely
onweer • *n* storm
onweerlegbaar • *adj* hard
onweersbui • *n* storm
onweerstaanbaar • *adj* irresistible
onwetend • *adj* ignorant
onwetendheid • *n* dark, ignorance
onwettig • *adj* criminal, illegal, lawless
onze • *det* our
onzeker • *adj* shaky
onzekerheid • *n* uncertainty
onzichtbaar • *adj* invisible
onzichtbare • *adj* invisible
onzijdig • *adj* neuter
onzin • *n* bull, nonsense
onzorgvuldigheid • *n* neglect
onzuiver • *adj* mixed
ooft • *n* fruit
oog • *n* eye
oogappel • *n* lovely
ooghaar • *n* eyelash
ooglid • *n* eyelid
oogmerk • *n* aim, goal, intention

oogst • *n* crop, harvest
oogsten • *v* harvest
oogstfeest • *n* harvest
oogsttijd • *n* harvest
oogwenk • *n* moment
ooievaar • *n* stork
ooit • *adv* ever, once • *adj* one
ook • *adv* also, either, too
oom • *n* uncle
oompje • *n* uncle
oor • *n* ear
oord • *n* point
oordeel • *n* judgment, sentence, verdict
oordelen • *v* judge
oorkonde • *n* deed
oorkussen • *n* pillow
oorlog • *adj* belligerent • *n* war
oorlogszuchtig • *adj* belligerent
oorlogvoerend • *adj* belligerent
oorlogvoering • *n* warfare
oorsprong • *n* origin
oorspronkelijk • *adj* indigenous, native, original
oorzaak • *n* cause, reason
oostelijk • *adj* east, eastern
oosten • *n* east
Oostenrijk • *n* Austria
Oostenrijker • *n* Austrian
Oostenrijks • *adj* Austrian
Oostenrijkse • *n* Austrian
oosters • *adj* east
oostwaarts • *adv* east
op • *prep* at, by, on, over, up, upon • *adj* one
opa • *n* grandfather
opbellen • *v* call, phone, ring
opblazen • *v* explode • *n* inflation
opblinken • *v* shine
opbloeien • *v* flourish

opbouwen • *v* build
opbrengen • *v* pay
opbrengst • *n* crop, harvest, proceeds, result, revenue, yield
opdelen • *v* distribute
opdeling • *n* breakdown, distribution
opdienen • *v* serve
opdoemen • *n* loom
opdoen • *v* acquire
opdondertje • *n* pistol
opdracht • *n* assignment, command
opdragen • *v* charge, dedicate, set, task
opdrijven • *v* gun
opdrukken • *v* bench
opduikelen • *v* retrieve
opduiken • *v* surface
opeenhoping • *n* accumulation
opeenvolgend • *adj* consecutive
opeenvolging • *n* chain, succession
opeisen • *v* claim, demand
open • *adj* frank, free, open
openbaar • *adj* public
openbaring • *n* revelation
openbloeien • *v* flower
openbreking • *n* breakdown
opendoen • *v* open
opendraaien • *v* turn on
openen • *v* open
opengaan • *v* open
opengereten • *adj* broken
openhartig • *adj* frank
opening • *n* hole, opening
openlijk • *phr* above board
openmaken • *v* open
opensnijden • *v* slit

opentrekken • *v* expand
openvouwen • *v* unfold
openwrikken • *v* prize
openzetten • *v* expand
opera • *n* opera
operatie • *n* operation, surgery
operatiekamer • *n* surgery
operationeel • *adj* functional
opgang • *n* dawn
opgave • *n* abandonment, task
opgebruiken • *v* absorb
opgepast • *interj* cave
opgeruimd • *adj* bright
opgetogen • *adj* excited, gay
opgeven • *v* abandon, bury, forsake, give in, say • *adj* quit
opgewekt • *adj* up
opgewonden • *adj* excited
opgewondenheid • *n* excitement
opgezet • *adj* stuffed
opgooi • *n* toss
opgooien • *v* toss
opgraving • *n* dig
ophangen • *v* hang, sling, suspend
opheffen • *v* abolish, lift, raise
opheffing • *n* abolition
opheldering • *n* clarification
ophopen • *v* bunch, mass
ophouden • *v* cease, end, finish, slow, stop
opinie • *n* apprehension, opinion, stance
opkijken • *v* look up
opklaren • *v* clear
opkomen • *v* occur, rise
opkomst • *n* emergence, turnout
oplader • *n* charger
oplage • *n* circulation

oplawaai • *n* belt
opleggen • *v* assess, impose
opleiden • *v* coach, educate
opleiding • *n* training
opletten • *v* listen, watch
opleveren • *v* output, result
oplichten • *v* feature, scam
oplichter • *n* fraud
oplichterij • *n* fraud
oplichting • *n* fraud, scam
oplopen • *v* catch
oplossen • *v* dissolve, resolve, solve, square
oplossing • *n* solution
opluchten • *v* relieve
opluchting • *n* relief
opmachtigen • *v* empower
opmaken • *v* collect
opmerkelijk • *adj* notable, remarkable • *adv* remarkably
opmerken • *v* note, notice, observe, spot
opmerking • *n* observation, statement
opmerkzaam • *adj* perceptive
opname • *n* absorption
opnemen • *v* absorb, record, soak, withdraw
opnieuw • *adv* again, over
opnoemen • *v* name
opoffering • *n* sacrifice
oppakken • *v* arrest, bust
opper • *n* cock
opperen • *v* cock, coin
oppermachtige • *adj* supreme
opperst • *adj* supreme
opperste • *adj* supreme
oppervlak • *n* surface
oppervlakkig • *adj* passing, shallow, superficial • *adv* superficially

oppervlakkigheid • *n* superficiality
oppervlakte • *n* area, surface
oppiepen • *v* page
oppoetsen • *v* buff, polish
opporren • *v* poke
oppositie • *n* opposition
oppotten • *v* pot
opraken • *v* run out
oprecht • *adj* frank, real, sincere • *adv* truly
oprechtheid • *n* sincerity, truth
oprichten • *v* establish, rear
oprichter • *n* founder
oprichting • *n* establishment
oprijlaan • *n* drive
oprijzen • *n* rise
oprit • *n* drive, driveway
oproep • *n* appeal, call
oproepen • *v* draft, evoke, invoke, page, summon
oproer • *n* rebellion
oprollen • *v* roll
opruimen • *v* clean, remainder
opscheppen • *n* boast
opschrijven • *v* mark, note
opschrikken • *v* jump, start
opschroeven • *v* up
opschuiven • *v* creep
opslaan • *v* file, save, store, warehouse
opslag • *n* raise, service, storage
opslagplaats • *n* warehouse
opslorping • *n* merger
opsmukken • *v* decorate, gild, heighten
opsommen • *v* summarize
opsomming • *n* summary
opspannen • *v* tense
opsplitsen • *v* split
opsplitsing • *n* breakdown

opsporen • *n* trace
opspringen • *v* caper, jump, straighten
opstaan • *v* arise, get up, rebel, rise, stand
opstand • *n* rebellion
opstandeling • *n* rebel
opstapelen • *v* accumulate, collect, stack
opstapeling • *n* accumulation
opstappen • *v* board
opstarten • *v* boot
opstel • *n* essay
opstellen • *v* line
opstijgen • *n* rise • *v* soar
opstopping • *n* jam, traffic jam
opsturen • *v* send, ship
optekenen • *v* mark, record
optellen • *v* add, sum, total • *n* addition
optelling • *n* addition
optie • *n* flag, option
optimaal • *adj* ideal
optimistisch • *adj* optimistic
optioneel • *adj* optional
optocht • *n* parade
optreden • *v* act, appear, play • *n* gig
optrekken • *v* advance
opvallend • *adj* remarkable, striking
opvang • *n* shelter
opvangen • *n* catch
opvarende • *n* fare
opvatting • *n* concept, view
opvliegend • *adj* cranky
opvoeden • *v* bring up, educate, foster, rear
opvoeding • *n* education
opvoedkundig • *adj* educational

opvoeren • *v* act, increase, perform, stage
opvoering • *n* performance
opvolger • *n* heir, successor
opvreten • *v* eat
opvullen • *v* fill, fill up
opwaarts • *adv* up, upwards
opwarmen • *v* heat, warm
opwekken • *v* induce
opwellen • *v* well
opwerpen • *v* toss
opwinden • *v* excite, heat, thrill, wind
opzeggen • *v* denounce, line, say
opzet • *n* intention, layout, purpose
opzettelijk • *adj* deliberate, intentional • *adv* deliberately • *phr* on purpose
opzettelijke • *adj* deliberate
opzetten • *v* install, put on, set up
opzichter • *n* boss
opzijzetten • *v* discard
opzoeken • *v* look up, visit
opzuigen • *v* absorb
opzuigend • *adj* absorbent
opzuiging • *n* absorption
opzwellen • *v* swell
or • *n* or
oraal • *adj* oral
oranje • *adj* orange
orde • *n* order
ordelijk • *adj* orderly
ordenen • *v* arrange, digest, order
ordening • *n* organization
order • *n* order
ordinair • *adj* cheap
ordner • *n* file

oregano • *n* oregano
orgaan • *n* body, organ
organisatie • *n* body, organization
organisator • *n* host, organizer
organisch • *adj* organic
organische • *adj* organic
organiseren • *v* organize
organisme • *n* organism
orgel • *n* organ
orgelpijp • *n* pipe
oriëntantiepunt • *n* landmark
oriëntatie • *n* orientation
oriëntering • *n* orientation
oriënteringsvermogen • *n* orientation
origineel • *n* first, original • *adj* genuine • *adv* originally
orkaan • *n* hurricane
orkest • *n* orchestra
orkestbak • *n* orchestra
orkestra • *n* orchestra
ornament • *n* flourish
os • *n* ox, steer
Oslo • *n* Oslo
otter • *n* otter
oud • *adj* back, old
ouder • *adj* elder • *n* parent
ouderdom • *n* age
ouderlijk • *adj* parental
ouderling • *n* elder
ouderwets • *adj* old-fashioned, stale
Oudmacedonisch • *n* Macedonian
out • *adj* out
outfit • *n* outfit
output • *n* output
oven • *n* oven, stove
ovenpaal • *n* peel

over • *prep* about, above, of, on, over • *v* left • *adv* over
overal • *adv* anywhere, everywhere, throughout
overblijfsel • *n* remainder
overblijfselen • *n* debris, remains
overblijvend • *adj* odd, remainder
overbodig • *adj* redundant
overbodigheid • *n* redundancy
overboord • *adv* overboard
overbrengen • *v* convey, transport
overbrenging • *n* gear
overdadig • *adj* exuberant
overdenken • *v* digest
overdonderen • *v* thunder
overdracht • *n* carry
overdragen • *v* carry, convey, leave, port
overdrijven • *v* exaggerate
overduidelijk • *adj* obvious • *adv* obviously
overeenkomen • *v* agree, get along
overeenkomend • *adj* correspondent
overeenkomst • *n* agreement, contract, convention, treaty, understanding
overeenkomstig • *prep* according to • *adj* corresponding
overeenstemmen • *v* agree, compare, match
overeenstemmend • *adj* correspondent
overeenstemming • *n* accordance, agreement, consensus, harmony

overerving • *n* inheritance
overgaan • *v* pass
overgang • *n* transition
overgave • *n* abandonment, surrender
overgeërfd • *adj* indigenous
overgeven • *v* give in, hand over, yield
overhalen • *v* induce, persuade
overhand • *n* advantage
overhandigen • *v* give, hand
overheen • *prep* across
overheersen • *v* prevail
overheersend • *adj* dominant
overheersing • *n* dominance
overheid • *n* authority, government
overheidsdienst • *n* office
overheidsinkomsten • *n* revenue
overhellend • *adj* outstanding
overhemd • *n* shirt
overigens • *phr* by the way
overlaatst • *adv* recently
overlappen • *v* conflict
overlaten • *v* leave
overlating • *n* abandonment
overleden • *adj* dead
overledenen • *n* dead
overleg • *n* consideration, meeting
overleggen • *v* confer, discuss, talk
overleven • *v* get along, live, survive • *n* survival
overlevende • *n* survivor
overlever • *n* survivor
overleveren • *v* hand down
overleving • *n* survival
overlijden • *n* death, departure, passing • *v* die, pass away

overloop • *n* landing
overlopen • *v* defect
overmannen • *v* overwhelm
overmatig • *adj* excessive, extreme
overmatige • *adj* extreme
overmeesteren • *v* best
overnachten • *v* overnight, sleep over
overnachting • *n* night
overnemen • *v* absorb, carry
overnieuw • *adv* over
overpeinzing • *n* meditation
overplaatsen • *v* transfer
overreden • *v* persuade
overrijden • *v* run over
overrompeling • *n* crush
overschot • *n* remainder, surplus
overschouwen • *v* oversee
overschrijden • *v* exceed
overslaan • *v* skip
overspel • *n* adultery
overspoelen • *v* drown
overstag • *adv* about
overstap • *n* change
overstappen • *v* change
overste • *n* lord
oversteek • *n* crossing
oversteekplaats • *n* crosswalk
oversteken • *v* cross
overstijgen • *v* exceed
overstock • *n* remainder
overstrekken • *v* strain
overstromen • *v* flood
overstroming • *n* flood
overstuur • *adj* upset
overtollig • *adj* redundant, waste
overtreden • *v* break
overtreding • *n* violation

overtreffen • *v* exceed • *n* excess
overtrekken • *v* stall, trace
overtuigd • *adj* convinced
overtuigen • *v* convince, persuade, prevail
overtuiging • *n* conviction, persuasion
overvloed • *n* abundance, plenty
overvloedig • *adj* abundant, exuberant
overvol • *adj* crowded
overwegen • *v* consider, contemplate, deliberate
overwegend • *adv* mostly
overweging • *n* consideration, contemplation
overweldigen • *v* crush, drown, force, overwhelm
overweldigend • *adj* overwhelming
overwicht • *n* prevalence
overwinnaar • *n* conqueror
overwinnen • *v* beat, best, defeat, overcome, prevail, win
overwinning • *n* victory, win
overwogen • *adj* possible
overzees • *adj* overseas
overzetten • *v* translate
overzetting • *n* translation
overzicht • *n* digest, summary, view
overzien • *v* oversee
oxideren • *v* rust
oxydatie • *n* rust
ozon • *n* ozone
ozongat • *n* ozone hole
ozonlaag • *n* ozone layer

paal • *n* pale, pole, post, stake
paar • *n* couple, duo, pair • *adj* even
paard • *n* horse
paardenstal • *n* stable
paardrijden • *n* horseriding
paars • *adj* purple
pachter • *n* tenant
pad • *n* path, toad, trail, walk
paddenstoel • *n* mushroom
paf • *n* report
page • *n* page
pagina • *n* page, side
pagineren • *v* page
pak • *n* package, packet, suit
pakhuis • *n* warehouse
Pakistan • *n* Pakistan
pakken • *v* get, seize, take
pakket • *n* packet
Palau • *n* Palau
paleis • *n* court, palace
Palestijns • *adj* Palestinian
Palestijnse • *n* Palestinian
Palestina • *n* Palestine
paling • *n* eel
palingachtigen • *n* eel
palissade • *n* pale
palm • *n* palm
pan • *n* pan, tile
Panama • *n* Panama
Panamees • *adj* Panamanian
pand • *n* reach
panda • *n* panda
pandabeer • *n* panda
pandjesbaas • *n* uncle
paneel • *n* board

paneren • *v* bread
paniek • *n* panic
paniekaanval • *n* panic attack
panisch • *adj* frantic
panna • *n* nutmeg
panne • *n* breakdown
pannenkoek • *n* pancake
panter • *n* panther
pantoffel • *n* slipper
pantser • *n* armour
pap • *n* pop
papa • *n* father
papegaai • *n* parrot
papegaaien • *v* parrot
papier • *n* paper
papieren • *adj* paper
papierfabriek • *n* mill
pappa • *n* dad
paprika • *n* paprika
paraatheid • *n* attention
parabel • *n* parable
parachute • *n* parachute
parade • *n* parade
paradijs • *n* heaven
paraferen • *v* initial
paragraaf • *n* section
Paraguay • *n* Paraguay
parallel • *adj* parallel
parapente • *n* paragliding
paraplu • *n* umbrella
parasol • *n* umbrella
parcours • *n* course
pardoes • *adv* suddenly
pardon • *interj* sorry
pareerstang • *n* guard
paren • *v* cover, mate, pair
parenthese • *n* parenthesis
pareren • *n* ward
parfum • *n* essence, scent
Parijs • *n* Paris
paringsgezel • *n* mate

park • *n* garden, park
parkeergelegenheid • *n* parking
parkeren • *v* park
parkiet • *n* parakeet
parlement • *n* diet, parliament
parlementair • *adj* parliamentary
parochianen • *n* parish
parochie • *n* parish
parodie • *n* parody
parodiëren • *v* parody
participant • *n* participant
participatie • *n* participation
participeren • *v* participate
particulier • *n* citizen
partieel • *adj* partial
partij • *n* party
partijdig • *adj* biased, partial
partijpolitiek • *adj* political
partikel • *n* particle
partituur • *n* music, score
partizaan • *n* guerrilla
partizane • *n* guerrilla
partner • *n* mate, partner
partnerschap • *n* partnership
parttime • *adj* part-time
party • *n* party
pas • *adv* just, only
pasgeboren • *adj* newborn
pasgeborene • *n* baby, newborn
paspoort • *n* passport
pass • *n* passing
passage • *n* access, pass, passage, section
passagier • *n* passenger
passen • *v* fit, precede • *n* passing
passend • *adj* appropriate, fit, suitable

passie • *n* passion
passief • *adj* passive
pasta • *n* paste, spread
pastei • *n* paste, pie
pasteus • *adj* pasty
pastoor • *n* pastor, priest
pasvorm • *n* fit
patabel • *adj* cool
patat • *n* chip, potato
patent • *n* patent
patiënt • *n* patient
patiënte • *n* patient
patrijs • *n* partridge
patroneren • *v* encourage
patroon • *n* pattern
patrouille • *n* patrol
pauw • *n* peacock
pauze • *n* breath, pause, stop
pauzeren • *v* break, pause
paviljoen • *n* ward
peen • *n* carrot
peer • *n* light bulb, pear
peilen • *v* cast, poll
peinzen • *v* think
peis • *n* peace
pek • *n* pitch
Peking • *n* Beijing
pelikaan • *n* pelican
pellen • *v* shell
pels • *n* fur, skin • *adj* furry
pelzig • *adj* furry
pen • *n* pen
pendant • *n* counterpart
pendelen • *v* drive
penetreren • *v* fuck, penetrate
penis • *n* penis
pennenvogel • *n* butterfly
pennenzak • *n* pencil case
penny • *n* penny
penseel • *n* paintbrush

pensioen • *n* pension, retirement
pension • *n* pension
pensioneren • *v* pension
pensionering • *n* retirement
pepel • *n* butterfly
peper • *n* pepper
peperen • *v* devil
per • *prep* by, per, via
perceel • *n* plot, premise
perceptie • *n* image, perception
perenboom • *n* pear
perfect • *adj* holy, ideal, perfect • *adv* perfectly
perfecte • *adj* perfect
perfectie • *n* ideal, perfection
perfectioneren • *v* perfect
periode • *n* era, period
periodiek • *adv* periodically
permanent • *adj* permanent
permissie • *n* approval
perron • *n* platform
pers • *n* Persian, press
Pers • *n* Persian
persen • *v* juice, squeeze
personage • *n* character, figure
personeel • *n* personnel, staff
personen • *n* people
persoon • *n* person
persoonlijk • *phr* in the flesh, in person • *adj* personal, private
persoonlijkheid • *n* character, identity, personality
persoonsbeveiliger • *n* bodyguard
persoonsgegevens • *n* detail
perspectief • *n* perspective
perspectivisch • *adj* perspective
persuaderen • *v* persuade
Peru • *n* Peru
Peruaan • *n* Peruvian

Peruaans • *adj* Peruvian
Peruaanse • *adj* Peruvian
perzik • *n* peach
perzikboom • *n* peach
Perzisch • *adj* Persian
Perzische • *n* Persian
pest • *n* plague
pesten • *v* devil, dog, harass, needle, plague
pesterij • *n* harassment
pestkop • *n* prick
pet • *n* cap, hat
peterselie • *n* parsley
petitie • *n* petition
petroleum • *n* oil
peuk • *n* butt
peul • *n* legume
peulvrucht • *n* legume
peuter • *n* toddler
peuterspeelzaal • *n* nursery
pianist • *n* pianist
piano • *n* piano
pictogram • *n* icon
piek • *n* peak, pike, summit
piekfijn • *adj* mint
piekfijne • *adj* mint
piep • *n* peep
piepen • *v* peep
pieper • *n* potato
piepklein • *adj* tiny
pier • *n* worm
pietluttig • *adj* fussy
pif • *n* report
pij • *n* habit
pijl • *n* arrow, bolt
pijn • *n* burn, pain
pijnbank • *n* rack
pijnboom • *n* pine
pijnigen • *v* hurt, offend
pijniging • *n* torture
pijnlijk • *adj* painful, sore

pijnloos • *adj* painless
pijnstiller • *n* painkiller
pijp • *n* pipe
pijpen • *v* blow
pijpleiding • *n* pipeline
pik • *n* prick
pikant • *adj* hot, saucy, spicy
pikantheid • *n* heat
pikzwart • *adj* jet
pil • *n* pill
piloot • *n* pilot
pilot • *n* pilot
pin • *n* pin
pinda • *n* peanut
pinguïn • *n* penguin
pinnen • *v* withdraw
pion • *n* man, stone
pioneer • *n* pioneer
pionier • *n* pioneer
piraat • *n* pirate
piramide • *n* pyramid
piranha • *n* piranha
pirateren • *v* pirate
piraterij • *n* piracy
pistool • *n* gun, pistol
pit • *n* gas, pit, stone
pittig • *adj* hot
pittoresk • *adj* quaint
pizza • *n* pizza
plaag • *n* plague
plaat • *n* blade, disk, leaf, plate
plaatje • *n* image, picture
plaats • *n* location, place, point, ranking, situation, spot, square
plaatsbepaling • *n* orientation
plaatselijk • *adj* local
plaatsen • *v* place, put
plaatshouder • *n* placeholder
plaatsvervangend • *adj* secondary
plaatsvervanger • *n* alternate, replacement, substitute
plaatsvinden • *v* be, occur
plafond • *n* ceiling, roof
plagen • *v* devil, dog, needle, tease
plagiaat • *n* plagiarism
plak • *n* slice
plakaat • *n* bill
plakken • *v* adhere, paste, stick
plan • *n* agenda, card, idea, layout, map, plan, scheme
planeet • *n* planet
planetarium • *n* planetarium
plank • *n* board, shelf
plannen • *v* calculate, plan, program
planner • *n* calculator
plant • *n* cabbage, plant, vegetable
plantaardig • *adj* vegetable
planten • *v* plant
plantenrijk • *n* kingdom
plas • *n* pool
plassen • *v* water, wet
plastic • *adj* plastic
plastiek • *n* plastic
plastisch • *adj* plastic
plat • *adj* flat
plataan • *n* plane
platenhoes • *n* sleeve
platenmaatschappij • *n* studio
platform • *n* platform
platformschoen • *n* platform
platmaken • *v* even
plattegrond • *n* map
platteland • *n* country, countryside
plattelander • *n* peasant
plattelands • *adj* country
plaveien • *v* flag

player • *n* player
plechtigheid • *n* ceremony, dignity
pleegzorg • *n* foster care
pleidooi • *n* plea
plein • *n* place, square
pleiten • *v* plead
plek • *n* point, spot
plenzen • *v* bucket
pletten • *v* crush
pletwals • *n* roll
pletwalsen • *v* roll
plezant • *adj* fun
plezier • *n* delight, fun, lust, pleasure
plezierig • *adj* fun, pleasant
plicht • *n* duty, requirement
plichtsbewust • *adj* conscientious
plint • *n* die
ploeg • *n* crew, side, team
ploegen • *v* ear, till
ploegendienst • *n* shift
ploegenstelsel • *n* shift
ploeggenoot • *n* teammate
plofstof • *n* explosive
plooi • *n* fold
plooien • *v* bend, curve, fold
plop • *n* pop
plot • *n* plot
plots • *adv* suddenly
plotseling • *adj* sudden • *adv* suddenly
plotselinge • *adj* sudden
plotsklaps • *adv* suddenly
plotten • *v* plot
plug • *n* plug
pluim • *n* feather
pluimen • *v* pluck
pluizig • *adj* fluffy
pluk • *n* pluck, shock

plukken • *v* pick, pluck
plunderen • *v* sack
pluriform • *adj* versatile
plus • *adj* plus • *prep* plus
pocheren • *v* poach
podium • *n* platform, stage
poeder • *n* powder
poef • *n* report
poel • *n* pool
poen • *n* bread
poep • *n* shit
poepen • *v* root
poes • *n* queen
poëtisch • *adj* poetic
poets • *n* polish
poetsen • *v* clean, polish
poetsmiddel • *n* polish
poëzie • *n* poetry
pogen • *v* attempt, try
poging • *n* attempt, endeavor, essay, stab
poken • *v* poke
poker • *n* poker
Polen • *n* Poland
policor • *adj* politically correct
polieren • *v* shine
polijsten • *v* polish
polis • *n* policy
politica • *n* politician
politicus • *n* politician
politie • *n* police
politieagent • *n* policeman
politieagente • *n* policeman
politiebureau • *n* police station
politiek • *n* policy • *v* politics • *adj* political
pollutie • *n* pollution
pols • *n* pulse, wrist
pomp • *n* gas station, pump
pompen • *v* drill, pump
pompoen • *n* pumpkin

pompstation • *n* gas station
pond • *n* pound
pont • *n* ferry
pontveer • *n* ferry
pony • *n* bang, pony
pook • *n* poker
pookster • *n* poker
pool • *n* pole, post
Pools • *adj* Polish
poort • *n* gate, port
poorten • *v* nutmeg
poorter • *n* citizen
poosje • *n* instant, while
poot • *n* foot, leg, temple
pootje • *n* foot
pop • *n* doll
populair • *adj* popular
populatie • *n* population
porno • *adj* hot
porrei • *n* leek
porren • *v* finger, poke
porselein • *n* porcelain
port • *n* port
porten • *v* port
portie • *n* portion, serving
portiek • *n* porch
portier • *n* door, porter
porto • *n* port
portret • *n* picture, portrait
Portugal • *n* Portugal
Portugees • *adj* Portuguese
Portugese • *adj* Portuguese
poseren • *v* pose
positie • *n* place, position, situation, stand
positief • *adj* plus, positive
post • *n* entry, mail, post
postbesteller • *n* mailman
postbode • *n* mailman
postcode • *n* postcode
posten • *v* post

poster • *n* poster
posteren • *v* station
posterij • *n* post office
postkantoor • *n* post office
pot • *n* jar, pot
poten • *v* plant
potentieel • *adj* potential • *adv* potentially
potig • *adj* sturdy
potlood • *n* pencil
potloodslijper • *n* pencil sharpener
potten • *v* down, pot
pottenbakkerij • *n* pottery
potterij • *n* pottery
pouren • *v* pour
praalwagen • *n* float
praatgraag • *adj* talkative
pracht • *n* glory
prachtexemplaar • *n* beauty
prachtig • *adj* amazing, clean, fine, great, magnificent
praesidium • *n* presidency
praktijk • *n* practice
praktisch • *adj* practical, sensible • *adv* virtually
praline • *n* chocolate
praten • *v* talk
precedent • *n* precedent
precies • *adj* accurate, exact, precise • *adv* exactly, just, precisely
precieus • *adj* dear
precijs • *adj* precise
precisie • *n* accuracy
predikant • *n* preacher
prediken • *v* preach
prediker • *n* preacher
prefereren • *v* prefer
prefix • *n* prefix
pregnant • *adj* pregnant

prei • *n* leek
preken • *v* preach
premie • *n* bonus, incentive, premium, prize
première • *n* opening, premiere
prent • *n* picture
preparaat • *n* preparation
prepareren • *v* prepare
presentatie • *n* presentation
presenteren • *v* offer, present
presentje • *n* gift
president • *n* president
presidentschap • *n* presidency
prestatie • *n* accomplishment, achievement, feat
prestige • *n* prestige
prestigieus • *adj* prestigious
pret • *n* fun
pretenderen • *v* pretend
pretentieloos • *adj* unassuming
pretentieus • *adj* pretentious
prettig • *adj* kind
preventie • *n* prevention
priem • *adj* prime
priemgetal • *n* prime
priester • *n* priest
prijs • *n* fee, premium, price, prize, reward
prijsgeven • *v* abandon, give in
prijsopgave • *n* quote
prijzen • *v* label, praise, price, prize
prijzig • *adj* costly
prik • *n* prick, soft drink
prikkel • *n* incentive
prikkelbaar • *adj* grouchy, petulant
prikkelen • *v* excite, stimulate
prikken • *v* fork, prick
prikkie • *n* song
priklimonade • *n* soft drink

pril • *adj* raw
prille • *adj* raw
prima • *adj* all right, prime
primair • *adj* prime
primen • *v* prime
primitief • *adj* crude
primitieveling • *n* barbarian
principe • *n* principle
prins • *n* prince
prinses • *n* princess
printen • *v* print
printer • *n* printer
prior • *n* prior
prisma • *n* rainbow
privaat • *adj* private
privacy • *n* privacy
privatisering • *n* privatization
privé • *adj* private
privilege • *n* privilege
probeersel • *n* attempt
proberen • *v* attempt, endeavor, try
probleem • *n* problem
probleemoplosser • *n* engineer
problematisch • *adj* problematic
procedure • *n* procedure
procedurefout • *n* error
procent • *n* percent
proces • *n* case, process, trial
processor • *n* processor
producent • *n* producer
producer • *n* producer
produceren • *v* output, produce, put out
product • *n* product
productie • *n* offspring, output, production
productief • *adj* productive
productlijn • *n* line
produkt • *n* produce

proef • *n* experiment, test, trial
proefkonijn • *n* guinea pig
proefschrift • *n* thesis
proefverlof • *n* probation
proefwerk • *n* examination
proeven • *v* taste, try
prof • *n* professor
professional • *n* professional
professioneel • *adj* professional
professor • *n* professor
proficiat • *interj* congratulations
profiel • *n* profile
profijt • *n* profit
programma • *n* agenda, cycle, platform, program, schedule
programmatuur • *n* software
programmeren • *v* code, program • *n* programming
programmeur • *n* developer, programmer
progressief • *adj* progressive
project • *n* project
projecteren • *v* project
projectontwikkelaar • *n* developer
projector • *n* projector
proloog • *n* prologue
prominent • *adj* outstanding, prominent
promotie • *n* promotion
promotor • *n* developer
promoveren • *v* graduate, promote, up
prooi • *n* kill, prey
prop • *n* plug
propaganda • *n* propaganda
proper • *adj* clean, neat, tidy
propositie • *n* proposition
protagonist • *n* protagonist
proteïne • *n* protein

protest • *n* protest
protestactie • *n* protest
protesteren • *v* except, object, protest
protserig • *adj* ostentatious
proviand • *n* fare
provinciaal • *adj* provincial
provincie • *n* province
provisie • *n* provision
provocatie • *n* provocation
proza • *n* prose
prudent • *adj* careful, prudent
pruik • *n* wig
pruilerig • *adj* sulky
pruim • *n* plum
pruimenboom • *n* plum
prul • *n* trash
pseudoniem • *n* pseudonym
psyche • *n* mind
psychiater • *n* psychiatrist
psychiatrie • *n* psychiatry
psychiatrisch • *adj* psychiatric
psychologie • *n* psychology
psychologisch • *adj* psychological
psycholoog • *n* psychologist
publicatie • *n* publication
publiceren • *v* publish
publiciteit • *n* publicity
publiek • *n* audience, public
puin • *n* debris, ruin
puinhoop • *n* mess, ruin
puist • *n* spot
puls • *n* beat
punch • *n* punch
punt • *n* dot, goal, grade, mark, period, pile, point, stop, thing, tip
puntenslijper • *n* pencil sharpener
puntig • *adj* sharp

puntkomma • *n* stop
puntstuk • *n* frog
pupil • *n* pupil, ward
pure • *adj* straight
purper • *n* purple
purperen • *adj* purple
put • *n* pit, well
putten • *v* draw
puur • *adj* absolute, neat, pure, straight
puzzel • *n* puzzle
python • *n* python

Qatar • *n* Qatar
queeste • *n* quest
queryen • *v* query
questionnaire • *n* questionnaire
quiz • *n* quiz
quoteren • *v* quote
quotum • *n* quota

ra • *n* yard
raad • *n* advice, board, council
raadgeven • *v* advise
raadgevend • *adj* advisory
raadgever • *n* advisor
raadhuis • *n* city hall
raadplegen • *v* consult
raadsel • *n* puzzle
raadselachtig • *adj* mysterious, puzzling
raadsheer • *n* justice
raadsman • *n* lawyer
raadzaam • *adj* advisable
raaf • *n* raven
raakpunt • *n* interface, meeting
raakvlak • *n* meeting
raam • *n* window
raamwerk • *n* frame, framework
raar • *adj* funny, odd, strange, weird
rabbijn • *n* rabbi
racisme • *n* racism
racist • *n* racist
racistisch • *adj* racist
rad • *n* wheel
radeloos • *adj* desperate
raden • *n* guess • *v* imagine
radijs • *n* radish
radijsje • *n* radish
radio • *n* radio
radioactief • *adj* radioactive
radioactiviteit • *n* radioactivity
radius • *n* radius
rafelsteen • *n* die
rage • *n* trend
rail • *n* rail
raken • *v* hit, meet, strike, touch
raket • *n* missile, rocket
ral • *n* rail
rammelen • *v* starve
rammelkar • *n* bucket
rammenas • *n* radish
ramp • *n* disaster
rampspoedig • *adj* disastrous
rampzalig • *adj* disastrous

ranch • *n* ranch
rand • *n* border, collar, edge, rim
randvoorwaarde • *n* constraint
rang • *n* rank, ranking
rangorde • *n* hierarchy
rangschikken • *v* classify, sort
rangschikking • *n* ranking
ranking • *n* ranking
rans • *adj* rank
ranzig • *adj* rank
rap • *adj* fast, quick
rapport • *n* report, survey
rapporteren • *v* narrate, report, survey
rariteit • *n* oddity
ras • *n* kind, race
rasp • *n* float
raspen • *v* grate
raster • *n* grid, grill
rat • *n* rat
rationalisatie • *n* rationalization
rationeel • *adj* rational
rationele • *adj* rational
rauw • *adj* raspy, raw
rauwe • *adj* raw
ravenzwart • *adj* raven
razen • *v* race, rage
razernij • *n* outrage, rage
razzia • *n* bust, raid
reactie • *n* reaction
reactieproduct • *n* product
reageren • *v* act, react
real • *n* real
realiseren • *v* achieve, attain, realize
realisme • *n* realism
realiteit • *n* reality
rebel • *n* rebel
rebelleren • *v* rebel

rebellie • *n* rebellion
recenseren • *v* review
recensie • *n* review
recent • *adj* recent
recentelijk • *adv* recently
recept • *adj* prescription • *n* receipt, recipe
receptie • *n* reception
receptionist • *n* receptionist
recessie • *n* recession
rechercheur • *n* detective
recht • *n* justice, law, right • *adj* legal, sheer, straight
rechtbank • *n* court
rechtdoor • *adv* straight
rechte • *n* line • *adj* straight
rechten • *v* straighten
rechter • *n* judge
rechterhand • *n* right
rechterkant • *n* right
rechthebbend • *adj* entitled
rechtmaken • *v* straighten
rechtmatig • *adj* just, lawful
rechts • *adj* right • *n* right
rechtsbedeling • *n* justice
rechtschapen • *adj* fair
rechtshandig • *n* right-handed
rechtspreken • *v* judge
rechtstreeks • *phr* on air • *adv* directly, live
rechtszaak • *n* case, lawsuit, plea
rechtszaal • *n* courtroom
rechttrekken • *v* straighten, stretch, true
rechtuit • *phr* above board • *adv* directly
rechtvaardig • *adj* fair, just
rechtvaardigen • *v* justify
rechtvaardigheid • *n* justice
rechtvaardiging • *n* justification

rechtzaak • *n* trial
rechtzetten • *v* retrieve, true
reclame • *n* advertisement
reclamespot • *n* commercial, spot
reconciliëren • *v* reconcile
record • *n* record
rector • *n* principal
recupereren • *v* recover
recyclage • *n* recycling
recycleren • *v* recycle
redacteur • *n* editor
redden • *v* rescue, retrieve, save
redding • *n* rescue, retrieve
reddingsvest • *n* life jacket
reddingszwemmer • *n* lifeguard
rede • *n* anchorage, discourse, harbor, mind, reason, speech
redekunde • *n* rhetoric
redelijk • *adj* decent, fair, rational • *adv* reasonably
redelijkerwijs • *adv* reasonably
reden • *n* cause, purpose, reason
redeneren • *v* reason
redenering • *n* reasoning
redetwisten • *v* argue, quarrel
redigeren • *v* compose
redmiddel • *n* expedient
ree • *n* anchorage, harbor
reeds • *adv* already
reëel • *adj* actual, real
reeks • *n* series, suite
reële • *adj* real
reep • *n* bar, slip
reet • *n* ass, butt, crack, gap
referendum • *n* referendum
referent • *n* reference
referente • *n* reference

referentie • *n* reference, referee
reflectie • *n* reflection
reform • *n* reform
regel • *n* line, measure, rail, rule
regelaar • *n* governor
regelbaar • *adj* variable
regelen • *v* arrange, deal, govern, prefix, regulate, set up
regeling • *n* arrangement
regelmaat • *n* frequency
regelmatig • *adj* regular
regen • *n* rain
regenachtig • *adj* rainy
regenboog • *n* rainbow
regenbui • *n* shower
regenen • *v* rain
regenjas • *n* raincoat
regenjasje • *n* condom
regenscherm • *n* umbrella
regenwoud • *n* rainforest
regeren • *v* govern, reign, rule
regering • *n* government, ministry, reign
regio • *n* area, district, region
regionaal • *adj* regional
regisseur • *n* director
register • *n* index, rank, roll
registratie • *n* registration
reglement • *n* regulation
reiken • *v* stretch
reikwijdte • *n* scope
rein • *adj* absolute, pure, tidy
reinigen • *v* clean
reiniger • *n* cleaner
reinigingsmiddel • *n* cleaner
reis • *n* journey, tour, travel, trip
reisbureau • *n* travel agency
reisbus • *n* coach

reizen • *v* fare, journey, travel
reiziger • *n* fare, traveller
rek • *n* rack, shelf, stretch
rekenaar • *n* computer
rekenen • *v* bill, calculate
rekening • *n* account, check, invoice
rekenkunde • *n* arithmetic
rekenmachine • *n* calculator
rekenschap • *n* account
rekensom • *n* sum
rekentafel • *n* table
rekentoestel • *n* calculator
rekenvaardigheid • *n* mathematics
rekken • *v* stretch
rekruteren • *v* recruit
rekruut • *n* recruit
rekwisiet • *n* property
relatie • *n* link, relation, relationship
relatief • *adj* relative • *adv* relatively
relevant • *adj* relevant
reliëf • *n* relief
religie • *n* religion
religieus • *adj* religious
rem • *n* brake
remedie • *n* cure, remedy
remmen • *n* brake • *v* inhibit
remmer • *n* brake
remming • *n* brake, inhibition
ren • *n* pen
rendement • *n* efficiency
renderen • *v* render
rendier • *n* reindeer
rennen • *v* run
renner • *n* runner
rente • *n* interest
reparatie • *n* repair
repareren • *n* fix • *v* repair

repertorium • *n* directory
repeteren • *v* rehearse
repetitie • *n* loop, rehearsal
reporter • *n* journalist
representatief • *adj* representative
representeren • *v* represent
republiek • *n* republic
republikein • *n* republican, Republican
republikeins • *adj* republican
republikeinse • *n* Republican
reputatie • *n* reputation
reservaat • *n* conserve
reservatie • *n* booking, reservation
reserve • *adj* backup • *n* reserve, stock
reservekopie • *n* backup
reserveren • *v* book, reserve
residentie • *n* residence
resolutie • *n* resolution
resoluutheid • *n* resolution
resonantie • *n* resonance
respect • *n* regard, respect
respecteren • *v* honor, observe, respect
respectievelijk • *adv* respectively
respectvol • *adj* respectful
respons • *n* reply, response
responsabel • *adj* responsible
ressource • *n* resource
rest • *n* remainder, rest
restant • *n* remainder
restanten • *n* debris
restaurant • *n* restaurant
restauratie • *n* restoration
restaureren • *v* restore
resteren • *v* remain
resterend • *adj* odd, remainder

resultaat • *n* outcome, product, result
resulteren • *v* result
resumé • *n* abstract
retorica • *n* rhetoric
retoriek • *n* rhetoric
retour • *n* return
retourneren • *v* return
retraite • *n* retreat
reu • *n* dog
reuk • *n* scent, smell
reukvermogen • *n* scent
reukzin • *n* smell
reus • *n* giant
reusachtig • *adj* giant, huge
reuzel • *n* lard
reuzin • *n* giant
revelatie • *n* revelation
revolutie • *n* revolution
revolutionair • *n* revolutionary
revue • *n* review
reykjavik • *n* Reykjavik
rib • *n* rib
ribbe • *n* edge
richten • *v* aim
richting • *n* direction, line, orientation
richtingaanwijzer • *n* indicator
richtingscoëfficiënt • *n* slope
richtlijn • *n* guideline
ridderen • *v* dub
ridderlijkheid • *n* chivalry
ridderschap • *n* chivalry
riem • *n* belt
rigide • *adj* stiff
rij • *n* file, line, queue, rank, row, train
rijden • *v* cycle, drive, ride
rijder • *n* rider
rijgen • *v* string

rijk • *n* empire, kingdom, realm • *adj* rich
rijkdom • *n* wealth
rijksdag • *n* diet
rijm • *n* rhyme
rijmen • *v* agree, rhyme
rijmpje • *n* rhyme
rijmwoord • *n* rhyme
rijp • *adj* ripe
rijpaard • *n* mount
rijpen • *v* mature, ripe, season
rijpheid • *n* maturity
rijst • *n* rice
rijstrook • *n* lane
rijtuig • *n* van
rijvak • *n* lane
rijzen • *v* dawn, rise
rijzweepje • *n* crop
rillen • *v* shiver
rimpel • *n* line, wrinkle
ring • *n* basket, collar, ring
rinkelen • *v* ring
rioolrat • *n* rat
rippen • *v* rip
risico • *n* adventure, risk
riskant • *adj* risky
riskeren • *v* adventure, dare, risk, venture
rit • *n* drive, ride
ritme • *n* beat, rhythm
ritmisch • *adj* rhythmic
rits • *phr* on heat
ritsig • *phr* on heat
ritueel • *n* ritual
rivaal • *n* rival
rivaliteit • *n* rivalry
rivier • *n* river
rivierbedding • *n* riverbed
riviermond • *n* mouth
rob • *n* seal
robijn • *n* brilliant, ruby

robijnrood • *n* ruby
robot • *n* robot
robuust • *adj* robust
rock • *n* rock
roddel • *n* gossip
roddelaar • *n* gossip
roddelaarster • *n* gossip
roddelen • *v* gossip
roe • *n* rod
roede • *n* rod
roef • *n* cabin
roeien • *v* row
roem • *n* fame, glory
Roemeen • *n* Romanian
Roemeens • *adj* Romanian
Roemeense • *adj* Romanian
Roemenië • *n* Romania
roep • *n* call, name
roepen • *v* call, cry
roeren • *v* move, touch
roest • *n* rust
roestbruin • *n* rust
roesten • *v* rust
roestig • *adj* rusty
roestvrij • *adj* stainless
roffel • *n* roll
roffelen • *v* roll
rog • *n* ray
rok • *n* skirt
roken • *v* smoke • *n* smoking
rokeren • *v* castle
rol • *n* bolt, roll
rolbezetting • *n* cast
rollen • *v* bank, roll
rolstoel • *n* wheelchair
roltrap • *n* escalator
rolverdeling • *n* cast
Romaan • *n* Latin
roman • *n* novel
romance • *n* affair
romancier • *n* novelist

romanschrijver • *n* novelist
Rome • *n* Rome
Romein • *n* Latin, Roman
Romeins • *adj* Latin, Roman
Romeinse • *adj* Roman
rommel • *n* waste
rommelen • *v* root
rommelig • *adj* messy
romp • *n* chest
rond • *adv* about • *prep* around • *adj* circular, round
ronddraaien • *v* rotate
ronde • *n* beat, down, lap, round
rondgang • *n* tour
rondhangen • *v* dwell, hang, hang out
ronding • *n* flow
rondingen • *n* curve
rondleiding • *n* tour
rondom • *prep* about, around
rondpunt • *n* roundabout
rondreizen • *v* journey
rondsluipen • *v* sneak
rondspoken • *v* haunt
rondtrekken • *v* journey, wander
ronduit • *adv* frankly
ronselen • *v* draft, impress
röntgenapparaat • *n* X-ray
röntgenen • *v* X-ray
röntgenfoto • *n* X-ray
röntgenstraal • *n* X-ray
rood • *adj* red
roodborstje • *n* robin
roodborstlijster • *n* robin
roof • *n* steal
roofdier • *n* predator
rook • *n* smoke
room • *n* cream
roomijs • *n* ice cream

roos ● *adj* rose
roosgekleurd ● *adj* rose
rooskleurig ● *adj* pink, rose
rooskleurige ● *adj* pink
rooster ● *n* grate, grill
roosteren ● *v* roast, toast
ros ● *adj* ginger, red
rosse ● *adj* ginger, red
rot ● *adj* rotten ● *n* salt
rotatie ● *n* rotation
roteren ● *v* rotate
rotonde ● *n* roundabout
rots ● *n* rock
rotsformatie ● *n* formation
rotzak ● *n* shit
roulette ● *n* roulette
route ● *n* route, trail
rover ● *n* robber
roze ● *adj* pink, rose
rozemarijn ● *n* rosemary
rozenbottel ● *n* hip
rozenstruik ● *n* rose
rozig ● *adj* rose
rozijn ● *n* raisin
rubber ● *n* rubber
rudimentair ● *adj* crude
rug ● *n* back, spine
rugby ● *n* rugby
ruggengraat ● *n* backbone, spine
rugleuning ● *n* back
rugzak ● *n* backpack
ruig ● *adj* rough
ruiken ● *v* scent, smell
ruil ● *n* swap
ruilen ● *v* exchange, swap, trade
ruim ● *adj* full, loose ● *n* hold
ruimen ● *v* clear
ruimte ● *n* room, space
ruine ● *n* debris

ruïne ● *n* ruin
ruinen ● *v* whisper
ruïneren ● *v* beggar, ruin, wreck
ruis ● *n* noise
ruit ● *n* window
ruiter ● *adj* equestrian ● *n* horseman, mount, rider
rukken ● *v* pluck
rukwind ● *n* blast
rund ● *n* cow, neat
rundvee ● *n* cattle
rundvlees ● *n* beef
rups ● *n* caterpillar
Rus ● *n* Russian
Rusland ● *n* Russia
Russin ● *n* Russian
Russisch ● *adj* Russian
Russische ● *adj* Russian
rust ● *n* calm, half time, peace, rest, tranquillity
rusteloos ● *adj* restless
rusten ● *v* rest
rustig ● *adj* calm, cool, lithe, quiet, relaxed
rustteken ● *n* rest
ruw ● *adj* crude, harsh, physical, raw, rough
ruwe ● *adj* physical, raw
ruzie ● *n* argument, contention, do, quarrel, row
ruzieachtig ● *adj* quarrelsome
ruziën ● *v* quarrel
Rwanda ● *n* Rwanda

saai • *adj* boring, dull, fade
sacraal • *adj* holy
safe • *n* safe
saffiaantje • *n* cigarette
saffier • *n* sapphire
saffierblauw • *adj* sapphire
saffierblauwe • *adj* sapphire
saffraan • *n* saffron
saignant • *adj* rare
sake • *n* sake
salade • *n* lettuce, salad
salamander • *n* salamander
salaris • *n* salary, wage
salarisstop • *n* freeze
saldo • *n* amount, credit
salt • *n* salt
samen • *adv* together
samenbreien • *v* knit
samendrijven • *v* compel, drive
samengaan • *v* merge
samengaand • *adj* inherent
samengesteld • *adj* compound
samengevat • *adj* brief
samenhang • *n* consistency
samenhangen • *v* adhere
samenhangend • *adj* coherent
samenhopen • *v* mass
samenklank • *n* harmony
samenkomen • *v* assemble, get together, join, merge
samenkomst • *n* junction, meeting
samenleving • *n* society
samennemen • *v* mass
samenpersen • *v* impact, squash
samenscholing • *n* congregation
samensmelting • *n* fusion, merger
samenspraak • *n* consultation
samenstellen • *v* compile, compose
samenstelling • *n* composition, consist
samentrekking • *n* contraction
samenvallen • *v* coincide
samenvallend • *adj* coincidental
samenvatten • *v* abstract, summarize
samenvatting • *n* abstract, summary
samenvloeien • *v* merge
samenvloeiing • *n* junction, merge
samenvoegen • *v* join, merge
samenwerken • *v* accompany, collaborate, cooperate
samenwerkend • *adj* cooperative
samenwerking • *n* collaboration, cooperation
samenwerkingsverband • *n* cooperation
samenwonen • *v* accompany
samenzweerder • *n* conspirator
samenzweren • *v* compass, conspire
samenzwering • *n* conspiracy, plot
Samoa • *n* Samoa
sanctie • *n* sanction
sandaal • *n* sandal
sandwich • *n* sandwich
sap • *n* juice
sappig • *adj* juicy
sarcasme • *n* sarcasm
sarcastisch • *adj* sarcastic
sardien • *n* sardine
satanisch • *adj* devilish
satelliet • *n* satellite
Saturnus • *n* Saturn

saus • *n* sauce
sausachtig • *adj* saucy
saxofoon • *n* saxophone
scampi • *n* prawn
scanderen • *v* scan
scannen • *v* scan
scanner • *n* scanner
scenario • *n* scenario
scène • *n* scene
sceptisch • *adj* skeptical
schaaf • *n* plane
schaak • *n* check, chess
schaakbord • *n* chessboard
schaakmat • *interj* checkmate
schaakspel • *n* chess
schaakster • *n* chess player
schaal • *n* bowl, scale, shell
schaamhaar • *n* bush
schaamte • *n* shame
schaamteloos • *adj* shameless
schaap • *n* sheep
schaar • *n* scissors
schaars • *adj* scarce
schaarste • *n* scarcity
schacht • *n* pledge
schade • *n* damage, harm
schadelijk • *adj* harmful
schadeloos • *adj* harmless
schaden • *v* harm
schaduw • *n* shade, shadow
schaduwen • *v* shade, tail
schakel • *n* link
schakelaar • *n* switch
schakelen • *v* gear
schaken • *n* chess
schaker • *n* chess player
schakering • *n* hue, shade
schalm • *n* link
schamel • *adj* cheap, mere
schamper • *adj* caustic
schandaal • *n* scandal

schande • *n* scandal, shame
schandelijk • *adj* outrageous
schap • *n* rack, shelf
schappelijk • *adj* fair
schare • *n* crowd
scharlaken • *adj* scarlet
scharlakenrood • *adj* scarlet
schat • *n* dear, honey, love, lovely, treasure
schatje • *n* baby, honey
schatten • *n* approximation • *v* estimate, judge, measure, price, prize
schattig • *adj* adorable, cute, sweet
schatting • *n* approximation, assessment, estimate, forecast
schaven • *v* plane, skin
schavot • *n* scaffold
schedel • *n* skull
scheen • *n* leg
scheenbeen • *n* leg
scheepsmaat • *n* mate
scheepsruim • *n* hold
scheepvaart • *n* navigation
scheerapparaat • *n* shaver
scheiden • *v* cut, separate, strain
scheiding • *n* division, rent, separation
scheidingslijn • *n* borderline
scheidsrechter • *n* judge, referee
scheikunde • *n* chemistry
scheikundig • *n* chemistry • *adj* chemical
scheikundige • *n* chemist
schel • *adj* shrill
schelden • *v* swear
schelm • *n* fox

schelp • *n* shell
schelvis • *n* haddock
schema • *n* agenda, calendar, card, plan, scheme
schemering • *n* darkness
schenden • *v* rape, violate
schending • *n* breach, violation
schenken • *v* confer, gift, pour
schenker • *n* donor
schenking • *n* donation
schep • *n* spade
schepeling • *n* crew
scheppen • *v* create
schepper • *n* creator
schepping • *n* creation
schepsel • *n* creature
scheren • *v* barber, shave, shear • *n* soar
schermafbeelding • *n* screenshot
schermafdruk • *n* screenshot
schermbeveiliger • *n* screensaver
scherp • *adj* acute, bitter, caustic, jittery, live, sharp, shrill
scherpen • *v* sharpen
scherpte • *n* definition
scherpzinnig • *adj* clever, sharp
schertsfiguur • *n* nobody
schets • *n* draft, sketch
scheur • *n* rent, tear
scheuren • *v* rip, tear
scheut • *n* shoot
scheutig • *adj* generous
schicht • *n* bolt
schiereiland • *n* point
schieten • *v* boot, fire, shoot
schietgat • *n* loophole
schietpartij • *n* shooting
schietschijf • *n* target
schietspoel • *n* shuttle
schiften • *v* separate
schijf • *n* disk, slice
schijn • *n* cast, shine
schijnbaar • *adv* apparently
schijnen • *v* seem, shine, strike
schijt • *n* shit
schijten • *v* shit
schikken • *v* arrange, set up
schil • *n* peel
schilder • *n* painter
schilderen • *v* paint • *n* painting
schilderij • *n* painting
schilderkunst • *n* painting
schilderslinnen • *n* canvas
schilderwerk • *n* painting
schildhoofd • *n* chief
schildhouder • *n* supporter
schildpad • *n* turtle
schildvoet • *n* base
schillen • *v* peel, shell
schim • *n* ghost, shade
schip • *n* boat, ship
schisma • *n* rent
schitterend • *adj* brilliant
schmink • *n* makeup
schnabbel • *n* gig
schoen • *n* shoe
schoenlapper • *n* butterfly
schoenveter • *n* shoelace
schoenzool • *n* sole
schoer • *n* shower
schok • *n* shock
schokeffect • *n* impact
schokken • *v* shake
schokkend • *adj* outrageous
scholen • *v* school
schommel • *n* swing
schommelen • *v* rock, swing
schommelend • *adj* variable

schone • *n* beauty
school • *n* school
schoolbord • *n* blackboard
schoolhoofd • *n* principal
schoolmeester • *n* teacher
schoon • *adj* beautiful, clean
schoonbroer • *n* brother-in-law
schoondochter • *n* daughter-in-law
schoonheid • *n* beauty
schoonmaken • *v* clean
schoonmaker • *n* cleaner
schoonmoeder • *n* mother-in-law
schoonvader • *n* father-in-law
schoonzoon • *n* son-in-law
schoonzus • *n* sister-in-law
schoonzuster • *n* sister-in-law
schoorsteen • *n* chimney
schoorvoetend • *adj* hesitant, reluctant
schoot • *n* lap, sheet
schop • *n* kick, spade
schoppen • *v* boot, kick • *n* spade
schorpioen • *n* scorpion
schorsen • *v* suspend
schort • *n* apron
schot • *n* shot
schouder • *n* shoulder
schouderophalen • *n* shrug
schouw • *n* chimney
schouwspel • *n* play
schraapzucht • *n* greed
schragen • *v* uphold
schram • *n* scrape
schrander • *adj* shrewd
schranderheid • *adj* quaint
schrappen • *v* cancel, cross out
schreeuw • *n* scream, shout

schreeuwen • *v* call, cry, scream, shout, yell
schreeuwerig • *adj* loud
schreien • *v* cry, weep
schrift • *n* notebook, writing
Schrift • *n* Bible
schrijden • *v* stride
schrijfberd • *n* desk
schrijfmachine • *n* typewriter
schrijfsel • *n* writing
schrijfster • *n* author, writer
schrijftafel • *n* desk
schrijven • *v* pen, write • *n* writing
schrijver • *n* author, writer
schrik • *n* fear
schrikken • *v* startle
schroef • *n* screw, worm
schroefpot • *n* jar
schroeven • *v* screw
schroevendraaier • *n* screwdriver
schroom • *n* modesty
schroomvallig • *adj* shy, timid
schub • *n* scale
schuchter • *adj* shy, timid
schudden • *v* cut, rock, shake
schuif • *n* drawer, slide
schuifaf • *n* slide
schuifdeur • *n* sliding door
schuifster • *n* slipper
schuilnaam • *n* pseudonym
schuilplaats • *n* refuge, shelter
schuim • *n* head, yeast
schuinbalk • *n* bend
schuiven • *v* shove, slide
schuiver • *n* slipper
schuld • *n* blame, debt, guilt
schulden • *n* debt
schuldgevoel • *n* guilt
schuldig • *n* guilt • *adj* guilty

schuldige • *n* offender
schulp • *n* shell
schunnig • *adj* dirty
schup • *n* spade
schuppen • *n* spade
schuren • *v* grind, sand
schuttingtaal • *n* French
schuur • *n* barn, shed
schwalbe • *n* dive
scoop • *n* scope
score • *n* mark
scoren • *v* score
screenshot • *n* screenshot
scriptie • *n* thesis
scrupuleus • *adj* fastidious, meticulous
sculptuur • *n* sculpture
secondant • *n* second
seconde • *n* second
secondje • *n* minute
secretaresse • *n* secretary
secretaris • *n* secretary
sectie • *n* section
sector • *n* industry, sector
seculier • *adj* secular
secundair • *adj* secondary
secunde • *n* second
sedert • *conj* since
segment • *n* segment
sein • *n* signal
seizoen • *n* season
seks • *n* sex
sekse • *n* gender, sex
seksen • *v* sex
seksueel • *adj* sexual
sekte • *n* cult
selder • *n* celery
selderie • *n* celery
selderij • *n* celery
select • *adj* select
selecteer • *v* select

semantiek • *n* semantics
semantisch • *adj* semantic
semester • *n* semester
senaat • *n* senate
senator • *n* senator
Senegal • *n* Senegal
Senegalees • *adj* Senegalese
Senegalese • *adj* Senegalese
senior • *n* senior
sensatieblad • *n* tabloid
sensitiviteit • *n* sensitivity
september • *n* September
sequentieel • *adj* consecutive
sereniteit • *n* calm
serie • *n* combination, series, set
serieus • *adj* heavy, serious
serpent • *n* snake
serveerster • *n* waitress
serveren • *v* serve
servet • *n* napkin
service • *n* service
Servië • *n* Serbia
Serviër • *n* Serbian
servies • *n* service
Servisch • *adj* Serbian
Servische • *n* Serbian
sessie • *n* session
set • *n* kit, outfit, set
settelen • *v* settle
sexualiteit • *n* sexuality
sexy • *adj* sexy
Seychellen • *n* Seychelles
sfeer • *n* atmosphere, realm, sphere
sferisch • *adj* global
shamponeren • *v* shampoo
shampoo • *n* shampoo
shampooën • *v* shampoo
shell • *n* shell
shirt • *n* shirt

shock • *n* shock
shoppen • *v* shop
show • *n* show
showen • *v* show
sibbe • *n* clan
sidderen • *v* thrill
siddering • *n* thrill
sieraad • *n* jewel
sieren • *v* decorate
sierlijk • *adj* elegant
sigaret • *n* cigarette
sightseeing • *n* sightseeing
signaal • *n* signal
signaalvlag • *n* flag
signaleren • *v* flag
significant • *adj* decent, significant • *adv* significantly
sijpelen • *v* filter
simpel • *adj* simple
simultaan • *adj* simultaneous • *adv* simultaneously
sinaasappel • *n* orange
sinaasappelboom • *n* orange
sinds • *conj* since
sindsdien • *adv* since
Singapore • *n* Singapore
sinister • *adj* disastrous
siroop • *n* syrup
sis • *n* hiss
sissen • *v* hiss, sizzle
situatie • *n* situation
sjabloon • *n* pattern, template
skateboard • *n* skateboard
skateboarden • *v* skateboard
skelet • *n* frame, skeleton
sketch • *n* draft
ski • *n* ski
skiën • *v* ski
skin • *n* skin
skyline • *n* skyline
sla • *n* lettuce

slaaf • *n* slave
slaafs • *adj* churlish
slaan • *v* beat, best, club, hit, strike
slaap • *n* sleep, temple
slaapbank • *n* sofa-bed
slaapcel • *n* dormitory
slaapkamer • *n* bedroom, chamber
slaapplaats • *n* bed
slaapzaal • *n* dormitory
slaapzak • *n* sleeping bag
slaapzucht • *n* lethargy
slaatje • *n* lettuce
slachtafval • *n* pluck
slachten • *v* butcher
slachter • *n* butcher
slachtoffer • *n* casualty, victim
slag • *n* bang, battle, belt, blow, combat, kind, strike, stroke • *adj* hit
slagboom • *n* bar
slagen • *v* pass
Slagen • *v* pass
slager • *n* butcher
slaghout • *n* bat
slagveld • *n* battlefield, field
slagzin • *n* slogan
slak • *n* snail
slang • *n* snake
slank • *adj* lithe
slap • *adj* weak
slapen • *v* sleep
slapend • *adj* asleep, extinct
slaperig • *adj* drowsy, sleepy
slapjanus • *n* coward
slaplant • *n* lettuce
slavernij • *n* slavery
slavin • *n* slave
slecht • *adj* bad, evil, wicked, wrong

slechte • *n* evil
slechter • *adj* worse
slechts • *adv* just, only
slechtst • *adj* worst
sleep • *n* train
sleet • *n* wear
slepen • *v* drag, slide
slet • *n* slit
sleutel • *n* key
sleutelbos • *n* keyring
sleutelhanger • *n* keychain
sleutelwoord • *n* keyword
slide • *n* slide
sliding • *n* tackle
slijk • *n* mud
slijmerig • *adj* slimy
slijpen • *v* cut, mill, sharpen
slijper • *n* pencil sharpener, sharpener
slijtage • *n* wear
slikken • *v* swallow
slim • *adj* bright, clever, prudent, smart
slimheid • *adj* quaint
slimmigheid • *n* expedient
slinger • *n* pendulum, sling
slingeren • *v* sling
slingerplant • *n* climber
slip • *n* slip
slipje • *n* panties
slippen • *v* slip
slipper • *n* slipper
slippertje • *n* fling
slipster • *n* slipper
slof • *n* slipper
slok • *n* draft, swallow
slokop • *n* pig
slome • *adj* slow, thick
sloom • *adj* pokey, slow, thick
sloop • *n* demolition
sloot • *n* burn

slopen • *v* demolish, destroy
sloppenwijk • *n* slum
slordig • *adj* sloppy, slovenly
slot • *n* castle, lock
slotenmaker • *n* locksmith
slottoren • *n* keep
Slovakije • *n* Slovakia
Slovenië • *n* Slovenia
Slowakije • *n* Slovakia
sluikstorten • *v* litter
sluipen • *v* slink, slope, sneak
sluipmoordenaar • *n* assassin
sluis • *n* lock
sluiten • *v* close, draw, shut
sluiting • *n* closure, seal
slurf • *n* prick, trunk
sluw • *adj* prudent
smaak • *n* flavor, taste
smaakloos • *adj* fade
smaakstof • *n* flavor
smaakvol • *adj* tasteful
smachten • *v* lust, yearn
smakelijk • *adj* delicious, tasty
smakeloos • *adj* crude, tasteless
smaken • *v* taste
smal • *adj* narrow
smartelijk • *adj* painful
smartengeld • *n* compensation
smash • *n* smash
smeden • *v* coin, forge
smederij • *n* forge
smeekbede • *n* plea
smeekschrift • *n* petition
smeer • *n* grease
smeerlap • *n* pig
smeken • *v* beg, beseech, pray
smelten • *n* fusion • *v* melt
smelterij • *n* forge
smeltoven • *n* forge
smeren • *v* grease, oil, spread
smerig • *adj* dirty, filthy, grubby

smeris • *n* cop, copper, pig
smet • *n* pollution
smeuïg • *adj* juicy
smidse • *n* forge
smidsvuur • *n* forge
smijten • *v* cast, fling, launch, throw
smoren • *v* smoke
smout • *n* lard
sms • *n* text
smuilen • *v* smile
smurrie • *n* mud
snaarinstrumenten • *n* string
snakken • *v* gasp
snakkend • *adj* hungry
snappen • *v* apprehend, catch, get, grasp, understand
snauwen • *v* snap
snavel • *n* bill
snee • *n* cut
sneeuw • *n* snow
sneeuwen • *v* snow
sneeuwman • *n* snowman
sneeuwpop • *n* snowman
sneeuwval • *n* snow
sneeuwwit • *n* snow
snel • *adj* expedient, express, fast, quick, rapid • *adv* quickly
snelheid • *n* speed
snelle • *adj* rapid
sneltreinprocedure • *n* railroad
snelweg • *n* highway
snerend • *adj* sharp
snijden • *v* carve, cut, slash
snijding • *n* section
snit • *n* cut, do
snob • *n* snob
snobistisch • *adj* snobby
snoeien • *v* prune
snoek • *n* pike
snoeken • *v* fish

snoep • *n* candy, sweet
snoepje • *n* drop, sweet
snoer • *n* wire
snoezig • *adj* adorable
snuit • *n* nose
soap • *n* soap opera
soapreeks • *n* soap opera
soapserie • *n* soap opera
sociaal • *adj* gregarious, social
socialisme • *n* socialism
socialist • *n* socialist
socialiste • *n* socialist
socialistisch • *adj* socialist
socialistische • *adj* socialist
sociëteit • *n* society
Soedan • *n* Sudan
Soedanees • *adj* Sudanese
Soedanese • *n* Sudanese
soep • *n* soup
soepel • *adj* lithe
soeplepel • *n* tablespoon
soeverein • *adj* sovereign
soevereiniteit • *n* sovereignty
sofa • *n* couch, sofa
software • *n* software
softwarepakket • *n* application
sok • *n* sock
sokkel • *n* stand
soldaat • *n* soldier
soldate • *n* soldier
solden • *n* sale
solide • *adj* solid, sturdy
sollicitatie • *n* application
solliciteren • *v* apply
solo • *adj* solo • *v* solo
som • *n* sum, total
Somalië • *n* Somalia
Somaliër • *n* Somali
Somalisch • *adj* Somali
Somalische • *n* Somali
somatisch • *adj* bodily

somber • *adj* sullen
sommeren • *n* addition
sommering • *n* addition
sommige • *det* some
sommigen • *pron* some
soms • *adv* occasionally, sometimes
sonde • *n* probe
songtekst • *n* lyrics
soort • *n* kind, race, sort, species
soortmoord • *n* genocide
sorry • *interj* sorry
sorteren • *n* sort
sos • *n* cocaine
souffleren • *v* prompt
soul • *n* soul
souvenir • *n* souvenir
spaakbeen • *n* radius
Spaans • *adj* Spanish
spaargeld • *n* saving
spade • *n* spade
spaghetti • *n* spaghetti
spalk • *n* cast
spam • *n* spam
spamboodschap • *n* spam
span • *n* span, team
Spanje • *n* Spain
spannen • *v* tense
spannend • *adj* exciting
spanning • *n* power, stress, tension
sparen • *v* save, spare
spatie • *n* blank, space
spawater • *n* water
specht • *n* woodpecker
speciaal • *adj* special
specialist • *n* specialist
specialiteit • *n* specialty
species • *n* species
specificatie • *n* specification

specificeren • *v* specify
specifiek • *adv* specifically
specimen • *n* specimen
spectrum • *n* spectrum
speculant • *n* speculator
speculatie • *n* speculation
speculeren • *v* imagine
speech • *n* speech
speed • *n* speed
speeksel • *n* spit
speelgoed • *n* toy
speelhand • *n* hand
speelhuis • *n* casino
speelstuk • *n* man
speelveld • *n* field
speelvogel • *n* player
spektakel • *n* display, spectacle
spel • *n* game, play
spelbeweging • *n* play
speld • *n* pin
speldje • *n* pin
spelen • *v* act, play
speler • *n* player
spelleke • *n* game
spellen • *v* spell
spelling • *n* spelling
sperma • *n* seed
speurder • *n* detective
speurwerk • *n* research
spiegel • *n* mirror
spier • *n* muscle • *adj* muscular
spietsen • *v* launch
spiezen • *v* gore
spijbelen • *v* cut
spijker • *n* nail
spijkerbroek • *n* jeans
spijsvertering • *n* digestion
spijt • *n* regret
spijten • *v* regret • *adj* sorry
spijtig • *n* pity
spin • *n* spider

spinazie • *n* spinach
spinnen • *n* purr • *v* spin
spinrag • *n* silk
spion • *n* spy
spioneren • *v* spy
spionne • *n* spy
spiritueel • *adj* spiritual
spit • *n* spit
spits • *n* summit
spitsroede • *n* switch
spleet • *n* chimney, crack, gap, slit
spleetoog • *n* slope
splijten • *n* cleavage • *v* shed, slit
splijting • *n* cleavage
splitsen • *v* cleave, split
splitsing • *n* fork
spoedgeval • *n* emergency
spoedig • *adv* quickly, soon • *adj* speedy
spoelen • *v* wash
spoiler • *n* spoiler
sponde • *n* bed
spons • *n* sponge
sponsoren • *v* sponsor
spontaan • *adj* candid, spontaneous • *adv* spontaneously
spook • *n* ghost, shade
spooksel • *n* ghost
spoor • *n* clue, scent, track, trail
spoorweg • *n* railway
spoorwegen • *n* railway
spoorzoeken • *v* trace
sporen • *n* trace
sport • *n* sport
sportief • *adj* sporting
sportschoenen • *n* sneaker
sportschool • *n* gym
sportvisserij • *n* fishing

spot • *n* spot
spotlight • *n* spotlight
spotten • *v* spot
spottend • *adj* facetious
spotterig • *adj* facetious
spraak • *n* language, speech
spraakzaam • *adj* narrative, talkative
sprakeloos • *adj* speechless
sprank • *n* spark
spreekkamer • *n* surgery
spreekster • *n* speaker
spreekwijze • *n* expression
spreekwoord • *n* saw
sprei • *n* cover, throw
spreiden • *v* spread
spreiding • *n* distribution, range
spreidingsbreedte • *n* range
spreken • *v* discourse, speak, talk
spreker • *n* speaker
sprenkelen • *v* sprinkle
spreuk • *n* saw
spring • *n* spring
springen • *v* blow, bound, jump, leap
springerig • *adj* jittery
springmuis • *n* gerbil
springstof • *n* explosive
sprinkhaan • *n* grasshopper
sproeien • *v* water
sproet • *n* freckle
sprong • *n* bound, jump, leap, offset
spruit • *n* Brussels sprout, fruit, shoot
spruiten • *n* Brussels sprout • *v* grow
spruitkool • *n* Brussels sprout
spugen • *v* spit

spuiten • *v* blow, inject
spuitje • *n* injection
spul • *n* stuff
spuug • *n* spit
spuwen • *v* spit
spuwsel • *n* spit
square • *n* square
squash • *n* squash
staaf • *n* bar
staak • *n* pale, stake
staal • *n* steel
staalfabriek • *n* mill
staan • *v* be, say, stand
staand • *n* portrait
staander • *n* stand
staart • *n* tail
staartdeling • *n* division
staartstuk • *n* tail
staat • *n* nation, shape, state
staatkundig • *adv* politically
staatsburger • *n* citizen
staatsinkomsten • *n* revenue
stabiel • *adj* stable
stabiliseren • *v* steady
stad • *n* city, town
stadhuis • *n* city hall
stadion • *n* stadium
stadium • *n* stage
stadsburger • *n* citizen
stadsbus • *n* bus
stadscentrum • *n* downtown
stadsdeel • *n* quarter, suburb
staf • *n* staff
staken • *v* strike
staking • *n* strike
stal • *n* stable
stallen • *v* stable, stall
stam • *n* clan, root, stem, tribe, trunk
stamcafé • *n* local
stamgast • *n* regular

stamkroeg • *n* local
stamp • *n* kick
stampen • *v* drill, foot, kick, stamp, tread
stand • *n* booth, score, stand
standaard • *n* banner, standard
standadel • *n* estate
standbeeld • *n* statue
standplaats • *n* stand
standpunt • *n* angle, point, stance, stand
standvastig • *adj* strong
stang • *n* bar
stangen • *v* needle
stank • *n* smell, stink
stanza • *n* line
stap • *n* move, step
stapel • *n* pile, stack
stapelen • *v* pile up, stack
stappen • *v* step, walk
staren • *v* gaze, stare
start • *n* start
starten • *v* embark, initiate, start
startlijn • *n* start
statenbond • *n* confederation
statief • *n* stand
statiegeld • *n* deposit
station • *n* station
stationair • *adj* stationary
statistiek • *n* statistics
status • *n* shape, status
steak • *n* steak
stedelijk • *adj* civic, urban
steed • *adv* forever
steeds • *adv* always, ever
steeg • *n* alley
steek • *n* stab, stitch, thrust
steekhoudend • *adj* solid
steekwond • *n* stab
steel • *n* stem

steelpan • *n* saucepan
steen • *n* rock, stone
steenkool • *n* coal
steentje • *n* stone
steiger • *n* landing, scaffolding
steigeren • *v* rear
steil • *adj* sheer, steep
steilte • *n* slope
stek • *n* cutting, fishing
stekel • *n* spine
stekelvarken • *n* porcupine
steken • *v* stab
stekend • *adj* sharp
stekken • *v* stick
stekker • *n* plug
stel • *n* couple, pair
stelen • *v* boost, lift, steal
stellen • *v* put, stand, suppose
stelling • *n* hypothesis, scaffold
stellingname • *n* position, statement
stelpen • *v* stem
stelsel • *n* system
stelselmatig • *adj* systematic
stem • *adj* vocal • *n* voice, vote
stembusgang • *n* vote
stemmen • *v* ballot, tune, vote
stemmer • *n* voter
stemming • *n* humour, mood
stempel • *n* die
stemster • *n* voter
stenen • *adj* stone
stengel • *n* stem
stenigen • *v* stone
ster • *n* star
sterfelijk • *adj* mortal
sterfelijkheid • *n* mortality
steriliseren • *v* neuter
sterk • *adj* hard, sharp, stark, strong, vigorous
sterkte • *n* strength

sterrenkunde • *n* astronomy
sterrenkundige • *n* astronomer
sterrenstelsel • *n* galaxy
sterrenwacht • *n* observatory
sterretje • *n* star
sterveling • *n* mortal
sterven • *v* die
steun • *n* support
steunen • *v* back, encourage, support, uphold
stevig • *adv* firmly • *adj* hearty, solid, stiff, strong, sturdy
steward • *n* flight attendant
stichten • *v* establish, found
stichter • *n* founder
stichting • *n* foundation
stickie • *n* joint
stiekem • *adv* secretly
stiel • *n* craft
stier • *n* bull
stierenvechten • *n* bullfighting
stift • *n* lead
stijf • *adj* stiff, up
stijfsel • *n* paste
stijgen • *n* rise
stijgende • *n* north
stijging • *n* increase
stijl • *n* look, style
stijlvol • *adj* stylish
stik • *interj* shoot
stikken • *v* boil
stil • *adj* mute, quiet, silent, soft, still
stilletjes • *adv* silently
stilstaan • *v* rest, stop
stilstaand • *adj* standing, stationary
stilstand • *n* arrest, breakdown, rest
stilte • *n* dead, silence
stilzwijgen • *n* silence

stimulans • *n* incentive
stimulatie • *n* stimulation
stimuleren • *v* excite, stimulate
stinkdier • *n* skunk
stinken • *v* smell, stink
stinkend • *adj* rank, stinky
stiptheid • *n* punctuality
stock • *n* stock
Stockholm • *n* Stockholm
stoel • *n* chair
stoelgang • *n* stool
stoep • *n* sidewalk
stoer • *adj* sturdy
stoet • *n* train
stof • *n* dust, fabric, matter, stuff
stoffig • *adj* dusty
stofzuigen • *v* vacuum
stofzuiger • *n* vacuum cleaner
stok • *n* perch, stick
stollen • *v* set up
stom • *adj* dumb, mute, silly, stupid
stomen • *v* steam
stomme • *adj* bloody, stupid • *n* mute
stomp • *adj* blunt, dull • *n* punch
stompen • *v* punch
stond • *n* moment
stonde • *n* hour
stoof • *n* fire
stoom • *n* steam
stoornis • *n* disorder
stoot • *n* dish, strike, thrust • *adj* hit
stop • *n* cork, plug, stop
stoplicht • *n* traffic light
stoppen • *v* abort, arrest, cut, escape, stem, stop • *adj* quit
stopper • *n* stop

stopsel • *n* cork
stoptrein • *n* local
stopzetten • *v* suspend
storen • *v* bother, disturb
storing • *n* disturbance
storm • *n* storm
stormaanval • *n* charge
stormachtig • *adj* boisterous
stormen • *v* storm
stormloop • *n* crush
stort • *n* tip
stortbad • *n* shower
stortbui • *n* pour
storten • *v* deposit, shed
storting • *n* deposit
stortplaats • *n* tip
stortvloed • *n* pour
stortzee • *n* surge
stoten • *v* push
stout • *adj* naughty
stoven • *v* simmer
straal • *n* beam, jet, pour, radius, ray
straaljager • *n* fighter
straaltje • *n* ray
straat • *n* road, straight, street
straf • *adj* hard, sharp • *n* penalty, punishment, sentence
strafbaar • *adj* illegal
straffen • *v* boot, punish
strafgevangene • *n* transport
strafkolonist • *n* convict
strafwerk • *n* imposition
strak • *adj* strict, tense, tight
stralen • *v* beam, shine
stralend • *adj* brilliant
straler • *n* spot
straling • *n* radiation, shine
strand • *n* beach, strand
stranden • *v* beach, strand

strandmeester • *n* lifeguard
strange • *adj* strange
stras • *n* paste
strategie • *n* strategy
strategisch • *adj* strategic
streamen • *v* stream
streefdoel • *n* ideal, objective
streeftocht • *n* quest
streek • *n* area, region, stroke
streep • *n* line, streak
strekken • *v* spread, stretch
strekking • *n* purpose
strelen • *v* pet, stroke
streling • *n* smooth
stremmen • *v* curdle
streng • *adj* caustic, stern, strict • *n* string
stress • *n* distress, stress
stretchen • *v* spread
streven • *n* endeavor • *v* strive
strijd • *n* battle, combat, conflict, contention, fight, struggle, warfare
strijdbaar • *adj* combative
strijden • *v* battle, fight
strijder • *n* fighter
strijdlustig • *adj* belligerent
strijdmakker • *n* comrade
strijken • *v* bow, iron, stroke
strijkijzer • *n* iron
strijkstok • *n* bow
strik • *n* bow
strike • *n* strike
strikje • *n* bowtie
strikken • *n* net • *v* tie
strikt • *adj* literal, strict
strip • *n* comic
stripboek • *n* comic, comic strip
stripdanser • *n* dancer
strippen • *v* strip
stripverhaal • *n* comic

stro • *n* straw
stromen • *v* flow, pour
stroming • *n* current
stromingsleer • *n* dynamics
strompelen • *v* stumble
stront • *n* shit
strooisel • *n* litter
stroom • *n* burn, current, electricity, flow, pour, power, river, stream
stroomverlies • *n* loss
stroomversnelling • *n* rapid
stropdas • *n* necktie
stropen • *v* poach
structureel • *adj* structural
structureren • *v* structure
structuur • *n* structure
struik • *n* bush
struikelblok • *n* catch
struikelen • *v* stumble, trip
struikgewas • *n* brush
struisvogel • *n* ostrich
studeerkamer • *n* study
student • *n* student
studente • *n* student
studentenflat • *n* hall
studeren • *v* learn, study
studie • *n* study
studiebeurs • *n* scholarship
studieboek • *n* textbook
studietoelage • *n* tuition
studiezaal • *n* study
studio • *n* studio
stug • *adj* stiff
stuit • *n* bounce
stuiten • *v* arrest
stuiteren • *n* bounce
stuk • *n* baby, bar, bit, cake, chunk, cut, item, piece, play, stone

stukgaan • *v* break, break down
stukmaken • *v* break
stukslaan • *v* trash
stuntelig • *adj* clumsy
sturen • *v* route, send
stuur • *n* steering wheel
stuurprogramma • *n* driver
stuurwiel • *n* steering wheel, wheel
subjectief • *adj* subjective
subsequent • *adj* subsequent
subsidie • *n* benefit, subsidy
substantie • *n* body, meat, substance
substantieel • *adj* decent
substantief • *n* noun
substitueren • *v* substitute
subtiel • *adj* subtle
succes • *n* success
succesboek • *n* bestseller
succesvol • *adj* lucky, successful
Sudan • *n* Sudan
sudderen • *v* simmer
suffix • *n* suffix
suggereren • *v* imply, intimate, suggest
suiker • *n* sugar
suikermais • *n* sweet corn
suikeroom • *n* uncle
suikerspinkapsel • *n* beehive
suikerstok • *n* rock
suikerziekte • *n* diabetes
suite • *n* suite
super • *adj* super
superieur • *adj* ranking, superior
supermarkt • *n* supermarket
supermarktketen • *n* supermarket
supervisie • *n* supervision

supplement • *n* supplement
suppleren • *v* supplement
supporteren • *v* root
suprematie • *n* supremacy
surfen • *v* browse, navigate, surf
Suriname • *n* Suriname
surveilleren • *v* monitor
suspenderen • *v* suspend
suspensie • *n* suspension
Swaziland • *n* Swaziland
swing • *n* swing
swingen • *v* swing
syllabe • *n* syllable
symbolisch • *adj* symbolic
symbolisme • *n* symbolism
symbool • *n* symbol
symmetrie • *n* symmetry
sympathiek • *adj* friendly, sympathetic
symptomatisch • *adj* symptomatic
symptoom • *n* symptom
synagoge • *n* synagogue
syndroom • *n* syndrome
synoniemenboek • *n* thesaurus
Syrië • *n* Syria
systeem • *n* system
systematisch • *adj* systematic

taai • *adj* tough
taak • *n* assignment, job, task
taal • *n* language
taalvaardig • *adj* articulate

taart • *n* cake, pie, tart
taartvorm • *n* tin
tabak • *n* tobacco
tabaksplant • *n* tobacco
tabel • *n* table
tabelleren • *v* table
tablet • *n* tablet computer
tachtig • *num* eighty
tackle • *n* tackle
tactiek • *n* policy, tactic
tactisch • *adj* tactical
tactloos • *adj* tactless
tactvol • *adj* tactful
Tadzjikistan • *n* Tajikistan
tafel • *n* table
Taiwan • *n* Taiwan
Taiwanees • *n* Taiwanese
tak • *n* branch, discipline, edge, stick
takje • *n* stick
taks • *n* duty, tax
talent • *n* ability, talent
talloos • *adj* countless
talmen • *v* linger
taloor • *n* dish
talrijk • *adj* numerous
tamelijk • *adv* pretty, quite
tand • *n* tooth
tandarts • *n* dentist
tandenborstel • *n* toothbrush
tandenpoetsen • *v* brush
tandpasta • *n* toothpaste
tandvlees • *n* gum
tandwiel • *n* gear
tank • *n* tank
tanken • *v* fuel, gas
tankstation • *n* gas station
tante • *n* aunt
Tanzania • *n* Tanzania
tapijt • *n* carpet
tapkast • *n* bar

tappen • *v* tap
tapuit • *n* chat
tarantula • *n* tarantula
target • *n* point
tarief • *n* rate
tarten • *v* challenge, dare
tarwe • *n* wheat
tas • *n* bag, case, cup
taveerne • *n* bar
taxatie • *n* assessment
taxi • *n* taxi
taxichauffeur • *n* taxi driver
taxiën • *v* taxi
te • *part* to • *adv* too
team • *n* crew, outfit, team
teamlid • *n* crew
teammaat • *n* teammate
technicus • *n* technician
techniek • *n* technique, technology
technieker • *n* technician
technisch • *adj* technical • *adv* technically
technologie • *n* technology
teek • *n* tick
teelbal • *n* nut
teelt • *n* cultivation
teen • *n* digit, toe
teergevoelig • *adj* squeamish
teerling • *n* die
teevee • *n* TV
tegel • *n* flag, tile
tegelen • *v* tile
tegelijk • *adv* simultaneously • *phr* at a time
tegelijkertijd • *adv* simultaneously
tegemoetkoming • *n* consideration
tegen • *prep* against, by, from, to, versus, with • *adv* back

tegendraads • *adj* contradictory
tegengesteld • *adj* contradictory
tegenhanger • *n* counterpart
tegenhouden • *v* block, hold, oppose
tegenover • *prep* across, opposite
tegenovergesteld • *adj* opposite
tegenovergestelde • *n* converse, opposite
tegenoverliggend • *adj* opposite
tegenoverstaand • *adj* adjacent
tegenpartij • *n* counterpart, offset
tegenslag • *n* blow, disappointment
tegenspeler • *n* counterpart
tegenspraak • *n* contradiction, lip, objection
tegenspreken • *v* contradict
tegenstander • *n* adversary, enemy, opposite, rival
tegenstem • *n* no
tegenstrijdig • *adj* contradictory
tegenstrijdigheid • *n* conflict, contradictory, inconsistency
tegenvaller • *n* disappointment
tegenwerkend • *adj* cross
tegenwerkende • *adj* cross
tegenwerpen • *v* object
tegenwerping • *n* objection
tegenwoordig • *adv* nowadays, today • *adj* present
tegenwoordigheid • *n* presence
tegenzin • *n* reluctance
tehuis • *n* home, place

teisteren • *v* plague
teken • *n* mark, sign
tekenaar • *n* drawer
tekenares • *n* drawer
tekenen • *v* draw, line • *n* drawing
tekenfilm • *n* cartoon
tekening • *n* drawing
tekenkunst • *n* drawing
tekort • *adj* absent • *n* absence, deficiency, deficit, scarcity, want
tekst • *n* text
tekstverwerker • *n* editor, word processor
tel • *n* moment, point, tick
telefoneren • *v* phone, ring, telephone
telefoon • *n* telephone
telefoongesprek • *n* call
telefoongids • *n* directory
telegram • *n* cable
telen • *v* cultivate
telescoop • *n* telescope
teleurgesteld • *adj* disappointed
teleurstellen • *v* disappoint, let down
teleurstellende • *adj* disappointing
teleurstelling • *n* disappointment
televisie • *n* television, video
televisieshow • *n* video
telg • *n* descendant
telkens • *adv* always, repeatedly
tellen • *v* count
teller • *n* clock, meter
telling • *n* account, count
telwoord • *n* numeral

temmen • *v* discipline
tempel • *n* temple
temperatuur • *n* temperature
temperen • *v* alleviate, moderate
template • *n* template
tempus • *n* tense
tendens • *n* inclination
tender • *n* tender
teneergeslagen • *adj* blue
tenger • *adj* lean
tenietdoen • *v* destroy
tenminste • *phr* at least
tennis • *n* tennis
tennisspeler • *n* tennis player
tent • *n* tent
tentoonstellen • *v* exhibit
tentoonstelling • *n* exhibit, exhibition, show
tentoonstellingsstuk • *n* exhibit
tenuitvoerlegging • *n* execution
tenzij • *conj* unless
terechtkomen • *v* end up
terechtstelling • *n* execution
terloops • *phr* in passing
term • *n* term
termijn • *n* deadline
termineren • *v* terminate
terminologie • *n* terminology, vocabulary
terrein • *n* field, specialty, terrain
terreinligging • *n* lie
terreurpleegster • *n* terrorist
terreurpleger • *n* terrorist
territoriaal • *adj* territorial
territorium • *n* territory
terrorisme • *n* terrorism
terrorist • *n* terrorist
terroriste • *n* terrorist

terts • *n* third
terug • *adv* back
terugbetalen • *v* pay back
terugbrengen • *v* retrieve, take back
teruggaan • *v* back up, go back, return
teruggetrokken • *adj* reclusive
teruggeven • *v* return
terughaalactie • *n* recall
terughoudend • *adj* reserved
terughoudendheid • *n* caution
terugkeren • *v* return
terugkomen • *v* return
terugkrijgen • *v* retrieve
terugnemen • *v* abandon, withdraw
terugspringen • *v* shy
terugsprong • *n* bounce
terugtocht • *n* recession, retreat
terugtrekken • *v* abstract, retreat, withdraw
terugtrekking • *n* recession, retreat
terugval • *n* decline
terugvallen • *v* decline
terugverlangen • *v* yearn
terugwinnen • *v* recover
terugwinning • *n* recovery
terugzeggen • *v* echo
terugzetten • *v* restore
terwijl • *conj* as, whereas, while, whilst
test • *n* test, trial
testament • *n* will
testen • *v* trial
tet • *n* jug, tit
teug • *n* draft
tevens • *adv* also
tevoren • *adv* previously

tevreden • *adj* cheerful, content, happy, satisfied
tevredenheid • *n* satisfaction
tevredenstellen • *v* content
tewaterlating • *n* launch
tewerkstellen • *v* employ
tewerkstelling • *n* employment
tewerkstellingscijfer • *n* employment
tewerkstellingsgraad • *n* employment
textielfabriek • *n* mill
textuur • *n* fabric, texture
tezamen • *adv* together
Thai • *n* Thai
Thailand • *n* Thailand
Thailander • *n* Thai
Thailands • *adj* Thai
Thailandse • *n* Thai
Thais • *adj* Thai
thanks • *interj* thanks
thans • *adv* now
theater • *n* theater
theateropvoering • *n* drama
theatraal • *adj* theatrical
thee • *n* tea
theelepel • *n* teaspoon
theelepeltje • *n* teaspoon
theepot • *n* teapot
thema • *n* question, topic
theologie • *n* theology
theologisch • *adj* theological
theoretisch • *adj* abstract, mathematical, theoretical
theorie • *n* theory
therapeut • *n* therapist
therapie • *n* therapy
thesaurus • *n* thesaurus
these • *n* thesis
thorax • *n* chest
thread • *n* thread

thuis • *adv* home • *n* place • *phr* at home
thuishoren • *v* belong
thuisland • *n* homeland
tic • *n* habit
ticket • *n* ticket
tiefushoer • *n* pig
tien • *n* ten
tiental • *n* decade
tientallen • *n* dozen
tientje • *n* decade, ten
tiet • *n* tit
tij • *n* tide
tijd • *n* age, hour, tense, time
tijdelijk • *adj* temporary
tijden • *adv* forever
tijdens • *prep* during, in
tijdgenoot • *n* contemporary
tijdgenote • *n* contemporary
tijdig • *adj* timely
tijdje • *n* while
tijdperk • *n* age, era, time
tijdpunt • *n* point
tijdrekening • *n* chronology, era
tijdrekenkunde • *n* chronology
tijdschrift • *n* magazine
tijdsduur • *n* duration
tijdsorde • *n* chronology
tijdstip • *n* date, moment, point, time
tijdverdrijf • *n* pastime
tijger • *n* tiger
tijm • *n* thyme
tikje • *n* touch
tikken • *v* tap, tick
tikkertje • *n* tag
tillen • *n* heave
timbre • *n* tone
timen • *v* time
timide • *adj* shy, timid

timing • *n* timing
timmeraar • *n* carpenter
timmeren • *v* hammer
timmerhout • *n* timber
timmerman • *n* carpenter
timmervrouw • *n* carpenter
tin • *n* tin
tinnen • *adj* tin
tint • *n* hue, shade
tip • *n* tip
tippen • *v* tip
tissue • *n* tissue
titel • *n* degree, title
tjet • *n* paint
toasten • *v* toast
toch • *adv* anyway, nevertheless, still • *interj* right • *part* yes
tocht • *n* draft, trip
tochtig • *n* heat • *phr* on heat
toe • *adj* closed • *adv* to
toebehoren • *n* accessory
toedeloe • *interj* bye
toedelpip • *interj* bye
toedeltjes • *interj* bye
toedenken • *v* credit
toedienen • *v* administer
toediening • *n* administration
toeëigening • *n* abstraction
toegang • *n* access, approach, entry
toegangsrecht • *n* access
toegangsweg • *n* access
toegankelijk • *adj* accessible
toegankelijkheid • *n* accessibility
toegeeflijk • *adj* indulgent
toegeven • *v* admit, concede, grant, indulge, put out, submit
toegevoegd • *adj* accessory

toegewijd • *adj* dedicated, diligent
toekennen • *v* confer
toekenning • *n* acknowledgment, assignment
toekomst • *n* future
toekomstig • *adj* future
toelage • *n* tuition
toelaten • *v* admit, allow, license, permit, tolerate
toelating • *n* access, permission
toeleiding • *n* induction
toelichten • *v* explain
toelichting • *n* explanation
toen • *conj* as, when • *adv* then • *phr* at the time
toenadering • *n* approach
toename • *n* growth, increase
toenemen • *v* expand, increase, wax • *n* rise
toenmalig • *adj* then
toepasselijk • *adj* applicable, appropriate
toepassen • *v* apply, implement
toepassing • *n* application
toer • *n* tour
toereiken • *v* suffice
toeren • *v* bike
toerisme • *n* tourism
toerist • *n* tourist
toeriste • *n* tourist
toernooi • *n* competition, tournament
toeschouwer • *n* spectator
toeschrijven • *v* attribute, credit
toeslaan • *v* slam
toespraak • *n* speech
toestaan • *v* admit, allow, let, permit
toestand • *n* condition, shape

toestel • *n* apparatus, appliance, craft, device, extension, set
toestelnummer • *n* extension
toestemmen • *v* agree, consent
toestemming • *n* allowance, approval, consent, leave, permission
toeter • *n* horn, prick
toetje • *n* dessert
toetreden • *v* join
toets • *n* button, examination, key
toetsen • *v* try
toetsenbord • *n* keyboard
toeval • *n* access, accident, chance, hazard
toevallig • *n* accident • *adj* accidental, coincidental, occasional, random • *adv* accidentally
toeverlaat • *n* brick
toevertrouwen • *v* commit
toevlucht • *n* resort
toevluchtsoord • *n* shelter
toevoegen • *v* add
toevoeging • *n* access, addition, inclusion
toevoer • *n* power
toewijden • *v* devote
toewijding • *n* dedication, devotion
toewijzen • *v* appropriate, assign, commit, present
toewijzing • *n* allocation, assignment
toezicht • *n* oversight, supervision
toezichthouder • *n* monitor, supervisor
toezien • *v* supervise

toga • *n* gown
Togo • *n* Togo
toilet • *n* toilet
toiletpapier • *n* toilet paper
toiletpot • *n* toilet
Tokio • *n* Tokyo
Tokyo • *n* Tokyo
tol • *n* custom, toll, top
tolerant • *adj* tolerant
tolerantie • *n* tolerance
tolereren • *v* tolerate
tolk • *n* interpreter
tolken • *v* interpret
tollenaar • *n* tax collector
tomaat • *n* tomato
tomatenplant • *n* tomato
ton • *n* barrel, kit, ton
toneel • *n* scenery, stage
toneelspeelster • *n* actor
toneelspelen • *v* act
toneelspeler • *n* actor
toneelstuk • *n* drama, play
tonen • *v* display, exhibit, model, point out, show
tong • *n* language, sole, tongue
Tonga • *n* Tonga
tongval • *n* accent
tonijn • *n* tuna
toog • *n* bar
toon • *n* note, tone
toonaard • *n* key
toonbaar • *adj* decent
toondichter • *n* composer
toondichteres • *n* composer
toonhoogte • *n* pitch
toonladder • *n* scale
toonsoort • *n* key
toorn • *n* rage
toorts • *n* link, torch
toost • *n* toast
top • *n* crown, summit

topic • *n* thread
topje • *n* top
toren • *n* tower
torenvalk • *n* kestrel
torero • *n* bullfighter
tornooi • *n* tournament
torsen • *v* bear
torso • *n* chest
tot • *prep* till, to, until
totaal • *adv* all, altogether, totally • *adj* total
totale • *adj* total
totdat • *conj* against, till, until
touché • *n* touch
tournee • *v* tour
touw • *n* cord, line, rope
tovenarij • *n* magic
toverij • *n* magic
toverkracht • *n* magic
toverkunst • *n* magic
toverspreuk • *n* spell
toxisch • *adj* toxic
traag • *adj* slow, sullen • *adv* slowly
traagheid • *n* sloth
traagjes • *adv* slowly
traan • *n* tear
trachten • *v* try
traditie • *n* tradition
traditioneel • *adj* traditional • *adv* traditionally
tragisch • *adj* tragic
trainen • *v* coach, train
trainer • *n* coach, trainer
trainster • *n* coach, trainer
traktaat • *n* treaty
trakteren • *v* treat
transcriptie • *n* transcription
transformatie • *n* transformation
translatie • *n* translation
transmissie • *n* broadcast, translation
transparant • *adj* transparent
transpiratievocht • *n* sweat
transpireren • *v* sweat
transport • *n* transport
transporteren • *v* transport
trap • *n* kick, stage, stair, staircase
trappen • *v* boot, kick
trauma • *n* trauma
traumatisch • *adj* traumatic
travo • *n* TV
tref • *adj* hit
treffen • *n* combat, encounter, meeting • *v* hit, meet, strike
treffend • *adj* striking
trefpunt • *n* haunt
trefwoord • *n* entry
trefzeker • *adj* accurate • *adv* accurately
trein • *n* train
trek • *n* appetite, draft, feature, hunger, land
trekje • *n* characteristic
trekken • *v* draw, drift, journey, pull
trekking • *n* draw
trekpleister • *n* attraction
trektocht • *n* journey
trend • *n* mode, trend
treurig • *adj* sorry
treuzelen • *v* linger
trialis • *adj* trial
triangel • *n* triangle
tribunaal • *n* tribunal
trick • *n* illusion
triest • *adj* sad
triljoen • *num* trillion
trillen • *v* thrill
trillerig • *adj* shaky

trilling • *n* thrill
trilogie • *n* trilogy
trimester • *n* quarter, term
trio • *n* trio
triomf • *n* triumph
triomferen • *v* triumph
trip • *n* journey
trits • *num* three
triviaal • *adj* light
troef • *n* card
troep • *n* force, host, pride
troepentransport • *n* transport
troeteldier • *n* pet
trom • *n* drum
trombone • *n* trombone
trommel • *n* cylinder • *v* drum
trompet • *n* trumpet
troon • *n* reign
troonswisseling • *n* succession
troost • *n* comfort
troosten • *v* comfort
tros • *n* bunch, cable, cluster
trots • *n* pride • *adj* proud
trottoir • *n* sidewalk
trouw • *adj* faithful, true • *n* faithfulness, wedding
trouwen • *v* marry
trouwens • *adv* then • *phr* by the way
truc • *n* force
trui • *n* sweater
truitjes • *n* habit
truuk • *n* illusion
Tsjaad • *n* Chad
Tsjech • *n* Czech
Tsjechië • *n* Czech Republic
Tsjechisch • *adj* Czech
Tsjechische • *n* Czech
tsjongejonge • *interj* boy
tss • *n* hiss
tsunami • *n* tsunami

tuchtigen • *v* discipline
tuchtiging • *n* discipline
tuchtstraf • *n* discipline
tuin • *n* garden, town
tuinbed • *n* bed
tuinbouw • *n* gardening
tuinier • *n* gardener
tuinieren • *v* garden • *n* gardening
tuinlieden • *n* gardener
tuinman • *n* gardener
tumor • *n* tumor
Tunesië • *n* Tunisia
Tunesiër • *n* Tunisian
Tunesisch • *adj* Tunisian
Tunesische • *n* Tunisian
tunnel • *n* tunnel
turen • *v* gaze, peer
Turkije • *n* Turkey
Turkmenistan • *n* Turkmenistan
Turks • *adj* Turkish
turner • *n* gymnast
turnzaal • *n* gymnasium
tussen • *prep* among, between
tussenhandelaar • *n* middleman
tussenkomen • *v* intervene, meddle
tussenkomst • *n* intervention
tussenpersoon • *n* agent, broker
tussenspel • *n* interact
tussentijds • *adj* interim
tussenwerpsel • *n* interjection
tuurlijk • *adv* naturally
Tuvalu • *n* Tuvalu
tv • *n* TV
twaalf • *num* twelve
twee • *n* two
tweede • *adj* second
tweeledig • *adj* dual

tweeling • *n* twin
tweemaal • *adv* twice
tweespan • *n* pair
tweetal • *n* couple, pair
tweevoud • *adj* dual
twijfel • *n* doubt, question
twijfelen • *v* doubt
twijg • *n* switch
twintig • *num* twenty
twintigste • *adj* twentieth
twist • *n* quarrel
twisten • *v* quarrel
twistziek • *adj* quarrelsome
type • *n* kind, type
typen • *v* type
typisch • *adj* quaint, real, typical
typografie • *n* typography

u • *pron* you
ufo • *n* UFO
Uganda • *n* Uganda
ui • *n* onion
uil • *n* owl
uit • *adv* down, off, out • *adj* extinct • *prep* from, of, out
uitademen • *v* breathe, expire
uitbarsting • *n* eruption, outbreak
uitbaten • *n* exploitation
uitbeelding • *n* depiction, impression
uitbetaling • *n* payment
uitbijten • *v* erode

uitblazen • *v* expire
uitblinken • *v* shine
uitbraak • *n* outbreak
uitbraken • *v* pour
uitbranden • *v* gut
uitbreiden • *v* enhance, expand, extend, spread
uitbreiding • *n* extension
uitbreken • *n* outbreak
uitbrullen • *v* belt
uitbuiten • *v* exploit
uitbuiting • *n* exploitation
uitbundig • *adj* exuberant
uitbundigheid • *n* abandonment
uitdagen • *v* challenge, dare, defy
uitdaging • *n* challenge, dare
uitdelen • *v* deal, give out
uitdeling • *n* distribution
uitdenken • *v* invent
uitdijen • *v* expand
uitdijing • *n* inflation
uitdoen • *v* put out, turn off
uitdossen • *v* costume
uitdossing • *n* habit
uitdrukkelijk • *adj* explicit
uitdrukken • *v* articulate, express
uitdrukkend • *adj* expressive
uitdrukking • *n* expression
uiteendrijven • *v* dissolve
uiteengaan • *v* scatter
uiteenlopend • *adj* various
uiteenspatten • *v* scatter
uiteenvallen • *v* fall apart
uiteenzetten • *v* point out
uiteinde • *n* end
uiteindelijk • *adv* eventually, finally • *phr* at last • *adj* net
uiteraard • *adv* naturally

uiterlijk • *n* aspect, look • *adj* external
uitermate • *adv* extremely
uiterst • *adv* very
uiterste • *n* extreme
uitgaan • *v* exit, go out
uitgaand • *adj* gregarious
uitgang • *n* exit, termination
uitgave • *n* expenditure, expense
uitgebreid • *adj* comprehensive, extensive • *adv* extensively
uitgedoofd • *adj* extinct
uitgekookt • *adj* expedient
uitgelaten • *adj* gay
uitgelezen • *adj* choice
uitgeput • *adj* beat, exhausted, shot, weary
uitgerust • *v* bear
uitgestorven • *adj* extinct
uitgeven • *v* publish
uitgever • *n* publisher
uitgeverij • *n* publisher
uitgewogen • *adj* balanced
uitgezonderd • *prep* absent, except
uitglijden • *v* slide, slip
uitgooien • *v* cast
uitgroeien • *v* develop
uitgummen • *v* erase
uithaal • *n* swing
uithalen • *v* gut
uithangen • *v* hang
uitheems • *adj* exotic, strange
uithongeren • *v* starve
uithongering • *n* starvation
uithoudingsvermogen • *n* endurance, nerve
uiting • *n* discourse
uitkammen • *v* comb
uitkering • *n* benefit

uitkiezen • *v* choose, select
uitkijken • *v* watch
uitkijkpunt • *n* overlook
uitkleden • *v* strip
uitkomen • *v* lead, result
uitkomst • *n* lead, outcome, result
uitlaat • *n* exhaust, outlet
uitlaatpijp • *n* exhaust
uitlachen • *v* laugh
uitlander • *n* foreigner
uitlandse • *n* foreigner
uitlaten • *v* see off, walk
uitleg • *n* explanation
uitleggen • *v* articulate, explain, render
uitlenen • *v* lend, loan
uitleveren • *v* ship
uitlevering • *n* extradition
uitlezing • *n* reading
uitlijnen • *v* fair, justify, line
uitlijning • *n* line
uitlokken • *v* provoke, tempt
uitmaken • *v* comprise, mind
uitmelken • *v* milk
uitmunten • *v* top
uitmuntend • *adj* excellent, mint
uitmuntende • *adj* mint
uitmuntendheid • *n* shine
uitnodigen • *v* bid, invite
uitnodiging • *n* invitation
uitoefenen • *v* exert
uitoefening • *n* practice
uitplooien • *v* expand
uitpluizen • *v* explore
uitpraten • *v* debate
uitproberen • *v* try, try out
uitputten • *v* drain, exhaust, wear, weary
uitputting • *n* exhaustion

uitrekenen • *v* compute, work out
uitroep • *n* exclamation
uitroepen • *v* cry, howl, proclaim
uitroepteken • *n* bang, exclamation mark
uitrollen • *v* deploy
uitrusten • *v* equip, tool
uitrusting • *n* equipment, kit
uitschakelen • *v* switch off, turn off
uitschelden • *v* abuse
uitschreeuwen • *v* howl
uitslijten • *v* erode
uitsluiten • *v* except, exclude
uitsluitend • *adv* exclusively
uitsmeren • *v* spread
uitspansel • *n* heaven
uitsplitsing • *n* breakdown
uitspraak • *n* accent, judgment, phrase, pronunciation, sentence, verdict
uitspreiden • *v* spread, unfold
uitspreken • *v* announce, pronounce
uitstaan • *v* stand
uitstaand • *adj* outstanding
uitstalraam • *n* case
uitstapje • *n* excursion
uitstekend • *adj* capital, excellent, fine, passing, prime
uitstel • *n* stay
uitstellen • *v* delay, postpone, stay
uitsterven • *n* extinction
uitstoot • *n* emission
uitstorten • *v* pour
uitstoten • *v* drop
uitstrekken • *v* extend, spread
uitstrooien • *v* spread

uittredeprocessie • *n* recession
uittreksel • *n* abstract, statement
uitvaardigen • *n* prescription
uitval • *n* access
uitvallen • *v* cut out
uitvechten • *v* fight
uitverkoop • *n* sale
uitverkopen • *v* remainder
uitvinden • *v* find out, invent
uitvinder • *n* inventor
uitvinding • *n* creation, invention
uitvlucht • *n* excuse, explanation
uitvoer • *n* output
uitvoerbaar • *adj* viable
uitvoerder • *n* contractor, factor, performer
uitvoeren • *v* execute, output, perform, process
uitvoerig • *adv* extensively
uitvoering • *n* execution
uitvoerster • *n* performer
uitvogelen • *v* figure out
uitweg • *n* expedient, resort
uitweiden • *v* elaborate, expand
uitwendig • *adj* external
uitwerken • *v* calculate, expand, implement
uitwerking • *n* elaboration
uitwerpen • *v* put out
uitwijzen • *v* prove
uitwisseling • *n* exchange
uitwissen • *v* erase, strike
uitwringen • *v* wring
uitwuiven • *v* see off
uitzaaien • *v* broadcast
uitzenden • *v* air, broadcast, emit, transmit

uitzending • *n* broadcast
uitzetten • *v* expand, switch off, turn off
uitzetting • *n* extradition
uitzicht • *n* look, view
uitzichtloos • *adj* hopeless
uitzien • *v* look
uitzoeken • *v* explore, investigate
uitzonderen • *v* except
uitzondering • *n* exception
uitzonderlijk • *adj* exceptional, odd
ulle • *det* your
ultiem • *adj* extreme, final
ultieme • *adj* extreme
ultimatum • *n* ultimatum
underground • *adj* underground
unicum • *n* original
unie • *n* union
unief • *n* university
uniek • *adj* unique
uniform • *n* habit, uniform
universeel • *adj* universal
universitair • *adj* academic • *n* university
universiteit • *n* academy, school, university
universum • *n* universe
upgraden • *v* upgrade
Uranus • *n* Uranus
urbaan • *adj* urban
Uruguay • *n* Uruguay
uur • *n* hour
uw • *det* your
uzelf • *pron* yourself

vaag • *adj* abstract, ambiguous, passing, vague • *n* abstraction
vaak • *adv* frequently, often
vaandel • *n* flag
vaardig • *adj* skillful
vaardigheid • *n* ability, skill
vaargeul • *n* channel, lead
vaart • *n* canal, momentum, speed
vaartuig • *n* vessel
vaat • *n* dish
vaatwasmachine • *n* dishwasher
vaatwasser • *n* dishwasher
vaatwerk • *n* pottery
vacature • *n* opening
vaccin • *n* vaccine
vaccinatie • *n* vaccination
vacht • *n* fur, hide
vacuüm • *n* vacuum
vader • *n* father
vaderland • *n* land, motherland
vaderlijk • *adj* paternal
vaderschap • *n* fatherhood
vadertje • *n* father
vak • *n* business, craft, field, subject
vakantie • *n* holiday, vacation
vakantieoord • *n* resort
vakgebied • *n* branch, field, subject
vakman • *n* craftsman
vakmanschap • *n* craft
vakterminologie • *n* vocabulary
val • *n* drop, fall, net, trap

valies • *n* case
valk • *n* falcon, kestrel
vallei • *n* valley
vallen • *v* drop, fall
vals • *adj* fake, false
valscherm • *n* parachute
valsificeren • *v* doctor
valsspelen • *n* cheating
valstrik • *n* catch, net
valuta • *n* currency
van • *prep* from, of
vanavond • *adv* tonight
vandaag • *adv* today
vangen • *n* catch • *v* seize, trap
vangst • *n* catch
vannacht • *adv* tonight
Vanuatu • *n* Vanuatu
vanwege • *prep* after, by
vanzelfsprekend • *adv* naturally, obviously
varen • *v* boat, cruise, fare, navigate
variabel • *adj* variable
variabele • *n* variable
variant • *n* variation
variatie • *n* variation
variëren • *v* vary
variëteit • *n* breed, variety
varken • *n* hog, pig
varkensvlees • *n* pork
vast • *adj* fast, regular, solid • *adv* surely
vastberadenheid • *n* purpose, resolution
vastbeslotenheid • *n* resolve
vastbinden • *v* wire
vasteland • *n* mainland
vasten • *v* fast
vastgebetonneerd • *adj* embedded
vastgrijpen • *n* apprehension

vasthouden • *v* adhere, hold, hold on
vasthoudendheid • *n* perseverance
vastknopen • *v* tie
vastkoeken • *v* cake
vastleggen • *v* calendar, embed, program
vastlopen • *v* crash, hang, lock • *n* freeze
vastmaken • *v* attach, bend, dog, fasten
vastpakken • *v* grasp
vastpinnen • *v* nail, pin
vaststellen • *v* appoint, ascertain, determine, establish
vat • *n* barrel, drum, tank, vessel
Vaticaan • *n* Vatican City
Vaticaanstad • *n* Vatican City
vatten • *v* apprehend, arrest, bust, collar
vechten • *v* battle, combat, fight, struggle
vechter • *n* fighter
vechtlust • *n* fight
vechtsporter • *n* fighter
vedel • *n* violin
veder • *n* feather
vedette • *n* star
vee • *n* cattle
veefokkerij • *n* ranch
veehouder • *n* farmer
veel • *det* many, much • *adv* much
veelbelovend • *adj* promising
veelbetekenend • *adj* significant • *adv* significantly
veeleisend • *adj* fastidious, quaint

veelkleurig • *adj* rainbow
veelvoorkomend • *adj* common
veelvoud • *n* multiple
veelvuldig • *adj* frequent • *adv* frequently
veelzijdig • *adj* versatile
veer • *n* feather, ferry, spring
veergeld • *n* fare
veerloon • *n* fare
veerpont • *n* ferry
veertien • *num* fourteen
veertig • *num* forty
vegen • *v* sweep, wipe
veilen • *v* auction
veilig • *adj* safe • *adv* safely
veiliggesteld • *adj* safe
veiligheid • *n* safety, security
veiligheidsdienst • *n* security
veiligheidsgordel • *n* belt
veiligheidspal • *n* safety
veiling • *n* auction, sale
veilingverkoop • *n* sale
veinzen • *v* affect, pretend
vel • *n* flesh, hide, skin
veld • *n* down, field, square
veldslag • *n* battle, combat
veldtocht • *n* campaign
vele • *det* many
velen • *pron* many
velg • *n* rim
vellen • *v* cut down
velo • *n* bicycle, bike
vels • *n* rock
Venezolaan • *n* Venezuelan
Venezolaanse • *n* Venezuelan
Venezuela • *n* Venezuela
venkel • *n* fennel
vennootschap • *n* partnership
venster • *n* window
vent • *n* dude, guy
ventiel • *n* slide

ventilator • *n* fan
ventileren • *v* air
Venus • *n* Venus
ver • *adj* distant, far
verachting • *n* contempt
verademing • *n* refreshment
veraf • *adj* remote
verafgoden • *v* god
veranda • *n* porch
veranderen • *v* change, modify
verandering • *n* change, variation
veranderlijk • *adj* dynamic, variable, versatile
veranderlijke • *adj* dynamic • *n* variable
verankerd • *adj* embedded
verankeren • *v* anchor
verantwoord • *adj* sustainable
verantwoordelijk • *adj* accountable, liable, responsible
verantwoordelijkheid • *n* accountability, responsibility
verantwoorden • *v* apologize
verbaal • *adj* verbal
verbaasd • *adj* surprised
verband • *n* bandage, sling
verbannen • *v* abandon, exile
verbazen • *v* astonish, surprise
verbazing • *n* surprise
verbeelding • *n* imagination, impression
verbergen • *v* conceal, disguise
verbeteren • *v* adjust, amend, correct, enhance, improve, mark, right
verbetering • *n* correction, enhancement, improvement
verbieden • *v* bar, forbid, prohibit

verbijsteren • *v* confuse, puzzle, surprise
verbijstering • *n* surprise
verbijzeld • *adj* broken
verbinden • *v* bind, connect, link
verbinding • *n* association, combination, communication, compound, connection, join, joint, line, link
verbindingsknoop • *n* bend
verbintenis • *n* commitment
verbitterd • *adj* bitter
verbleken • *v* fade
verblijf • *n* stay
verblijven • *v* dwell, haunt, stay, stop
verblinden • *v* blind
verbluffend • *adj* amazing
verbod • *n* ban, bar, prohibition
verboden • *adj* lawless • *det* no
verbond • *n* union
verbonden • *adj* allied
verborgen • *adj* hidden, obscure
verbouwen • *v* cultivate
verbranden • *v* burn
verbranding • *n* burn
verbreden • *v* spread
verbreiden • *v* spread
verbrijzelen • *v* shatter
verbrodden • *v* spoil
verbroken • *adj* broken
verbruik • *n* consumption
verbruiken • *v* consume, use
verbruiker • *n* consumer
verbuigen • *v* decline • *n* declension
verbuiging • *n* declension
verdachte • *n* suspect
verdampen • *v* dissolve

verdedigbaar • *adj* arguable
verdedigen • *v* assert, defend, uphold
verdediger • *n* advocate, back, defender
verdediging • *n* defense
verdedigster • *n* advocate, defender
verdeeld • *adj* mixed, shared
verdelen • *v* break, cut, deal, distribute, divide, split
verdeling • *n* distribution, division
verdenken • *v* suspect
verdenking • *n* suspicion
verder • *adv* moreover • *prep* past
verdergaan • *v* continue, proceed
verderleven • *v* live
verderven • *v* corrupt
verdict • *n* decision
verdienen • *v* deserve, earn
verdienste • *n* merit
verdiepen • *v* absorb
verdieping • *n* level
verdikken • *v* flesh
verdoemen • *v* damn
verdoen • *v* waste
verdomd • *adv* bloody, damn
verdonkeren • *v* shade
verdoofd • *adj* numb
verdorven • *adj* corrupt
verdorvenheid • *n* vice
verdoven • *v* numb
verdoving • *n* freezing
verdraagzaam • *adj* tolerant
verdraagzaamheid • *n* tolerance
verdraaid • *adj* damn
verdraaien • *v* distort

verdrag • *n* treaty
verdragen • *v* bear, endure, put up with, stand, tolerate
verdriet • *n* sadness
verdrietig • *adj* sad
verdrievoudigen • *v* triple
verdrinken • *v* drown
verdrukken • *v* crush
verduidelijken • *v* clarify, clear
verduidelijking • *n* clarification
verduiveld • *n* devil • *adj* devilish
verduldigheid • *n* nerve
verdwijnen • *v* disappear, fade, go, set, vanish
verdwijning • *n* disappearance
vereenvoudigen • *v* simplify
vereenvoudiging • *n* simplification
vereenzelving • *n* identification
vereisen • *v* need
vereiste • *n* prerequisite, requirement
verenigd • *adj* united
verenigen • *v* band, combine, join, unify, unite
vereniging • *n* association, combination, society, union
vereren • *v* honor, worship
verering • *n* devotion, worship
verf • *n* paint
verfraaien • *v* gild
verfrissen • *v* cool, refresh
verfrissing • *n* refreshment
vergadering • *n* assembly, congregation, meeting
vergassen • *v* gas
vergeetachtig • *adj* forgetful
vergeetachtige • *adj* forgetful
vergeetachtigheid • *n* forgetfulness

vergelding • *n* punishment
vergelen • *v* yellow
vergelijkbaar • *adj* comparable
vergelijken • *v* compare, confront
vergelijking • *n* comparison, equation, metaphor
vergenoegen • *v* content
vergetelheid • *n* forgetfulness
vergeten • *v* forget
vergeven • *v* excuse, forgive • *n* forgiveness
vergeving • *n* mercy
vergevingsgezindheid • *n* forgiveness
vergevorderd • *adj* advanced
vergezellen • *v* accompany
vergieten • *v* shed
vergif • *n* poison
vergiffenis • *n* mercy
vergift • *n* poison
vergiftigen • *v* poison
vergiftiging • *n* poisoning
vergissing • *n* error, mistake
vergoeding • *n* consideration
vergokken • *v* gamble
vergrendelen • *v* bar
vergrijpen • *v* assault
vergrootglas • *n* magnifying glass
vergroten • *v* enhance, expand, increase, magnify, reinforce, spread
vergroting • *n* power
vergruizelen • *v* crush
vergulden • *v* gild
vergunning • *n* authorization, license, permit
verhaal • *n* account, narrative, plot, story
verhaaltje • *n* tale

verhalen • *v* narrate
verhalend • *adj* narrative
verhandeling • *n* discourse
verhangen • *n* hanging
verhanging • *n* hanging
verharden • *v* set up
verheffen • *v* rear
verheugd • *adj* glad
verhinderen • *v* block, deter, prevent
verhitten • *v* heat
verhogen • *v* heighten, increase, reinforce, up
verhoging • *n* fever, temperature
verhongeren • *v* starve
verhoog • *n* platform
verhoren • *v* interrogate
verhouding • *n* affair, rate, relationship
verhuizen • *v* move
verhuizing • *n* move
verhullen • *v* disguise
verhuren • *v* hire, let, rent
verificatie • *n* verification
verifiëren • *v* audit, check
verjaardag • *n* birthday
verjaring • *n* limitation
verjaringstermijn • *n* limitation
verkeer • *n* traffic
verkeerd • *adj* bad, light, wrong
verkeerde • *n* wrong
verkeersbord • *n* road sign
verkeerslicht • *n* traffic light
verkeersplein • *n* roundabout
verkennen • *v* explore
verkenner • *n* explorer
verkenning • *n* exploration
verkiezen • *v* choose, prefer
verkiezing • *n* election

verkillen • *v* cool
verklaarbaar • *adj* accountable
verklaren • *v* announce, clear, declare, explain, pronounce, state
verklaring • *n* declaration, explanation, statement
verkleinen • *v* close, diminish
verkleumd • *adj* numb
verkleuren • *v* stain, turn
verklikken • *v* inform
verklungelen • *v* waste
verkoelen • *v* cool
verkoelend • *adj* cool
verkonden • *v* announce
verkondigen • *v* announce, preach, pronounce
verkoop • *n* sale
verkooppraatje • *n* pitch
verkoopster • *n* seller
verkopen • *v* sell
verkoper • *n* seller
verkoudheid • *n* cold
verkrachten • *v* abuse, rape
verkrachter • *n* rapist
verkrachterin • *n* rapist
verkrachting • *n* rape
verkrijgen • *v* access, achieve, acquire, gain, get, obtain
verkwikkend • *adj* cool
verkwisten • *v* waste
verkwistend • *adj* wasteful
verkwisting • *n* waste
verlaat • *adj* belated
verlagen • *v* diminish, humble, reduce
verlamd • *adj* lame
verlangen • *n* anxiety, desire, longing, lust • *v* entail, long, yearn

verlaten • *v* abandon, depart, leave • *adj* quit
verlating • *n* abandonment
verleden • *adj* past
verlegen • *adj* shy
verlegenheid • *n* embarrassment
verlegging • *n* diversion
verleiden • *v* allure, mislead, tempt
verlenen • *v* grant, yield
verlener • *n* provider
verlenging • *n* extension
verlichten • *v* alleviate
verlichting • *n* enlightenment
verliefd • *phr* in love
verlies • *n* loss
verliezen • *v* burn, lose • *n* loss
verloden • *v* lead
verlof • *n* leave
verlokken • *v* mislead, tempt
verloning • *n* reward
verloofd • *adj* engaged
verloofde • *n* fiancé
verloop • *n* turnover
verlopen • *v* expire
verloskundige • *n* midwife
verlossen • *v* loose, rescue
verlossing • *n* delivery, deliverance
verloven • *v* engage
verluchten • *v* air
vermaak • *n* diversion, entertainment
vermaard • *adj* renowned
vermakelijk • *adj* entertaining
vermaken • *v* entertain
vermalen • *v* crush, grind
vermeend • *adj* supposed • *adv* supposedly

vermeerderen • *v* accumulate, expand, increase • *n* rise
vermeerdering • *n* increase
vermelden • *v* credit, mention, name
vermelding • *n* mention
vermengen • *v* mix
vermenigvuldigen • *v* multiply • *n* multiplication
vermenigvuldiging • *n* multiplication
vermenigvuldigingstafel • *n* table
vermijden • *v* avoid • *n* avoidance
verminderen • *v* cut, decrease, diminish, exhaust, reduce
vermits • *adv* because • *conj* whereas
vermoedelijk • *adv* presumably
vermoeden • *v* suppose, think
vermoeid • *adj* tired, weary
vermoeien • *v* harass, tire, wear, weary
vermogen • *n* ability, fortune, load, might, power, wealth • *v* can • *adj* worth
vermommen • *v* disguise
vermomming • *n* costume, disguise
vermoorden • *v* assassinate, kill, murder, slay
vermorsen • *v* waste
vermorzelen • *v* crush
vernederen • *v* humble
vernemen • *v* learn
verneuken • *v* fuck
vernielen • *v* destroy
vernietigen • *v* abolish, destroy, gut
vernietiging • *n* destruction

vernieuwen • *v* innovate, renew
vernieuwend • *adj* original
vernieuwing • *n* innovation
veronachtzaming • *n* abandonment
verondersteld • *adj* alleged • *adv* supposedly
veronderstellen • *v* assume, guess, imagine, presume, reckon, suppose
veronderstelling • *n* assumption, guess, hypothesis
verontrusten • *v* alarm, concern, upset
verontrustend • *adj* disturbing, worrying, worrisome
verontrustende • *adj* worrisome
verontschuldigen • *v* excuse
verontschuldiging • *n* apology
verontwaardigd • *adj* put out
veroordeelde • *n* convict
veroordelen • *v* condemn, convict, judge
veroordeling • *n* conviction, judgment, sentence
veroorzaken • *v* beget, cause, induce, occasion, prompt, render, result, set up
verordening • *n* regulation
verordonneren • *v* order
verouderen • *v* age
veroveraar • *n* conqueror
veroveren • *v* conquer
verpakken • *v* bag, box • *n* package
verpanden • *v* mortgage, pledge
verplaatsen • *v* move, transfer, travel

verplaatsing • *n* throw
verpleegkundige • *n* nurse
verpleegster • *n* nurse, sister
verplegen • *v* nurse
verpleger • *n* nurse
verpleging • *n* nursing
verpletteren • *v* crush
verpletterend • *adj* crushing
verplicht • *adj* compulsory, mandatory
verplichten • *v* oblige
verplichting • *n* commitment, debt
verprutsen • *v* spoil
verpulveren • *v* destroy, grind
verraden • *v* betray, burn
verrassen • *v* surprise
verrassend • *adj* surprising • *adv* surprisingly
verrassing • *n* surprise
verrekenen • *v* clear
verrichten • *v* perform
verrijken • *v* enrich
verroeren • *v* move
verroering • *n* movement
verroest • *adj* rusty
verroesten • *v* rust
verrot • *adj* rotten
verrukking • *n* bliss
verrukt • *adj* delighted
vers • *adj* fresh, new • *n* line, poem, rhyme, verse
versatiel • *adj* versatile
verschaald • *adj* flat
verscheiden • *adj* various
verscheidenheid • *n* diversity, variety
verschepen • *v* ship
verscheuren • *v* shred
verschijnen • *v* appear, occur, report

verschijning • *n* apparition, appearance, ghost
verschijnsel • *n* phenomenon, symptom
verschil • *n* difference
verschillen • *v* differ
verschillend • *adj* different
verscholen • *adj* hidden
verschrikkelijk • *adj* atrocious, awful, ghastly, gruesome, terrific • *adv* damn
verschrikken • *v* scare
verschrikking • *n* terror
verschuiven • *v* postpone
versieren • *n* decoration
versiering • *n* decoration, flourish
versimpelen • *v* simplify
versimpeling • *n* simplification
versje • *n* rhyme
verslaafdheid • *n* addiction
verslaan • *v* beat, best, defeat, narrate
verslag • *n* account, feature, narrative, proceedings, record, report
verslagenheid • *n* loss
verslaggever • *n* journalist, reporter
verslappen • *v* fade
verslaven • *v* hook
verslavend • *adj* addictive
verslaving • *n* addiction, dependence, habit
verslechteren • *v* deteriorate
versleten • *adj* shot
verslijken • *v* mud
versmelting • *n* merger
versnapering • *n* refreshment
versnellen • *v* accelerate
versneller • *n* accelerator

versnelling • *n* acceleration, gear
versnipperen • *v* shred
versperren • *v* bar, block
versperring • *n* barrier
verspillen • *v* waste
verspillend • *adj* wasteful
verspilling • *n* waste
versporen • *v* railroad
verspreiden • *v* distribute, scatter, spread
verspreiding • *n* distribution
verspreidingsgebied • *n* range
verspreken • *v* betray
verspringing • *n* offset
verstaan • *v* get, understand
verstand • *n* apprehension, brain, mind
verstandelijk • *adj* intellectual, rational
verstandhouding • *n* understanding
verstandig • *adj* sensible, shy
verstek • *n* absence
versteken • *v* hide
verstellen • *v* adjust
versterken • *v* enforce, line, reinforce, strengthen
versterking • *n* reinforcement
verstijfd • *adj* numb
verstijven • *v* freeze
verstokken • *v* set up
verstoord • *adj* distraught
verstoppen • *v* block, conceal, hide
verstopping • *n* block
verstopt • *adj* hidden
verstoren • *v* disrupt, disturb, upset
verstoring • *n* disturbance, upset

verstrijken • *v* expire
verstrijkend • *adj* passing
verstrikken • *v* set up
verstrooid • *adj* absent, abstract
verstrooidheid • *n* absence
verstrooien • *n* diversion • *v* scatter
verstrooiend • *adj* translucent
verstrooiïng • *n* diversion
versturen • *v* post
vertaalster • *n* translator
vertalen • *v* interpret, translate
vertaler • *n* translator
vertaling • *n* translation
verte • *n* distance
vertegenwoordigen • *v* represent
vertegenwoordiger • *n* agent, representative
vertegenwoordiging • *n* representation
verteld • *adj* related
vertelde • *n* narrative
vertellen • *v* narrate, rehearse, relate, tell
vertellend • *adj* narrative
verteller • *n* narrator
vertelling • *n* narrative, story
vertelsel • *n* story, tale
vertelster • *n* narrator
verteren • *v* absorb, burn, consume, digest • *n* digestion
vertering • *n* digestion
verticaal • *adj* vertical
vertier • *n* amusement
vertinnen • *v* tin
vertolker • *n* interpreter, player
vertonen • *v* exhibit, offer, show
vertoning • *n* exhibit

vertragen • *v* slow
vertraging • *n* delay
vertrappen • *v* tread
vertrek • *n* departure, room
vertrekken • *v* depart, exit, leave
vertrekpunt • *n* base
vertroetelen • *v* nurse
vertrouwd • *adj* familiar
vertrouwen • *n* confidence, faith, trust • *v* depend
vertwijfeld • *adj* desperate, distraught
vervaardigen • *v* manufacture
vervaardiger • *n* producer
vervaarlijk • *adj* dreadful
verval • *n* decline, fall, ruin, waste
vervaldag • *n* maturity
vervallen • *v* decline, expire, mature
vervalsen • *v* distort, forge
vervalser • *n* fraud
vervangen • *v* change, fill in, replace, substitute
vervanger • *n* replacement, substitute
vervanging • *n* change, replacement, substitute
verveeld • *adj* bored
vervelen • *v* annoy, grate
vervelend • *v* annoying • *adj* obnoxious
verven • *v* paint
vervetten • *v* flesh
vervliegen • *v* flee
vervloekt • *adj* damn
vervlogene • *n* past
vervoegen • *v* join
vervoer • *n* transport
vervoerder • *n* carrier

vervoeren • *v* transport
vervoering • *n* transport
vervoersprijs • *n* fare
vervolg • *n* sequel
vervolgen • *v* dog, harass
vervolgens • *adv* subsequently
vervollediging • *n* completion
vervormen • *v* distort
vervreemd • *n* alienation
vervreemden • *v* alienate • *n* alienation
vervreemding • *n* alienation
vervroegen • *v* advance
vervuiling • *n* pollution
vervullen • *v* fill, fulfill, meet
vervulling • *n* realization
verwaand • *adj* conceited, supercilious
verwaarloosd • *adj* neglected
verwaarlozen • *v* neglect
verwaarlozing • *n* abandonment, neglect
verwacht • *adj* expected
verwachten • *v* await, expect
verwachting • *n* expectation
verwant • *adj* related • *n* relation
verwante • *n* relation
verwanten • *n* kin, people
verwantschap • *n* relationship
verward • *adv* abroad • *adj* chaotic, confused
verwarmen • *v* heat, warm
verwarmend • *adj* heating
verwarming • *n* heating
verwarren • *v* confuse, puzzle, upset
verwarrend • *adj* confusing
verwarring • *n* confusion, upset
verweer • *n* apology, defense
verwelken • *v* fade

verwelkomen • *v* welcome
verwelkoming • *n* welcome
verwennen • *v* indulge, spoil
verweren • *v* erode
verwerken • *v* process
verwerker • *n* processor
verwerpen • *v* abandon, discard, reject
verwerven • *v* achieve, acquire, purchase • *n* digestion
verwerving • *n* acquisition, digestion, purchase
verwezenlijking • *n* achievement, feat, realization
verwijden • *v* spread
verwijderd • *adj* remote
verwijderen • *v* delete, distance, drop, remove
verwijdering • *n* removal
verwijfd • *adj* gay
verwijten • *v* blame
verwijzen • *v* advert, refer
verwijzing • *n* link
verwikkeling • *n* complexity
verwisselen • *v* change, confuse, mistake
verwittigen • *v* warn
verwittiging • *n* notice, warning
verwoesten • *v* destroy, waste, wreck
verwoestend • *adj* destructive
verwoestende • *adj* destructive
verwoesting • *n* devastation
verwonden • *v* wound
verwonderen • *v* entrance, wonder
verwonderlijk • *adj* miraculous
verwonding • *n* injury, wound
verwoorden • *v* formulate, word

verworden • *v* corrupt
verworvenheid • *n* acquisition
verwrongen • *adj* twisted
verzachten • *v* alleviate, soften
verzadigd • *adj* full, stuffed
verzaken • *v* forsake, neglect
verzamelaar • *n* collector
verzamelen • *v* collect, confer, gather, rally • *n* collection
verzameling • *n* body, group, set
verzamelnaam • *n* collective
verzegelen • *v* seal
verzegeling • *n* seal
verzekeren • *v* assure, ensure
verzekering • *n* insurance
verzekeringscontract • *n* policy
verzenden • *v* post, send, ship, submit
verzending • *n* shipping
verzet • *n* rebellion, resistance
verzetten • *v* move
verzinken • *v* fade
verzinnen • *v* coin, invent
verzoek • *n* query, request
verzoeken • *v* request
verzoekschrift • *n* petition
verzoenen • *v* reconcile
verzoening • *n* reconciliation
verzonnen • *adj* fanciful
verzorgen • *v* cultivate, foster, look after • *n* nursery
verzorger • *n* carer
verzuchting • *n* sigh
verzuipen • *v* drown
verzwakken • *v* decline, fade, flag, waste, weaken
verzwakking • *n* decline
vest • *n* jacket, waistcoat
vestigen • *v* settle
vestiging • *n* establishment

vesting • *n* fort
vet • *adj* bold, fat • *n* grease
veteraan • *adj* veteran
veterinair • *n* veterinarian
vetgans • *n* penguin
vetgedrukt • *adj* bold
vetlaag • *n* fat
vetmesten • *v* fat
vetvrij • *adj* fat-free
vetzak • *n* fatty
vetzuchtig • *adj* obese
vezel • *n* fibre
vezelen • *v* whisper
via • *prep* via
video • *n* video
videocassette • *n* video
vier • *n* four
vierde • *adj* fourth • *n* quarter
vierdeel • *n* quarter
vierdelen • *v* quarter
vieren • *v* celebrate, mass, party
vierendelen • *v* quarter
viering • *n* celebration, party
vierkant • *adj* square
vierkante • *adj* square
viervlak • *n* pyramid
vies • *adj* dirty
Vietnam • *n* Vietnam
Vietnamees • *adj* Vietnamese
Vietnamese • *n* Vietnamese
view • *n* view
vijand • *n* enemy, rival
vijandelijk • *adj* enemy
vijandelijkheid • *n* hostility
vijandig • *adj* belligerent, hostile
vijandigheid • *n* hostility
vijandschap • *n* hostility
vijf • *num* five
vijfde • *adj* fifth
vijftien • *num* fifteen

vijftig • *num* fifty
vijfwouter • *n* butterfly
vijg • *n* fig
vijgenboom • *n* fig
vijl • *n* file, float
vijlen • *v* file
vijs • *n* screw
vijver • *n* pond
vijzen • *v* screw
villa • *n* hall
villen • *v* skin
vinden • *v* consider, deem, find, spot, think
vinding • *n* discovery, finding
vindingrijk • *adj* inventive
vinger • *n* digit, finger • *adj* digital
vingeren • *v* finger
vingernagel • *n* fingernail
vingertop • *n* fingertip
vink • *n* finch, tick
vinkje • *n* check, tick
violet • *n* stock
violier • *n* stock
viool • *n* violin
vip • *n* VIP
virtueel • *adj* electronic, virtual
virtuoos • *adj* brilliant
virus • *n* virus
vis • *n* fish
visgarde • *n* rod
visie • *n* apprehension, line, opinion, view, vision
visioen • *n* vision
visotter • *n* mink
vissen • *v* fish • *n* fishing
visser • *n* fisherman
visserij • *n* fishing
vissersboot • *n* fisherman
vissersschip • *n* fisherman
visueel • *adj* visual

visum • *n* visa
vitamine • *n* vitamin
vitrine • *n* case
vizier • *n* sight
vlag • *n* banner, flag
vlaggen • *n* flag
vlak • *adj* even, flat, level, plane • *n* side
vlakbij • *adv* next
vlakke • *adj* even
vlakte • *n* plain
vlam • *n* bomb, flame
vlammen • *v* book, bucket, flame
vleder • *n* wing
vleermuis • *n* bat
vlees • *n* flesh, meat
vleeslul • *n* shower
vleessoort • *n* meat
vlek • *n* spot, stain
vlekkeloos • *adj* flawless
vlerk • *n* wing
vleugel • *n* aisle, wing
vlieden • *v* flee
vlieg • *n* fly
vliegen • *n* flight • *v* fly
vliegenier • *n* pilot
vlieger • *n* kite
vlieghaven • *n* airport
vliegtuig • *n* airplane, plane
vlier • *n* elder
vlijtig • *adj* diligent, industrious, zealous
vlinder • *n* butterfly
vlinderdas • *n* bowtie
vlo • *n* flea
vloed • *n* flood, flow
vloedgolf • *n* tsunami
vloeibaar • *adj* fluid, liquid
vloeibare • *adj* fluid

vloeien • *v* course, float, flow, well
vloeiend • *adj* fluid
vloeiende • *adj* fluid
vloeiklank • *n* liquid
vloeistof • *n* liquid
vloeitje • *n* skin
vloeken • *v* swear
vloekend • *adj* loud
vloer • *n* floor
vloeren • *v* floor
vloerkleed • *n* carpet
vloertegel • *n* tile
vlokkig • *adj* flaky
vloot • *n* fleet
vlot • *n* float • *adv* readily • *adj* smooth
vlucht • *n* flight, fly
vluchteling • *n* alien, refugee
vluchten • *v* flee, fly, run away
vluchtstrook • *n* shoulder
vlug • *adj* fast, quick • *adv* quickly
vlugheid • *n* speed
vocal • *adj* vocal
vochtig • *adj* wet
vod • *n* cloth
voeden • *v* feed, juice, power
voeder • *n* feed
voeding • *n* nutrition, power • *adj* nutritional
voedingsmiddel • *adj* nutrient
voedingssupplement • *n* supplement
voedsel • *n* food • *adj* nutrient
voedselgewas • *n* crop
voedselplant • *n* crop
voedster • *n* nurse
voedzaam • *adj* hearty, nutritious
voeg • *n* junction

voegwoord • *n* conjunction
voelbaar • *adj* significant • *adv* significantly
voelen • *v* feel
voelspriet • *n* antenna
voer • *n* dinner, feed
voeren • *v* feed, fur, line, transport, wage
voering • *n* fur
voertuig • *n* craft, vehicle
voet • *n* die, foot, term
voetbal • *n* football, soccer
voetballen • *n* football
voetganger • *n* pedestrian
voetgangster • *n* pedestrian
voetpad • *n* sidewalk
voetspoor • *n* track
voetstap • *n* step
voetvolk • *n* infantry
voetzool • *n* sole
vogel • *n* bird
vogelbekdier • *n* platypus
vogelspin • *n* tarantula
vogelvrije • *n* outlaw
vol • *adj* full, stuffed
volbrengen • *v* accomplish
voldaan • *adj* accomplished, satisfied
voldane • *adj* accomplished
voldoen • *v* comply, foot, satisfy, suffice
voldoende • *adj* adequate, sufficient • *det* enough • *v* satisfy
voldoening • *n* satisfaction
volgeling • *n* follower
volgen • *v* attend, follow, observe, pursue
volgend • *adj* next, subsequent
volgende • *n* follower • *adj* following

volgens • *prep* according to
volger • *n* follower
volgorde • *n* order
volhangen • *v* hang
volharden • *v* persist
volhardend • *adj* persistent
volharding • *n* perseverance
volhouden • *v* insist, last, stick
volk • *n* crowd, folk, nation, people • *adj* popular
volkerenmoord • *n* genocide
volkomen • *adj* absolute, perfect • *adv* completely, quite
volks • *adj* popular
volledig • *adj* complete, full, total • *adv* completely, entirely, fully, totally
volledige • *adj* total
volleybal • *n* volleyball
vollopen • *v* fill up
volmaakt • *adj* holy, ideal, perfect
volmacht • *n* authorization
volmaken • *v* complement
volslagen • *adj* proper
volslank • *adj* fat
volstaan • *v* suffice
volstrekt • *adj* absolute
voltijds • *adj* full-time
voltooid • *adj* perfect
voltooide • *adj* perfect
voltooien • *v* complete, discharge
voltooiing • *n* accomplishment, completion, realization
voltreffer • *n* smash
voltrokken • *adj* accomplished
volume • *n* volume
volumineus • *adj* voluminous

volwassen • *adj* adult, big • *phr* of age
volwassene • *n* adult
volwassenheid • *n* adulthood, age, maturity
vondst • *n* find
vonk • *n* spark
vonnis • *n* judgment, sentence
vonnissen • *v* convict, pronounce
voogd • *n* caretaker, guardian
voogdes • *n* guardian
voor • *prep* against, before, for, of, to, with
vóór • *prep* before
vooraanstaand • *adj* outstanding, prominent
vooradig • *adj* stock
vooraf • *adv* before
voorafgaan • *v* precede
voorafje • *n* starter
vooral • *phr* above all • *adv* especially
vooraleer • *conj* before
voorbarig • *adj* previous
voorbeeld • *n* example, instance, specimen
voorbeeldig • *adj* iconic
voorbereid • *adj* set
voorbereide • *adj* set
voorbereiden • *v* prepare, set up
voorbereidend • *adj* preliminary
voorbereiding • *n* arrangement, preparation
voorbij • *prep* beyond, past • *adj* over • *adv* past
voorbije • *adj* past
voorbijgaan • *v* pass • *n* passing

- **voorbijgaand** • *adj* passing
- **voordat** • *conj* against, before
- **voordeel** • *n* advantage, benefit
- **voordehandliggend** • *adj* obvious
- **voordien** • *adv* before
- **voordracht** • *n* presentation
- **voordragen** • *v* recommend, submit
- **voordringen** • *v* jump
- **voorgerecht** • *n* starter
- **voorgevoel** • *n* feeling
- **voorgoed** • *phr* for good • *adj* permanent
- **voorhanden** • *adj* available
- **voorheen** • *adv* before
- **voorhoofd** • *n* forehead
- **voorhouding** • *n* suspension
- **vooringenomen** • *adj* prejudiced
- **vooringenomenheid** • *n* bias
- **voorjaar** • *n* spring
- **voorkant** • *n* front
- **voorkeur** • *n* like, preference
- **voorkomen** • *n* existence, hue, impression • *v* occur
- **voorkomend** • *adj* considerate, thoughtful
- **voorkomendheid** • *n* consideration
- **voorleggen** • *v* produce, submit
- **voorletter** • *n* initial
- **voorlezen** • *v* read • *n* reading
- **voorlichten** • *v* inform
- **voorlichting** • *n* orientation
- **voorlopen** • *v* lead
- **voorloper** • *n* ancestor
- **voorlopig** • *phr* for now
- **voormagnetisatie** • *n* bias
- **voormalig** • *adj* former, old

- **voormiddag** • *n* morning
- **voormouw** • *n* cuff
- **voornaam** • *adj* distinguished, main
- **voornaamste** • *adj* primary, prime, principal
- **voornaamwoord** • *n* pronoun
- **voornamelijk** • *phr* above all • *adv* mainly, mostly
- **voornemen** • *n* intention, resolution
- **voornemens** • *adv* about
- **vooroordeel** • *n* bias, prejudice
- **voorop** • *adv* ahead
- **vooroplopen** • *v* lead
- **vooropzeg** • *n* notice
- **voorouder** • *n* ancestor
- **voorouders** • *n* ancestry
- **voorraad** • *n* fare, stock, store
- **voorraadje** • *n* fare
- **voorradige** • *adj* stock
- **voorrang** • *n* precedence, priority
- **voorrecht** • *n* privilege
- **voorrronde** • *n* heat
- **voorschieten** • *v* advance
- **voorschot** • *n* advance
- **voorschrift** • *n* prescription, receipt
- **voorschrijven** • *v* prescribe
- **voorspanning** • *n* bias
- **voorspelbaar** • *adj* inevitable, predictable
- **voorspellen** • *v* forecast, predict
- **voorspelling** • *n* forecast, prediction
- **voorspoed** • *n* prosperity
- **voorsprong** • *n* edge, lead
- **voorstad** • *n* suburb
- **voorstander** • *n* advocate

voorstedelijk • *adj* suburban
voorsteken • *v* cut
voorstel • *n* offer, proposal, proposition, suggestion
voorstellen • *v* float, introduce, move, offer, present, propose, represent, suggest, treat
voorstelling • *n* show
voorsteven • *n* stem
voortbestaan • *v* live
voortbrengen • *v* beget, yield
voortbrengst • *n* offspring
voortdrijven • *v* drive
voortduren • *v* endure
voortdurend • *adj* continuous
voorteken • *n* sign
voortgang • *n* progress
voortkomen • *v* originate, proceed
voortpanten • *v* reproduce
voortplanting • *n* reproduction
voortreffelijk • *adj* distinguished, eminent, excellent
voorts • *adv* besides
voortzetten • *v* continue, resume
vooruit • *adv* ahead
vooruitbetaling • *n* advance
vooruitgang • *n* advance, progress
vooruitstuwen • *v* thrust
vooruitzicht • *n* prospect, view
vooruitziend • *adj* prudent
voorvader • *n* grandfather
voorval • *n* incident, instance, occasion, occurrence
voorvechten • *v* champion
voorvechter • *n* champion
voorvoegen • *v* prefix

voorvoegsel • *n* prefix
voorwaarde • *n* condition, premise, prerequisite, requirement
voorwaardelijk • *adj* conditional
voorwenden • *v* fake, pretend
voorwerp • *n* object
voorwerpglaasje • *n* slide
voorzeker • *adv* certainly
voorzetsel • *n* preposition
voorzetten • *v* assist
voorzichtig • *adj* careful, cautious, prudent, shy • *adv* carefully, gently
voorzichtigheid • *n* caution, policy
voorzien • *v* provide, suffice
voorziening • *n* facility • *adj* utility
voorzijde • *n* front
voorzitten • *v* preside
voorzitter • *n* chairman
voorzitterschap • *n* leadership, presidency
voorzorg • *n* caution
vordering • *n* progress
vorig • *adj* last, old, previous
vork • *n* fork
vorm • *n* cast, die, figure, form, format, shape
vormen • *v* compose, comprise, form, hew, make
vormgeven • *v* form
vormgeving • *n* design
vorming • *n* formation
vormsel • *n* confirmation
vorst • *n* freeze, sovereign
vorstperiode • *n* freeze
vos • *n* fox
vousvoyeren • *v* you

vouwen • *v* fold
vraag • *n* demand, interrogative, query, question, request
vraaggesprek • *n* interview
vraagteken • *n* question mark
vraagwoord • *n* interrogative
vracht • *n* cargo
vrachtauto • *n* truck
vrachtbrief • *n* manifest
vrachtcontainer • *n* container
vrachtlijst • *n* manifest
vrachtvoertuig • *n* transport
vrachtwagen • *n* truck
vrachtweigering • *n* abandonment
vragen • *v* ask, call, query
vragend • *adj* interrogative
vrede • *n* peace
vredevol • *adj* peaceful
vredig • *adj* calm, peaceful, quiet
vreedzaam • *adj* peaceful
vreemd • *adj* eerie, ethnic, foreign, funny, odd, strange, weird
vreemde • *n* stranger
vreemdeling • *n* alien, ethnic, foreigner, stranger
vreemdelinge • *n* foreigner, stranger
vreemdelingenhaat • *n* xenophobia
vreemdgaan • *v* cheat, wander
vrees • *n* anxiety, apprehension, dread, fear
vreesachtig • *adj* eerie
vreselijk • *adj* atrocious, awful, terrific • *adv* damn
vreten • *v* eat, stuff

vreugde • *n* delight, festivity, happiness, joy
vrezen • *v* dread, fear
vriend • *n* boyfriend, buddy, friend
vriendelijk • *adj* amicable, friendly, kindly, sweet
vriendelijkheid • *n* kindness
vriendin • *n* friend, girlfriend
vriendinnetje • *n* friend
vriendje • *n* friend
vriendschap • *n* friendship
vriendschappelijk • *adj* friendly
vriezen • *v* freeze
vriezer • *n* freezer
vrij • *adj* clear, free
vrijbuiter • *n* pirate
vrijdag • *n* Friday
vrijdom • *n* freedom
vrije • *adj* free
vrijen • *v* court, love, sex
vrijetijdsbesteding • *n* hobby
vrijgeven • *v* disclose
vrijgevig • *adj* generous
vrijgezel • *n* single
vrijheid • *n* freedom, liberty
vrijlaten • *v* release
vrijmaken • *v* clear
vrijspreken • *v* clear
vrijwel • *adv* about, almost
vrijwillig • *adj* voluntary • *adv* voluntarily
vrijwilliger • *n* volunteer
vrijwilligster • *n* volunteer
vrijzinnig • *adj* liberal
vroedvrouw • *n* midwife
vroeg • *adj* early
vroeger • *adv* before, previously
vrolijk • *adj* bright, gay
vrouw • *n* female, queen, wife, woman

vrouwelijk • *adj* female
vrouwelijke • *n* feminine
vrouwtjesduif • *n* pigeon
vrucht • *n* fruit, result
vruchtafdrijving • *n* abortion
vruchtbaar • *adj* fertile • *n* productivity
vruchtbaarheid • *n* fertility
vruchtvlees • *n* flesh, meat
VS • *n* United States
vuil • *adj* dirty, filthy, grubby, naughty, slovenly • *n* garbage, litter, trash, waste
vuilnis • *n* garbage, litter, refuse, trash
vuilnisbak • *n* bin, trash
vuilnisbelt • *n* dump, tip
vuist • *n* fist
vuistslag • *n* box
vulgair • *adj* crude, dirty
vulkaan • *n* volcano
vulkanisch • *adj* volcanic
vullen • *v* fill, line
vulling • *n* fill, placeholder
vulsel • *n* fill, placeholder
vuren • *v* fire, trigger
vurig • *adj* fiery, pokey
vuur • *n* fire
vuurberg • *n* volcano
vuurpijl • *n* rocket
vuurrood • *adj* scarlet
vuursprank • *n* spark
vuurtje • *n* light
vuurtoren • *n* lighthouse
vuurwapen • *n* firearm, gun
vuurwerk • *n* firework

waaghals • *n* daredevil
waagstuk • *n* gamble
waaien • *v* blow
waaier • *n* fan
waaieren • *v* fan
waakzaam • *adj* aware
waanzinnig • *adj* insane, mad
waar • *n* goods, produce, stuff, where • *adj* real, true • *adv* where • *conj* wherever • *pron* where
waarbij • *conj* whereas • *adv* whereby
waarborg • *n* caution
waard • *adj* worth
waarde • *adj* dear • *n* meaning, value, worth
waardeloos • *adj* cheap, useless, worthless
waardepapier • *n* security
waarderen • *v* appreciate
waardering • *n* assessment
waardevol • *adj* dear, precious, valuable, worthwhile
waardig • *adj* worthy
waardigheid • *n* dignity
waardoor • *adv* therefore, thus
waarheen • *adv* where • *n* where
waarheid • *n* truth
waarlijk • *adv* certainly, truly
waarnaartoe • *adv* where
waarneembaar • *adj* notable, sensible, significant • *adv* significantly

waarnemen • *n* observation • *v* perceive, sense
waarnemer • *n* observer
waarneming • *n* observation, perception
waarnen • *v* warn
waarning • *n* warning
waarom • *adv* why
waarschijnlijk • *adv* presumably, probably
waarschijnlijkheid • *n* bet, density, likelihood, probability
waarschuwen • *v* caution, notify, warn
waarschuwing • *n* caution, warning
waartoe • *conj* where
waarvan • *adv* where • *n* where • *det* whose
waarvandaan • *adv* where • *n* where
waarzeggen • *v* divine
waarzegger • *n* fortuneteller
waas • *n* mist
wacht • *n* guard, watch
wachten • *v* hold on, wait • *n* waiting
wachter • *n* guardian
wachtkamer • *n* waiting room
wachtrij • *n* queue
wachtwoord • *n* password
wagen • *v* adventure, chance, dare, gamble, venture • *n* car, cart, wagon
waggelen • *v* rock
wagon • *n* car, carriage, van
wake • *n* wake
wakker • *adj* awake, conscious
walgelijk • *adj* gross, offensive
wallen • *n* circle

walm • *n* smoke
walnoot • *n* walnut
walnotenboom • *n* walnut
walnotenhout • *n* walnut
wals • *n* roll
walsen • *v* roll
walvis • *n* whale
wand • *n* wall
wandaad • *n* outrage
wandelaar • *n* walker, wanderer
wandelen • *n* hiking • *v* walk
wandeling • *n* hike, walk
wang • *n* cheek
wangedrag • *n* misbehavior
wangedrocht • *n* abortion
wanhoop • *n* despair
wanhopen • *v* despair
wanhopig • *adj* desperate, sore • *adv* desperately
wankel • *adj* lame
wanneer • *adv* when • *pron* when
wanorde • *n* chaos, disruption
wanordelijk • *adj* chaotic, messy
want • *conj* as, for • *adv* because
wantoestand • *n* wrong
wantrouwen • *v* suspect
wantrouwend • *adj* leery
wantsenkruid • *n* coriander
wapen • *n* arm, weapon
wapenfeit • *n* exploit
wapenschild • *n* arm
wapperen • *v* wave
waren • *v* produce
warenhuis • *n* department store
warm • *adj* hot, warm
warmlopen • *v* warm

warmte • *n* heat
warmteverlies • *n* loss
warrig • *adj* chaotic
Warschau • *n* Warsaw
was • *n* laundry, wash, wax
wasbak • *n* washbasin
wasdom • *n* maturity
wasgoed • *n* laundry
washok • *n* laundry
waskom • *n* washbasin
wasmachine • *n* washing machine
wassen • *v* clean, grow, wash, wax • *n* wax
wastafel • *n* washbasin
wat • *interj* huh • *det* some • *adv* what • *pron* who
water • *n* water
wateren • *n* water
waterig • *adj* misty, watery
watermeloen • *n* watermelon
wateropnemend • *adj* absorbent
waterpas • *n* level
waterslot • *n* trap
waterstof • *n* hydrogen
watertje • *n* water
watje • *n* coward
wauw • *interj* wow
wave • *n* wave
wc • *n* toilet, WC
we • *pron* we
web • *n* web
website • *n* website
webstek • *n* website
wedden • *v* bet
weddenschap • *n* bet
weder • *adv* again
wederhalen • *v* repeat
wederhelft • *n* spouse

wederom • *adv* again, once again
wederopbouw • *n* reconstruction
wederopbouwen • *v* rebuild
wederzijds • *adj* mutual
wedijveren • *v* compete
wedloop • *n* race
wedstrijd • *n* contest, game, match
weduwe • *n* widow
weduwnaar • *n* widower
wee • *n* contraction
weefgetouw • *n* loom
weefsel • *n* fabric, tissue, weave
weegschaal • *n* balance, scale
week • *adj* soft • *n* week
weekblad • *n* weekly
weekeinde • *n* weekend
weekend • *n* weekend
weelde • *n* wealth
weer • *adv* again • *n* defense, weather
weerbarstig • *adj* churlish
weerbeeld • *n* reflection
weergalm • *n* resonance
weergalmen • *v* ring
weergave • *n* representation
weergeven • *v* render
weerkaatsen • *v* reflect
weerklank • *n* resonance
weerkunde • *n* meteorology
weerkundige • *n* meteorologist
weerleggen • *v* contradict
weerlicht • *n* lightning
weerloos • *adj* defenseless
weermacht • *n* army
weerman • *n* meteorologist
weerpresentator • *n* meteorologist

weerspiegelen • *v* reflect
weerspiegeling • *n* reflection
weerstaan • *v* resist, stand, withstand
weerstand • *n* drag, resistance
weersvoorspelling • *n* forecast
weervrouw • *n* meteorologist
weerzinwekkend • *adj* atrocious, obnoxious, offensive
weg • *adj* absent, away • *adv* off, out • *n* drive, path, road, way
wegaanduiding • *n* road sign
wegeltje • *n* lane
wegen • *v* weigh, weight
wegenkaart • *n* road map
wegens • *prep* for
weggaan • *v* go, leave
weggeven • *v* give away
weggooien • *v* bin, shy, throw away
weghalen • *v* remove
wegkwijnen • *v* fade, waste
wegkwijning • *n* waste
weglopen • *v* run away
wegsluipen • *v* sneak
wegspoelen • *v* wash
wegstoppen • *v* hide
wegteren • *n* consumption
wegvluchten • *v* flee
wegvoeren • *v* transport
wei • *n* field
weide • *n* field
weifelen • *v* linger
weifelend • *adj* hesitant
weigeren • *v* decline, forbid, refuse
weigering • *n* refusal
weiland • *n* field
weinig • *det* few, little

weit • *n* wheat
wekelijks • *adj* weekly
wekelijkse • *adj* weekly
weken • *v* soak, steep
wekken • *v* awake, wake, wake up
wekker • *n* alarm
wel • *v* do • *n* spring, well • *interj* why • *part* yes
welbehagen • *n* pleasure
welbemind • *adj* beloved
welbespraakt • *adj* articulate
weldadig • *adj* charitable
weldra • *adv* soon
weleers • *adj* ancient
welgang • *n* success
welgemanierd • *adj* correct
welk • *adv* what • *det* which
welkom • *adj* welcome
welkome • *adj* welcome
wellicht • *adv* maybe, perhaps
wellust • *n* lust, pleasure
welopgevoed • *adj* correct
weloverwogen • *adj* deliberate
welzijn • *n* health
wendbaar • *adj* versatile
wendbaarheid • *n* agility
wenen • *v* cry, weep
Wenen • *n* Vienna
wenkbrauw • *n* eyebrow
wenken • *v* flag
wens • *n* desire, will, wish
wenselijk • *adj* desirable
wensen • *v* desire, wish
wereld • *n* realm, world
wereldbol • *n* globe
werelddeel • *n* continent
wereldlijk • *adj* lay, material, secular
wereldlijke • *adj* material

wereldwijd • *adj* universal, worldwide
wereldwijde • *adj* worldwide
wereldwijs • *adj* sophisticated
wereldzee • *n* ocean
werk • *n* employment, job, paper, rank, work, writing
werkelijk • *interj* absolutely • *adj* actual, real • *adv* really
werkelijkheid • *n* reality, truth
werken • *v* act, work • *n* works
werkend • *adj* functional
werkgever • *n* employer
werking • *n* action, effect
werkkracht • *n* hand
werkloos • *adj* unemployed
werkloosheid • *n* unemployment
werklozen • *n* unemployed
werklust • *n* industry
werkman • *n* hand
werknemer • *n* employee, hire
werkplaats • *n* shop
werkschuw • *adj* indolent
werkstuk • *n* work
werktuig • *n* tool
werktuigkundige • *n* mechanic
werkwoord • *n* verb
werkwoordelijk • *adj* verbal
werkzaam • *adj* effective
werkzaamheid • *n* activity
werkzoekende • *n* jobseeker
werpen • *v* cast, launch, litter, pitch, shed, shy, sling, throw
werper • *n* pitcher
wesp • *n* wasp
west • *adj* west
westelijk • *adj* west, western
westelijke • *adj* west
westen • *n* west
westers • *adj* western

westwaarts • *adv* west
wet • *n* act, law, legislation
wetboek • *n* code
weten • *v* know, wit • *n* knowledge, science
wetenschap • *n* knowledge, science
wetenschappelijk • *adj* scientific
wetenschapper • *n* scientist
wetenschapster • *n* scientist
wetgever • *n* legislator
wetgeving • *n* legislation
wetsontwerp • *n* bill • *v* draft
wettelijk • *adj* legal
wetteloos • *adj* lawless
wettig • *adj* lawful, legal
wettigheid • *n* legality
weven • *v* weave
wezel • *n* chicken, weasel
wezen • *v* be • *n* being, creature, essence
wezenlijk • *adj* essential
whiskey • *n* whiskey
wichelaar • *n* fortuneteller
wichelaarster • *n* fortuneteller
wichelen • *v* divine
wie • *pron* who
wiegen • *v* rock
wiegenkind • *n* baby
wiek • *n* wing
wiel • *n* wheel
wielklem • *n* boot
wielrennen • *v* bicycle • *n* cycling
wielrijden • *v* bike
wiens • *det* whose
wier • *det* whose
wiet • *n* grass, pot, puff, weed
wij • *pron* we
wijd • *adj* full, wide

wijden • *v* dedicate, devote
wijdverspreid • *adj* broadcast, widespread
wijfje • *n* hen
wijfjeskat • *n* queen
wijk • *n* neighborhood, quarter, ward
wijl • *n* moment
wijle • *n* moment
wijlen • *adj* late
wijn • *n* wine
wijngaard • *n* vineyard
wijnkelder • *n* cellar
wijs • *n* mode • *adj* profound, wise, witty
wijsbegeerte • *n* philosophy
wijsgeer • *n* philosopher
wijsgerig • *adj* philosophical
wijsheid • *n* wisdom
wijten • *v* blame
wijze • *n* manner, mode
wijzen • *v* point
wijzer • *n* hand
wijzigen • *v* edit
wijziging • *n* change, edit
wikkelen • *v* wind
wil • *n* will
wild • *adj* ferocious, wild • *n* game
wilde • *n* barbarian
wildernis • *n* wilderness
wildleven • *n* wildlife
wildlife • *n* wildlife
wille • *n* sake
willekeurig • *adj* arbitrary, random
willen • *v* mean, want, wish
wilskracht • *n* resolve
wimper • *n* eyelash
wind • *n* wind
winden • *v* wind

winding • *n* turn
windmolen • *n* windmill
windmolentje • *n* windmill
windstilte • *n* calm
windstoot • *n* blast
winkel • *n* shop
winkelcentrum • *n* mall
winkelen • *v* shop • *n* shopping
winkelhaak • *n* square
winnaar • *n* winner
winnares • *n* winner
winnen • *v* achieve, gain, harvest, purchase, win
winst • *n* gain, profit
winstgevend • *adj* profitable
winter • *n* winter
winteren • *v* winter
winterkoninkje • *n* wren
wippen • *v* leap, root
wiskunde • *n* mathematics
wiskundig • *adj* mathematical
wispelturig • *adj* versatile
wisperen • *v* whisper
wissel • *n* change, draft, switch
wisselen • *v* exchange
wisselend • *adj* variable
wisselgeld • *n* change
wisselwerking • *n* interaction
wissen • *v* destroy, strike, wipe
wit • *adj* white
wittebroodsweken • *n* honeymoon
witwassen • *n* money laundering
woede • *n* anger, outrage, rage
woeden • *v* rage
woedend • *adj* furious
woensdag • *n* Wednesday
woest • *adj* ferocious, fierce, waste
woestenij • *n* waste

woestijn • *n* desert
woestijnrat • *n* gerbil
wol • *n* wool
wolf • *n* wolf
wolk • *n* cloud
wolkenkrabber • *n* skyscraper
wolkenloos • *adj* clear
wonde • *n* sore, wound
wonder • *n* miracle, wonder
wonderbaarlijk • *adj* amazing, miraculous
wonen • *v* haunt, live, reside
woning • *n* apartment
woonplaats • *n* residence
woord • *n* word
woordenboek • *n* dictionary
woordenlijst • *n* vocabulary
woordenschat • *n* vocabulary
woordenwisseling • *n* word
woordgeslacht • *n* gender
woordvoerder • *n* spokesman, spokesperson
woordvoerster • *n* spokesman, spokesperson, spokeswoman
worden • *v* be, become, fall, get, turn, wax
workshop • *n* workshop
worm • *n* maggot, worm
wormstekig • *adj* grubby
worp • *n* launch, litter, pitch, shy, throw
worst • *n* sausage
worstelen • *v* struggle, wrestle • *n* wrestling
wortel • *n* carrot, root
woud • *n* forest, wood
woudland • *n* wood
wout • *n* copper, pig
wouw • *n* kite
wraak • *n* revenge
wrak • *n* bomb, wreck

wraken • *v* challenge
wrakhout • *n* debris
wrakstukken • *n* debris
wrang • *adj* tart
wrede • *adj* cruel
wreed • *adj* cruel, harsh
wreedheid • *n* atrocity, cruelty
wreedte • *n* cruelty
wrijven • *v* rub
wrikken • *v* prize
wringen • *v* wring
wroeten • *v* root
wrok • *n* spite
wuiven • *v* flourish, wave
wurgen • *v* neck
wurm • *n* worm

xenofobie • *n* xenophobia
xylofoon • *n* xylophone

yes • *interj* yeah
yoga • *n* yoga
yoghurt • *n* yogurt

zaad • *n* seed
zaag • *n* saw
zaagtand • *n* tooth
zaaien • *n* broadcast • *v* sow
zaak • *n* business, company, concern, joint, lawsuit, plea
zaal • *n* hall, house, room, screen
zacht • *adj* mild, smooth, soft, tender • *adv* softly
zachtaardig • *adv* gently, softly
zachtjes • *adv* gently
zachtzinnig • *adv* softly
zagen • *v* saw
zak • *n* bag, pocket, sack
zakdoek • *n* tissue
zakelijk • *adj* objective
zakelijkheid • *n* objectivity
zaken • *n* business
zakencijfer • *n* revenue, turnover
zakenleven • *n* business
zakenman • *n* businessman
zakenvrouw • *n* businesswoman
zakgeld • *n* pocket money
zakje • *n* bag
zakrekenmachine • *n* calculator
zalf • *n* cream
zalig • *adj* lovely, sacred
zalm • *n* salmon
zalmkleur • *n* salmon
zalmkleurig • *adj* salmon
zalmkleurige • *adj* salmon
Zambia • *n* Zambia
zand • *n* sand
zandbank • *n* bar
zanderig • *adj* sandy
zandkleurig • *adj* sand, sandy
zandkleurige • *adj* sand
zandstrand • *n* sand
zang • *n* singing, song
zanger • *n* singer
zangeres • *n* singer
zat • *adj* drunk, full
zaterdag • *n* Saturday
zatlap • *n* drunk
zavel • *n* sand
ze • *pron* one, them, they
zebra • *n* zebra
zebrapad • *n* crosswalk, pedestrian crossing
zedelijk • *adj* moral
zedenkunde • *n* ethics
zedig • *adj* modest
zee • *n* sea
zeebanket • *n* seafood
zeehond • *n* seal
zeekant • *n* coast
zeekreeft • *n* lobster
zeekust • *n* coast
zeel • *n* cord
zeeleeuw • *n* sea lion
zeeman • *n* sailor
zeeniveau • *n* sea level
zeep • *n* soap
zeer • *adv* pure, very
zeerot • *n* salt
zeeroven • *v* pirate
zeerover • *n* pirate
zeeroverij • *n* piracy
zeerug • *n* ridge
zeespiegel • *n* sea level
zeester • *n* starfish
zeestraat • *n* channel
zeetong • *n* sole
zeevruchten • *n* seafood

zeewier • *n* seaweed
zege • *n* victory
zegel • *n* bull, seal
zegen • *n* blessing
zegenen • *v* bless • *n* blessing
zegening • *n* blessing
zegevieren • *v* prevail
zeggen • *v* name, say, tell
zeggenschap • *n* say
zeggingskrachtig • *adj* expressive
zegsman • *n* spokesman, spokesperson
zegsvrouw • *n* spokesman, spokesperson
zeil • *n* sail
zeilen • *v* sail • *n* sailing
zeiltocht • *n* sail
zeker • *interj* absolutely • *adj* certain, reliable, sure • *adv* certainly, definitely, surely • *phr* for sure
zekergesteld • *adj* safe
zekerheid • *n* certainty, reliable, safety, security
zelden • *adv* rarely, seldom
zeldzaam • *adj* funny, odd, rare
zelf • *pron* himself, itself • *adj* proper • *n* self
zelfbeheersing • *n* control, restraint
zelfbewustzijn • *n* pride
zelfde • *adj* very
zelfdoding • *n* suicide
zelfingenomen • *adj* pretentious
zelfmoord • *n* suicide
zelfmoordenaar • *n* suicide
zelfmoordenaares • *n* suicide
zelfmoordenaarster • *n* suicide
zelfs • *adv* even

zelfstandig • *adj* independent
zelfstandigheid • *n* independence
zelfvertrouwen • *n* confidence, self-esteem
zelfvoldaanheid • *n* pride
zelfzeker • *adj* cool
zelfzucht • *n* egoism
zenden • *v* send
zender • *n* channel, emitter
zending • *n* mission
zendpiraterij • *n* piracy
zenuw • *n* nerve
zenuwachtig • *adj* jittery, petulant
zenuwachtigheid • *n* nervousness
zenuwen • *n* stress
zenuwinstorting • *n* breakdown
zenuwknoop • *n* nerve
zes • *num* six
zesde • *adj* sixth
zestien • *num* sixteen
zestig • *num* sixty
zet • *n* move
zetel • *n* chair, seat, sofa
zetje • *n* boost
zetten • *v* jump, put, put on, set
zeug • *n* sow
zeurderig • *adj* peevish
zeuren • *n* whine
zeven • *n* seven • *v* strain
zevende • *adj* seventh
zeventien • *num* seventeen
zeventig • *num* seventy
zeveren • *v* gossip
zich • *pron* himself
zicht • *n* eyesight, perception, view, vision
zichtbaar • *adj* visible

zichtbaarheid • *n* visibility
zichtbare • *adj* visible
zichzelf • *pron* himself, itself
zieden • *v* boil
ziek • *adj* ill, morbid
zieke • *adj* ill • *n* sick
ziekelijk • *adj* morbid
ziekelijkheid • *n* morbidity
zieken • *n* sick
ziekenauto • *n* ambulance
ziekenhuis • *n* hospital
ziekenwagen • *n* ambulance
ziekte • *n* disease, illness, morbidity
ziektecijfer • *n* morbidity
ziel • *n* soul, spirit
zielenknijper • *n* shrink
zielig • *adj* pitiful
zielknijper • *n* shrink
zielkunde • *n* psychology
zielloos • *adj* soulless
zien • *v* see, show, think
zienswijze • *n* opinion
zij • *pron* she, they • *n* side
zijbeuk • *n* aisle
zijde • *n* edge, face, hand, side, silk
zijdedoek • *n* silk
zijdelings • *prep* across
zijn • *v* be, have • *det* his, its
zijzelf • *pron* herself
zilver • *n* silver
zilveren • *adj* silver
zilverkleur • *n* silver
zilverkleurig • *adj* silver
zilverkleurige • *adj* silver
zilverwerk • *n* silver
Zimbabwe • *n* Zimbabwe
zin • *n* meaning, purpose, sentence
zinderen • *v* sizzle

zingen • *v* sing
zink • *n* zinc
zinken • *v* founder, sink
zinloos • *adj* meaningless, pointless
zinnig • *adj* sensible
zinsbegoocheling • *n* illusion
zintuig • *n* sense
zinvol • *adj* meaningful
zitbank • *n* bench
zitmeubel • *n* seat
zitplaats • *n* seat
zitten • *v* be, do, sit
zitting • *n* meeting, session
zitvlak • *n* seat, tail
zo • *adv* directly, so, soon, that, this, thus • *det* such
zoals • *conj* as • *adj* like • *prep* like
zodadelijk • *adv* directly
zodanig • *adv* so
zodat • *conj* so, that
zodoende • *conj* so
zodra • *conj* once, when
zoeken • *v* hunt, look, look for, search, seek
zoeker • *n* seeker
zoektocht • *n* quest
zoen • *n* kiss
zoenen • *v* kiss
zoet • *adj* fresh, sweet
zoeten • *v* sweeten
zoetjes • *adj* cute
zoetstof • *n* sweetener
zoeven • *v* zoom
zogen • *v* breastfeed, nurse
zojuist • *adv* just
zolang • *conj* while
zolder • *n* attic
zoldering • *n* ceiling
zolen • *v* sole

zomaar • *phr* out of the blue
zombie • *n* zombie
zomer • *n* summer
zomervogel • *n* butterfly
zon • *n* sun
Zon • *n* sun
zondaar • *n* sinner
zondag • *n* Sunday
zonde • *n* sin, vice
zonder • *prep* absent, without • *adj* free
zondermeer • *adv* directly
zondig • *adj* sinful
zondigen • *v* sin
zone • *n* zone
zoniet • *adv* else
zonlicht • *n* sunlight
zonnebaden • *v* sunbathe
zonnebril • *n* sunglasses
zonnedak • *n* skylight
zonnen • *v* sunbathe
zonneschijn • *n* sunshine
zonnig • *adj* sunny
zonsopgang • *n* dawn
zoo • *n* zoo
zoogmoeder • *n* nurse
zooien • *v* boil
zool • *n* sole
zoom • *n* lap
zoon • *n* son
zootje • *n* mess
zorg • *n* care, concern, trouble, worry
zorgeloosheid • *n* neglect
zorgen • *v* care
zorgvuldig • *adj* careful, conscientious
zorgzaam • *adj* considerate
zot • *adj* crazy, mad • *n* nut
zottin • *n* nut
zout • *adj* salt, salty

zouten • *v* salt
zoutig • *adj* salt
zucht • *interj* sigh
zuchten • *v* sigh, yearn
zuid • *adj* south, southern
zuidelijk • *adj* south, southern
zuiden • *n* south
zuiders • *adj* southern
zuidoosten • *n* southeast
zuidwest • *adj* southwest
zuidwestelijk • *adj* southwest
zuidwesten • *n* southwest
zuigeling • *n* baby, infant
zuigelingenvoeding • *n* formula
zuigen • *v* suck
zuinig • *adj* prudent
zuipen • *v* down
zuivel • *n* dairy
zuiver • *adj* clear
zulk • *det* such
zullen • *v* shall, will
Zurich • *n* Zurich
zus • *n* sister
zuster • *n* sister
zusterschap • *n* sisterhood
zuur • *adj* acid, sour, tart
zuurstof • *n* oxygen
zwaai • *n* flourish, smooth, swing
zwaaien • *v* flourish, wave
zwaalde • *n* peel
zwaan • *n* swan
zwaar • *adj* deep, hard, harsh, heavy, solid, thick
zwaard • *n* sword
zwaartekracht • *n* gravity
zwabber • *n* mop
zwachtel • *n* bandage
zwager • *n* brother-in-law

zwak • *adj* faint, feeble, puny, shaky, weak • *n* weakness
zwakkeling • *n* weed
zwakte • *n* weakness
zwaluw • *n* swallow
zwam • *n* mushroom
zwanenhals • *n* trap
zwanger • *adj* pregnant
zwangerschap • *n* pregnancy
zwangerschapsonderbreking • *n* abortion
zware • *adj* thick
zwart • *adj* black
zwarte • *n* black
zwartje • *n* black
zwartwerken • *v* moonlight
zwavelstokje • *n* match
Zweden • *n* Sweden
Zweeds • *adj* Swedish
Zweedse • *adj* Swedish
zweep • *n* whip
zweet • *n* sweat
zwellen • *v* swell
zwembad • *n* swimming pool
zwembassin • *n* swimming pool

zwemdok • *n* swimming pool
zwemmen • *n* swim, swimming
zwendel • *n* fraud
zwenken • *v* wave
zweren • *v* swear
zwerfafval • *n* litter
zwerfvuil • *n* litter
zwermer • *n* wanderer
zwerven • *v* wander
zweten • *v* sweat
zwetsen • *v* gossip
zweven • *v* hang, soar
zweving • *n* beat
zwichten • *v* indulge, yield
zwijgen • *n* silence
zwijgend • *adj* silent
zwijgzaam • *adj* quiet, silent
zwijn • *n* pig
Zwitser • *n* Swiss
Zwitserland • *n* Switzerland
Zwitsers • *adj* Swiss
Zwitserse • *n* Swiss
zwoegen • *v* sweat
zwoel • *adj* close

Pronunciation

Consonants

IPA	Example	Equivalent
b	beet	bait
d	dak	duck
f	fiets	feats
ɣ	gaan	loch
ɦ	had	behind
j	jas	yard
k	kat, cabaret	school
l	land	land
m	mens	man
n	nek	neck
ŋ	eng	long
p	pen	sport
r	ras	*trilled/guttural* r
s	sok	sock
t	tak	stop
v	ver	very
ʋ	wang	wine
x	acht	loch
z	zeep	zip
c	tientje	cheer
g	goal	goal
ɟ	Giovanni	jeep

IPA	Example		Equivalent
ɲ	oranje		canyon
ʃ	sjabloon		shall
ʒ	jury		vision

Vowels

IPA	Example	Equivalent
ɑ	bad	father
ɛ	bed	bed
ɪ	vis	sit
ɔ	bot	off
ʏ	hut	nurse
a:	aap	lad
e:	beet, ezel	made
i	diep	deep
o:	boot	born
y	fuut	goose
ø:	neus	fur
u	hoed	boot
ɛi	bijt, ei	may
œy	buit	house
ʌu	jou, dauw	out
ɑi	ai	price
ɔi	hoi	choice
iu	nieuw	free will
yu	duw	few would
ui	groei	to eternity
a:i	draai	prize
e:u	sneeuw	say oo
o:i	nooit	boys
ə	hemel	again
ɔ:	roze	dog
ɛ:	scène	square
œ:	freule	fur
i:	analyse	wheeze
y:	centrifuge	fugue
ɑ̃:	genre	croissant
ɛ̃:	hautain	doyen
ɔ̃:	chanson	montage

Irregular English Verbs

inf.	sp.	pp.	inf.	sp.	pp.
arise	arose	arisen	**buy**	bought	bought
awake	awoke	awoken	**can**	could	-
be	was	been	**cast**	cast	cast
bear	bore	borne	**catch**	caught	caught
beat	beat	beaten	**choose**	chose	chosen
become	became	become	**cleave**	cleft	cleft
beget	begot	begotten	**come**	came	come
begin	began	begun	**cost**	cost	cost
bend	bent	bent	**creep**	crept	crept
bet	bet	bet	**crow**	crowed	crew
bid	bade	bidden	**cut**	cut	cut
bide	bade	bided	**deal**	dealt	dealt
bind	bound	bound	**dig**	dug	dug
bite	bit	bitten	**do**	did	done
bleed	bled	bled	**draw**	drew	drawn
blow	blew	blown	**dream**	dreamt	dreamt
break	broke	broken	**drink**	drank	drunk
breed	bred	bred	**drive**	drove	driven
bring	brought	brought	**dwell**	dwelt	dwelt
build	built	built	**eat**	ate	eaten
burn	burnt	burnt	**fall**	fell	fallen
burst	burst	burst	**feed**	fed	fed
bust	bust	bust	**feel**	felt	felt

Irregular English Verbs

inf.	sp.	pp.	inf.	sp.	pp.
fight	fought	fought	mow	mowed	mown
find	found	found	pay	paid	paid
flee	fled	fled	pen	pent	pent
fling	flung	flung	plead	pled	pled
fly	flew	flown	prove	proved	proven
forbid	forbad	forbid	quit	quit	quit
forget	forgot	forgotten	read	read	read
forsake	forsook	forsaken	rid	rid	rid
freeze	froze	frozen	ride	rode	ridden
get	got	got	ring	rang	rung
give	gave	given	rise	rose	risen
go	went	gone	run	ran	run
grind	ground	ground	saw	sawed	sawn
grow	grew	grown	say	said	said
hang	hung	hung	see	saw	seen
have	had	had	seek	sought	sought
hear	heard	heard	sell	sold	sold
hide	hid	hidden	send	sent	sent
hit	hit	hit	set	set	set
hold	held	held	sew	sewed	sewn
hurt	hurt	hurt	shake	shook	shaken
keep	kept	kept	shall	should	-
kneel	knelt	knelt	shear	sheared	shorn
know	knew	known	shed	shed	shed
lay	laid	laid	shine	shone	shone
lead	led	led	shit	shit	shit
lean	leant	leant	shoe	shod	shod
leap	leapt	leapt	shoot	shot	shot
learn	learnt	learnt	show	showed	shown
leave	left	left	shred	shred	shred
lend	lent	lent	shrink	shrank	shrunk
let	let	let	shut	shut	shut
lie	lay	lain	sing	sang	sung
light	lit	lit	sink	sank	sunk
lose	lost	lost	sit	sat	sat
make	made	made	slay	slew	slain
may	might	-	sleep	slept	slept
mean	meant	meant	slide	slid	slid
meet	met	met	sling	slung	slung
melt	melted	molten	slink	slunk	slunk

Irregular English Verbs

inf.	sp.	pp.
slit	slit	slit
smell	smelt	smelt
smite	smote	smitten
sow	sowed	sown
speak	spoke	spoken
speed	sped	sped
spell	spelt	spelt
spend	spent	spent
spill	spilt	spilt
spin	spun	spun
spit	spat	spat
split	split	split
spoil	spoilt	spoilt
spread	spread	spread
spring	sprang	sprung
stand	stood	stood
steal	stole	stolen
stick	stuck	stuck
sting	stung	stung
stink	stank	stunk
stride	strode	stridden
strike	struck	struck
string	strung	strung
strive	strove	striven
swear	swore	sworn
sweat	sweat	sweat
sweep	swept	swept
swell	swelled	swollen
swim	swam	swum
swing	swung	swung
take	took	taken
teach	taught	taught
tear	tore	torn
tell	told	told
throw	threw	thrown
thrust	thrust	thrust
tread	trod	trodden
wake	woke	woken
wear	wore	worn
weave	wove	woven

inf.	sp.	pp.
wed	wed	wed
weep	wept	wept
wet	wet	wet
win	won	won
wind	wound	wound
wring	wrung	wrung
write	wrote	written

Made in the USA
Columbia, SC
26 April 2023